Andreas Helmke

Unterrichtsqualität
erfassen, bewerten, verbessern

Dieses Buch ist Franz-Emanuel Weinert gewidmet

Klett | Kallmeyer

Bibliografische Information Der Deutschen Bibliothek
Die Deutsche Bibliothek verzeichnet diese Publikation in der Deutschen
Nationalbibliografie; detaillierte bibliografische Daten sind im Internet
über http://dnb.ddb.de abrufbar.

Impressum

Andreas Helmke: Unterrichtsqualität – erfassen, bewerten, verbessern

Die vorliegende Veröffentlichung erscheint in der ifb-Reihe „Schulisches Qualitätsmanagement"
in Zusammenarbeit mit dem Ministerium für Bildung, Frauen und Jugend
des Landes Rheinland-Pfalz. Sie wurde im Rahmen des Modellversuchs „Qualitätsverbesserung
in Schulen und Schulsystemen" (QuiSS) der Bund-Länder-Kommission erstellt.
Das Projekt wird von Bund und Ländern zu gleichen Teilen gefördert.

6. Auflage 2007
© 2003 Kallmeyer in Verbindung mit Klett
Erhard Friedrich Verlag GmbH, Im Brande 19, 30926 Seelze
Druck: Aalexx Druck, Großburgwedel. Printed in Germany
ISBN 978-3-7800-1004-9

Vorbemerkung des Autors

Eine vorangegangene Fassung dieses Buches ist als „Studienbrief" im Rahmen des Lehrgangs „Schulmanagement" des ZFUW der Universität Kaiserslautern[1] entstanden. Es handelt sich dabei um ein Fernstudium, das berufsbegleitend absolvierbar ist, und bei dem es um die Vermittlung von Kompetenzen zur Leitung einer Schule als lernender Organisation geht. Ziel des postgradualen Fernstudiengangs „Schulleitung: Qualitätsmanagement und Schulentwicklung als Leitungsaufgabe (Schulmanagement)" ist es, wissenschaftliche Theorien und Forschungsansätze mit praktischen Instrumenten und Verfahren eines professionellen pädagogischen Managements zu verbinden, Führungsverhalten kritisch zu reflektieren und zur Sicherung der Qualität von Schule ein umfangreiches Methodenrepertoire kennen zu lernen. Darüber hinaus werden Kenntnisse zur Leitung von Schule als „Betrieb" sowie „rechtliche Grundlagen vermittelt" (aus dem Flyer des Fernstudiums „Schulmanagement"). Das Fernstudium umfasst die folgenden Module: (1) Pädagogisches Leadership, (2) Leadership und Lernkulturwandel, (3) Bildungspolitischer Rahmen, (4) Instrumente und Verfahren der Schulentwicklung, (5) Team- und Organisationsentwicklung (6) Kooperations- und Kommunikationstechniken, (7) Personalmanagement, (8) Qualitätssicherung und Qualitätsmanagement, (9) Unterrichtsqualität: Konzepte, Messung, Veränderung sowie (10) Schulorganisation und Schulrecht.

Wegen der eingeschränkten Reichweite des ausschließlich für diesen Fernstudiengang entwickelten Lehrmaterials und des spezifischen Adressatenkreises (künftige Schulleitungen und Funktionsträger) war von vornherein geplant gewesen, den ursprünglichen Studienbrief „Unterrichtsqualität" in einer erweiterten und aktualisierten Form als Buch des IFB in Zusammenarbeit mit dem Kallmeyer-Verlag zu publizieren. Neben mehreren neuen Abschnitten (z. B. zur diagnostischen Kompetenz von Lehrkräften, zur Klassenführung und zu elementaren Lern- und Gedächtnisprozessen auf Schülerseite) erhielt ich zahlreiche Anregungen und kritische Hinweise sowohl von Lehrkräften als auch von Kolleginnen und Kollegen aus dem Bereich der Wissenschaft.

Den institutionellen Rahmen für die hiermit vorgelegte Buchpublikation stellt das BLK-Programm „Qualitätsverbesserung in Schulen und Schulsystemen" (QuiSS[2]) dar und hier vorrangig das Programmelement von Rheinland-Pfalz „Unterstützung des schulischen Qualitätsmanagements durch Kooperation zwischen Schule und Moderatoren".

Ich bin zahlreichen Personen zu Dank verpflichtet. Wichtige Anregungen, Hinweise und Ideen stammen von Prof. Karl-Heinz Arnold (Berlin), Prof. Jürgen Baumert (Berlin), Anja Becker (Landau), Prof. Werner Blum (Kassel), Prof. Wilfried Bos (Hamburg), Prof. Albert Bremerich-Vos (Aachen), Christian Brühwiler (St. Gallen), Dr. Marten Clausen (Mannheim), Prof. Wolfgang Einsiedler (Erlangen), Dr. Winfried Eschmann (Mainz), Prof. Helmut Fend (Zürich), Martina Gajewski (Mainz), Kerstin Goebel (Frankfurt), Kerstin Goldstein (Boppard), Christiane Griese (Kaiserslautern), Dr. Tina Hascher (Bern), Hans van Hauth (Zweibrücken), Dr. Wolfgang Hissnauer (Mainz), Prof. Reinhold S. Jäger (Landau), Prof. Eckhard Klieme (Frankfurt), Prof. Friederike Klippel (München), Helga Köcher

(Seefeld), Klaus-Dieter Kroppen (Neustadt), Prof. Dr. Urs Moser (Zürich), Dr. Otwilm Ott-weiler (Bad Kreuznach), Dr. Birgit Pikowsky (Kirchheimbolanden), Prof. Manfred Pren-zel (Kiel), Botho Priebe (Speyer), Dr. Thomas Riecke-Baulecke (Norderstedt), Prof. Hans-Günther Rolff (Dortmund), Prof. Michael Schratz (Innsbruck), Gisela Seidel (Boppard), Dr. Tuyet Vo (Hanoi), Dr. Martin Wellenreuther (Lüneburg), Prof. Jürgen Wiechmann (Landau), Dr. Michael Zutavern (Luzern) sowie Studierenden meiner Lehrveranstaltungen in Landau, Hanoi und Zürich.
Hoffentlich habe ich niemanden vergessen!

Vor allem den Mitarbeiterinnen und Mitarbeitern aus dem **Landauer Team** schulde ich be-sonderen Dank: Martina Friedt, Dr. Ingmar Hosenfeld, Claudia Melcher, Dr. F.-W. Schra-der, Dr. Tuyet Vo, Wolfgang Wagner.

Mein größter Dank gilt jedoch **Franz-Emanuel Weinert**, der im Jah-re 2001 im Alter von 70 Jahren gestorben ist[5]. Ohne ihn – meinen verehrten ehemaligen akademischen Lehrer, Chef, Förderer und schließlich Kollegen – und ohne unsere gemeinsamen Projekte und Publikationen im Bereich von Schule und Unterricht wäre dieses Buch nicht geschrieben worden. Ihm widme ich dieses Buch.

Andreas Helmke

1 Einleitung

1.1 TIMSS und PISA – und die Folgen

Beginnend mit dem „TIMSS-Schock" und noch verstärkt mit der „PISA-Katastrophe" (Ergebnisse von PISA 2000) ist klar geworden, dass die *empirische Wende der Bildungspolitik*, verbunden mit einer zunehmenden Orientierung auf den Ertrag – den „output" – der Schule, nicht mehr rückgängig zu machen ist. Die Schule muss sich daran messen lassen, welche Wirkungen, welchen Ertrag sie bei ihrer Klientel, den Schülerinnen und Schülern erzielt. Darüber sind sich Bildungspolitiker, maßgebliche Vertreter der Schulpraxis, Elternverbände und nicht zuletzt auch die Bildungsforschung einig. Dies gilt weitgehend auch für die mathematisch-naturwissenschaftliche Fachdidaktik, dagegen für die Didaktiken anderer (insbesondere sprachlicher) Fächer stark eingeschränkt: Hier trifft man vielerorts noch auf massive Vorbehalte gegen jegliche „Messbarkeit" unterrichtlicher Wirkungen und auf Misstrauen bis hin zu Ablehnung empirischer Lehr-Lern-Forschung und Evaluationsforschung überhaupt. Hierzu Terhart (2002, S. 104):

> „Entscheidend und in gewisser Weise tatsächlich revolutionär für den Schulbereich ist es, sich bei der Steuerung nicht länger nur am Prinzip einer immer detaillierteren Vorgabe von *Inputs* (Gesetze, Lehrpläne, Erlasse, Stundentafeln, Ordnungen), sondern verstärkt an den *Outputs* bzw. Outcomes, also an tatsächlich erreichten Effekten und Wirkungen, zu orientieren – und diese mit gesetzen *Standards* zu vergleichen. So etwas hat Folgen: Nur zu behaupten, dass ein Mehr an Investitionen hier oder dort eben hier oder dort dann schon gesteigerte Effekte nach sich ziehen werde, ist nicht mehr ausreichend – es geht um tatsächlich zustande kommende Wirkungen, und zwar Wirkungen auf der Seite der *Schüler*, denn die Schule ist letztendlich für die Schüler da."
> [Hervorhebungen durch mich]

Die Orientierung an messbaren Wirkungen der Schule („Output") bedeutet den Abschied von der gerade hierzulande lange gepflegten Input-Orientierung und dem, was Stryck (2000) die „Steuerungsillusion" nannte: Sicherung der Bildungsqualität allein durch solide Lehrerausbildung, gute Infrastrukturen, sorgfältig ausgewählte Curricula und sinnvoll gestaltete Stundentafeln.

Eine zweite Tendenz ist die *Rückbesinnung auf den Unterricht* als dem wesentlichen Faktor der Schule. Hierzu Weinert (2000a):

> „Wir haben in unseren Verfassungen das Recht eines jeden Kindes auf eine angemessene Bildung postuliert. Was geschieht also, wenn eine Schule schlechter ist als andere Schulen? Die Folge kann nur sein, dass der Staat als Träger der Schulbildung verpflichtet ist, den Unterricht – also Lernen und Lehren – so zu verbessern, dass bei der nächsten Evaluation diese Schulen, diese Regionen oder diese Schularten entsprechend besser werden. Wenn nur mittelmäßige Leistungen erzielt werden, was kann man dann, was muss man dann tun? Meiner Meinung nach gibt es nur eine wirkliche Möglichkeit schlechte Bildungsergebnisse zu korrigieren, und das ist eine Verbesserung der Qualität des Lernens und Lehrens." (Weinert, 2000a, S. 4/5)

Lehrkräfte aller Schularten und ganz besonders Schulleitungen und Funktionsträger müssen sich diesen verstärkten Erwartungen der Bildungspolitiker und der interessierten Öffentlichkeit bewusst sein. Um diesen berechtigten Erwartungen zu genügen, sollte man nicht nur über Grundfragen und -ergebnisse der Unterrichtsforschung, sondern auch über die wesentlichen Ziele und (falls sie bereits vorliegen) Ergebnisse der wichtigsten aktuellen Vergleichs- und Evaluationsstudien und den Stand der Unterrichtsforschung im Bilde sein. Dies ist eine unabdingbare Voraussetzung dafür, an der Entwicklung und Sicherung der Unterrichtsqualität in der eigenen Schule und der eigenen Klasse aktiv mitzuwirken.

1.2 Adressaten, Ziele und Restriktionen dieses Buches

An wen richtet sich dieses Buch? Adressaten sind primär Lehrkräfte und Schulleitungen, die sich einen knappen Überblick über wichtige Fragen der Qualität des Unterrichts verschaffen bzw. Wichtiges rekapitulieren wollen (vgl. den Abschnitt zu den Lernzielen). Weitere Zielgruppen sind Studierende des Lehramtes, vor allem in der 2. Phase der Lehrerausbildung (Studienseminar) sowie der Psychologie und Pädagogik (Fach Pädagogische Psychologie) und Erziehungswissenschaft, ferner Schulpsychologen und Schulpsychologinnen, soweit sie mit Fragen der Qualitätssicherung, der Diagnose, Evaluation und Veränderung von Unterricht befasst sind, und Vertreter der Schulaufsicht, die sich orientieren wollen.

Neben der individuellen Lektüre kann das Buch Arbeitsmaterial sein für
- *schulinterne* Projekte, Lerngemeinschaften und Steuergruppen, sowie Zirkel der Qualitätssicherung, insbesondere im Bereich der Unterrichtsdiagnostik und -verbesserung
- Veranstaltungen im Rahmen der *schulinternen Lehrerfortbildung*
- Lehrveranstaltungen im Rahmen der *universitären Lehramtsausbildung* (Unterricht, Lehren und Lernen, Evaluation) sowie der *Diplomstudiengänge Psychologie, Pädagogik und Erziehungswissenschaften*
- Seminare und andere Veranstaltungen im Rahmen der *zweiten Phase der Lehrerausbildung.*

Angesichts der Tatsache, dass berufstätige Lehrkräfte Jahre an Universitäten oder Pädagogischen Hochschulen und Studienseminaren mit dem Ziel verbracht haben, an einer Schule zu unterrichten, ergänzt durch individuelle und organisatorische Fort- und Weiterbildung, erscheint es auf den ersten Blick hoffnungs- und aussichtslos, im Rahmen eines einzigen, nicht allzu umfangreichen Buches das Thema „Unterrichtsqualität" in einer Weise zu entfalten, die nicht völlig bruchstückhaft, kursorisch und oberflächlich ist. Es liegt auf der Hand, dass das Ziel nicht sein kann, dieses Thema wirklich gründlich, geschweige denn erschöpfend oder flächendeckend zu behandeln. Damit gar nicht erst falsche Erwartungen entstehen, müssen zu Beginn einige notwendige Einschränkungen und Schwerpunkte genannt werden.

1) Dieses Buch ist *kein* Crashkurs oder Repetitorium der entsprechenden Anteile in der Lehreraus- und -fortbildung. Hierfür gibt es Lehr- und Handbücher, auf die in einem späteren Abschnitt (Kapitel 2.7) noch hingewiesen wird. Vielmehr kann es sich nur um eine Orientierung über zentrale Fragen der Unterrichtsqualität, ihrer Erfassung und Verbesserung handeln. Vieles davon wird Ihnen bereits bekannt sein, so dass dieser Text auch die Funktion einer Wiederholung, Konsolidierung und Auffrischung erfüllen mag. In vielen Fällen können Themen und Fragen nur angerissen werden, so dass sich das Buch auch als Einladung versteht, ausgewählte Themen zu vertiefen. Um dies zu erleichtern, habe ich versucht, aktuelle Literatur und – sofern verfügbar – Quellen im Internet anzugeben.

2) Die *Auswahl* der Fragestellungen und Themen für dieses Buch orientiert sich an meiner subjektiven Einschätzung dessen, was ich persönlich für aktuell, relevant und nützlich halte. Selbstverständlich geht meine Identität als Psychologe (mit Schwerpunkt auf Pädagogische Psychologie und Lehr-Lern-Forschung) und als empirischer Schul- und Unterrichtsforscher in die hier getroffene Auswahl ein.

3) Das Thema „Unterrichtsqualität" wird primär aus einer *allgemeinen*, d. h. nicht aus einer *fachspezifischen Perspektive* behandelt. Fachdidaktisch basierte Einschätzungen der Qualität des Unterrichts werden hier so gut wie gar nicht berücksichtigt. Die Fachdidaktiken etwa der Naturwissenschaften oder des Fremdsprachenunterrichts sind teilweise so spezifisch, dass ihr vertiefter Einbezug – etwa in Form spezieller Kapitel zu der Frage, was (über allgemeine fachübergreifende Prinzipien hinaus) „guten Deutschunterricht" oder „guten Mathematikunterricht" ausmacht –, in diesem Buch nicht sehr sinnvoll erscheint (weil diese Punkte dann nur für einige wenige Adressaten von Belang wären). Hinzu kommt, dass ich selbst zu wenig mit den Didaktiken einzelner Fächer vertraut bin, um eine zusammenfassende Darstellung, die dem aktuellen Forschungsstand in den einzelnen Fächern angemessen wäre, guten Gewissens leisten zu können.
Gleichwohl trifft es zu – und ich gebe hiermit vorab entsprechenden Kritikern recht –, dass die fachbezogenen Aspekte der Unterrichtsqualität von großer Wichtigkeit sind: in *Mathematik* beispielsweise das Niveau mathematischer Argumentationen, die Breite und Tiefe mathematischer Vorstellungen, die Substanz und Wirksamkeit mathematischer Modellierungen, die Art des Umgangs mit unterschiedlichen Typen von Schülerfehlern usw.; im *Englischunterricht* z. B. das Ausmaß der Authentizität von Lehrmaterial und Aufgaben, die ausschließliche Verwendung der Fremdsprache im Unterricht, das Stellen von echten anstelle von Pseudo-Fragen, die linguistische und kommunikative Kompetenz der Lehrkraft, die Balance von „fluency" und „accuracy", und die Bemühungen um Förderung interkultureller Sensibilität.

4) Zumindest sollen an dieser Stelle aber einige Hinweise auf einschlägige Literatur zu fachspezifischen Aspekten der Unterrichtsqualität gegeben werden. Ein Verdienst von TIMSS ist es, dass diese bis dahin wohl umfassendste Evaluationsstudie zu einer lebhaften Diskussion auch fachdidaktischer Fragen geführt hat (Blum & Neubrand, 1998; Blum, 2001). Vor allem im Bereich der mathematischen und naturwissenschaftlichen Fachdidaktik

gibt es inzwischen mehrere ausgezeichnete Publikationen, die einen Bezug zur empirischen Forschung herstellen. Insbesondere ist auf die im Kontext von PISA geleistete Arbeit im Bereich der Mathematik und Naturwissenschaften zu verweisen (Klieme, Neubrand & Lüdtke, 2001; Neubrand & Klieme, 2002; Neubrand, 2001). Dagegen wurden in den sprachlichen Fächern nur wenige Brücken zwischen Fachdidaktik und empirischer Unterrichtsforschung geschlagen[6] (vgl. aber Bremerich-Vos, 1996, für das Fach Deutsch).

Hier also einige Hinweise auf aktuelle und wichtige Veröffentlichungen zu fachspezifischen Aspekten der Unterrichtsqualität:

- *Mathematik*: Bundesministerium für Bildung und Forschung (2001), Heymann (2000), Blum (2001), Leuders (2001), Klieme (2003)
- *Physik*: Fischer (2000), Duit (1999), Schecker & Klieme (2000)
- *Deutsch*: Steinig & Huneke (2002), Bremerich-Vos (2000), Eikenbusch (2001b)
- *Fremdsprachen* (insbes. Englisch): Butzkamm (2002), Heuer & Klippel (1993), Finkbeiner (2002)[7], Bausch, Christ & Krumm (2002), Timm (1998), Gehring (1999), Byram (2000), Knapp (2000), Judd, Tan & Walberg (2001), Johnson (2001).

5) Ich verfolge mit diesem Buch ausdrücklich *nicht* das Ziel, eine dezidierte eigene Position zum Thema „Unterrichtsqualität" zu beziehen, eine geschlossene Konzeption anzubieten, eine neue Unterrichtstheorie zu entwickeln, oder bestimmten Programmen, Konzepten oder Schulen das Wort zu reden. Vielmehr habe ich zunächst einmal Informationen zum Thema zusammengetragen und mich an vielen Stellen einer – vielleicht erwarteten – eigenen Stellungnahme bewusst enthalten. Insofern handelt es sich bei diesem Buch streckenweise um eine Sammlung von relevantem Material, von Konzepten und Instrumenten, die auf den ersten Blick etwas additiv und unverbunden erscheinen mag. Dies ist nicht schlimm, denn dieses Buch kann und soll auch als „Steinbruch" dienen, und der Autor muss nicht zu allem seinen Kommentar abgeben.

Trotzdem vertrete ich natürlich auch eigene Positionen, die hier aber eher indirekt zum Ausdruck kommen: zum einen in der Ausführlichkeit, in der bestimmte Themen abgehandelt werden (besonders breit z. B. die Aspekte „Schülerfeedback zum Unterricht", diagnostische Kompetenz und „Unterrichtsvideografie als Werkzeug", weil für mich die *Bereitschaft zur Selbstkontrolle* und *-verbesserung* der Schlüssel für ein professionelles Selbstverständnis ist), zum anderen in meiner Auffassung, dass es gerade beim Thema „Unterricht" darauf ankommt, jenseits pädagogischer Moden und Trends und der gerade dominierenden „herrschenden Meinung" *Ausgewogenheit und Balance* zu suchen: zwischen direkter und indirekter Instruktion, zwischen lehrer- und schülergesteuertem Unterricht, zwischen kognitiven und affektiven Lernzielen, zwischen lerntheoretischen, kognitionspsychologischen und konstruktivistischen Prinzipien.

6) Ein weiteres Ziel dieses Buches ist es, dafür zu werben, dass sich die Qualität von Schule und Unterricht an *empirisch messbaren Erträgen* manifestieren muss, also an der *tatsächlichen Lernwirksamkeit* und nicht an vermuteter, erhoffter oder bloß behaupteter Lernwirksamkeit (Riecke-Baulecke, 2001a, 2001b). Die Lernziele und Erträge des Unterrichts sind jedoch umfassend und vielfältig; im Mittelpunkt dieses Buches wird das *fachliche*

Lernen als das primäre Ziel des Unterrichts stehen. Guter Unterricht in diesem Sinne ist ein Unterricht, dem es gelingt, die Schülerinnen und Schüler entsprechend ihren Eingangsvoraussetzungen optimal zu fördern und *intelligentes Wissen* aufzubauen. Man kann und muss die Qualität des Unterrichts zwar auch danach beurteilen, ob die Realisierung anderer Lernziele gelingt, z. B. der Aufbau von Schlüsselkompetenzen (wie selbstreguliertes Lernen und Problemlösen), die Entwicklung sozialer und interkultureller Kompetenzen, wichtiger affektiver, emotionaler und motivationaler Orientierungen (wie Lerninteresse, Lernmotivation etc.) sowie die Förderung von Selbstkompetenz, Selbstkontrolle und Emotionskontrolle. Dies kann jedoch im Rahmen dieses Buches nicht systematisch entfaltet werden, zumal dann noch das Problem der Verträglichkeit (Kompatibilität) verschiedener Zielkriterien hinzu kommt: Unterricht, der ausgeprägt leistungsförderlich ist, kann ein ganz anderes Profil aufweisen als Unterricht mit dem Ziel der Förderung von Selbstständigkeit. Ich werde jedoch in einer Literaturübersicht zumindest Lesetipps zu diesen Fragen geben.

1.3 Lernziele

Die Ziele dieses Buches lassen sich durch die folgenden drei Leitfragen beschreiben:

Was ist guter Unterricht?
Orientierung über die wesentlichen Bestimmungsstücke der Qualität des Unterrichts und Hauptergebnisse der internationalen unterrichtsbezogenen Forschung.

Wie kann man die Wirksamkeit des Unterrichts erfassen und bewerten?
Skizzierung der Möglichkeiten und Grenzen verschiedener Methoden, mit deren Hilfe sich Aspekte der Unterrichtsqualität diagnostizieren und evaluieren lassen.

Wie lässt sich Unterricht verbessern?
Anregungen und Hinweise auf Ansätze und konkrete Methoden, wie man den Unterricht verändern kann (Unterrichtsentwicklung), sei es individuell oder im Rahmen kooperativer schulinterner Projekte zur Qualitätssicherung.

2 Theorien und Konzepte zur Unterrichtsqualität

Ohne ein Mindestmaß an Verständnis der Theorien und Modelle, die der Forschung zur *Unterrichtswirksamkeit* zugrunde liegen, steht man in der Flut der Ergebnisse auf verlorenem Posten. Es versteht sich von selbst, dass eine ausführliche Theoriendarstellung hier nicht machbar ist. Einige wenige Konzepte sind jedoch für eine fruchtbare Beschäftigung mit dem Thema „Unterrichtsqualität" und für ein Verständnis der Ergebnisse der Unterrichtsforschung unabdingbar. Ebenso unverzichtbar ist ein Blick auf die andere Seite der Lehrprozesse: die individuellen *Lernprozesse.* Nur wenn man eine Vorstellung davon hat, welche einzelnen Schritte ein individueller Lerner bei einem schulisch relevanten Lernprozess durchläuft, lässt sich die Notwendigkeit und Eignung unterrichtlicher Maßnahmen beurteilen.

Reflexionsaufgabe 1: Guter Unterricht ist …

a) Wie würden Sie persönlich intuitiv, ohne längeres Nachdenken oder Nachschlagen, „guten Unterricht" definieren? Ergänzen Sie dazu einfach den Satz

„Guter Unterricht ist ....

...."

b) Angenommen, Sie erhalten von der Schulaufsicht die Aufgabe, eine besonders erfolgreiche Lehrerin/einen besonders erfolgreichen Lehrer zu nennen (z. B. für einen Unterrichtsfilm oder für eine wissenschaftliche Studie, in der Experten befragt werden): Wer fällt Ihnen dazu aus der Schule, die Sie leiten oder in der Sie unterrichten, ein? Warum gerade *diese* Lehrerin oder *dieser* Lehrer?

2.1 Grundlegende Orientierungen und Strategien zur Bestimmung der Unterrichtsqualität

2.1.1 Methodenorientierung vs. Wirkungsorientierung

Die Frage, was die *Qualität des Unterrichts* ausmacht, lässt sich aus zwei grundlegend unterschiedlichen Perspektiven beantworten. Zum einen kann man den Unterricht selbst – das, was im Klassenzimmer geschieht – zum Gegenstand der Beurteilung machen, man kann ihn anhand normativer Vorstellungen sozusagen „an und für sich" bewerten. Dies ist die vielen Lehrkräften vermutlich vertraute Sichtweise, und sie bildet auch traditionell den hauptsächlichen Gegenstand der Lehrerausbildung in der ersten und vor allem in der zweiten Phase. Hierfür gibt es eine große Zahl von Kriterienkatalogen und Beurteilungsbögen (vgl. z. B. Becker, 1998). Diese Perspektive setzt also am Prozess des Unterrichts selbst an. Dies ist der Ausgangspunkt der traditionellen Methodenorientierung in der Didaktik: Gut ist ein Unterricht dann, wenn er bestimmte *unterrichtsmethodische Forderungen* erfüllt. Jede Lehrerin und jeder Lehrer kennt aus der Lehrerausbildung noch die so genannten Formalstufen des Lehrens und Lernens, wie sie im ausgehenden 19. Jahrhundert en vogue waren. Damals glaubte man, dass Lernen nur möglich sei, wenn ihm eine strikte Abfolge von sehr spezifischen Lehrschritten zugrunde läge. Dies führte zu einer enormen Standardisierung und Rigidisierung des Volksschulunterrichts, von der man heute weit entfernt zu sein glaubt. Der Schein trügt hier allerdings, denn einseitige Methodenfixierungen finden sich – wenn auch in anderem Gewand – auch heute noch. Hierzu eine kritische Einschätzung von Weinert (1998b) aus einem Aufsatz mit dem bezeichnenden Titel „Guter Unterricht ist ein Unterricht, in dem mehr gelernt als gelehrt wird", der – anknüpfend an der Kritik an den Formalstufen des Unterrichts – vor neuem Dogmatismus warnt:

> „Welch ein Glaube an die Zerlegbarkeit der Lehrstoffe in Lektionen, welch eine Vision von der stereotypen Einheitlichkeit der psychologischen Lernmechanismen und welche Hoffnung auf die unbegrenzten Möglichkeiten des Lehrens als Lernen! Kein Wunder, dass der Kampf gegen die Formalstufen des Unterrichts zur großen Gemeinsamkeit der sonst sehr zerstrittenen Reformpädagogen wurde! Methoden zu Bewertungskriterien guten Unterrichts zu machen, ist aber kein Relikt des 19. Jahrhunderts, sondern findet sich auch in der Gegenwart in vielfältiger, oft versteckter, sich modern gebender, meist aber ideologisch eingefärbter Weise. Unterricht – so heißt es in einem kakophonen Chor – sei nur dann gut, wenn er lebenspraktische Projekte zum Inhalt hat, wenn er als Teamarbeit organisiert ist, wenn er völlig offen für die Gestaltung durch Schüler bleibt oder wenn er statt wichtiger Lerninhalte ausschließlich das Lernen lehrt. Solchen radikal einseitigen Methodenfixierungen – die z. B. im Erstleseunterricht lange Zeit zu ebenso erbitterten wie unsinnigen didaktischen Kontroversen geführt haben – wird im Folgenden deutlich widersprochen. Methoden sind nicht Selbstzweck des Unterrichts, sondern *Werkzeuge zur Erreichung bestimmter Ziele* und nur als solche brauchbar oder unbrauchbar, gut oder schlecht" (S. 8).

Diese Kritik richtet sich gegen Schematismus und Dogmatismus hinsichtlich „vorgeschriebener" oder „nahegelegter" Methoden des Unterrichtsaufbaus. Treffend erscheint mir auch Osers Metapher der *„Choreographie"* des Unterrichts: Demnach liegt dem Verlauf allen Lernens eine Choreographie zugrunde,

> „welche die Freiheit der Methodenorchestration mit der Strenge absolut notwendiger Lernschritte verbindet. Eine Choreographie ist ja ursprünglich eine Tanzschrittfolge, die zwei Sorten von Ansprüchen erfüllt. Einerseits kann der Tänzer den Raum frei nutzen, die ganze Palette seiner Künste vorzeigen, andererseits ist er an die Strenge des Rhythmus, an die Metrik der Zeit und an die Tiefenstruktur des musikalischen Verlaufs gehalten. Beides muss er verbinden können, Freiheit und Strenge, um erfolgreich dem Ausdruck, den er sich vorgenommen hat, gerecht werden zu können." (Oser & Patry, 1990)

Originell erscheint mir Shulmans Metapher des Lehrers als *Jongleur*, die Niggli (2000) als Beleg für die Vielfältigkeit und Unberechenbarkeit des Unterrichts anführt:

„Die versiertesten [Lehrer] unter ihnen verstünden es, auf spielerische Art und Weise sehr viele Bälle zu kontrollieren. Das Bild des Jongleurs unterscheidet sich unverkennbar von der Vorstellung eines gradlinigen, mechanistisch präparierten Weges, der zu einem festgelegten Ziel führt. Nach Shulmans Vorstellungen wird Unterricht eher als Spiel mit ihn charakterisierenden Möglichkeiten gesehen, als vielfältig und labil." (S. 37) Ganz anders die *wirkungsorientierte Sichtweise:* Unterricht ist so gut wie die Wirkungen, die er erzielt. Diese Sichtweise wird von einer empirisch und output-orientierten Sichtweise, insbesondere von der Forschung zur Lehrerwirksamkeit („teacher effectiveness") nahegelegt. Dass es sehr unterschiedliche Wirkungen und Zielkriterien des Unterrichts und folglich sehr unterschiedliche Arten „guten" Unterrichts gibt, davon wird noch die Rede sein. Von dem zu Recht kritisierten Methodenschematismus abgesehen, sind *beide* Sichtweisen wichtig und ergänzen sich gegenseitig: Unterrichtsqualität bezieht sich sowohl auf die Qualität der Lehrmethoden (fern von Schematismus und Monokultur *bestimmter* Methoden) als auch auf die Wirkungen.

In diesem Zusammenhang möchte ich allerdings mit Nachdruck darauf hinweisen, dass es zum empirischen Nachweis der Wirksamkeit einer bestimmten Unterrichtsmethode oder eines Unterrichtsstils nicht ausreicht, wenn lediglich positive statistische Zusammenhänge (Korrelationen) zwischen diesem Unterrichtsmerkmal und einem nur einmal erfassten Zielkriterium wie dem Leistungsniveau der Klasse gefunden werden. Das hohe Leistungsniveau der Klasse könnte ja unter Umständen gar nicht Ergebnis der Unterrichtsmethode sein, sondern der Einsatz der Unterrichtsmethode könnte umgekehrt auch vom Leistungsstand der Klasse beeinflusst sein, was beides zu einer positiven Korrelation führen würde. Wirklich aussagekräftig sind eigentlich nur Längsschnittuntersuchungen (bei denen sowohl der Unterrichts als auch die Zielkriterien mehrfach erfasst werden und somit *Veränderungen* feststellbar sind) und experimentelle Studien (bei denen das Unterrichtsmerkmal *systematisch variiert* wird und andere Merkmale konstant gehalten werden – nur dann sind mögliche Wirkungen eindeutig auf das variierte Merkmal zurückführbar).

Reflexionsaufgabe 2: Wirkungen guten Unterrichts
Überlegen Sie bitte einmal, an welchen Wirkungen Sie persönlich festmachen würden, ob Unterricht gut bzw. erfolgreich ist, und ziehen Sie für diese Einschätzung drei unterschiedliche Fächer heran:
- Mathematik
- Englisch
- Sport

2.1.2 Variablen- vs. personzentrierter Ansatz

Unabhängig von diesen beiden Sichtweisen der Qualität des Unterrichts gibt es zwei kontrastierende Strategien der Unterrichtsforschung: den variablenzentrierten und den personzentrierten Ansatz (Helmke & Weinert, 1997; Weinert, Schrader & Helmke, 1990b). Die *va-

riablenzentrierte Strategie geht so vor, dass einzelne Merkmale (Variablen) des Unterrichts – beispielsweise die Klarheit der Präsentation, die Häufigkeit von Gruppenarbeit oder die Anzahl anspruchsvoller Fragen – mit Maßen des Lernerfolgs in Beziehung gesetzt werden. Ergebnis sind statistische Zusammenhänge (Korrelationen) zwischen einzelnen Unterrichtsvariablen und dem Lernerfolg (je größer z. B. die Klarheit, um so höher ist tendenziell der Lernerfolg). Dies ist die in der Vergangenheit dominierende Methode gewesen. Sie ist intuitiv plausibel und die meist gewählte Methode, wenn es darum geht, Gesetzmäßigkeiten des Lehrens und Lernens zu erforschen. Sie hat jedoch auch große Nachteile, wenn sie als einzige Methode eingesetzt wird. Bei einer ausschließlich variablenzentrierten Sichtweise bleibt das lehrende bzw. das lernende Individuum mit seinen spezifischen Merkmalskonfigurationen außer Betracht. Unterricht wird aber nicht von Variablen veranstaltet, sondern von Personen, die jeweils ein individuelles Gesamtmuster, eine Konfiguration unterschiedlicher Facetten repräsentieren. Diese Ganzheit gerät leicht aus dem Blickfeld. Abgesehen davon erfassen Korrelationen lediglich *lineare* Zusammenhänge – gut denkbar und plausibel sind jedoch auch nichtlineare Zusammenhänge (z. B. dass sowohl ein sehr seltener als auch ein extrem häufiger Einsatz einer Lehrmethode negativ sind und das Optimum in der Mitte liegt). Solche Zusammenhänge werden jedoch – zu Unrecht – sehr selten geprüft.

Deshalb sollte der variablenorientierte Forschungsansatz durch einen *personzentrierten Ansatz* ergänzt (nicht: ersetzt) werden. Letzterer besteht darin, dass in einem ersten Schritt diejenigen Personen identifiziert werden, die als *Experten* gelten (sei es durch Nomination der Schulleitung, der Schulaufsicht, des Kollegiums oder Schülerurteile, sei es auf der Basis der tatsächlich erzielten, empirisch nachgewiesenen unterrichtlichen Wirkungen). In einem zweiten Schritt werden diese Personen und ihr Unterricht unter die Lupe genommen, um von solchen Fällen „guter", d. h. „erfolgreicher" Praxis gegebenenfalls zu lernen: Worin besteht das Erfolgsgeheimnis dieser Lehrkräfte? Was macht das „Mischungsverhältnis", die angemessene Dosierung verschiedener Lehrmethoden aus? Dabei muss allerdings bedacht (und mit entsprechenden Methoden berücksichtigt) werden, dass hier der *Kontext* der Klasse ins Spiel kommt: Je nach Einzugsbereich der Schule, je nach Klassenzusammensetzung wird Unterricht erleichtert oder erschwert. Außerdem kommen bei diesem Analysetyp – wie immer, wenn man (meist zahlenmäßig relativ kleine) Extremgruppen heranzieht – statistische Probleme ins Spiel, z. B. die Schwierigkeit der Verallgemeinerung. Deshalb kommt diesem Ansatz aus methodischer Sicht eher ein exploratorischer Charakter zu.

2.2 Zielkriterien des Unterrichts

Schule und Unterricht verfolgen – über schulische Leistungen und Kompetenzen, über Wissen und Fertigkeiten in Schulfächern hinaus – bekanntlich eine Vielzahl von *Zielen*, und daneben hat die Schule zahlreiche – intendierte oder auch unbeabsichtigte – *Wirkungen*, die unter Begriffen wie „erzieherische Wirkungen", „überfachliche Effekte", „Sozialisationseffekte" der Schule oder „heimlicher Lehrplan" (hidden curriculum) geführt werden (vgl. Fend, 1976). Die Klassifikation solcher Ziele und Effekte ist keineswegs akademisch, sondern für die Frage nach der Unterrichtsqualität von großer Wichtigkeit, denn Aussagen über die Güte und Angemessenheit ausschlaggebender Unterrichtsstile und -methoden lassen sich immer nur im Hinblick auf spezifische Ziele machen.

Die bekanntesten Lernzieltaxonomien, die in der Lehrerausbildung meist ausführlich thematisiert werden, sind diejenigen von Bloom, Gagné und Krathwohl. Sie sollen hier zur Wiederauffrischung (lediglich knapp und ohne Kommentar) beschrieben werden, da an anderer Stelle dieses Textes darauf Bezug genommen wird. Da die Konzepte teilweise schwer bzw. nur mit Informationsverlust ins Deutsche übersetzbar sind, belasse ich es in solchen Fällen bei den originalen englischen Ausdrücken.

2.2.1 Die klassischen Taxonomien

Das Ergebnis der Bemühungen um eine präzisere Beschreibung von Lernzielen und ihre Ordnung bestand in der Entwicklung von Taxonomien. Die bekannteste Taxonomie stammt von Bloom, Englehart, Furst, Hill & Krathwohl (1956) (vgl. Kasten 1). Bei diesem Buch handelt es sich übrigens um eines der erfolgreichsten pädagogischen Bücher überhaupt: Bis 1994 wurden über sechs Millionen Exemplare verkauft, und das Buch wurde in 18 Sprachen übersetzt (Mietzel, 2000, S. 403). Die Taxonomie ist hierarchisch aufgebaut: Die Komplexität der Lernziele wird zunehmend größer – Ausdruck des kumulativen Charakters von Lernprozessen. Das pädagogische Ziel dieser Taxonomie bestand vor allem darin, die Lehrer zu kognitiv anspruchsvolleren, über bloßes Faktenwissen hinausgehenden Fragen, Anforderungen und Aufgaben anzuregen.

Wissen, Kenntnisse (Knowledge)
Verstehen (Comprehension)
Anwendung (Application)
Analyse (Analysis)
Synthese (Synthesis)
Bewertung (Evaluation)

Kasten 1: Blooms Taxonomie kognitiver Lernziele (Bloom et al., 1956)

Obwohl das Grundanliegen der Bloomschen Lernzieltaxonomie noch heute berechtigt ist, geht man inzwischen weniger von verallgemeinerten intellektuellen Fähigkeiten und Fertigkeiten aus, sondern betont mehr die *Bereichsspezifität*; das heißt, dass Lernübertragung (Transfer) nur innerhalb bestimmter Problembereiche (Domänen) zu erwarten ist. Was die hierarchische Organisation der Lernziele anbelangt, so ist sie vor allem bei den beiden höchsten Kategorien in Zweifel gezogen worden.

In der ebenfalls sehr bekannt gewordenen Taxonomie von Robert Gagné (vgl. Kasten 2) werden fünf mögliche Ergebnisse von Lernprozessen unterschieden: Zu drei zentralen kognitiven Lernergebnissen (Faktenwissen und intellektuelle Fertigkeiten, heute meistens als deklaratives und prozedurales Wissen bezeichnet, sowie kognitive Strategien) kommen noch motorische Fertigkeiten sowie Einstellungen, also Lernergebnisse im affektiven Bereich.

Verbal information
Intellectual skills
Cognitive strategies
Attitudes
Motor skills

Kasten 2: Gagnés fünf Typen von „learning outcomes" (Gagné & Driscoll, 1988)

Affektive Lernziele sind Gegenstand der Taxonomie von Krathwohl, Bloom & Masia (vgl. Kasten 3), die als Ergänzung der ausschließlich auf kognitive Lernziele bezogenen Systematik von Bloom zu sehen ist.

Receiving or Attending (sensitivity to stimuli)
Responding (motivation to learn)
Valuing (acceptance, preference, commitment)
Organizing (value hierarchy)
Level (consistency of value and practice)

Kasten 3: Krathwohls Taxonomie affektiver Lernziele (Krathwohl, Bloom & Masia, 1964)

Für ausführlichere Darstellungen dieser Taxonomien sei auf die Originalliteratur verwiesen. Überblicksdarstellungen finden sich bei McCown, Driscoll & Roop (1996) oder Mietzel (2000).

2.2.2 Typen von Zielkriterien des Unterrichts

Im Folgenden werden aus heutiger Sicht einige Möglichkeiten der Klassifikation von Zielkriterien vorgestellt.

2.2.2.1 Individuelle versus kollektive Zielkriterien

Oft wird bei den Zielkriterien nur an Wirkungen oder Veränderungen (z.B. Wissensaufbau, Leistungszuwachs etc.) bei den *einzelnen Schüler/innen* gedacht, wobei „Veränderung" auch die Möglichkeit der Nicht-Veränderung, der Stagnation einschließt. Auf einer höheren Ebene kann ein Ziel des Unterrichts jedoch auf die *Verteilung* von Merkmalen innerhalb der *Klasse* gerichtet sein, beispielsweise auf den Abbau von Unterschieden zwischen leistungsschwachen und leistungsstarken Schüler/innen in einer Klasse. Angesichts der Ergebnisse von PISA 2000 (vgl. hierzu Kapitel 5.9) zur extremen Streuung der Lesekompetenz zwischen Schülern aus sozial schwachen und starken Familien (dort ging es um das jeweils untere und obere Viertel der sozialen Schicht) dürfte dem Ziel der *Egalisierung* von unerwünschten Fähigkeits- oder jedenfalls Leistungsunterschieden zwischen Schülerinnen und Schülern innerhalb von Klassen, d. h. der Entkoppelung von sozialer Herkunft und Bildungschancen in Zukunft eine verstärkte Bedeutung zukommen (vgl. Helmke, 1988b).

2.2.2.2 Fachwissen versus Schlüsselkompetenzen

Mit der Vielfalt unterschiedlicher Ziele des Schulunterrichts hat sich bereits Wilhelm von Humboldt (1809) auseinander gesetzt:

> „Der Zweck des Schulunterrichts ist die Übung der Fähigkeiten und die Erwerbung der Kenntnisse, ohne welche wissenschaftliche Einsicht und Kunstfertigkeit unmöglich ist ... Der junge Mensch soll in Stand gesetzt werden, den Stoff, an welchen sich alles eigene Schaffen immer anschließen muß, teils schon jetzt wirklich zu sammeln, teils künftig nach Gefallen sammeln zu können, und die intellektuell-mechanischen Kräfte auszubilden. Er ist also auf doppelte Weise, einmal mit dem Lernen selbst, dann mit dem Lernen des Lernens beschäftigt." (Königsberger Schulplan, in: Humboldt, 1996, Bd. IV, S. 169 f.)

Diese beiden Zielkriterien und ihr relatives Gewicht für den Schulerfolg sowie die Bildungsqualität von Schule sind in den letzten Jahren Gegenstand von Kontroversen gewesen. Insbesondere das selbstständige Lernen und das verständige Lesen (siehe PISA 2000) gelten als *die* Schlüsselkompetenzen. In einer Zeit, in der man mit der Forderung nach „mehr Schlüsselqualifikationen" offene Türen einrennt und sich im Einklang sowohl mit berechtigten Klagen der Wirtschaft („mangelndes Basiswissen, defizitäre Schlüsselkompetenzen") wie der Universität („unzureichende Studierfähigkeit") befindet, scheint sich die Waage klar zugunsten der Schlüsselkompetenzen und zu Lasten der fachlichen Wissensbasis zu neigen, was in Slogans wie „Denken lernen statt Fachwissen anhäufen" oder „Persönlichkeitsbildung statt Stoff pauken" zum Ausdruck kommt.

Mit Reusser (2000) halte ich es jedoch für unangebracht, Wissen und Denken, Fachbildung und Persönlichkeit gegeneinander auszuspielen, „als ob sich eine kulturrelevante Lern- und Denkfähigkeit fachbeliebig und ohne Gegenstände denken ließe" (Reusser, S. 110). Die wichtigste Voraussetzung für kumulative und anspruchsvolle Lernprozesse sind gerade nicht formale Schlüsselqualifikationen, sondern ist eine *solide und gut organisierte Wissensbasis*, d. h. ein in sich vernetztes, in verschiedenen Situationen erprobtes und flexibel anpassbares Wissen („intelligentes Wissen"), das Fakten, Konzepte, Theorien und Methoden gleichermaßen umfasst. So sagt auch die BLK-Expertise:

> „Verständnisvolles Lernen ist ein aktiver und konstruktiver Aufbau von Wissenssystemen. Dies ist immer ein individueller Konstruktionsprozess, der maßgeblich durch das verfügbare Vorwissen und den dadurch beschriebenen Verständnishorizont beeinflusst wird. Der kumulative Verlauf des Lernens innerhalb eines Wissensbereichs wird unmittelbar durch die Qualität des Vorwissens bestimmt. Umfang, Organisation, mentale Repräsentation und Abrufbarkeit machen die Qualität des Wissensbestandes aus. Bei steigender Schwierigkeit und Komplexität von Aufgaben und Problemstellungen nimmt die Bedeutung des spezifischen Vorwissens für deren erfolgreiche Bearbeitung zu." (1997, S. 17)

Gerade weil nach dem PISA-Schock die Gefahr allzu einfacher Rezepte nahe liegt, hier eine dringende Warnung Weinerts (1998b):

„Verführerisch klingen ihre Botschaften! Sie werden von politischen Parteien, Lehrerorganisationen, Elternverbänden, Industrie- und Handelskammern begierig aufgegriffen, interessengeleitet verstärkt und als wirksame Beiträge zur Schulreform propagiert. Die Empfehlungen sind durchweg eindimensional und scheinen extrem einfach zu sein. Behauptet wird zum Beispiel:
Wissen sei altmodisch; was wir bräuchten, sei *Medienkompetenz*, um alle Informationen dieser Welt blitzschnell elektronisch abrufen zu können;
Lernen sei viel zu inhaltsspezifisch und zu zeitaufwendig: was wir bräuchten sei deshalb, das *Lernen zu lernen*, damit sich jeder jederzeit bei entsprechendem Bedarf alles Notwendige in kürzester Zeit aneignen könne;
Der Erwerb von *Qualifikationen* sei viel zu speziell und veralte zu schnell: es genüge, einen Kanon von *Schlüsselqualifikationen* zu besetzen, um alle beruflichen Türen öffnen und dahinter erfolgreich tätig sein zu können.

In jeder dieser pädagogischen Visionen findet sich ein bildungspolitisch und lernpsychologischer Tropfen Wahrheit, der aber durchwegs von einer Woge psychologischer Illusionen überspült wird. Der menschliche Geist ist nämlich von Natur aus nicht darauf eingerichtet und nicht kurzfristig darauf zu programmieren, fehlendes Wissen durch Metawissen zu ersetzen; mangelnde Qualifikationen durch Schlüsselqualifikationen zu kompensieren; statt inhaltliches Wissen zu erwerben vorwiegend das Lernen zu lernen; als Heranwachsender keine grundlegende Allgemeinbildung zu erwerben und doch lebenslang erfolgreich zu lernen … Auf allen diesen Lern- und Bildungsdimensionen das jeweils Zukunftsweisende zu tun, ohne das traditionell Notwendige zu lassen, das ist die wichtigste Schlussfolgerung aus den verfügbaren kognitions-, lern- und entwicklungspsychologischen Erkenntnissen." (S. 113/4)

Kasten 4: Weinerts Warnung vor falschen Propheten und
              unzulässigen Vereinfachungen

Daraus folgt zweierlei: *Erstens* sind Programme und Konzepte, die sich der Entwicklung und der Stärkung von *Schlüsselkompetenzen* bei Schülern widmen (wie im Konzept des eigenverantwortlichen Lernens bei Klippert) nötig und wichtig – sie stoßen jedoch auch an Grenzen, wenn sie verabsolutiert werden oder wenn eine Imbalance zwischen der unabdingbaren Wissensbasis einerseits und Schlüsselkompetenzen andererseits entsteht. Gelegentlich sind Tendenzen der Vernachlässigung einer soliden fachlichen Wissensbasis festzustellen.

Zweitens müssen sich Programme und Aktionen zur Entwicklung und Steigerung von Schlüsselkompetenzen (z. B. Methoden- oder Sozialkompetenzen, sei es bei Schülern oder bei Lehrern) der gleichen strikten *empirischen Bewährungskontrolle* stellen wie dies auch für andere Unterrichtsprogramme verlangt wird. Die Zufriedenheit der an einem solchen Programm beteiligten Akteure reicht als Evaluationskriterium ganz sicher nicht aus; vielmehr geht es um *nachweisliche und nachhaltige Wirkungen* auf Seiten der Schüler/innen (vgl. hierzu den Abschnitt zur Evaluation in Kapitel 6.2). Freundlich gestimmte Erfahrungsberichte oder enthusiastische Stimmen von Beteiligten mögen einen plakativen Wert haben, sind jedoch wissenschaftlich irrelevant. Es führt kein Weg vorbei an methodisch sauberen Überprüfungen, mit Hilfe anerkannter Methoden der empirischen Evaluationsforschung[8].

2.2.2.3 Bildungsziele der Schule

Unter „Bildungszielen" versteht man diejenigen fachlichen und überfachlichen Ziele, die auf dem Bildungs- und Erziehungsauftrag der Schule basieren. Die bekannteste und einflussreichste Klassifikation stammt von Weinert (2000b), der sechs fundamentale Bildungsziele propagiert:

Erwerb intelligenten Wissens
- erfordert vertikalen Lerntransfer
- enthält Anschlussfähigkeit für lebenslanges Lernen
- wird begünstigt durch lehrergesteuerten, aber schülerzentrierten Unterricht

Erwerb anwendungsfähigen Wissens
- braucht situationsspezifische Erfahrungen
- erfordert horizontalen Lerntransfer
- wird begünstigt durch situationsspezifisches Lernen
- wird erleichtert durch Projektunterricht

Erwerb variabel nutzbarer Schlüsselqualifikationen
- erlaubt vielfältige, flexible, variable Nutzung wichtiger (konkreter und abstrakter) Kompetenzen
- erfordert vertikalen und horizontalen Lerntransfer
- wird begünstigt durch Kombination von lehrergesteuertem und schülergesteuertem Unterricht

Erwerb des Lernen Lernens (Lernkompetenz)
- erfordert Expertise über das eigene Lernen
- wird begünstigt durch lateralen Lerntransfer
- wird gefördert durch angeleitetes selbstständiges Lernen und Reflektionen über das eigene Lernen

Erwerb sozialer Kompetenzen
- bedeutet soziales Verstehen, soziale Geschicklichkeit, soziale Verantwortung und Konfliktlösungskompetenz
- erfordert reflektierte soziale Erfahrungen
- wird begünstigt durch regelgeleitete Zusammenarbeit, Gruppenunterricht, Teamarbeit, Konfliktlösungsaufgaben, etc.

Erwerb von Wertorientierungen
(soziale, demokratische und persönliche Werte)
- durch Erleben einer Wertgemeinschaft (Schulkultur, Klassengeist, Lehrervorbild, Gemeinschaftserfahrungen)
- wird begünstigt durch motivationalen Lerntransfer
- wird nicht gefördert durch spezielle Unterrichtsmethoden, sondern durch lebendige Schulkultur

---

Kasten 5: Sechs Bildungsziele nach Weinert

Alle diese möglichen Wirkungen von Schule und Unterricht können intendiert sein oder auch unbeabsichtigt („laterales Lernen", „heimlicher Lehrplan", „hidden curriculum"). Die zugrunde liegenden Mechanismen umfassen die gesamte Bandbreite der Lernformen: von klassischer Konditionierung (z. B. beim Erwerb von Ängsten) über Verstärkungslernen (Lob und Strafe), Lernen durch Unterweisung (z. B. im Ethikunterricht) und Beobachtungslernen (z. B. Lehrkräfte oder Peers als Modelle).

2.2.2.4 Im Mittelpunkt: Intelligentes Wissen

Im Folgenden lege ich als zentrales Zielkriterium die Entwicklung fachlicher Kompetenzen zugrunde. Zur Vermeidung des Missverständnisses, es ginge dabei lediglich um Faktenwissen, soll nochmals betont werden: Zentrales Ziel des schulischen Unterrichts ist nicht die Akkumulation von Stoff, geschweige denn von bloßem Faktenwissen, sondern es geht um intelligentes Wissen. Hierzu ein Zitat von Weinert (1996b):

> „Jedes sinnerfüllte Lernen erfordert auf Seiten des Lernenden eine inhaltlich relevante **Vorwissensbasis.** Neue Informationen können weder in ihrer aufgabenspezifischen Bedeutsamkeit beurteilt noch in ihrer inhaltlichen Besonderheit produktiv verarbeitet werden, ohne dass der Lernende dabei auf verfügbares Wissen zurückgreifen muss. Jeder Ansatz ist zum Scheitern verurteilt, der durch formale Techniken des Lernens, mit Hilfe einiger weniger Schlüsselqualifikationen oder einer funktional autonom gewordenen intrinsischen Lernmotivation versucht, fehlendes oder mangelhaftes inhaltliches Vorwissen zu kompensieren.
>
> Dabei geht es nicht um Wissen im Sinne mechanischer Kenntnisse, um eine passive Verfügbarkeit von Fakten oder um unverstandene Leistungsdispositionen, sondern um den Erwerb **intelligenten Wissens.** Darunter versteht man ein wohlorganisiertes, disziplinär, interdisziplinär und lebenspraktisch vernetztes System von flexibel nutzbaren Fähigkeiten, Fertigkeiten, Kenntnissen und metakognitiven Kompetenzen. Voraussetzung dafür und Resultat davon ist ein sachlogisch aufgebautes, systematisches, inhaltsbezogenes Lernen, das grundlegende Kenntnislücken, Verständnisdefizite und falsche Wissenselemente vermeidet. Der kognitive Mechanismus dieser Lernform ist der vertikale Lerntransfer, durch den automatisch die Wirksamkeit des Wissenserwerbs im gleichen Inhaltsgebiet erleichtert, zum Teil überhaupt erst ermöglicht wird." (S. 115)

Kasten 6: Erwerb intelligenten Wissens nach Weinert

2.2.2.5 Erzieherische Wirkungen

Zu den namhaftesten und produktivsten Wissenschaftlern im deutschen Sprachraum, die die erzieherischen Wirkungen der Schule zum Gegenstand ihrer Forschung gemacht haben, gehört zweifellos Helmut Fend, dessen Werk hier – stellvertretend für das gesamte Forschungsprogramm – genannt werden soll (Fend, Knörzer, Nagl, Specht & Väth-Szusdziara, 1976; Fend, Dreher & Haenisch, 1980; Fend, 1998, 2000). Seine Konstanzer[9] und

Züricher Studien thematisieren in einer – nicht nur für den deutschen Sprachraum – einzigartigen Weise die gesamte Palette schulischer Sozialisationseffekte: von der Sozialisation durch Literatur (Fend, 1979), der politischen Sozialisation bis hin zu den „klassischen" Sozialisationseffekten im Bereich lern- und leistungsbezogener Motive, Einstellungen, Orientierungen und Selbstkonzepte (Fend, 1998).

2.2.2.6 Curricular relevantes (Schulfach)Wissen versus Grundbildung („literacy")
Das in den angelsächsischen Ländern, aber auch in den Niederlanden verbreitete Konzept der „literacy" (mit „Literalität" oder „Grundbildung" nur unzureichend übersetzt) ist in der Diskussion nach TIMSS und vor allem nach PISA auch in Deutschland zunehmend prominent geworden. Dem Grundbildungskonzept liegt ein funktionales Kompetenzkonzept zugrunde: Es geht um solche bis zum Ende der Pflichtschulzeit zu erwerbenden Kompetenzen, die in modernen Gesellschaften für eine befriedigende Lebensführung in persönlicher und wirtschaftlicher Hinsicht sowie für eine aktive Teilhabe am gesellschaftlichen Leben notwendig sind (vgl. OECD, 2001a; Baumert, Klieme, Neubrand, Prenzel, Schiefele, Schneider, Stanat, Tillmann & Weiß, 2001). So liegen bei der Erfassung der Lesekompetenz überwiegend authentische, lebensnahe Texte zugrunde, zu denen etwa Formulare, Graphiken, Karten, Diagramme, Beipackzettel, Tabellen oder bildliche Veranschaulichungen zählen, die in ganz unterschiedlichen textlichen Zusammenhängen eingebettet sein können.

Auf die Notwendigkeit einer *bildungstheoretischen Fundierung* von Studien wie PISA, DESI usw. hat Benner (2002) hingewiesen:

> „Nähert man sich dem Ansatz von PISA unter erziehungswissenschaftlichen Gesichtspunkten, so kann man zunächst feststellen, dass PISA ohne Annahmen hinsichtlich einer Kausalität pädagogischen Wirkens, ohne Didaktik und Schultheorie und ohne eine als solche ausgewiesene Bildungstheorie auskommt. Vermutlich verdankt der Ansatz einen Teil der Stringenz und Überzeugungskraft der Ausblendung dieser Fragen. Als Ergebnis sind daher keine konstruktiven Theorien des Lehrens und Lernens, des Unterrichts und seiner Didaktik, des Lehrplans und seiner Struktur … zu erwarten." (S. 81)

Ich halte diese Kritik für unangemessen. Von einer Ausblendung bildungstheoretischer Konzepte in der PISA-Konzeption kann keine Rede sein. Evaluationsstudien unterliegen ganz anderen Prinzipien als z. B. Trainingsstudien oder experimentelle Schulforschung, so dass es meines Erachtens auch nicht fair ist, sie an kausalanalytisch angelegten Studien zu messen. Dies wollen und können Studien vom Typ PISA nicht leisten – und gleichwohl liegen den für PISA entwickelten Fragebogen- und Testinstrumenten (z. B. dem Schülerfragebogen) sehr wohl theoretisch fundierte Hypothesen zugrunde.

Reflexionsaufgabe 3: PISA – ohne theoretische Fundierung?
Bitte überprüfen Sie anhand des PISA-Buches (Baumert et al., 2001) selbst, ob die oben genannte Kritik Benners zutrifft!

2.2.2.7 Kurz- vs. langfristige Effekte

Jeder kennt die gute alte Formel *non scholae, sed vitae discimus* (die bekanntlich auf Seneca zurückgeht, der es als Tadel gegen den damaligen Studienbrief gerade andersherum benutzte [non vitae, sed scholae discimus], sinngemäß übersetzbar mit „Leider lernen wir ja nur für die Schule, nicht fürs Leben"). Trotzdem ist in den meisten Studien und wohl auch im Unterrichtsalltag ist die Reichweite der Wirkungsvorstellungen begrenzt, häufig auf ein Schuljahr, wenn es hochkommt auf den Zeitraum, während dem eine Klasse unterrichtet wird (z. B. während der Sekundarstufe I oder der Grundschule), selten aber über die Schule hinaus. In dieser Größenordnung befinden sich dementsprechend auch die Versuchspläne der empirischen Studien, was schon aus organisatorischen und finanziellen Gründen nachvollziehbar ist.

Um zu einer angemessenen Bewertung der Qualität des Unterrichts zu gelangen, müsste jedoch die Perspektive über die Schule hinaus reichen: Was bewirkt der Unterricht für das Leben nach dem Ende der Schulzeit, das heißt für die Bewältigung der Anforderungen des Berufs und des Studiums? Die damit verbundenen Fragen erfordern Forschungstypen, die nur selten realisiert werden, im günstigsten Falle Langzeitstudien, die über das Ende der Schulzeit hinausreichen oder auch sog. *Absolventenstudien*, bei denen Berufstätige rückwirkend zu ihren schulischen Erfahrungen befragt werden.

2.3 Theorie- und Forschungstraditionen zur Unterrichtsqualität

Die Frage der Unterrichtsqualität war und ist Gegenstand sehr unterschiedlicher wissenschaftlicher Ansätze und Forschungstraditionen. Dies war bereits beim vorigen Punkt angeklungen: bei den unterschiedlichen Perspektiven von Didaktik und Unterrichtsforschung. Wenn man die Komplexität der Aussagen zur Unterrichtsqualität verstehen und kritisch beurteilen will, ist es lohnenswert, die verschiedenen wissenschaftlichen Teilgebiete und Forschungsbereiche einmal Revue passieren zu lassen.

2.3.1 Pädagogik: Allgemeine Didaktik und Fachdidaktiken

Die *allgemeine Didaktik* (griechisch für die „Kunst des Lehrens") beschäftigt sich, vereinfacht ausgedrückt, mit der wissenschaftlichen Grundlegung des Lehrens. Bekanntlich setzte sich bereits Comenius (1592–1670) in seinem Hauptwerk „Die große Didaktik" (lateinisch Didactica Magna) umfassend mit Unterrichtszielen, -methoden und -mitteln auseinander. Die Vielfalt der heute anzutreffenden Varianten didaktischer Theorien hier auch nur ansatzweise darstellen zu wollen, würde zu weit führen. Auf den Unterricht bezogen ist der entscheidende Punkt, dass es sich um *allgemeine* Prinzipien und Regeln der Gestaltung handelt, die bei der Planung und Realisierung des Unterrichts beachtet werden müssen.

Die allgemeine Didaktik hat eine Vielzahl von Regeln, Schemata und Anweisungen für den „guten" Unterricht hervorgebracht, die in der Lehrerausbildung noch heute dominieren. Allen Ansätzen ist gemeinsam, dass sie nicht produktorientiert (welches ist der nachweisliche und nachhaltige Ertrag des Unterrichts?), sondern prozessorientiert (wie soll der Unterricht gestaltet werden?) sind. Die Literatur zur Didaktik ist immens, und ich werde mich in diesem Buch nicht mit allgemeinen didaktischen Fragen auseinander setzen. Ein Hinweis auf einschlägige Fachliteratur soll genügen (Jank & Meyer, 1991; Peterßen, 1994; Kron, 2000); zur Diskussion über neue Orientierungen in der Didaktik vgl. Holtappels & Horstkemper (1999).

Im Gegensatz zur allgemeinen Didaktik bauen die *Fachdidaktiken* auf der Wissensbasis und den Curricula der jeweiligen Inhaltsgebiete auf. Anders als in der allgemeinen Didaktik gibt es – vor allem für den Bereich der mathematischen und naturwissenschaftlichen Fächer – inzwischen zahlreiche Brücken zwischen Fachdidaktik einerseits und empirischer Wirkungsforschung andererseits. Dies ist sicher nicht zuletzt ein Verdienst der TIMS-Studie und der ihr nachfolgenden sehr intensiven fächer- und disziplinübergreifenden Diskussion – ein gar nicht hoch genug einzuschätzendes Verdienst des MPI für Bildungsforschung und des Leibniz-Instituts für die Pädagogik der Naturwissenschaften, und hier ganz besonders von Jürgen Baumert. Es ist zu hoffen, dass die großen Vergleichsprojekte PISA (Leseverständnis, mathematische und naturwissenschaftliche Kompetenzen) und DESI (Deutsch als Muttersprache und Englisch als Fremdsprache) diese Verknüpfungen intensivieren bzw. – für die sprachlichen Unterrichtsfächer – zunächst einmal herstellen.

2.3.2 Pädagogische Psychologie und Empirische Unterrichtsforschung auf der Suche nach dem guten Lehrer

2.3.2.1 Das Persönlichkeitsparadigma

Eine sehr frühe Phase des wissenschaftlichen Bemühens, Schulleistungsunterschiede zwischen Schülern und Schulklassen mit Hilfe empirischer Untersuchungen zu erklären, war durch die Hoffnung gekennzeichnet, man könne Eigenschaften erfolgreicher Lehrer identifizieren: Charaktermerkmale beispielsweise (wie Geduld), oder einen bestimmten Führungs- oder Unterrichtsstil. Man sprach auch von Merkmalen der „positiven Lehrerpersönlichkeit" (Getzels & Jackson, 1970). Diese Versuche gelten heute als gescheitert. Warum? Zu groß ist die Heterogenität der Aufgaben von Lehrkräften, zu weit und vermittelt ist der kausale Wirkungspfad von einem allgemeinen Persönlichkeitsmerkmal eines Lehrers bis hin zu Lernprozessen individueller Kinder. Man fand nur wenige – und zudem schwache – Zusammenhänge zwischen Lehrerpersönlichkeit und Schulleistungsunterschieden, und diese wenigen Zusammenhänge erwiesen sich als relativ trivial: z. B. dass die gut beurteilten Lehrer überdurchschnittliche Werte im Bereich der emotionalen Stabilität, Verträglichkeit, der persönlichen Beziehungen/Kooperation und des Tätigkeitsdrangs/der Tatkraft aufwiesen (Pause, 1973). Dazu kommt noch, dass es sich dabei überwiegend um Temperamentsaspekte handelt, bei denen ein systematisches Training von vornherein wenig aussichtsreich erscheint.

2.3.2.2 Das Prozess-Produkt-Paradigma

Nachdem die Suche nach Eigenschaften des guten „Lehrers" unergiebig war, wurde das Persönlichkeitsparadigma vom Prozess-Produkt-Paradigma abgelöst. Dessen Logik umfasst drei Schritte:

- *Prozesse*: Erfassung bestimmter Aspekte des Unterrichtsverhaltens (z. B. Beurteilung der Klarheit und Verständlichkeit, oder Bestimmung der Anzahl anspruchsvoller Fragen pro Zeiteinheit), meist durch Methoden der Unterrichtsbeobachtung;
- *Produkte:* Erfassung von Zielkriterien, zumeist eines Maßes der Schulleistung in dem betreffenden Fach. Anspruchsvollere Studien testen außerdem die Vorkenntnisse, um so den Lerngewinn bzw. Leistungszuwachs berechnen zu können ("value added");
- *Berechnung von Maßen des Zusammenhangs* (überwiegend Korrelationen) zwischen Unterrichtsmaßnahme oder Unterrichtsstil einerseits und Zielkriterium (z. B. Leistungszuwachs innerhalb eines Schuljahres) andererseits.

Die Prozess-Produkt-Forschung lieferte einen großen Schatz empirisch begründeten Wissens über lern- und leistungsrelevante Merkmale des Unterrichtens, was in den großen Handbucharrikeln und Übersichtsdarstellungen sowie in Meta-Analysen seinen Niederschlag findet (Rosenshine & Stevens, 1986; Shuell, 1996; Brophy & Good, 1986; Helmke & Weinert, 1997).

Die Fortschritte der Pädagogischen Psychologie im letzten Jahrhundert haben – ohne das Prozess-Produkt-Paradigma generell in Frage zu stellen – zu einer erheblichen Differenzierung geführt (vgl. Gage & Needels, 1989; Shuell, 1996; Weinert & Helmke, 1995). Dies betrifft zum einen die Anreicherung des elementaren Prozess-Produkt-Paradigmas um vermittelnde und interpretative Prozesse auf Schülerseite, "mediating processes" (Doyle, 1986; Winne & Marx, 1977) und zum anderen die Berücksichtigung komplexerer Wirkbeziehungen (z. B. auch nichtlinearer Effekte, Wechselwirkungen und bedingter Effekte).

2.3.2.3 Das Experten-Paradigma

Das in seiner erweiterten Form noch heute aktuelle Prozess-Produkt-Paradigma – die Erforschung von systematischen Beziehungen zwischen Merkmalen des Unterrichts und Schülerleistungen – wurde durch eine ganzheitliche Sichtweise ergänzt, geleitet von der Vorstellung, dass Lehrkräfte "kompetente Fachleute", "Experten für das Unterrichten" oder "Künstler des Unterrichtens" sind (Bromme, 1992; Berliner, 1995; Weinert, Helmke & Schrader, 1992). Wie beim Persönlichkeitsansatz wird jetzt zwar wieder nach der "guten" oder "erfolgreichen" Lehrperson gesucht – nur geht es jetzt nicht mehr um Charaktereigenschaften oder Führungsstile, sondern um berufsbezogenes Wissen und Können, um fachliche und fachdidaktische Expertise, um subjektive und intuitive Theorien zum Lehren und Lernen (Rheinberg, Bromme, Minsel, Winteler & Weidenmann, 2001, S. 296 f.).

Heute geht man davon aus, dass sowohl der Expertenansatz als auch der Prozess-Produkt-Ansatz ihre Berechtigung haben und sich wechselseitig ergänzen.

2.3.3 Experimentelle Unterrichtsforschung

Experimentelle Ansätze spielen in der internationalen Unterrichtsforschung eine sehr wichtige Rolle, sind hierzulande jedoch stark unterentwickelt, was mit der in Deutschland traditionell vorherrschenden geisteswissenschaftlich orientierten Pädagogik, die oft mit Empiriefeindlichkeit gekoppelt ist, zu erklären ist (vgl. die Übersicht von Wellenreuther, in Druck). Dies ist bedauerlich, denn soliden und methodisch eindeutigen Aufschluss über die Wirksamkeit verschiedener Stile, Methoden des Unterrichts können neben Langzeit- und Trainingsstudien nur experimentelle Forschungsdesigns geben.

2.3.4 Interventions- und Trainingsforschung

Im Gegensatz zu korrelativ angelegten Studien, deren Gegenstand der natürliche Unterricht in regulären Schulklassen ist, zeichnen sich *Interventions- und Trainingsstudien und -programme* dadurch aus, dass es um systematische Veränderungsversuche geht. Diese Veränderungen können sich primär auf Merkmale der Lehrperson oder primär auf Schülermerkmale beziehen. Einen Überblick über vorhandene Konzepte, Programme und Ergebnisse zum *Training des Lehrerhandelns* verschafft das vom Autor gemeinsam mit Prof. Norbert Havers (Universität München) herausgegebene Schwerpunktheft „Training des Lehrerhandelns" (Zeitschrift für Pädagogik, Heft 2/2002). Dort finden sich u. a. ein Übersichtsbeitrag über Ansätze des *Lehrertrainings* (Havers & Toepell, 2002), eine kritische Würdigung des *Microteaching* (Klinzing, 2002), ein Beitrag zum *Konstanzer Trainingsmodell* (Abbau von aggressivem Verhalten; Dann & Humpert, 2002), sowie ein Aufsatz zur Rolle *subjektiver Theorien* für die Veränderung des Unterrichts (Wahl, 2001). Eine Übersicht über die im deutschen Sprachraum zur Zeit verfügbaren wissenschaftlich fundierten Programme befindet sich im Internet[10]. Eine Übersicht über aktuelle Ansätze der Intervention mit dem Ziel der Verbesserung der Bildungsqualität der Schule gibt Hannover (2001); vergleiche hierzu auch Kapitel 7.8.

2.3.5 Lernpsychologie und Motivationspsychologie

Obwohl es trivial zu sein scheint, sei daran erinnert: Unterricht schafft lediglich die Basis für Lernprozesse und gibt Lernziele vor. Das Lernen selbst muss von den Schülerinnen und Schülern geleistet werden. Lehrmethoden gewinnen ihre Existenzberechtigung ausschließlich von ihrer Funktion, Lernprozesse zu initiieren, zu steuern, ggf. auch zu überwachen und zu unterstützen. Dies ist ohne ein Grundverständnis elementarer Prozesse der Informationsverarbeitung auf Schülerseite kaum möglich und betrifft insbesondere die Funktionsweise des *Gedächtnisses* (wie und warum Informationen vom sensorischen Register ins Kurzzeitgedächtnis gelangen und von dort gegebenenfalls ins Langzeitgedächtnis), und welche unterrichtlichen Maßnahmen diese Prozesse fördern oder auch blockieren.

Zur Unterstützung des Lernens ist vor allem eine ausreichende *Motivation* erforderlich, die im günstigsten Falle *intrinsischer* Art ist (Spaß an der Tätigkeit selbst, Interesse an fachlichen Inhalten), oft jedoch auch *extrinsisch* (Anreizwerte des Handelns sind damit erreichbare Ziele, wie z. B. gute Noten, Anerkennung, materielle Belohnungen). Ohne eine gründliche Kenntnis und Anwendung fundamentaler *Lernprinzipien* (insbesondere des Lernens durch Bekräftigung und des Lernens am Modell) sind Motivierungsstrategien der Lehrkräfte nicht effizient. Dies gilt in noch stärkerem Maße für die Etablierung und Sicherung von *Regelsystemen*, die jeder wirksamen Klassenführung zugrunde liegen.

2.3.6 Die großen Leistungsvergleichsstudien

Die internationalen (wie TIMSS, PISA), nationalen (wie DESI) und länderspezifischen Evaluationsstudien (wie MARKUS, QuaSUM, LAU) haben in unterschiedlicher Weise zur Frage nach der Unterrichtsqualität beigetragen. Teils indem sie fachliche Mängel feststellen (wie mangelndes mathematisches Verständnis bei TIMSS/II, defizitäre Lesekompetenz bei

PISA), die auf mögliche Defizite im Fachunterricht als Bedingung verweisen, teils indem (wie bei MARKUS) der Unterricht selbst Gegenstand der Untersuchung war. Obwohl es sich dabei nicht um Unterrichtsforschung im eigentlichen Sinne handelt, haben diese Studien ein enormes Potenzial für die Frage nach der Unterrichtsqualität. Die verstärkte Rückbesinnung auf den Unterricht als dem eigentlichen Kern schulischer Aufgaben erfolgte nicht zuletzt infolge dieser Vergleichs- und Evaluationsstudien, deren primäres Ziel die Rechenschaftslegung und Standortbestimmung war. In Kapitel 6.2 werden einige grundlegende Aspekte zur Evaluation des Unterrichts skizziert.

2.3.7 Schulentwicklungsforschung

Das Pendant zur Schuleffektivitätsforschung ist die Forschung zur Schulentwicklung. Ausgehend vom Konzept der Schule als lernender Organisation gibt es gerade in Deutschland eine große Zahl von Buchpublikationen und Zeitschriften, die sich mit Schulentwicklung beschäftigen. Hier sollen insbesondere die nach meiner Einschätzung beiden wichtigsten Zeitschriften genannt werden: die *„Lernende Schule – Für die Praxis pädagogischer Schulentwicklung"* und das *„Journal Schulentwicklung"*.

Allerdings befindet sich die *empirische Forschung* zur Schulentwicklung zur Zeit noch am Anfang; dies betrifft insbesondere auch die Unterrichtsentwicklung. Als eigenständiges Forschungsprogramm hat sich die Schulentwicklung trotz einiger einschlägiger Publikationen (Horster & Rolff, 2001) bisher noch nicht etablieren können. Insbesondere die empirische Schulentwicklungsforschung steht erst am Anfang, obwohl es inzwischen einige wenige, nach meiner Einschätzung sehr vielversprechende Ansätze gibt. Um nur zwei Autoren exemplarisch zu nennen: Tenberg (2001) und Wiechmann (in Druck). Zur Unterrichtsentwicklung vgl. auch Kapitel 7.

2.3.8 Forschung zum Lehrerwissen

Ein weiteres für den Unterricht relevantes Gebiet ist die Forschung zum Lehrerwissen und seiner Organisation. Früher sprach man vom „teacher thinking" und den handlungsleitenden Kognitionen; heute sind diese Ansätze in der *Wissensforschung* aufgegangen. Eng damit verbunden sind Arbeiten zum Unterschied zwischen *Experten- und Novizen*-Lehrern und zu den Dimensionen der *Professionalität* von Lehrkräften. Anstelle einer Skizzierung des Forschungsstandes, die aus Platzgründen hier nicht möglich ist (vgl. die Übersicht von Koch-Priewe, 2002), hier nur einige Fragen, um die es in dieser Forschungstradition geht:
- Welche *Wissensarten* lassen sich bei Lehrkräften unterscheiden? Einer der bekanntesten Ansätze (Shulman, 1986) unterscheidet (1) fachspezifisches Inhaltswissen, (2) allgemeines pädagogisches und Managementwissen, (3) curriculares Wissen, (4) pädagogisches Handlungswissen, (5) entwicklungspsychologisches Wissen, (6) Wissen über erzieherisch und unterrichtlich relevante Kontexte und (7) normatives Wissen über Bildungsziele.
- In welcher Beziehung stehen wissenschaftliches und unterrichtspraktisches Wissen zueinander? Nach Bromme (1992) ist die Lehrerwahrnehmung nicht kategorial organisiert (Erfassung und nachfolgende Interpretation von Einzelereignissen), sondern in Form von Ereignisschemata, die auf eigenen Erfahrungen basieren.
- Haben Lehrkräfte überhaupt Zugang zu ihren Denkprozessen im Unterricht? Nur teilweise, wie die Forschung gezeigt hat (vgl. die Übersicht bei Neuweg, 2002): Was auf

den ersten Blick (bei einer nachträglichen Befragung) angeblich handlungs*leitendes* Wissen ist, dürfte vielfach lediglich handlungs*rechtfertigendes* Wissen sein. Neuweg meint dazu, unter Berufung auf Nisbett & Wilson (1977): „Wir wissen nicht nur mehr, als wir sagen können, wir sagen oft auch mehr, als wir wissen können. Weil wir unsere Aufmerksamkeit nicht zugleich auf Primär- und darauf bezogene Sekundärakte richten können, ist uns die jeweils ausgeführte Prozedur in actu niemals bewusst, und das nachträgliche Angeben von handlungssteuerndem Wissen immer die Bewältigung einer Rekonstruktionsaufgabe, der Versuch einer ex-post-Rationalisierung eines ursprünglich mehr oder weniger spontanen Verhaltens." (2002, S. 13/14) Dies gilt nicht nur – aber eben auch – für Lehrerinnen und Lehrer und sollte Anlass für Vorsicht und Skepsis gegenüber der „Veridikalität" retrospektiver Berichte von Lehrkräften zu ihren Plänen und Überlegungen während des zurückliegenden Unterrichts sein.

2.3.9 Schul-, Klassen- und Unterrichtsklima

Eine eigenständige, mit der eigentlichen empirischen Unterrichtsforschung so gut wie gar nicht verknüpfte Forschungstradition ist die so genannte Klimaforschung, wobei im Folgenden lediglich das *Unterrichtsklima* von Belang ist. Darunter versteht man Wahrnehmungen und Beurteilungen von Aspekten des Unterrichts, des Lehrer-Schüler-Verhältnisses und der Lehrperson durch die Schülerinnen und Schüler einer Klasse. Da ein- und derselbe Unterricht von den Adressaten mitunter sehr unterschiedlich beurteilt wird, streut die Unterrichtswahrnehmung innerhalb von Schulklassen je nach Merkmal erheblich (vgl. Gruehn, 2000; Clausen, Schnabel & Schröder, 2002). In der Forschungs- und Evaluationspraxis verwendet man allerdings (zu Unrecht, denn die Streuung sagt etwas über Konsens und Dissens innerhalb der Klasse aus) fast ausschließlich die Klassenmittelwerte.

In ihrer theoretischen Verankerung und hinsichtlich der von ihr verwendeten Analysemethoden ist die Schulklimaforschung hinter den entwickelten Standards der Unterrichtsforschung und der Evaluationsforschung so stark zurückgeblieben, dass die Forderung laut geworden ist, auf den Begriff des Klimas im Kontext des Unterrichts entweder ganz zu verzichten (Gruehn, 2000) oder sie theoretisch wesentlich enger mit der Lehr-Lern-Forschung zu verzahnen, vgl. auch die Kritik von Helmke (2002).

2.3.10 Metaanalysen zur Rolle des Unterrichts für die Schulleistung

Angesichts einer kaum überschaubaren Flut von empirischen Ergebnissen zu den Bedingungen, Korrelaten und Konsequenzen schulischer Leistungen spielen zusammenfassende Darstellungen in Form von Metaanalysen eine wichtige Rolle. Ihr Prinzip besteht darin, die Ergebnisse empirischer Studien quantitativ zu integrieren, so dass die Befundlage transparent wird. Sie weist gegenüber einer narrativen Darstellung des „Forschungsstandes" den großen Vorteil auf, dass sie an methodischen Standards orientiert ist, die eine Replizierbarkeit gewährleistet und damit eine kritische Evaluation erst ermöglicht (Plath, 2001). Die bekanntesten und ergiebigsten Metaanalysen (Fraser, Walberg, Welch & Hattie, 1987; Walberg, 1986; Wang, Haertel & Walberg, 1993) orientieren sich an dem *Produktionsmodell schulischer Leistungen* von Walberg (1984), das drei große Erklärungsblöcke vorsieht: *Schülermerkmale* (Fähigkeit, Motivation, Entwicklungsstand), *Unterricht* (Quantität und Qualität) und *Umwelt* (Familie, Klasse, Gleichaltrige, Fernsehen).

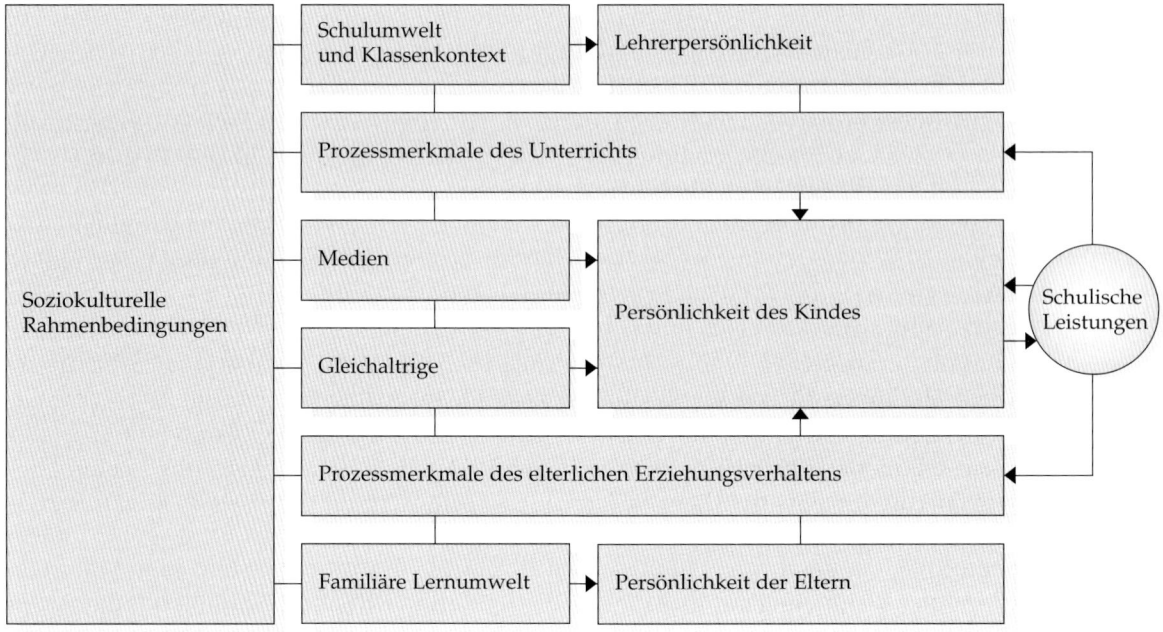

Abbildung 1: Makromodell der Bedingungsfaktoren schulischer Leistungen

2.3.11 Bedingungsfaktoren der Schulleistung

Abbildung 1 verfolgt das Ziel, unterschiedliche Bereiche und Bedingungsfelder in ihrer wechselseitigen Verflechtung anschaulich darzustellen. Sie soll folgende Punkte veranschaulichen:

1) Schulische Leistungen und Leistungsunterschiede haben viele mögliche Ursachen. Man sagt auch, sie seien *multipel* (d. h. vielfach) determiniert. Daraus folgt u. a., dass Schwächen in *einem* Bedingungsfeld bis zu einem bestimmten Ausmaß durch Stärken in *anderen* Feldern ausgeglichen werden können.

2) Die verschiedenen Blöcke oder Bündel von Merkmalen sind untereinander komplex verknüpft. Die Grafik kann dies (durch entsprechende Pfeile, die Wirkungsrichtungen symbolisieren) nur unvollkommen thematisieren. Ihr geht es mehr um die *Identifikation einflussreicher Bereiche*; die Dynamik des Zusammenwirkens verschiedener Faktoren kann nicht abgebildet werden.

3) Neben den Bereichen Schule/Lehrer/Schulklasse/Unterricht (oben) und Eltern/Familie (unten) werden zwei weitere Bereiche ausdrücklich aufgeführt, deren Bedeutung in den letzten Jahren zunehmend gestiegen ist: die *Medien* (TV, Video, Lernprogramme, Internet) und die *Gleichaltrigen*. Ohne eine fundierte Kenntnis der damit verbundenen Modelle und Mechanismen, ohne Berücksichtigung entwicklungspsychologisch relevanter Sachverhalte (z. B. im Jugendalter), lassen sich Effekte des Unterrichts (oder ihr Ausbleiben) und der schulischen Sozialisation nicht angemessen erklären.

4) Von zentraler Wichtigkeit für Leistungsunterschiede ist die Persönlichkeit des Kindes: Die *individuellen Eingangsvoraussetzungen* umfassen kognitive und metakognitive Kompetenzen, d. h. das Vorwissen in dem betreffenden Fach, die kognitive Grundfähigkeit (Intelligenz) und die Lernstrategien, sowie motivationale, soziale, konstitutionelle und affektive Merkmale (Selbstvertrauen, Lernfreude, Leistungsangst). Für Einzelheiten siehe Helmke & Weinert (1997).

5) Wichtig sind in dem zunehmend multikulturellen Umfeld der Schule die *soziokulturellen Rahmenbedingungen*. Sie wirken sich auf das gesamte Bedingungsgefüge, das in Abbildung 1 gezeigt wird, aus. Je nach vorherrschenden soziokulturellen Rahmenbedingungen können das relative Gewicht und das Zusammenhangsmuster eine völlig unterschiedliche Gestalt aufweisen. So können je nach sprachlicher, kultureller, regionaler und schichtmäßiger Herkunft, die sich in der Klassenzusammensetzung widerspiegelt, Unterschiede in den Lernstilen und Kommunikationsmustern auftreten, die adaptiven Unterricht erschweren oder erleichtern. Zu diesem in den USA seit langem intensiv erforschten Thema (Stichwort: „diversity") liegen hierzulande bisher kaum empirische Forschungsergebnisse vor (vgl. Gogolin, Neumann & Reuter, 2001; Helmke & Reich, 2001).

6) Es gibt Merkmalsgruppen, die kausal „näher dran" sind an der Leistung („proximale" Faktoren), wie z. B. das Unterrichtsverhalten der Lehrkräfte und das Erziehungsverhalten der Eltern, verglichen mit kausal entfernteren („distalen") Faktoren. *Persönlichkeitsmerkmale von Lehrern* sind allerdings nicht etwa unwichtiger, sondern nur kausal weiter von der Schulleistung entfernt: Sie wirken sich nur insofern und in dem Maße aus, in dem sie tatsächlich im Unterricht manifest werden: in Form von Erwartungen, Einschätzungen und didaktischem Handeln. Ähnliches gilt für *strukturelle Merkmale der Familie*, wie z. B. die soziale Schicht, von der seit den Ergebnissen von PISA wieder verstärkt gesprochen wird. Die soziale Schicht hat keinen eigenständigen Erklärungswert für Schulleistungsunterschiede, vielmehr sind es Merkmale wie Bildungsnähe, Ehrgeiz für den Erfolg der Kinder (Aspirationen), die Qualität des sprachlichen Vorbildes und andere Merkmale, die eine Rolle spielen und die schichtsspezifisch unterschiedlich ausgeprägt sind.

Reflexionsaufgabe 4: Zusammenspiel Schule – Elternhaus
Wo sehen Sie, wenn Sie an die Erklärungsblöcke „Prozessmerkmale des Unterrichts" und „Prozessmerkmale des elterlichen Erziehungsverhaltens" denken, *Kompensationseffekte* im Zusammenspiel von Elternhaus und Schule? Und lassen sich auch wechselseitige *Verstärkungen* denken, etwa im Sinne von Synergie-Effekten oder Aufschaukelungstrends?

Reflexionsaufgabe 5: Individuelle Bedingungsfaktoren schulischer Leistungen
Welche der in Abb. 1 genannten Aspekte der Persönlichkeit des Kindes spielen nach Ihrer persönlichen Einschätzung, insbesondere nach Ihrer Erfahrung als Lehrkraft eine herausragende Rolle, und welche Merkmale sind für Sie eher weniger relevant?

2.4 Theoretische Modelle des Lernprozesses

Schulischer Unterricht ist kein Selbstzweck, sondern verfolgt letztlich nur ein einziges Ziel: die Ermöglichung, Anregung, Erleichterung und Kontrolle individueller Lernprozesse. Dies ist auf den ersten Blick eine banale, um nicht zu sagen triviale Feststellung. Aber sie ist folgenreich, und zwar aus zwei Gründen: (1) Die Qualität (im Sinne von „Güte") des Unterrichts bemisst sich konsequenterweise daran, ob auf Seiten der Schüler Lernprozesse initiiert werden und wie nachhaltig und andauernd diese sind. (2) Für eine Vorstellung der Angriffspunkte und Wirkungsweise von Prinzipien effektiven Unterrichts ist es nötig, sich ein Bild der ablaufenden Lernprozesse zu machen. Dies ist nicht möglich ohne Grundkenntnisse bezüglich Aufbau und Wirkungsweise des Gedächtnisses und zentraler Lernprinzipien; ohne Vorstellungen und Wissen über Lehren *und* Lernen steht man auf verlorenem Posten – sowohl als Bildungs- und Unterrichtsforscher als auch in der Schulpraxis.

Angesichts der Komplexität des gesicherten lernpsychologischen Wissens ist es jedoch in diesem Rahmen nicht möglich, mehr als nur einige ausgewählte, nach meiner Einschätzung zentrale Konzepte kurz zu skizzieren. Es wird sehr empfohlen, dieses Wissen anhand ausgewählter Literatur zu vertiefen und zu verbreitern. Insbesondere möchte ich hier das Buch „Unterrichtspädagogik" von Wellenreuther (in Druck) nennen, ferner Seel (2000), Steiner (2001) und Einsiedler (1996). Für die Ableitung wichtiger Aspekte der Unterrichtsqualität ist es unverzichtbar, eine Vorstellung der beim Lernen stattfindenden elementaren Prozesse zu haben. Nur so lässt sich nämlich schlüssig begründen, welche lernanregenden, unterstützenden oder verstärkenden Elemente auch auf Unterrichtsseite vorhanden sein müssen. Hierzu sind zahlreiche Modelle und Theorien entwickelt worden, die auch nur kursorisch darzustellen den Rahmen dieses Buches sprengen würde. Nach einer kurzen Darstellung der Funktionsweise des Gedächtnisses soll daher exemplarisch ein Modell von Gagné & Driscoll (1988) dargestellt werden.

2.4.1 Modelle zum Lernen und Gedächtnis

Zumindest eine basale Vorstellung der Funktionsweise des Gedächtnisses ist nötig, wenn man die Frage nach „effizientem" Unterricht adäquat beantworten will. Solange spezifische Unterrichtsmethoden oder -techniken nicht auf Lernprozesse beziehbar sind, müssen „Listen" oder „Kataloge" mit Merkmalen der Unterrichtsqualität oder dergleichen beliebig erscheinen. Aus Platzgründen können hier nur wenige Ausführungen gemacht werden: Vorgestellt wird ein *Gedächtnismodell*, das Dreispeichermodell. Es ist zwar nicht unwidersprochen geblieben, und es gibt alternative Modelle, aber es ist das anschaulichste und bekannteste Gedächtnismodell. Dem folgt ein *Prozessmodell* von Gagné & Driscoll, das eine typische Kette von Lernschritten korrespondierenden Elementen auf der Lehrseite zuordnet.

2.4.2 Das Dreispeichermodell des Gedächtnisses

Die Wirkungsweise des Gedächtnisses kann hier nur sehr kursorisch skizziert werden; für detaillierte Darstellungen vgl. Schermer (1991), Edelmann (1996) oder Mietzel (2000). Das Dreispeichermodell des Gedächtnisses (vgl. Abbildung 2) sieht drei unterschiedliche Speicher vor: Das *sensorische Register* empfängt die einkommenden Reize und hält sie für sehr kurze

Zeit im Speicher, und zwar originalgetreu, d. h. entsprechend ihren physikalischen Eigenschaften.

Nach Filterungsprozessen landet ein Teil der sensorischen Informationen im *Kurzzeitgedächtnis*, wo die Information weiterverarbeitet wird, so dass sie gegebenenfalls auch für längere Zeit verfügbar bleibt. Seine Kapazität, definiert über die Gedächtnisspanne, umfasst in etwa sieben (plus minus zwei) Einheiten. Die Menge der im Kurzzeitgedächtnis gespeicherten Information kann dadurch erhöht werden, dass Einzelelemente zu einem „chunk" zusammengefügt werden, z. B. in Form von „Klumpen", „Bündeln" oder „Mustern". Die gespeicherten Einheiten werden auf unterschiedliche Weise kodiert.

Das längerfristige Behalten wird vom *Langzeitgedächtnis* (LZG) erledigt, bei dem man drei unterschiedliche Typen von Speichern unterscheidet: das episodische, semantische und prozedurale Gedächtnis.

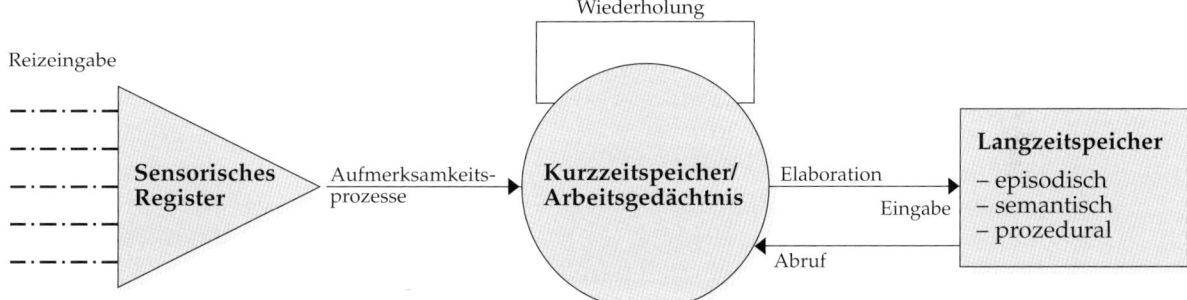

Abbildung 2: Dreispeichermodell des Gedächtnisses (nach Schermer, 1991)

Diese kurzen Ausführungen sollen als Einladung verstanden werden, sich etwas näher mit den lernpsychologischen Grundlagen des Lehrens, insbesondere mit der Architektur des Gedächtnisses zu beschäftigen. Um es noch mal (auf die Gefahr der Trivialität hin) ins Gedächtnis zu rufen: Der Auftrag des schulischen Lehrens besteht darin, Lernprozesse anzuregen, zu fördern und zu überprüfen. *Lernen* aber heißt: Vernetzung neuer Informationen mit bereits vorhandenem Wissen und Verankerung im Langzeitgedächtnis. Damit der Lernstoff die Barrieren vom sensorischen Register über das Arbeitsgedächtnis schafft, damit das Arbeitsgedächtnis nicht überlastet wird[11], damit der Stoff im Langzeitgedächtnis fest verankert wird und bei Bedarf auch wieder abrufbar ist: Dafür gibt es in der Lern- und Gedächtnispsychologie ein wissenschaftlich gesichertes Wissen, das hier auch nicht annähernd entfaltet werden kann. Deshalb hier nur wenige Stichworte:

- *Horizontale und vertikale Informationsverarbeitung.* Bei der *horizontalen* Verarbeitung geht es um eine breite, vielfältige Verankerung im Langzeitgedächtnis (LZG): Ausschöpfung mehrerer Sinneskanäle und Erlebnismodalitäten, Anreicherung durch Verknüpfungen zu Alltagsphänomenen, konkrete Sinneserfahrungen: Je breiter die Informationsverarbeitung ist und je mehr unterschiedliche Repräsentationsformen (bildhaft-ikonisch, verbal-semantisch, motorisch-handlungsbezogen, Nutzung verschiedener Sinneskanäle) einbezogen werden, desto vielfältiger wird die Spur im Gedächtnis verankert und desto leichter ist sie auch wieder abrufbar. Die *vertikale* Verarbeitung bezieht sich auf die Verständnistiefe: durch Bildung von Assoziationen, Hierarchien, Netzen oder andere Strukturen. Beide Arten der Informationsverarbeitung sind unabdingbar und ergänzen sich.

- *Lernstrategien.* Die Vereinfachung und Beschleunigung des Lernens und die Elaboration des Gelernten durch Anwendung geeigneter Lerntechniken und Lernstrategien setzt voraus, dass solche Strategien im Unterricht gelehrt und trainiert werden. Hierzu gibt es eine große Auswahl von Methoden, Instrumenten und sehr gute Publikationen, von denen hier exemplarisch nur vier genannt werden sollen: Klipperts Konzept des eigenverantwortlichen Arbeitens und Lernens (Klippert, 2001), ein erprobtes Lernprogramm des ZepF Landau (Arbinger, Frey, Hahl, Jäger & Wosnitza, 1998), ein „Klassiker" zum Thema „Lernstrategien" (Metzig & Schuster, 1993) und eine ausführliche Monografie mit dem bezeichnenden Titel „Aufbau von Lernkompetenz fördern. Neue Wege zur Realisierung eines bedeutsamen pädagogischen Ziels" (Hofmann, 2000). In diesem Zusammenhang möchte ich auch auf das ausgezeichnete, im Internet erhältliche Lernmaterial zur Online-Vorlesung „Pädagogische Psychologie" von Prof. Dr. W. Schnotz (2003) hinweisen (http://www.paeps.de/), und dort insbesondere auf Lektion 13 (Lernstrategien).

- *Übung und Wiederholung.* Oft wird „Informationsaufnahme" mit „Lernen" gleichgesetzt. Dies ist aber nur in extrem seltenen Fällen der Fall („one-trial-learning"); in der Regel muss der Informationsaufnahme ein wiederholtes Bewusstmachen, eine Herstellung von Verbindungen zu anderen Informationen und ein Anwenden des Wissens folgen, andernfalls wird es vergessen oder kann nicht abgerufen werden (Heymann, 1998; Helmke, Schrader & Weinert, 1987). Dies hat Konsequenzen für die Art und Häufigkeit des Übens, der Konsolidierung und Festigung des Stoffs bis hin zur Automatisierung.

Beim Üben ist eine ähnliche Schieflage festzustellen wie beim Klassenmanagement: Üben gilt vielen als verdächtig: als mechanisch, passiv, stures Pauken, altmodisch, für den Lernprozess eigentlich überflüssig und dem aktiven Lernen zuwiderlaufend. Ohne quantitativ ausreichendes Üben, ohne vielfältige Wiederholungen, den lernpsychologischen Gesetzmäßigkeiten entsprechend zeitlich verteilt und intelligent gestaltet (auf Vervollkommnung von Fertigkeiten und zugleich auf Transfer abzielend, also nicht bloß repetitiv) ist aber keine *Flüssigkeit grundlegender Fertigkeiten* (als elementares Lernziel in der Grundschule) erreichbar; und dies ist eine zwingende Voraussetzung für anspruchsvollere Kompetenzen, wie z. B. das Leseverständnis: Ein Schüler, der noch nicht flüssig lesen kann, steht auf verlorenem Posten, wenn es darum geht, sich auf den Sinn des Textes zu konzentrieren – also auf das, was z. B. bei PISA (Leseverständnis) geprüft wurde. In ähnlicher Weise ist ein Schüler, der die Grundrechenarten nicht perfekt beherrscht und zumindest das Einmaleins nicht automatisiert hat (Stichwort: „Überlernen"), bei anspruchsvolleren mathematischen Aufgaben, die diese basalen Fertigkeiten voraussetzen, überfordert.

Mit diesen drei Aspekten sollte nur angedeutet werden, welches mögliche Konsequenzen aus gesicherten lernpsychologischen Erkenntnissen sind. Für weiterführende Überlegungen gibt es eine vielfältige Spezialliteratur (Schermer, 1991; Wellenreuther, in Druck; Hasselhorn & Schumann-Hengsteler, 2001; Schneider, 2001; Mietzel, 2000).

Lernprozess	Unterrichtliches Ereignis
Aufmerksamkeit, Wachheit *Attention: Alertness*	Aufmerksamkeit herstellen *Gaining Attention*
Erwartungen *Expectancy*	Orientierung, Motivierung *Informing Learner of the Objective*
Abruf von Wissen aus dem Langzeit- ins Arbeitsgedächtnis *Retrieval to Working Memory*	Vorwissensnutzung anregen *Stimulating Recall of Prior Knowledge*
Selektive Verarbeitung *Selective Perception*	Präsentation des Lernmaterials *Presenting the Stimulus Material*
Speichern im Langzeitgedächtnis *Encoding: Entry to LTM Storage*	Unterstützung des Lernens *Providing Learning Guidance*
Offenes Lernverhalten *Responding*	Üben und Probieren *Eliciting Performance*
Verstärkung *Reinforcement*	Feedback; Korrekturen *Providing Feedback; Assessing Performance*
Abruf und Nutzung von Wissen aus dem Langzeitgedächtnis *Cueing Retrieval*	Verbesserung von Behalten und Transfer *Enhancing Retention and Transfer*

Abbildung 3: Stationen des Lernprozesses (Gagné & Driscoll, 1988, S. 128)

2.4.3 Das Modell von Gagné und Driscoll

Das Modell von Gagné & Driscoll (1988) macht Unterrichtsmaßnahmen direkt an Elementen des Lernprozesses fest. Gagné und Driscoll gehen davon aus, dass jeder dieser Schritte des Lernprozesses (in Abbildung 3 die Kästen auf der linken Seite) im Rahmen des typischen Lernens im Klassenzimmer notwendig ist. Zugrunde liegt hier das Modell eines lehrergesteuerten Unterrichts (Direkte Instruktion). Daraus werden spezifische unterrichtliche Maßnahmen („instructional events", siehe rechte Seite der Abbildung) abgeleitet, die jeweils bestimmten elementaren Lernprozessen zugeordnet sind:

Vorbereitungsphase. Die ersten drei Schritte des Unterrichts umfassen die Vorbereitungsphase des Lernens: Die Lehrperson muss erstens ein optimales Aufmerksamkeitsniveau auf Seiten der Schüler erzeugen (Aufforderungen, visuelle oder akustische Signale, oder auch Rituale), zweitens über die Lernziele und den Stundenablauf orientieren und damit Erwartungen wecken und schließlich die Schüler dort „abholen", wo sie zur Zeit wissensmäßig stehen, indem aktiv an vorhandenes Wissen angeknüpft wird (durch Wiederholung, Tests, Erfahrungsberichte usw.).

Erwerbs- und Verhaltensphase. Dies ist nach Gagné die Essenz des Lernens im Klassenzimmer. Bei einer typischen Unterrichtstunde heißt das: Präsentation von fachlichen Inhalten (seitens des Lehrers oder auch durch Schüler) durch Unterweisung/Erklärung, Diskussionen, Demonstrationen, Einsatz von Lehrbüchern, Folien, Software, Bildern, Posters – alles mit dem Ziel, den Schülern dabei zu helfen, die wichtigen Aspekte des Stoffs zu fokussieren und eine kognitive Struktur (eine geistige Repräsentation) zu entwickeln, die im Langzeitgedächtnis abgespeichert werden kann. Dem folgen „practice", d. h. Festigung und Konsolidierung durch angeleitete Übung sowie Feedback. Letzteres hat mehrere Funktionen: es wird an die zu Beginn der Stunde aufgestellten Ziele angeknüpft, positive Leistungen (Zielerreichung auf Seiten der Schüler, z. B. Verständnis eines Konzeptes oder Beherrschung einer Fertigkeit) werden positiv verstärkt, und Fehler werden mitgeteilt und analysiert.

Transferphase. Im Unterricht erworbenes Wissen soll anschlussfähig sein, d. h. in anderen Bereichen, Fächern und Situationen anwendbar (*horizontaler Transfer*) oder es soll die Basis für anspruchsvollere, darauf basierende Lernziele (*vertikaler Transfer*) darstellen. Dies zu ermöglichen, ist Ziel der Transferphase des Lernprozesses.

2.5 Qualität – Was ist das?

Wenn ein Buchtitel das Wort „Unterrichtsqualität" enthält, führt kein Weg daran vorbei, den damit vielfach verbundenen begrifflichen Nebel zumindest ansatzweise zu klären. „Qualität" (der Begriff geht zurück auf das lateinische Wort *qualitas*) in Bildungskontexten hat sehr unterschiedliche Bedeutungen, und es gibt hierzu sehr differenzierte Analysen (Heid, 2000; Harvey & Green, 1993, 2000; Terhart, 2000, 2002). Man hat gelegentlich den Eindruck, dass das Problem seit Balls Frage *„Was um alles in der Welt ist Qualität?"* (Ball, 1985 – in Harvey & Green, S. 18) auch heute keineswegs geklärt ist: Diese verschiedenen Perspektiven hier zu entfalten, würde zu weit führen und wäre nach meiner Einschätzung auch nicht sehr ertragreich. Von unmittelbarer Bedeutung für dieses Buch sind vor allem diese zwei unterschiedliche Wortbedeutungen:
- Qualität als *Beschaffenheit* oder Eigenart eines Gegenstandes (z. B. des unterrichtlichen Angebots) oder Phänomens; etwa im Sinne von „qualitativen Merkmalen", also beschreibend und nicht wertend.
- Qualität im Sinne von *Exzellenz*, als Bezeichnung für die *Güte*. Dann liegt ein (wenn er auch implizit sein kann) Maßstab zugrunde, es handelt sich um eine normative Aussage; der Begriff wird also „zur einschätzenden, objektivierten Bewertung der Güte, des Wertes oder des allgemeinen Niveaus eines Objektes verwendet" (Terhart, 2002, S. 50).

Es gibt zahllose Klassifikationen und Zusammenstellungen von Merkmalen erfolgreicher Lehrer und Variablen effizienten Unterrichts, aus sehr unterschiedlichen Blickwinkeln und auf unterschiedlichen Abstraktionsebenen. Erschwert wird der Durchblick noch durch die ausufernde Tendenz, allen möglichen schulrelevanten Konzepten das Suffix „-*Kultur*" zu verpassen; von diesem inflationären Trend blieb auch der Unterricht nicht verschont, ohne dass sich dadurch das Wissen verbessert hätte. Wer sich darüber näher informieren möchte, dem seien die einschlägigen Enzyklopädie- und Handbuch-Artikel (Shuell, 1996), Lehrbücher (wie McCown et al., 1996; Slavin, 1997) oder Übersichtsartikel empfohlen, in deutscher Sprache z. B. Einsiedler (1997), Helmke & Weinert (1997). Ich beschränke mich im Folgenden auf einige wenige prominente und bekannt gewordene Übersichten, die die Frage der Unterrichtsqualität aus jeweils unterschiedlichen Perspektiven angehen, obwohl sich erhebliche Überlappungen in den Inhalten der Aussagen finden lassen.

Prinzipiell kann man die Frage nach der Unterrichtsqualität aus zwei Blickwinkeln angehen:
• Welches sind die für guten Unterricht erforderlichen *Kompetenzen*?
• Welche *Merkmale* sind für die Beurteilung der Unterrichtsqualität relevant?
Zu beiden Aspekten sollen Klassifikationen aus der Forschung präsentiert werden.

2.6 Ein Angebots-Nutzungs-Modell unterrichtlicher Wirkungen

Den Abschluss dieses Kapitels bildet ein vom Autor entwickeltes Angebots-Nutzungs-Modell (siehe folgende Seite), das auf theoretischen Überlegungen von Fend (1981) und einem Rahmen-Modell von Helmke & Weinert (1997) basiert. Es versucht, Faktoren der Unterrichtsqualität in ein umfassenderes Modell der Wirkungsweise und Zielkriterien des Unterrichts zu integrieren. Es umfasst sowohl Merkmale der Lehrerperson als auch des Unterrichts. Aus Gründen der Übersichtlichkeit tauchen die aus Abbildung 1 ersichtlichen außerschulischen Erklärungsblöcke in dieser Abbildung nicht auf.

Im Folgenden wird zunächst auf einige *Grundprinzipien* des Modells eingegangen. Anschließend werden die im Kasten „Unterricht" genannten Faktoren im Einzelnen besprochen.

2.6.1 Angebot und Nutzung
Der von der Lehrperson durchgeführte Unterricht repräsentiert in seiner Gesamtheit ein *Angebot*, das nicht notwendigerweise direkt zu den *Wirkungen* (äußerer rechter Kasten in Abbildung 4) führt, sondern dessen Wirksamkeit von zweierlei Typen von vermittelnden Prozessen auf Schülerseite abhängt: (1) davon, ob und wie Erwartungen der Lehrkraft und unterrichtliche Maßnahmen von den Schülerinnen und Schülern überhaupt wahrgenommen und wie sie interpretiert werden und (2) ob und zu welchen motivationalen, emotionalen und volitionalen Prozessen sie auf Schülerseite führen. Man spricht hier auch von „*Mediationsprozessen*". Vom Ausgang dieser Prozesse hängt es ab, ob und welche *Lernaktivitäten* auf Schülerseite resultieren. Mit anderen Worten: Unterricht ist lediglich ein Angebot; ob und wie effizient dieses Angebot genutzt wird, hängt von einer Vielzahl dazwischen liegender Faktoren ab. Die Mediationsprozesse – Wahrnehmung/Interpretation der Lehr-

kraft bzw. des Unterrichts und aktive Lernprozesse – hängen ihrerseits entscheidend von den individuellen Eingangsbedingungen (insbesondere dem Vorkenntnisniveau, den Lernstrategien und der Lernmotivation) der Schüler und vom Klassenkontext ab (z. B. ob es sich um ein leistungsfreundliches oder -feindliches Klima handelt, ob die Schicht- und Sprachzusammensetzung der Klasse lernförderlich oder lernhemmend ist).

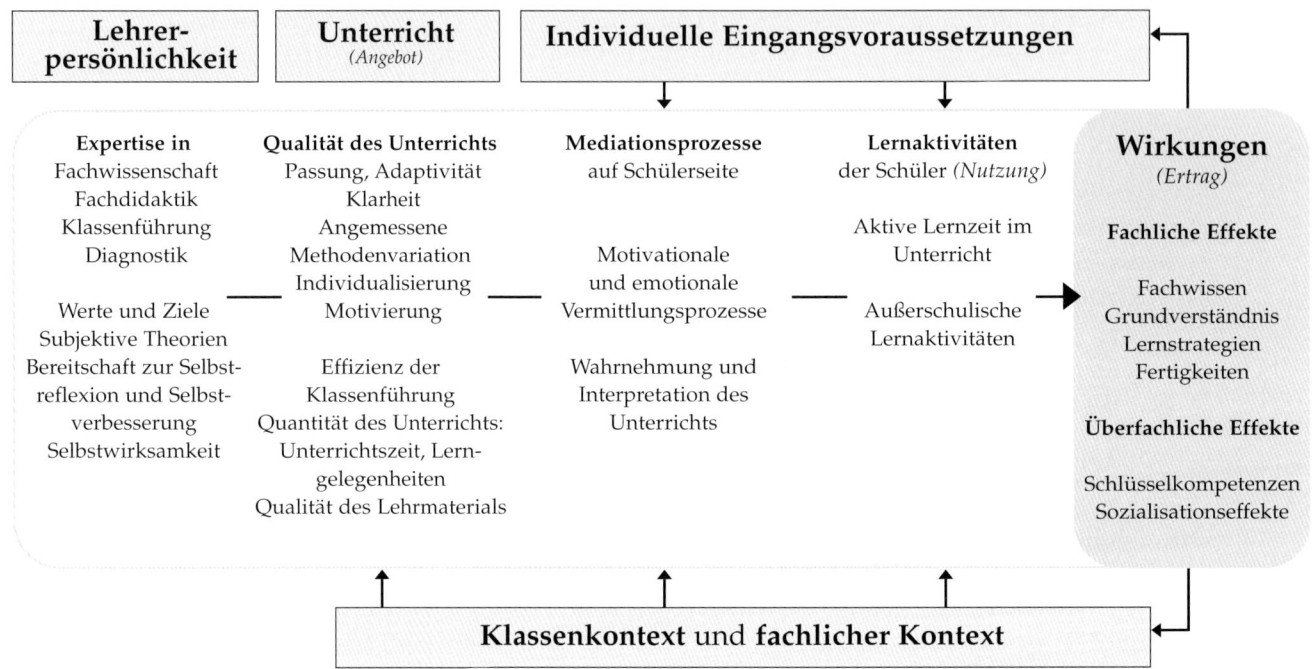

Abbildung 4: Ein Angebots-Nutzungs-Modell der Wirkungsweise des Unterrichts

2.6.2 Sechs Erklärungsblöcke

Das Modell sieht sechs Erklärungsblöcke vor: Merkmale der Lehrperson, Klassen- und Fachkontext, Unterricht, Individuelle Eingangsvoraussetzungen, Mediationsprozesse auf Schülerseite und Lernaktivitäten auf Schülerseite; dazu kommt der Block „Wirkungen". Eine detaillierte Beschreibung der einzelnen Merkmale und Blöcke wäre gleichbedeutend mit einem Lehrbuch der Pädagogischen Psychologie und würde außerdem große Teile folgender Abschnitte vorwegnehmen. Daher hier nur einige kurze Vorbemerkungen:

Lehrperson und -expertise. Es erscheint mir sinnvoll, ausgewählte Merkmale der *Lehrperson* – ihrer Persönlichkeit ebenso wie ihrer Expertise – separat von den eigentlichen Merkmalen der *Unterrichtsqualität* abzuhandeln, weil es sich um personale Merkmale handelt, die den Unterricht zwar beeinflussen, die aber nicht selbst als Aspekte der Unterrichtsqualität angesehen werden können. Von primärer Bedeutung ist die unterrichtsrelevante Expertise, d. h. die fachwissenschaftliche und fachdidaktische Expertise, ergänzt um die Expertise in den Bereichen Klassenführung und Diagnostik. Hinzu kommen wichtige andere Personmerkmale: Schul- und unterrichtsrelevante Werte, Ziele und Orientierungen, subjektive und intuitive Theorien (epistemologische Vorstellungen) zu wichtigen Konzepten des Lehrens und Lernens, die Bereitschaft zur Selbstreflexion sowie das berufsbezogene Selbstvertrauen (Selbstkonzept, Selbstwirksamkeit). Die aufgeführten Expertisemerkmale können zum Teil angesehen werden als Merkmale der Lehrperson (wenn man die Wissensgrundlagen betont), aus anderer Perspektive als Merkmale des Unterrichtsangebots (wenn man die daraus resultierenden Unterrichts- und Verhaltenskompetenzen in den Vordergrund stellt).

Unterrichtsqualität. Der Kern der Unterrichtsqualität im engeren Sinne sind diejenigen Prinzipien und Merkmale, die für den Unterrichtserfolg ausschlaggebend sind, d. h. neben dem übergeordneten Universalprinzip der Passung: Klarheit, schüler-, fach- und situationsangemessene Variation, didaktische Methoden, sensibler Umgang mit Heterogenität und Individualisierung und *Motivierung.* Den zweiten Block bildet die Effizienz der *Klassenführung,* gefolgt von der Unterrichts*quantität* und der oft übersehenen und unterschätzten *Qualität des Lehrmaterials.*

Kontext. Unterrichtsgestaltung und -erfolg hängen ganz wesentlich vom vorgefundenen Kontext ab: vom historischen und kulturellen Kontext, vom regionalen, kommunalen und schulischen Kontext und besonders stark natürlich von der unterrichteten Klasse selbst – ihrer Zusammensetzung, ihren Eingangsvoraussetzungen. Des weiteren bedeutet „Kontext", dass sich nicht alle Ergebnisse der Unterrichtsforschung ohne weiteres auf alle Schulfächer und Altersstufen anwenden lassen; man spricht deshalb auch von Alters- und Fachspezifität.

Individuelle Eingangsvoraussetzungen. Dies sind für das Lernen die entscheidenden Bedingungen: Ob, wie lange, wie erfolgreich jemand lernt und was er leistet, hängt ganz wesentlich von den kognitiven, motivationalen und volitionalen Lernvoraussetzungen ab: Intelligenz, Vorkenntnisniveau, Lernstrategien, Fähigkeitsselbstkonzept, Leistungsangst, Lernmotivation und Lernemotion. Dieses Thema muss in diesem Buch ausgeklammert werden; für eine Übersicht vgl. Helmke & Weinert (1997) oder Helmke & Schrader (2001); für detailliertere Darstellungen die Einzelbeiträge im Band von Möller & Köller (1996).

Mediationsprozesse. Unterricht hat, wie bereits zuvor erwähnt, keine direkten und linearen Effekte, sondern seine Wirkungen erklären sich nur auf dem Wege über individuelle Verarbeitungsprozesse: Lern- und Denkprozesse („Kognitionen"), Motivationen und Emotionen.

Lernaktivitäten. Nur in dem Maße, in dem der Unterricht Lernaktivitäten anregt, bewirkt er den Aufbau von Wissen und beeinflusst den Lernerfolg. Auf diesen Aspekt – „Nutzung" des Unterrichts – wird später noch eingegangen.

Wirkungen. Unterricht hat viele – beabsichtigte oder nicht-intendierte – Wirkungen, weit über das fachliche Lernen und den Wissensaufbau hinaus. Die verschiedenen Zielkriterien waren Gegenstand von Kapitel 2.2.

2.6.3 Was „guter Unterricht" ist, hängt vom Zielkriterium ab

Eine der zentralen Aussagen dieses Buches ist: Ob Unterricht gut oder schlecht ist, ob Lehrkräfte erfolgreich oder erfolglos sind, hängt entscheidend davon ab, welche Zielkriterien man zugrunde legt (siehe Abschnitt 2.2), also z. B. kognitive oder affektive Merkmale, Leistungssteigerung oder Ausgleich von Leistungsunterschieden. Es ist unmittelbar einleuchtend, dass unterschiedliche Fächer und unterschiedliche angestrebte Kompetenzen auf Schülerseite (z. B. Erwerb und Automatisierung von Skills versus Grundverständnis mathematischer Prinzipien, oder fachliches Wissen gegenüber sozialem Lernen) ganz unterschiedliche Dosierungen oder Mischungen unterschiedlicher Methoden erfordern, so dass eine allgemeine Frage wie die nach „dem" guten Unterricht schon deshalb ins Leere stößt.

2.6.4 Wechselwirkungen zwischen Unterricht und Schülermerkmalen und differenzielle Effekte

Es gibt einen zweiten Grund dafür, dass man nicht von „dem" guten Unterricht sprechen sollte. So hat die Forschung gezeigt, dass ein hochstrukturierter, lehrerzentrierter Unterricht mit vielen strukturierenden Hinweisen und unterstützenden Maßnahmen von selbstbewussten, selbstsicheren und leistungsstärkeren Schülerinnen und Schülern als bevormundend und demotivierend empfunden werden kann, während diese Art von „direkter Instruktion" von leistungsängstlichen Schülerinnen und Schülern geschätzt wird und für ihren Lernfortschritt geradezu nötig ist. Man spricht deshalb auch von „differenziellem Profit" oder von „Wechselwirkungen" zwischen Lehrmethode und Schülermerkmalen (englisch: Aptitude x Treatment Interaction, ATI): Ein- und derselbe Unterricht kann mal schlecht, mal gut, mal adäquat, mal inadäquat sein – je nach kognitiven und motivationalen Eingangsvoraussetzungen auf Schülerseite.

Ein ähnliches Phänomen ist der sog. *Matthäus-Effekt* („Wer hat, dem wird gegeben"), weil es auch hier um differenzielle Effekte geht: Diejenigen Schüler, die zu Beginn eines Unterrichtsabschnittes bereits mit günstigeren Ausgangsbedingungen starten (z. B. ein besseres Vorwissen, eine höhere Intelligenz aufweisen) profitieren von einer bestimmten Unterrichtsmethode stärker als die mit den schwächeren Lernvoraussetzungen. Ein und derselbe Unterricht hat also für verschiedene Schüler oder Schülergruppen unterschiedliche (differenzielle) Wirkungen. Dies würde im genannten Beispiel zu einem *Schereneffekt* führen: Der Abstand zwischen leistungsstarken und -schwachen Schülern wird immer größer. Es ist allerdings ein Mythos, dass die Schule notwendigerweise einen solchen Schereneffekt produziert: Die Münchner Langzeitstudie SCHOLASTIK (Weinert & Helmke, 1997) beispielsweise konnte dies für Unterschiede zwischen Kinder unterschiedlichen Intelligenzniveaus bei der Entwicklung der Leistungen beim Rechtschreiben und bei mathematischen Fähigkeiten (in bayerischen Grundschulen) nicht belegen (Weinert & Stefanek, 1997). Dagegen zeigte sich bei den großen kompensatorischen Bildungsprogrammen (wie „Sesame Street") der USA, dass die eigentliche Zielgruppe – die benachteiligten Kinder – zwar durchaus davon profitierten, die Kinder aus mittleren und höheren Sozialschichten jedoch wesentlich mehr.

Gelegentlich wird in Fachpublikationen festgestellt, die Forschung zur Wechselwirkung zwischen Unterrichts- und Schülermerkmalen sei nicht ergiebig, es sei nicht viel „herausgekommen". Daraus die Irrelevanz dieser interaktiven Sichtweise abzuleiten, wäre jedoch ein Denkfehler, denn die weitaus meisten empirischen Studien haben den Aspekt einer möglichen Wechselwirkung schlicht ignoriert, indem die statistischen Analysen nur auf der Ebene der Schulklasse durchgeführt wurden. Ein solches Vorgehen maskiert jedoch mögliche (klasseninterne) Wechselwirkungen. Gerade im Zeichen der Diskussion über den Umgang mit Heterogenität (angestoßen durch PISA 2000) sollte die Frage möglicher Wechselwirkungen künftig immer mitbedacht werden.

Im Unterricht gibt es für das Dilemma, dass man es nicht allen recht machen kann, keine einfachen Lösungsrezepte. Je nach Klassensituation und je nach der Ausprägung solcher Schülermerkmale wird eine Strategie der Entschärfung dieses Konfliktes darin liegen, wenn nicht gleichzeitig, so doch sukzessive auf verschiedene Schülergruppen einzugehen. Voraussetzung dafür ist selbstverständlich eine *Variabilität der Unterrichtsmethoden*, die schon das elementare Gebot der Fairness gegenüber unterschiedlichen Lernern mit verschiedenen Bedürfnissen und Lernstilen nahe legt. Dies betrifft keineswegs nur Schülermerkmale wie „Ängstlichkeit" und „Leistungsniveau", sondern – quer dazu liegend – auch verschiedene Lernstile und Lernstrategien, wie z. B.
* Impulsivität versus Reflexivität
* Bevorzugung bestimmter und Vernachlässigung anderer Sinneskanäle
* eher ganzheitlich, deduktiv orientierte versus analytisch, induktiv orientierte Lernstrategien (vgl. McCown et al., 1996).

2.6.5 Wechselseitige Kompensierbarkeit und Substituierbarkeit
Es handelt sich bei den in Abbildung 4 genannten Aspekten der Unterrichtsqualität um verschiedene Merkmale oder Merkmalsgruppen, die sich positiv auf das Lernen auswirken können. Dies darf jedoch nicht in dem Sinne missverstanden werden, als sei es für den Unterrichtserfolg unabdingbar, dass *alle* diese Merkmale bei einer einzelnen Lehrkraft in *maximaler Ausprägung* vorhanden sein müssen. Entscheidend ist vielmehr das Gesamtmuster des Unterrichts; man spricht auch von *„Orchestrierung"* oder *„Stil"*. Empirische Untersuchungen haben gezeigt, dass erfolgreiche Schulklassen (sei es, dass man als Kriterium die durchschnittliche Leistungssteigerung oder auch die simultane Erreichung kognitiver und motivationaler Ziele zugrunde legt) durch sehr unterschiedliche *Profile* des Unterrichts, der Lehrer-Schüler-Interaktion und der Klassenführung gekennzeichnet sein können. Das heißt, dass Lehrkräfte je nach ihren Talenten, Vorlieben und pädagogischen Orientierungen mit ganz unterschiedlichen Mustern der Unterrichtsqualität zum gleichen Ziel gelangen können, dies eröffnet ein breites Spektrum von Handlungsmöglichkeiten. Weinert (1998c, S. 124) formuliert dies so: „Mit dem Erwerb professioneller pädagogisch-didaktisch-psychologischer Kompetenzen ist nicht die Vorstellung von einem *schematisierten* oder gar *standardisierten Unterricht* verbunden. Im Gegenteil: Die Nutzung dieser Kompetenzen im praktischen Handeln sollte durchaus die persönliche Eigenart, den spezifischen Charakter, die unverwechselbare Persönlichkeit des Pädagogen zum Ausdruck bringen."

Das BLK-Gutachten, das zur Etablierung des Schulentwicklungsprogramms SINUS geführt hat, weist ausdrücklich darauf hin „… dass in der alltäglichen Unterrichtspraxis nicht nur ein einziger methodischer oder didaktischer Weg zum gewünschten Ziel führt. Es gibt offenbar hinreichende Bedingungen guten Unterrichts, die bis zu einem gewissen Grade auch austauschbar sind. Die Expertengruppe möchte diesen Befund betonen, um auf die Problematik *pädagogischen Dogmatismus* jeder Art hinzuweisen." (S. 24). Dementsprechend warnt die BLK-Expertise auch zu Recht vor der irrigen Vorstellung, „Verbesserung des Unterrichts sei schon mit der Änderung eines einzelnen Merkmals, der Justierung einer Schraube vergleichbar, erreicht" (1997, S. 67).

Das macht die Beurteilung der Unterrichtsqualität bereits schwierig. Aber die Sache ist noch wesentlich komplizierter: Zu verschiedenen Zeitpunkten können – je nach Kontext, Lehrplan oder auch nach persönlicher Entscheidung durch die Lehrkraft – unterschiedliche Schwerpunkte gesetzt und verschiedene Methoden eingesetzt werden. Dies eröffnet vielfache Möglichkeiten der Ausbalancierung durch die Lehrkraft. Eine umfassende, d. h. mehrere Zielkriterien einschließende Beurteilung der Unterrichtsqualität, etwa durch Unterrichtsbeobachtungen oder -videografie, wird dadurch natürlich erschwert.

2.6.6 Die Perspektivenabhängigkeit der Unterrichtsqualität

Je nach Herkunft, Präferenzen und Erfahrungen wird man sehr unterschiedliche Antworten auf die Frage nach dem „guten" Unterricht hören. Die Bandbreite dürfte noch größer werden, wenn man nicht nur Lehrkräfte und Schulleitungen, sondern auch Erziehungswissenschaftler, Politiker, Lehrer, Schüler, Schulaufsichtsbeamte fragen würde – und dies möglicherweise noch in verschiedenen Ländern. Darüber hinaus unterliegen die normativen Vorstellungen dessen, was eine „gute Schule" ausmacht (Schiffler & Winkeler, 1999) und wie über Unterricht reflektiert wird (Oelkers, 2000) einem historischen Wandel (siehe auch den Kasten auf Seite 50).

2.6.7 Warum es „den" guten Unterricht nicht gibt – und nicht geben kann

An mehreren Stellen ist bereits angeklungen, dass es „den" optimalen Unterricht, „die" ideale Lehrmethode nicht gibt – und auch gar nicht geben kann. Dies möchte ich abschließend noch einmal in Form von plakativen Fragen zusammenfassen:

Gut wofür? Dass unterschiedliche Bildungsziele unterschiedliche Lehrmethoden erfordern, ist bereits mehrfach thematisiert worden. Um das Lernen zu lernen oder um soziale Kompetenzen zu erwerben, sind andere Lehr-Lern-Szenarien angemessen als für den Aufbau einer systematischen, sachlogischen Wissensbasis.

Gut für wen? Wenn es das Ziel des Unterrichts ist, möglichst alle Schülerinnen und Schüler einer Klasse zu fördern, dann folgt daraus zwingend, dass – je nach Lernvoraussetzungen und Lernstilen – für verschiedene Schüler(gruppen) unterschiedliche Methoden eingesetzt werden.

Gut gemessen an welchen Startbedingungen? Die Klassenzusammensetzung ist eine wichtige Rahmenbedingung, die den Erfolg des Unterrichts beeinträchtigen oder auch fördern, der Lehrkraft Rücken- oder Gegenwind verschaffen kann. Aus dieser Perspektive ist ein Unterricht „erfolgreich", der im Endergebnis zu günstigeren Resultaten führt, als man in Anbetracht des Klassenkontextes im Durchschnitt erwarten konnte. Man spricht deshalb auch von „Erwartungswerten". Die Einbeziehung des Kontextes ist bei bewertenden Urteilen ein zwingendes Gebot der Fairness.

Gut aus wessen Perspektive? Je nachdem, wer den Unterricht beurteilt, kommen unterschiedliche Maßstäbe, Erwartungen und Orientierungen ins Spiel. Wenn man eine Unterrichtsstunde videografieren würde und ein- und dieselbe Aufnahme Schülerinnen und Schülern, Kollegen, der Schulleitung, Fachwissenschaftlern und Fachdidaktikern zur Beurteilung vorlegen würde, dann gäbe es ganz sicher sehr unterschiedliche Ergebnisse. Hier hat die Arbeit von Clausen mit dem bezeichnenden Titel „Unterrichtsqualität: Eine Frage der Perspektive?" Pionierdienste geleistet (Clausen, 2002; vgl. auch Harvey & Green, 2000).

Gut für wann? Bisher ist stillschweigend davon ausgegangen worden, dass sich der Erfolg schulischen Lernens an Leistungen messen lassen muss, die *in der Schule* erbracht wurden. Das ist sicher auch richtig. Man kann die Zeitperspektive jedoch erweitern: Gut wäre dann ein Unterricht, der wirksam dazu beigetragen hat, später einmal wirkliche *Lebensprobleme, Anforderungen im Alltag* zu bewältigen, Erfolg im Beruf zu haben. Eine solche retrospektive Sichtweise würde ganz sicher zu einer Verschiebung der Akzente dessen führen, was „guter" Unterricht ist. Eine solche Orientierung an lebenspraktischen Aufgaben ist in der Didaktik nicht unbekannt und kommt auch im Konzept der „literacy" des PISA-Projektes zum Ausdruck.

Die vorgenommene Relativierung ist unbedingt nötig. Sie darf jedoch nicht zu dem Missverständnis führen, dass „anything goes", dass das Prinzip der Beliebigkeit herrscht. Nein – es gibt zwar nicht die „richtige" Unterrichtsmethode, aber es gibt sehr wohl Qualitätsprinzipien des Unterrichts, die unbedingt und fraglos gültig sind, es gibt wohlbegründbare Standards des Lehrerverhaltens und es gibt wichtige Merkmale der Expertise von Lehrkräften, über die man sich weitgehend einig ist. Um diese geht es im Folgenden.
Die Darstellung im folgenden Kapitel 3 orientiert sich an den in Abbildung 4 dargestellten Merkmalen und Merkmalsgruppen.

2.7 Literaturempfehlungen

Für eine vertiefende Behandlung grundlegender Fragen und Probleme im Zusammenhang mit unterrichtlichen Lehr-Lern-Prozessen eignen sich vor allem die Enzyklopädie-Artikel von Helmke & Weinert (1997) und der Artikel von Weinert (1996a) sowie die Bücher von Mietzel (2000) und Seel (2000). Gute Übersichten finden sich auch in dem von Krapp und Weidenmann herausgegebenen Lehrbuch *„Pädagogische Psychologie"*, insbesondere zum Lernen und Wissenserwerb (Steiner, 2001), zum Lehrerverhalten und der Lehrer-Schüler-Interaktion (Rheinberg et al., 2001; Perrez, Huber & Geißler, 2001) und zum Unterrichten (Reinmann-Rothmeier & Mandl, 2001); sowie in dem von Rost herausgegebenen *„Handwörterbuch Pädagogische Psychologie"*, beispielsweise zu den Determinanten der Schulleistung (Helmke & Schrader, 2001), der diagnostischen Kompetenz von Eltern und Lehrern (Schrader, 2001), der Instruktionspsychologie (Leutner, 2001a), Lehrstrategien (Lompscher, 2001) und zur Lehr-Lern-Forschung (Niegemann, 2001).

Didaktisch vorzüglich, anregend gestaltet und mit anschaulichen und treffenden Beispielen aus der Schulpraxis angereichert sind die amerikanischen Lehrbücher zur *„Educational Psychology"*, beispielsweise McCown et al. (1996) und Slavin (1997).

Wer ausgewählte Fragen vertiefen will und am aktuellen Stand der internationalen Forschung interessiert ist, dem empfehle ich das „Handbook of Educational Psychology" (Berliner & Calfee, 1996) und das „Handbook of Research on Teaching" (Richardson, 2002).

3   Lehrerexpertise, Kontext und Unterrichtsqualität

Die Beschreibung unterrichtsrelevanter Merkmale der Lehrperson, des Kontextes und der Unterrichtsqualität orientiert sich an der Struktur des Angebots-Nutzungs-Modells in Abbildung 4. Da Abbildung 4 absichtlich nur breite Kategorien umfasst, erhöht der folgende Kasten 7 das Auflösungsvermögen der genannten Grobkategorien, indem zusätzlich auch diejenigen Einzelmerkmale aufgeführt werden, um die es im Folgenden geht. Hinzu kommt der im Kasten 7 nicht eigens aufgeführte Kontext (siehe Kapitel 3.2):

Merkmale der Lehrperson und Unterrichtsqualität
      Engagement und Lehrmotivation (Kapitel 3.1.1)
      Subjektive Theorien und epistemologische Überzeugungen (Kapitel 3.1.2)
      Fähigkeit und Motivation zur Selbstreflexion (Kapitel 3.1.3)
      Fachwissenschaftliche Expertise (Kapitel 3.3)
      Didaktische Expertise (Kapitel 3.4)
      – Klarheit
      – Methodenvielfalt
      – Individualisierung
      Motivierungsqualität (Kapitel 3.5)
      Klassenführung (Kapitel 3.6)
      Diagnostische Expertise (Kap. 3.7)
Unterrichtsquantität: Lehr- und Lernzeit (Kap. 3.8)
Qualität des Lehr- und Lernmaterials (Kap. 3.9)

Kasten 7: Lehrerexpertise und Unterrichtsqualität: Übersicht

Alle im Folgenden genannten Merkmale der Qualität und Quantität des Unterrichts, der Klassenführung gelten zwar prinzipiell für sehr verschiedene Unterrichtsmethoden (wie Direkte Instruktion, Gruppenarbeit, Erweiterte Lernformen). Am ehesten zugeschnitten sind sie jedoch auf den traditionellen, überwiegend frontalen Unterricht im Klassenverband; und hier gibt es auch die solideste empirische Basis.

3.1 Merkmale der Lehrperson und Unterrichtsqualität

Reflexionsaufgabe 6: Welchen Nachruf wünschen *Sie* sich?

Ein wertvoller Mensch, ein treuer Schulmann ging heim

„Studienrat Professor Friedrich Ehringhaus ist ... im 62. Lebensjahre gestorben ... Im März 1908 kam er als Oberlehrer an die Oberrealschule II, der er bis zu seinem Tode mit vorbildlicher Treue und Fürsorge für jeden einzelnen seiner Schüler angehörte. Er verfügte über ein sehr bedeutendes Wissen auf dem Gebiet der deutschen Literatur und Geschichte und hat mehrere Geschichtsbücher verfasst, die in Fachkreisen verdiente Beachtung fanden ... Er war ein stiller, bescheidener und ruhiger Mensch, der es nicht liebte, hervorzutreten, aber dafür war er ein selten treuer, aufrechter und gerader Mensch, offen und liebenswürdig, der für ein Lehramt geradezu geschaffen war, so dass seine Schüler in ihm einen wahrhaft väterlichen Freund und fürsorgenden Kameraden verlieren, einen Berater und Förderer, der immer zu ihnen stand."
[Kasseler Neueste Nachrichten, Oktober 1936]

Angenommen, auch Sie wären sterblich: Wären Sie mit einem Nachruf wie dem obigen zufrieden? *(Es handelt sich übrigens um meinen Großvater mütterlicherseits.)* Welche Attribute der Lehrerpersönlichkeit befremden uns heute, und welche Charakterisierungen sind zeitlos und lassen sich in den aktuellen pädagogischen Slang übersetzen? Stellen Sie sich vor, Sie schauen dereinst auf Ihr Berufsleben zurück: Was zählt dann für Sie, und was ist nebensächlich?

3.1.1 Engagement und Lehrmotivation

Die Einstellung der Lehrkraft zum unterrichteten Fach und zum Unterrichten ist ganz sicher eine entscheidende Bedingung des Unterrichtserfolges und des Berufserfolges von Lehrkräften, obwohl der empirische Forschungsstand zu wünschen übrig lässt: Im Gegensatz zur Lernmotivation von Schülern ist wenig darüber bekannt, welche Rolle beispielsweise Leistungsmotiv, Anschlussmotiv oder Machtmotiv für Lehrkräfte spielen. Sehr anschaulich wird dies am Beispiel des Leistungsmotivs von Rheinberg et al. dargestellt (2001, S. 304/5):

Auf den ersten Blick könnte man deshalb meinen, Schule sei ein ideales Anregungsklima für das Leistungsmotiv von Lehrern. Das ist aber keineswegs sicher. Personen mit starkem Leistungsmotiv sind von Situationen angezogen, in denen sie möglichst klare Rückmeldungen zum Stand oder Wachstum der eigenen Tüchtigkeit erhalten (z. B. Schwierigkeit und Güte eines selbst gespielten Musikstücks; aktuelle Zeit auf der abendlichen Joggingstrecke etc.). Aber an welchen Standards sollte ein Lehrer sein Expertentum in Sachen Unterricht messen? Am ehesten böte sich an, wie weit er die Klasse in der gesicherten Stoffbeherrschung vorangebracht hat (Lehrerleistung). Gemessen an den meisten überzogenen Lehrplanforderungen hat er hier zunächst chronischen Misserfolg. Vergleiche mit realistischeren Standards, z. B. dem Lehrerfolg von Kollegen, sind bislang kaum möglich. So gesehen ist es nicht weiter verwunderlich, dass Lehrer eher selten die erreichten Leistungen ihrer Klasse ansprechen, wenn man sie danach befragt, worauf sie in ihrem Beruf besonders stolz sind (29 % der Befragten bei Lortie, 1975). Viel häufiger werden überraschende Lernerfolge einzelner, meist „schwieriger" Schüler genannt (64 % der befragten Grundschullehrer) oder erfolgreiche Absolventen, wenn sie ihrer ehemaligen Schule einen Besuch abstatten (49 % der befragten Sekundarschullehrer). Das scheinen allerdings eher seltene Ereignisse zu sein … Für Lehrer ergibt sich das Problem, dass Lernzuwächse im Unterricht ein „Gemeinschaftsprodukt" von Lehrer und Schülern sind, bei dem die Einzelanteile nur schwer auseinander gehalten werden können. Von daher ist der Lernerfolg der Schüler nur eine partiell kontrollierbare Größe. Solche Konstellationen sind für hoch leistungsmotivierte Personen wenig attraktiv, da sie Situationen bevorzugen, in denen der Handlungsausgang von ihnen selbst und ihrer eigenen Tüchtigkeit abhängt.

Kasten 8: Spielt das Leistungsmotiv für Lehrer keine Rolle?

Als recht ergiebig für die Frage nach dem Unterrichtserfolg hat sich die Forschung zum *Enthusiasmus* („enthusiasm") und zum Lehrerengagement herausgestellt, wie sie etwa bei Gage & Berliner (1996) dargestellt ist. Enthusiasmus umfasst so verschiedene Aspekte wie „ausgeprägte Gestik, wechselnde Intonation, ständiger Blickkontakt, häufiger Standortwechsel auf der ‚Bühne' sowie Humor und lebendige Beispiele. In einem weiteren Sinne bedeutet Enthusiasmus aber auch einfach *lebendige und überzeugende Kommunikation* mit den Schülern" (Gage & Berliner, 1996). Allerdings stößt der Umgang mit den gefundenen Ergebnissen mitunter auf Schwierigkeiten. Dies liegt daran, dass es sich teils um Oberflächenmerkmale, teils um affektive Variablen handelt; dazu kommt, dass die verbreitete Berechnung von Korrelationen (etwa zwischen dem Ausmaß an Enthusiasmus und Merkmalen des Lernerfolges) schon deshalb in die Irre führt, weil es ganz offensichtlich nicht darum gehen kann, ein *Maximum*, sondern ein *Optimum* an Enthusiasmus zu verbreiten: Das Fehlen von jeglichem Enthusiasmus dürfte auf Schülerseite auf Dauer zu Langeweile und Monotonie führen, und ein Höchstmaß an Enthusiasmus könnte zwar vorübergehend als unterhaltsam oder „spannend" wahrgenommen, im Extremfall jedoch als hysterisch bzw. bei chronischer Verfestigung als unpassend, „uncool" oder peinlich empfunden werden (McKinney, Larkins, Kazelskis, Ford, Allen & Davis, 1983).

> **Reflexionsaufgabe 7: Stolz – worauf?**
> Gibt es in *Ihrem* Beruf als Lehrkraft, in *Ihrer* Unterrichtspraxis, in *Ihrer* Klasse etwas, von dem Sie sagen können: „Darauf bin ich stolz"?

3.1.2 Subjektive Theorien und epistemologische Überzeugungen

Was sind subjektive Theorien, und welche Rolle spielen sie für den Unterrichtserfolg? Im Gegensatz zu *wissenschaftlichen Theorien* (z.B. der Determinanten schulischer Leistungen, der Leistungsangst etc.) meint man mit *subjektiven Theorien* (das Konzept wird oft gleichbedeutend mit naiver Theorie, impliziter Theorie, Alltagstheorie verwendet) subjektive Aussagen- und Überzeugungssysteme. Sie sind ähnlich wie wissenschaftliche Theorien aufgebaut und strukturiert, ohne allerdings deren Gütekriterien (wie Systematik, Explizitheit, Falsifizierbarkeit usw.) aufzuweisen, geschweige denn Ergebnis einer wissenschaftlichen Überprüfung zu sein. Ähnlich wie wissenschaftliche Theorien dienen subjektive Theorien der Erklärung und Vorhersage. In komplexen, wissenschaftlich erst ansatzweise erschlossenen Lebensbereichen, wie dem von Erziehung und Unterricht, leiten sie darüber hinaus das Handeln meist sehr viel stärker als wissenschaftliche Theorien (Rheinberg et al., 2001; Wahl, 1979, 1981, 1991).

Für die Frage nach dem Unterrichtserfolg und der Veränderung des Unterrichts (siehe Kapitel 7.3.3) sind subjektive Theorien von Lehrpersonen von großem Interesse, denn sie steuern – vielfach gar nicht bewusst – das Lehrerhandeln; eine oberflächliche Veränderung von Unterrichtsmethoden (z. B. stärker schüleraktivierend) ohne vorherige Bewusstmachung und ggf. Veränderung der entsprechenden subjektiven Theorien und Überzeugungen führt unter Umständen in eine Sackgasse – oder in die Irre. Subjektive Theorien wurden vor allem in den folgenden Bereichen erforscht: Schüleraggressionen im Unterricht (Dann & Humpert, 1987), Schwierigkeiten des Unterrichtsablaufs (Wahl, Schlee, Krauth & Murek, 1983), Gestaltung von Gruppenarbeit (Lehmann-Grube & Dann, 1999; Haag, 1999).

Das Forschungsprojekt „Unterrichtsskripts und Lehrerexpertise: Bedingungen ihrer Modifikation"[12] im Schwerpunktprogramm „Bildungsqualität von Schule" beschäftigt sich mit subjektiven Theorien von Lehrpersonen (vgl. hierzu auch Mutzeck, Schlee & Wahl, 2002). Worum geht es in diesem Projekt?

> Das Forschungsprojekt hat zum Ziel, am Beispiel von Lehrkräften der Physik zu untersuchen, unter welchen Bedingungen und mit welchen Wirkungen die pädagogisch-psychologische Expertise von Lehrerinnen und Lehrern verbessert werden kann. Es geht dabei von der Annahme aus, dass die Qualität von Unterricht entscheidend von den Vorstellungen der Lehrer über angemessenes didaktisches Handeln bestimmt wird. Diese Vorstellungen (subjektiven Theorien) bilden einen didaktischen Referenzrahmen, der die Lehrerentscheidungen im Unterricht beeinflusst und damit den Unterrichtsverlauf prägt. Eine Modifizierung des didaktischen Referenzrahmens sollte daher eine Veränderung der erkennbaren Unterrichtsmuster bewirken.

Kasten 9: Unterrichtsskripts und Lehrerexpertise: Bedingungen ihrer Modifikation

Von ihrer Struktur her den subjektiven Theorien verwandt sind die so genannten *episte-mologischen Überzeugungen*, das sind subjektive Überzeugungssysteme, die sich entweder auf die Struktur des Wissens beziehen oder auf die Struktur der Wissenserzeugung – des Lernens (Hofer & Pintrich, 1997). Beispiele finden sich zur Veränderbarkeit der Intelligenz, zur Wirksamkeit des Lehrens, oder – im fachdidaktischen Bereich – mathematische und naturwissenschaftliche Weltbilder. Hier ein Beispiel[13] für „epistemological beliefs" zum Wesen des Lernens von Collegestudierenden, die davon ausgehen:

- „Lernfähigkeiten seien angeboren und weitgehend unveränderbar (innate ability);
- Wissen bestehe aus nebeneinander stehenden, unverbundenen Fakten (simple knowledge);
- Lernen gelinge innerhalb von kurzer Zeit oder gar nicht (quick learning);
- Erkenntnisse seien sicher und unveränderbar (certain knowledge)".

Obwohl die empirische Evidenz bisher noch gering ist – siehe die Forschungsübersicht im deutschen Beitrag zur TIMS-Studie/Population III (Köller et al., 2000) –, ist die Annahme plausibel, dass solche intuitiven Überzeugungen für die Gestaltung des Unterrichts, für die Erklärung schulischer Erfolge oder Misserfolge der Schüler folgenreich sind.

3.1.3 Fähigkeit und Bereitschaft zur Selbstreflexion und Selbstverbesserung

Die Fähigkeit und Bereitschaft, den eigenen Unterricht in seiner Gesamtheit jederzeit selbstkritisch zu hinterfragen, verfügbare Methoden und Werkzeuge (beispielsweise Schülerfeedback oder kollegiale Rückmeldung und Supervision zum Unterricht, oder Messung unterrichtlicher Wirkungen) zur Selbstdiagnose und -verbesserung einzuholen, ist ein zentrales und für den Unterrichtserfolg unabdingbares Merkmal der Lehrperson. Für mich ist es eine Schlüsselbedingung für die Verbesserung eigenen Unterrichts. Deshalb wird den entsprechenden Kapiteln in diesem Buch viel Platz eingeräumt.

3.2 Kontextbedingungen der Unterrichtsqualität

3.2.1 Die Rolle des Kontextes

Auf einer sehr allgemeinen Ebene sind neben den soziokulturellen Rahmenbedingungen (vgl. Abbildung 1) zunächst drei elementare Kontexte zu unterscheiden:
- die *Alterstufe* der unterrichteten Schüler/innen, also ob es sich z. B. um Grundschüler/innen oder um Schüler/innen der Sekundarstufe handelt;
- der *Bildungsgang* (Hauptschule – Realschule – Gymnasium) sowie die *Schulart* und die Schulform (z. B. allgemeinbildende vs. spezielle Schulen, z. B. Sonderschulen oder Berufsschulen; staatliche vs. private Schulen) und
- das *Unterrichtsfach*.

Stellt man sich diese drei Dimensionen bildlich als Koordinaten eines Raumes vor, dann entsteht ein Körper, z. B. ein Würfel. Alle bisherigen und folgenden Aussagen zur Qualität des Unterrichts beziehen sich auf wesentliche, nie aber auf *alle* Teile dieses Würfels. So können in diesem Buch keine Aussagen zu spezifischen Aspekten der Unterrichtsqualität etwa in Sonder- oder Berufsschulen gemacht werden. Das gleiche gilt für bildungsgang- und schulartspezifische Aspekte – vgl. hierzu etwa Fend (1976).

Darüber hinaus gibt es in der Pädagogischen Psychologie eine reichhaltige und empirisch wohlfundierte Evidenz für die *Fachspezifität* (Stodolsky, 1988).

Neben diesen drei allgemeinen Aspekten des Kontextes spielt der konkrete *Schul- und Klassenkontext* eine wichtige Rolle – gerade für die Qualität des Unterrichts. Es wird oft nicht deutlich genug gesehen, dass Unterricht unter Bedingungen stattfindet, die sich Lehrkräfte in mancher Hinsicht nicht aussuchen und die sie nicht gestalten können. Nur eine überholte *statische* Sichtweise behandelt den Unterricht und seine Qualität ausschließlich als „unabhängige" Variable. In Wirklichkeit stehen Unterrichtsqualität und Klassenkontext in einem *dynamischen* Verhältnis zueinander: Die Unterrichtsqualität ist Ursache (z. B. für den Leistungsfortschritt der Klasse) und Wirkung (abhängig z. B. vom gegebenen Niveau und der Heterogenität der Vorkenntnisse) zugleich. Eine ungünstige Klassenzusammensetzung setzt der Qualität des Unterrichts ebenso Grenzen wie umgekehrt eine günstige Klassenzusammensetzung die Unterrichtsqualität und -effektivität fördern kann.

3.2.2 Beeinträchtigungen des Unterrichtens aus Lehrersicht

Welches sind aus der Sicht von Lehrkräften die wichtigsten Beeinträchtigungen ihres Unterrichts?

Reflexionsaufgabe 8: Selbstdiagnose: Beeinträchtigungen des Unterrichtens
Bevor Sie weiterlesen, denken Sie einmal kurz darüber nach, welche Beeinträchtigungen des Unterrichts für Sie selbst am gravierendsten sind – und warum. Notieren Sie bitte in diesen Kasten die nach Ihrer persönlichen Einschätzung stärksten Beeinträchtigungen Ihres eigenen Unterrichts:

1) ....   2) ....

3)..   4) ....

Die folgende Abbildung 5 stammt aus der Lehrerbefragung des Projektes MARKUS (Helmke, Hosenfeld, Schrader & Wagner, 2002c). Bitte tragen Sie jetzt Ihre persönliche Sichtweise der Dinge in die Abbildung ein, indem Sie für jede Zeile in der Mitte der Antwortkategorie ein Kreuz machen, die für Sie zutrifft. Zum Beispiel: Sie halten „überbesorgte Eltern" für eine „ziemlich starke" Beeinträchtigung Ihres Unterrichts? Dann machen Sie ein Kreuz in dem dunkelgrauen Balken.
Vergleichen Sie nun bitte Zeile für Zeile Ihre Einschätzung mit den Einschätzungen, die im Rahmen der MARKUS-Lehrerbefragung erhoben wurden. Ein Hinweis: Wenn Sie z. B. die Stofffülle als „sehr starke" Beeinträchtigung bewerten, dann liegen Sie mit Ihrer Einschätzung bei den oberen 15 %; 85 % bewerten dies als lediglich „ziemlich", „wenig" oder „gar nicht" beeinträchtigend. Einzelheiten sind dem entsprechenden Kapitel des MARKUS-Buches zu entnehmen (Helmke et al., 2002c).

Reflexionsaufgabe 9: Wo weiche ich mit meiner Einschätzung vom Durchschnitt ab – und warum?

Vergleichen Sie jetzt das Durchschnittsprofil und Ihre persönlichen Einschätzungen. Gibt es Bereiche, bei denen Sie stark abweichen? Und wenn ja, woran liegt dies Ihres Erachtens – an dem von Ihnen unterrichteten Fach, an Ihrer Schule, an Ihren persönlichen Präferenzen, Stärken, Empfindlichkeiten und Schwächen ...?

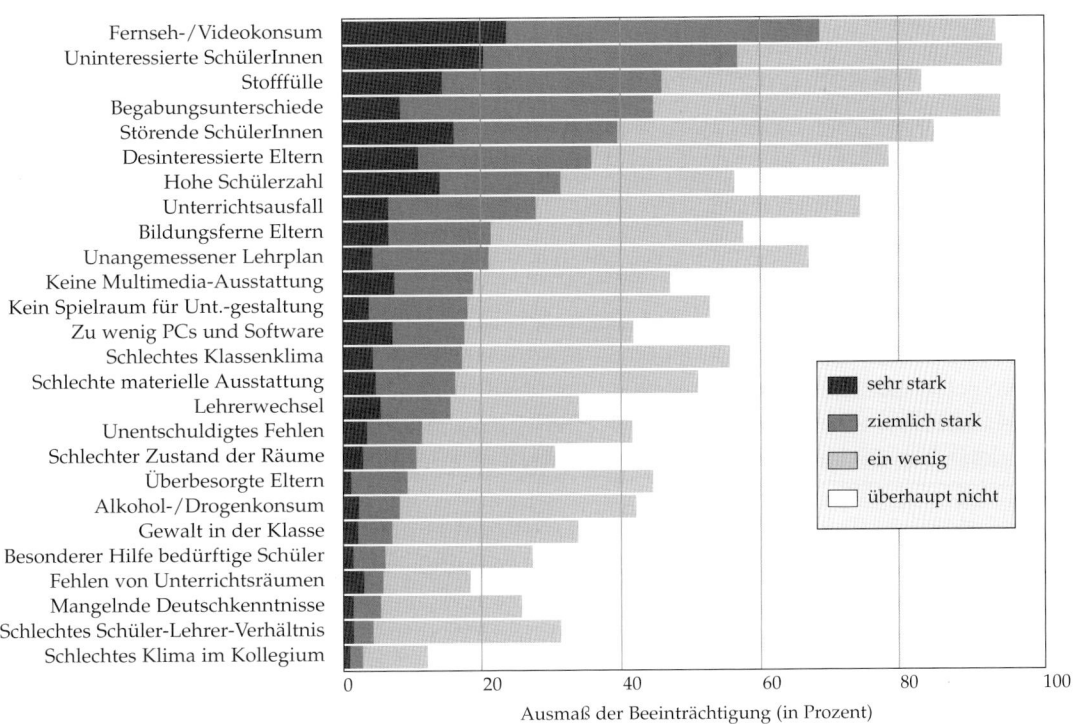

Abbildung 5: Ergebnisse der MARKUS-Lehrerbefragung

Eine Bemerkung noch zum MARKUS-Ergebnis:

- An der Spitze der als den Unterricht beeinträchtigend erlebten Faktoren steht der *TV- und Video-Konsum* der Schülerinnen und Schüler. Fast 70 % der Lehrkräfte empfinden dies als mindestens „ziemlich stark" beeinträchtigend.
- Als ebenfalls sehr belastend werden *Desinteresse und mangelndes Engagement* der Schülerinnen und Schüler und der Eltern angesehen. Gerade hier gibt es allerdings große Bildungsgangunterschiede im Ausmaß der erlebten Beeinträchtigung, die in der Abbildung nicht auftauchen (vgl. hierzu das MARKUS-Buch, Helmke & Jäger, 2002).
- Zu den herausragenden Belastungsfaktoren zählt die zu große *Stofffülle*, die von fast der Hälfte der Lehrkräfte als ziemlich bis sehr stark beeinträchtigend beurteilt wird; ein Viertel beurteilt den *Lehrplan* als unangemessen.

An der Reihenfolge der Faktoren ist überraschend und bemerkenswert, dass sich die Sorgen der Lehrkräfte am meisten auf die *pädagogischen* und *didaktischen* Bedingungen ihres Berufsalltags richten und weniger – wie manche vielleicht erwarteten – auf *materielle, technische* und *quantitative* Bedingungen des Unterrichts. Dabei ist zu beachten, dass nicht gefragt wurde, wie wichtig diese Merkmale per se seien, sondern wie sehr *sie den Mathematikunterricht beeinträchtigen.*

3.2.3 Der Forschungsstand zur Rolle des Klassenkontextes

Nicht erst seit PISA 2000 wissen wir von der gravierenden Rolle des sozialen Hintergrundes der Schülerinnen und Schüler für die schulischen Leistungen – Faktoren, die als Voraussetzungen (in Gestalt einer entsprechenden Klassenzusammensetzung) das Unterrichten und den Lernerfolg ganz erheblich beeinflussen, ohne dass die Schule an diesen Faktoren sehr viel ändern könnte.

Diesem Sachverhalt wird in allen neueren Leistungsvergleichsstudien dadurch Rechnung getragen, dass man sich – anders als etwa im britischen Schulsystem, wo die unkorrigierten Werte der mittleren Testleistungen von Schulen veröffentlicht werden, mit gravierenden Folgen für den Status und das Renommee – nicht auf die Mitteilung der von Klassen oder Schulen erzielten *Rohwerte* beschränkt. Eine Schule im sozialen Brennpunkt einfach mit einer Schule mit ausgeprägt lernförderlichem Umfeld zu vergleichen, wäre wie ein Vergleich von Äpfeln mit Birnen. Angenommen, beide Schulen landen leistungsmäßig im Mittelfeld – dies wäre für die Schule im sozialen Brennpunkt ein großartiger Erfolg, für die gut situierte Schule dagegen eine Enttäuschung.

Es sind genau diese Überlegungen, die dem Konzept *der Fairness* (vgl. Arnold, 2001c) zugrunde liegen: Die Fairness gebietet es bei einem Vergleich des Leistungsniveaus von Klassen (oder Schulen) die jeweiligen Startbedingungen in Rechnung zu stellen. Es gibt verschiedene Strategien, wie man den leistungsrelevanten Kontext berücksichtigen kann (Arnold, 1999b; Helmke, Hosenfeld & Schrader, 2002b). Die wichtigsten sind:
- *Mitteilung* der Leistungskennwerte und *zugleich der leistungsrelevanten Kontextmerkmale*, ggf. zusätzliche Aufgaben zur Art und Enge der Zusammenhänge zwischen Kontextmerkmalen und mittlerem Leistungsniveau. Die richtigen Schlüsse daraus zu ziehen, wird der jeweils angesprochenen Zielgruppe überlassen. Für den Bildungsforscher ist dies die bequemste Variante, sie ist jedoch mit dem Nachteil behaftet, dass sie viele Möglichkeiten für Fehlinterpretationen, Missverständnisse und Missbrauch auf Seiten der Adressaten schafft.
- Berechnung *„korrigierter"* oder *„adjustierter"* Werte (z. B. Abzug eines „Malus" oder Hinzufügen eines „Bonus", je nachdem, ob die Startbedingungen über- oder unterdurchschnittlich waren.
- Berechnung von *Erwartungswerten.* Dabei werden zwei Werte miteinander verglichen: (a) derjenige Wert, den man unter den gegebenen Kontextbedingungen von der Klasse erwarten würde (in diesen „Erwartungswert" geht die empirisch nachgewiesene Leistungsrelevanz der jeweiligen Kontextmerkmale ein) und (b) der tatsächlich erreichte Wert. Befindet sich letzterer oberhalb des erwarteten Wertes (erwartungswidrig positive Schulleistung), dann wird das als ein Verdienst der Lehrkraft und ihres Unterrichts bewertet.

Die beiden zuletzt genannten Varianten sind von der Sache her angemessen, können jedoch zu Problemen führen, wenn der für das reale Leistungsniveau entscheidende Rohwert völlig in den Hintergrund gedrängt wird durch „bereinigte" Werte. Dazu kommt die Schwierigkeit, die den „Bereinigungsverfahren" zugrunde liegende mathematisch-statistische Logik allgemeinverständlich mitzuteilen.

Legt man die deutschsprachige empirische Bildungsforschung, insbesondere die großen Vergleichsstudien des letzten Jahrzehnts zugrunde (TIMSS/II und TIMSS/III, PISA 2000, MARKUS, LAU und QuaSUM), dann zeigt sich folgendes Bild bezüglich der Rolle des Kontextes und der Rahmenbedingungen für schulische Leistungen:

3.2.3.1 Sozialer Hintergrund

Ob man dieses Merkmal sehr ausführlich (wie bei PISA, wo auch nach den Berufen der Eltern gefragt wurde) oder sehr knapp erhebt (im minimalen Falle nur die Frage nach dem häuslichen Buchbestand sowie nach der Schulausbildung der Eltern als Indikator für Bildungsnähe), immer zeigt sich ein ähnliches Bild: Je bildungsnäher die Eltern der jeweiligen Schüler einer Klasse im Durchschnitt sind, desto günstiger die Schulleistung. Die soziale Zusammensetzung einer Klasse macht sich im Niveau und in der Heterogenität des *Vorkenntnisniveaus* der Klasse bemerkbar, das seinerseits der mächtigste Prädiktor des Lernfortschritts der Klasse ist. Bekanntlich zeigte PISA 2000, dass in keinem anderen Teilnehmerland die Leistungskluft (z. B. beim Leseverständnis) zwischen Gruppen von Schülerinnen und Schülern aus niedrigen vs. hohen sozialen Schichten so eklatant ausfiel wie in Deutschland. Dies sollte als eine besondere Herausforderung auch für die Unterrichtsentwicklung angesehen werden. Gefragt sind wissenschaftlich fundierte und praktisch realisierbare Förderprogramme zu den basalen Kompetenzen; zugleich bedarf es einer eminenten zusätzlichen logistischen, finanziellen und inhaltlichen Unterstützung solcher Vorhaben durch Staat und Gemeinden.

Dabei muss allerdings zur Vermeidung kurzschlüssiger Erklärungen und unangemessener Empfehlungen für Konsequenzen darauf hingewiesen werden, dass „Sozialschicht" eine bildungssoziologische Kategorie ist, die für sich genommen *keinen direkten Erklärungswert* hat. Das Leistungsniveau eines Kindes (analoge Überlegungen gelten für das Leistungsniveau einer Klasse) ist nicht deshalb niedriger, weil es zur sozial niedrigeren Schicht gehört, sondern weil der kognitive Anregungsgehalt, die elterlichen Standards und Erwartungen, ihre leistungsbezogenen Erklärungen und Sanktionen und ihr eigenes Engagement für die Schulleistungen des Kindes in niedrigeren sozialen Schichten typischerweise geringer ausgeprägt sind. Dies sind die hinter der „Sozialschicht" liegenden eigentlichen Wirkfaktoren. Dies haben Sozialisationsforschung und Verhaltensgenetik klar belegt (vergleiche die Übersicht bei Helmke & Weinert, 1997).

3.2.3.2 Sprachliche Zusammensetzung der Klasse

Da Migranten in ihrer Mehrzahl aus bildungsferneren Schichten stammen, hängt die Sprachproblematik eng mit derjenigen des sozialen Hintergrundes zusammen. Verlässt man einmal die relativ grobe Klassifikation nach „Ausländer/in" vs. „Deutsche/r" oder danach, ob die Muttersprache Deutsch ist oder nicht, dann ergibt sich ein differenziertes Bild der

Stärken und Schwächen von Schülern mit unterschiedlichem nicht-deutschem Sprachhintergrund. In vielen deutschen (und übrigens auch Schweizer) Studien schnitten die Kinder aus den traditionellen Migrantenländern *Südwesteuropas* besonders schlecht ab, wohingegen Kinder von *Aussiedlern* (überwiegend mit russischer Muttersprache) etwas und *osteuropäische Migranten* deutlich besser dastehen. Die differenzierte empirische Analyse derjenigen Faktoren, die den Leistungsnachteil von Migranten (bzw. auf der Schulklassenebene den Nachteil von Klassen mit hohem Migrantenanteil) erklären, steht noch am Anfang (vgl. Helmke & Reich, 2001). Auf die folgenden Fragen gibt es bisher – legt man PISA 2000 und MARKUS zugrunde – keine befriedigenden Antworten:

- Auf welche Merkmale des Erziehungsstils und der familiären Lernumwelt lassen sich die Unterschiede in der Bildungsbeteiligung und im Leistungsniveau von Migranten, verglichen mit deutschsprachigen Schülerinnen und Schülern, zurückführen, und wie erklären sich (von Selektionseffekten einmal abgesehen) die großen Unterschiede *zwischen* verschiedenen Migrantengruppen?
- Welche Rolle spielt die Aufenthaltsdauer im Gastland für die Entwicklung der Leistungen und die soziale Integration?
- Wie erklärt sich die – gemessen am Leistungsstatus – unrealistische positive Selbsteinschätzung (Selbstvertrauen, Lernfreude) von Schüler/innen, für die Deutsch nicht die bevorzugte Sprache ist?
- Welches ist der wichtigere Faktor für das Leistungsniveau einer Klasse: der prozentuale Anteil von Migranten in einer Klasse oder die Sprachenvielfalt innerhalb einer Klasse?

3.2.3.3 Weitere leistungsrelevante Kontextmerkmale

Aus Platzgründen habe ich mich zuvor auf die zwei – im Kontext von PISA zur Zeit stark diskutierten – leistungsrelevanten Kontextmerkmale konzentriert. Wesentlich bedeutendere Merkmale als diese sind das Niveau und die Heterogenität der *bereichsspezifischen Vorkenntnisse*, zu deren Nachweis es allerdings einer Längsschnittstudie (wie Münchner Studie, BIJU, SCHOLASTIK, SALVE oder LAU) bedarf. Weitere relevante Merkmale sind die Alters- und Geschlechtszusammensetzung der Klasse, der Anteil der Klassenwiederholer oder der durchschnittliche TV- und Videokonsum in einer Klasse (vgl. Hosenfeld, Helmke, Ridder & Schrader, 2002).

3.2.3.4 Klassenklima

Sollte man das Klassenklima ebenfalls als Kontext ansehen? Nein, denn die Lehrkräfte haben die Möglichkeit, durch ihr Verhalten und ihre Erwartungen, durch ihren Lehr- und Interaktionsstil das Lehrer-Schüler-Verhältnis und auch das Schüler-Schüler-Verhältnis entscheidend zu beeinflussen. Insofern stellen Klassenklima und „Klassengeist", lern- und leistungsrelevante Orientierungen und Normen innerhalb der Klasse (wie Autonomieorientierung, explorative Orientierung etc.) eigentlich nur zu Beginn der Übernahme einer Klasse eine Kontextbedingung im Sinne vorgegebener Rahmenbedingungen dar.

3.2.4 Literaturempfehlungen zur Vertiefung

Soziale Schicht/Bildungsnähe:

- Schnabel & Schwippert (2000), zu TIMSS/III
- Baumert et al. (2001), zu PISA 2000; Baumert & Schümer (2002), zu PISA-E
- Helmke et al. (2002c), zu MARKUS

Sprachliche Zusammensetzung der Klasse

- Schwippert & Schnabel (2000), zu TIMSS/III
- Baumert et al. (2001), zu PISA 2000
- Helmke & Reich (2001) sowie Helmke, Hosenfeld & Schrader (2002a), zu MARKUS
- Lanfranchi (2002)

Schul- und Klassenklima, Klassengeist

- Eder (2001)
- Specht & Fend (1979)

3.3 Fachwissenschaftliche Expertise

Mit Sach- oder Fachkompetenz ist die Beherrschung der zu vermittelnden Lehrinhalte, sowohl in ihrem wissenschaftlichen Gehalt als auch in ihrer didaktischen Strukturierbarkeit gemeint. Angesichts des von Schulart zu Schulart variierenden Anteils von Lehrkräften, die „fachfremd" unterrichten, ist dies keineswegs trivial. Bromme (1997) hat in seiner Übersicht über den Zusammenhang von Fachwissen und Unterrichtserfolg belegt, dass zwar kaum direkte Zusammenhänge zwischen Fachkenntnis und Lernerfolg der Klasse gefunden wurden, weil Lehrkräfte solche Defizite (bis zu einem bestimmten Ausmaß) kompensieren können (Leinhardt & Smith, 1985), dass dagegen beschränkte fachliche Kenntnisse vielfache *indirekte* negative Auswirkungen auf die Unterrichtssteuerung haben.

Im Projekt MARKUS (Helmke et al., 2002b) gingen wir der Frage nach, ob sich fachfremde Lehrkräfte (die Mathematik unterrichten, ohne dieses Fach als Hauptfach studiert zu haben) im Hinblick auf das Leistungsniveau ihrer Klasse im Fach Mathematik (Kriterium: Abschneiden beim MARKUS-Test) voneinander unterscheiden. Der Anteil fachfremd unterrichtender Lehrer betrug im Bildungsgang Hauptschule 26 %, in der Realschule 6 % und im Gymnasium unter 1 %. In keinem Bildungsgang zeigten sich statistisch bedeutsame Unterschiede zwischen fachfremden und nicht fachfremden Lehrkräften.

Weinert weist im Zusammenhang mit der fachlichen Expertise besonders auf die *Altersabhängigkeit* der zu vermittelnden Unterrichtsinhalte hin: „Es genügt nicht, die wissenschaftlichen Grundlagen der Physik oder einer Philologie zu beherrschen, wenn man nicht zugleich im Detail weiß, wie sich diese wissenschaftlichen Inhalte bei jüngeren Kindern oder älteren Jugendlichen lehren und vor allem von diesen lernen lassen (S. 121)". Die Sachkompetenz von Lehrkräften umfasst also keineswegs lediglich Fachwissen, sondern erfordert eine Mischung aus fachdidaktischer und fachwissenschaftlicher, pädagogisch-psychologischer (wie lassen sich diese Inhalte geschickt und anregend vermitteln) und entwicklungspsychologischer Expertise (welches sind die typischen Schülervorstellungen, naiven und intuitiven Theorien und Vorstellungen, an die der Unterricht anknüpfen muss). Neben der *entwicklungspsychologischen* Komponente, die an die alterstypischen Grundvorstellungen von Schülerinnen und Schülern anknüpft, kommt es zweitens auch auf *interindividuelle* Unterschiede zwischen den Schülern innerhalb einer Klasse an, die ebenfalls adäquat berücksichtigt werden müssen. Hierzu Weinert:

> „Die damit verbundenen Probleme werden verschärft, weil es eigentlich nicht auf das Lebensalter als solches ankommt, sondern auf die bisher erworbenen Kenntnisse in einem bestimmten Gebiet und auf die intellektuellen Fähigkeiten, über die die einzelnen Schüler verfügen. Damit ist eine besondere Erschwernis des Unterrichts angesprochen. Wenn z. B. ein Teil der Grundschüler zum Erreichen des gleichen anspruchsvollen Lernzieles, etwa im Lesen oder in der basalen Mathematik, die fünffache Zeit gegenüber den leistungsstärksten Kindern benötigt, dann bekommt man eine Vorstellung, was es für den einzelnen Lehrer heißt und bedeutet, die zu lehrenden und zu lernenden Inhalte in ihrer psychologischen Vermittelbarkeit zu verstehen. Überprüft man dieses Wissen bei Lehrern, so stellt man erhebliche Differenzen fest. Dies gilt z. B. bei der subjektiven Einschätzung des Schwierigkeitsgrades verschiedener Lernaufgaben." (1998c, S. 122)

3.4 Didaktische Expertise

Hierbei handelt es sich um die Kenntnis und Beherrschung einer Vielfalt von Unterrichtsformen, die je nach Unterrichtsfach, Lehrziel und Eingangsvoraussetzungen der Schüler/innen eingesetzt werden können. Zu den im modernen Unterricht unverzichtbaren Lehr-Lern-Methoden zählt Weinert (a) die direkte Unterweisung, (b) offenen Unterricht, (c) Projektarbeit, (d) Teamarbeit sowie (e) individualisiert selbstständiges Lernen. In der Fachdidaktik wird das, was Weinert mit didaktischer Kompetenz meint, überwiegend unter „Methodenkompetenz" subsumiert.

3.4.1 Klarheit

Diese klassische Kategorie der Unterrichtsqualität findet vor allem bei der Beurteilung von Lehreräußerungen Anwendung (Vortrag, Erklärung, Fragen), weniger bei schülergesteuerten Unterrichtsformen (wie z. B. Kleingruppenarbeit). Auch hier gibt es eine reichhaltige Forschungstradition. Die folgenden Aspekte sollen genannt werden:

3.4.1.1 Akustische Verständlichkeit

Klarheit umfasst zunächst einmal die akustische Verständlichkeit. Analysen von Audio- und Videoaufnahmen des Unterrichts zeigen erhebliche Unterschiede in der Lautstärke und der Artikulation („Nuscheln", „Verschlucken von Silben"). Das gleiche gilt für Umständlichkeit, exzessiven Gebrauch von Füllwörtern oder von „äh … äh" sowie andere rhetorische und Sprecheigentümlichkeiten.

In unseren eigenen Forschungsprojekten, in denen wir den regulären Fachunterricht videografierten, führte die Konfrontation der Lehrkräfte mit dem von uns videografierten Unterricht (die meisten Lehrkräfte sahen und hörten sich selbst zum ersten Mal im eigenen Unterricht sprechen und agieren) gelegentlich zu maßlosem Erstaunen über Eigentümlichkeiten der Rhetorik und des Ausdrucks (z. B. war einer Lehrerin vorher nicht bewusst, dass sie pro Stunde an die hundertmal „ok" sagte). Allerdings wird die Bedeutung dieses Aspektes der (Un)klarheit von externen Beobachtern leicht überschätzt, da sich die Schüler (gezwungenermaßen) an sprachliche Defizite von Lehrkräften im Laufe der Zeit gewöhnt haben und zu Experten der Sinnerschließung bei unklaren, widersprüchlichen oder sinnfreien Lehreräußerungen geworden sind. Das gleiche gilt für Dialekt oder Regiolekt.

3.4.1.2 Präzision und Korrektheit

Etwas anderes gilt für die Präzision und Korrektheit der Lehrersprache im Fachunterricht. Insbesondere im Fremdsprachenunterricht dürften Aspekte wie Aussprache, pragmatische (situationsangemessene Variation von Stil, Semantik und Intonation) und grammatische Kompetenz von überragender Bedeutung sein. Lehrkräfte sind im Sprachunterricht nicht bloße Instrukteure, sondern stellen zugleich äußerst wirksame Verhaltensmodelle dar, die – nach den Gesetzen des Lernens am Modell – von Schülerinnen und Schülern imitiert werden.

3.4.1.3 Fachliche Kohärenz

Die fachliche Schlüssigkeit ist ein weiteres wesentliches Qualitätskriterium. Wer sich einmal einige der Mathematikstunden der TIMSS-Videostudie (auf CD erhältlich[14]) genauer angeschaut hat, der wird dort, gerade im Bereich der Kohärenz, deutliche Qualitätsunterschiede zwischen Lehrkräften finden. Wenn man bedenkt, dass diese Lehrkräfte der Aufnahme ihres Unterrichts ausdrücklich zugestimmt haben und dass die Videografie nicht überraschend erfolgte, sondern (schon aus technischen Gründen unvermeidbar) lange vorher angemeldet worden war, dann kann man sich vorstellen, dass im realen alltäglichen Unterricht erst recht erhebliche Unterschiede zwischen Lehrkräften existieren.

3.4.1.4 Strukturiertheit

Für die Optimierung des Lernens ist eine gute Strukturierung des Unterrichts und des Lehrervortrags von überragender Bedeutung. Im angloamerikanischen Sprachraum gibt es hierzu eine Reihe von ausführlichen und konkreten Empfehlungen und Richtlinien. Als Beispiel seien die auf Duffy, Roehler, Meloth & Vavrus (1986) und Chilcoat (1989) basierenden „Guidelines for effective lectures" angeführt (zitiert nach McCown et al., 1996, S. 396):

- Start with an advanced organizer or an anticipatory set that allows students to create a context for what is to be presented.
- Present the behavioural objectives, instructional goals, or expected learning outcomes of the presentation. This will orient students to expectations and alert them to new material and key concepts.
- Present the new material with reference to students' prior knowledge.
- Elicit student responses from time to time to check for comprehension and to ensure learning is active.
- Review the main points of the lecture.
- Follow the lecture with an assignment or questions that require students to paraphrase key concepts and apply them in novel ways.

Kasten 10: Richtlinien für effektiven (lehrerzentrierten) Unterricht

Brophy & Good (1986) haben in einer berühmt gewordenen Übersicht im „Handbook of Research on Teaching" (herausgegeben von M. C. Wittrock) den Ertrag der internationalen Forschung zur Lehrerwirksamkeit („teacher effectiveness") in 23 Punkten zusammengefasst. Ungeachtet der Fortschritte der Unterrichtsforschung in den 15 Jahren danach und obwohl die Brophy-Liste sich an lehrergesteuertem Unterricht orientiert, repräsentiert diese Übersicht noch immer den „state of the art". Sie wurde deshalb wohl auch im ebenso prominenten „Handbook of Educational Psychology" (Shuell, 1996, S. 738) wörtlich übernommen und liegt auch diesem Buch zugrunde. Zielkriterium ist dabei immer „student academic achievement" – diese Einschränkung ist wichtig, da die Lehr-Lern-Sequenz bei der Zugrundelegung anderer Zielkriterien unter Umständen eine völlig andere Gestalt aufweisen würde. Brophy & Good ordnen bestimmte Qualitätsmerkmale des Unterrichtens (wie Klarheit, angemessene Schwierigkeit etc.) spezifischen Funktionen bzw. Phasen des Unterrichtens (wie „Giving Information", „Questioning") zu. Ich belasse es in der folgenden Übersicht teilweise bei den englischen Originalausdrücken, die sich teilweise auch schwer übersetzen lassen.

Quantity and Pacing of Instruction	Schüler lernen besser, wenn …
Opportunity to learn/ Content covered	mehr Unterrichtszeit (pro Stunde, pro Tag, pro Jahr) und damit Lerngelegenheiten zur Verfügung stehen.
Role Definition/Expectations/Time Allocation	Lehrer/innen die Wichtigkeit von Unterricht und Lernen betonen und anspruchsvolle Ziele für alle verfolgen.
Classroom Management/ Student Engaged Time	eine effiziente Klassenführung vorherrscht, die Basis für konzentriertes Lehren und Lernen schafft.
Consistent Success/ Academic Learning Time	kontinuierliche Erfolgserfahrungen gemacht und Frustrationen vermieden werden.
Active Teaching	
Giving Information	gesichert ist, dass Einzel- und Stillarbeit erst auf einer inhaltlich soliden Wissensbasis erfolgt.
Structuring	Übersichten, Verweise, „Advance Organizers" und Zusammenfassungen die Orientierung erleichtern.
Redundancy/Sequencing	die Redundanz ausreichend groß ist, gewährleistet durch Reviews und Wiederholungen.
Clarity	das Material und die Informationen klar, verständlich, kohärent und gut strukturiert sind.
Enthusiasm	die Lehrkraft als motivierend, anregend, stimulierend erlebt wird und ihr das Fach erkennbar Spaß macht.
Pacing/Wait Time	einerseits genügend Zeit für das Verstehen komplexen Stoffs gegeben wird, andererseits keine Zeit verschwendet wird.

▶

Questioning the Students	Schüler lernen besser, wenn …
Difficulty Level of Questions	Fragen in eine angemessene Schwierigkeitszone zwischen Unter- und Überforderung fallen.
Cognitive Level of Questions	es eine ausgewogene Mischung von „low-level" und „high-level" Fragen gibt.
Clarity of Questions	sowohl eindeutig beantwortbare als auch mehrdeutige Fragen vorgesehen werden.
Postquestion Wait Time	nach Fragen mindestens drei Sekunden Zeit verbleibt, bis die Frage weitergereicht wird.
Selecting the Respondent	alle Schüler gleichermaßen in Frage-Antwort-Sequenzen einbezogen werden.
Waiting for the Student to Respond	Schüler bei schwierigen Fragen ermuntert werden, Nachfragen zu stellen oder Hilfe zu erbitten.
Reaction to Student Responses	
Reaction to Correct Responses	nach richtigen Antworten immer *Feedback* erfolgt, wohingegen *Lob* sorgfältig dosiert werden muss.
Reaction to Incomplete or Partly Correct Responses	der richtige Anteil der Antwort gewürdigt wird und hilfreiche Hinweise für Verbesserungen folgen.
Reacting to Incorrect Responses	die Frage wiederholt oder stützende Hinweise gegeben werden.
Reacting to „No Response"	nach erneuter Frage ein Feedback gegeben wird.
Reacting to Student Questions and Comments	relevante Schülerbeiträge auf- und ernstgenommen werden.

Kasten 11: Ergebnisse der Unterrichtsforschung (nach Brophy & Good, 1986)

3.4.1.5 Verständlichkeit

Ein ebenso wichtiges Konzept wie „Klarheit", aber anderer theoretischer Herkunft, ist das der Verständlichkeit. Das *Hamburger Verständlichkeitskonzept* (Langer, Schulz von Thun & Tausch, 1974) geht davon aus, dass ein Text schriftlicher oder auch mündlicher Natur im Hinblick auf vier Dimensionen optimiert werden kann, um maximale Verständlichkeit zu erreichen:

- *Einfachheit*: einfache Sprache, bekannte und geläufige Wörter, einfache Satzstrukturen, kurze Sätze
- *Gliederung/Ordnung:* Übersichtlichkeit und Geordnetheit der Textinhalte
- *Kürze/Prägnanz:* Sprachaufwand im Verhältnis zum Lehrziel (optimal: mittlere Ausprägung)
- *Zusätzliche Stimulanz:* Anregende, stimulierende Zutaten wie wörtliche Rede, lebensnahe
- *Beispiele* (nur wirksam bei hoher Ausprägung des Faktors „Gliederung/Ordnung").

Dieses Konzept hat – nicht zuletzt wegen seiner Plausibilität – eine weite Verbreitung gefunden. Es ist aber auch kritisiert worden (Tergan & Mandl, 1983): Verständlichkeit sei kein textimmanentes Merkmal, sondern entscheidend sei die Balance zwischen Lerner und Text; außerdem gebe es keinen linearen Zusammenhang zwischen „Verständlichkeit" und Lernerfolg, sondern hier sei eher eine mittlere Ausprägung günstig.

Das zur Zeit in der fachwissenschaftlichen Diskussion vorherrschende Konzept ist das *Modell des Textverstehens* von Kintsch & van Dijk, das an dieser Stelle darzustellen jedoch aus Platzgründen nicht möglich ist; es wird hierzu auf Werke der Lern- und Gedächtnispsychologie verwiesen (Schermer, 1991; Wellenreuther, in Druck; Mietzel, 2000).

3.4.2 Methodenvielfalt

3.4.2.1 Begründungen für die Vielfalt von Unterrichtsmethoden

Bereits im Abschnitt 2.6.4 (Wechselwirkungen zwischen Schülermerkmalen und Lehrmethode) war davon die Rede, dass wegen der vorfindbaren Vielfalt an Persönlichkeits-, Lernstil-, Fähigkeits-, Motivations-, Verhaltens- und Leistungsunterschieden von Schülerinnen und Schülern eine Mono-Lehrkultur nicht nur unangemessen, sondern sogar unfair wäre. Aber auch verschiedene Lernziele erfordern zwingend unterschiedliche Lehrmethoden. Es geht also um zweierlei: um das *Gewusst-Wann* (welche Unterrichtsziele und curricularen Inhalte eignen sich für welche Unterrichtsmethoden?) und das *Gewusst-Für-Wen* (welche Schülergruppe profitiert von einer bestimmten Unterrichtsmethode oder leidet unter ihr?).

Brophy, einer der profiliertesten Unterrichtsforscher, formuliert es so: „Research on learning tasks suggests that activities and assignments should be sufficiently varied and interesting to motivate student engagement, sufficiently new or challenging to constitute meaningful learning experiences rather than needless repetition, and yet sufficiently easy to allow students to achieve high rates of success." (Brophy, 2000)

Wie Wiechmann (2000a) konstatiert, ist die Forderung nach Methodenvielfalt in der Pädagogik ebenso unumstritten wie wohl begründet (S. 10). Insbesondere durch den Wandel des früher herrschenden Paradigmas vom passiv-rezeptiven Lernen hin zu dem, was man heute mit „neuer Lernkultur" umreißt, ergibt sich die Notwendigkeit, eine Vielfalt von Unterrichtsmethoden zu kennen und zu können: das heißt, ihre Logik und Ziele, aber auch ihre Beschränkungen und möglichen Nachteile zu kennen – und vor allem: sie zu erproben, sie einzuüben und darüber kollegial zu reflektieren.

3.4.2.2 Neue Lernkultur

Was ist eigentlich mit *„neuer" Lernkultur* gemeint? Das Adjektiv „neu" erhält ja seinen Sinn nur durch die Kontrastierung mit früheren, heute als nicht mehr angemessen oder ausreichend gesehenen Vorstellungen von Lernkultur. Weinert (1997a) skizziert in seinem Artikel mit dem Titel „Lernkultur im Wandel" die epochalen Veränderungen der bevorzugten didaktischen Orientierungen, angefangen mit der Konzentration auf Lehrmethoden und Lerngesetze über die dominante Rolle der Lehrerpersönlichkeit, die Fokussierung auf Lehrziele, bis hin zur konstruktivistischen Sichtweise des aktiven Lernens im sozialen Kontext. Im aktuellen schulpraktischen Diskurs wie in der wissenschaftlichen Forschung wurden und werden „viele Ideale, Gedanken und Praktiken der Reformpädagogik aufgegriffen, die seit 100 Jahren manch pädagogische Sonntagsrede verschönten, ohne aber den Schulalltag wesentlich verändert zu haben. Anstelle der traditionellen Lehrmethoden, der Lehrerdominanz, dem Lerndrill und der materiellen Bildung soll nunmehr eine humane, kindgerechte, demokratische Lernkultur verwirklicht werden." (Weinert, 1997a, S. 14) Auf dieser Grundlage sind die pädagogischen, psychologischen und didaktischen Bemühungen zu verstehen, der geänderten Auffassung von der Natur des schulischen Lernens Rechnung zu tragen.

Betont wird von vielen Pädagogen insbesondere der aktive, konstruktive und autonome Charakter des schulischen Lernens. Weinert (1996a) umreißt mit den vier Charakterisierungen des Lernens die Koordinaten dessen, was aus anderen Perspektiven „neue Lernkultur" genannt wird.

Lernen ...

... ist ein aktiver und konstruktiver Prozess – und somit das Gegenteil von extern vermittelter, passiv aufgenommener und mechanisch verarbeiteter Information. Dieses passive und rezeptive Lernen führt zu trägem, d. h. nicht transferierbaren, nicht nutzbarem Wissen.

... ist und wirkt produktiver, wenn das Individuum Gelegenheit hat, das zu erwerbende Wissen und die zu lösenden Probleme als Teil eines subjektiv bedeutungshaltigen Kontextes aufzufassen *(kontextuiertes und situiertes Lernen)*.

... erfolgt effizienter, wenn es durch Interesse an den Lerninhalten gestützt und durch selbstwahrgenommene Lernfortschritte stimuliert wird *(intrinsisch motiviertes Lernen)*.

... sollte möglichst selbstgesteuert, kontrolliert und verantwortet sein; wobei allerdings zu beachten ist, dass selbstständiges Lernen vor allem in der Kindheit Voraussetzung, Mittel und Ziel der Instruktion sein muss *(selbstorganisiertes und selbstkontrolliertes Lernen)*.

Kasten 12: Merkmale schulischen Lernens nach Weinert (1996a)

3.4.2.3 Gefährdungen und Schieflagen der Neuen Lernkultur

Allerdings ist es in der pädagogischen Diskussion des letzten Jahrzehnts zu einer ausgesprochenen Schieflage gekommen, was die aktive, stützende, strukturierende und helfende Rolle der Lehrkraft anbelangt. Weinert (1997a) kommentiert die Wunschvorstellung eines vom Lehrer möglichst unabhängigen Lernens sarkastisch:

„Die Verunglimpfung des Lehrers als Totengräber der kindlichen Neugier, der spontanen Lernlust und der im Vorschulalter demonstrierten Lernkompetenz ist fast schon legendär … Inzwischen haben nicht wenige, sich selbst als fortschrittlich verstehende Lehrer die Konsequenz aus ihrer Diffamierung gezogen und interpretieren sich in ihrer Berufsrolle nicht mehr als kompetente und verantwortliche Unterrichtsexperten, sondern lediglich als Moderatoren autonomer Lerngruppen. Eine solche Haltung ist allerdings weder durch wissenschaftliche Befunde noch durch praktische Erfahrungen gerechtfertigt." (S. 19)

**Kasten 13: Gegen die Verunglimpfung des Lehrers
als Totengräber der kindlichen Neugier (Weinert, 1997a)**

Ich stimme Weinert vollkommen zu, wenn er als Resümee seiner Analyse des Lernkulturwandels auf Gefahren und Gefährdungen der neuen Lernkultur hinweist. Auch hier wieder Weinert im Wortlaut:

„Durchmustert man die aktuelle wissenschaftliche und unterrichtspraktische Literatur, kann man verschiedene Gefahren und Gefährdungen der neuen Lernkultur erkennen. Es sind:
- die *Romantisierung* des lernenden Kindes, wenn z. B. die kognitive Entwicklung, das Erlernen der Muttersprache, der Aufbau vielfältiger Kompetenzen und der spontane Erwerb des Weltwissens im Vorschulalter als geeignetes Vorbild für das gesamte schulische Lernen propagiert wird;
- die *Idealisierung* des lernenden Kindes, wenn zum Beispiel ernsthaft unterstellt wird, Kinder würden sich ständig für all das interessieren und zu all dem motiviert sein, was sie lernen müssen, um später den vielfältigen Anforderungen in der modernen Welt gerecht werden zu können;
- die *Stigmatisierung* des Lehrers als autoritäre Kontrollinstanz des kindlichen Lernens, von dem gefordert wird, das nicht zu tun, was er kompetenterweise tun sollte; und schließlich
- die *Dogmatisierung* progressiver Unterrichtsmethoden, obwohl erwiesen ist, dass es keine Lehrverfahren und Lernstrategie gibt, die für alle und für alles gleichermaßen geeignet wäre.

Kompetent realisierte Unterrichtsmodelle, sachgerechter und nicht willkürlicher Methodenpluralismus, ein flexibles, aber nicht beliebiges pädagogisches Handeln werden auch in der künftigen Lernkultur den guten Lehrer kennzeichnen; der Glaube an die eine, eigene Methode und deren Instrumentalisierung für eine wissenschaftliche oder gesellschaftliche Ideologie dürften demgegenüber auch in der Zukunft die gefährlichen Wurzeln eines neuen pädagogischen Dilettantismus sein." (S. 26 f.)

Kasten 14: Gefahren und Gefährdungen der neuen Lernkultur (Weinert, 1997a)

3.4.2.4 Unterrichtsmethoden und Lernarrangements

Reflexionsaufgabe 10: „lehrerhaft" und „schulmeisterlich"
Sie bekommen zufällig einen Gesprächsfetzen mit, „… finde ich ausgesprochen lehrerhaft".
- Mit welchen Eindrücken verbinden viele dieses Wort „lehrerhaft"?
- Was ist eigentlich das Gegenteil von *„lehrerhaft"*? Wie verhält es sich mit dem Wort *„schulmeisterlich"*?
- Wodurch unterscheiden sich „lehren" und „belehren"?
- Wie ist es bei Ihnen persönlich?
- Wie ist die durchgängig negative Konnotation von „lehrerhaft" zu erklären? Ist sie fair?
- Ist dies ein spezifisches deutsches Phänomen? Gibt es Pendants zu „lehrerhaft" in anderen Kulturen?
- Sind Ihnen andere Berufe bekannt, bei denen es ähnliche Adjektive mit negativem Beiklang gibt?
- Gibt es Unterrichtsmethoden, die mehr oder weniger „lehrerhaft" oder „belehrend" sind als andere?

Diese Reflektionsaufgabe sollte Sie dazu anregen, sich auf der Basis dessen, was Weinert zu den grundlegenden Merkmalen des Lernens gesagt hat, ein intuitives Bild von Ihrem Berufsstand und auch von unterschiedlichen Unterrichtsmethoden zu machen.

Vielleicht erwartet der Leser/die Leserin, dass jetzt fundierte und detaillierte Aussagen zu *einzelnen Unterrichtsmodellen und -methoden* gemacht werden. Diese Erwartung muss ich jedoch leider enttäuschen. Warum?
- Erstens reicht der Platz für eine detaillierte Beschreibung und Kritik einzelner Unterrichtsmethoden nicht aus, und eine nur kursorische Darstellung liefe Gefahr, irreführend und dilettantisch zu sein.
- Zweitens ist es ohnehin nicht das Ziel dieses Buches, einzelne Unterrichtsmethoden zu präsentieren, sondern übergeordnete *Prinzipien der Qualität jeden Unterrichts* und *Möglichkeiten ihrer Messung und Verbesserung* zu skizzieren. Dieser Gesichtspunkt ist mir wichtig, da gerade hierzulande die Praktizierung „alternativer" oder „innovativer" Formen des Unterrichts häufig schon per se als Beleg für Qualität gilt. Das aber ist irrig: Ebenso wie Frontalunterricht „gut" oder „schlecht" sein kann, gemessen an seinen nachweislichen Wirkungen, können auch Gruppenarbeit, Projekt- oder Stationenarbeit effizient oder ineffizient, exzellent oder dilettantisch sein.
- Drittens schließlich gibt es gerade in deutscher Sprache eine Reihe vorzüglicher, praxisgerechter Darstellungen zu verschiedenen Unterrichtsmethoden. Exemplarisch möchte ich auf zwei von mir besonders geschätzte Werke hinweisen: auf das von Wiechmann herausgegebene Buch „Zwölf Unterrichtsmethoden" (2000b) und das Buch „Lernarrangements erfolgreich planen" von Niggli (2000).

Wiechmann geht davon aus, dass sich alle Unterrichtsformen auf einer Ebene abbilden lassen, die durch zwei Koordinaten aufgespannt wird: die Dimension des *Vermittlungsstils* (lehrend/expositorisch vs. entdecken lassen) und die Dimension der *Lenkung* (lehrergelenkt vs. selbstbestimmt/autonom). Zugleich macht er klar, dass dogmatische und einseitige Sichtweisen verfehlt sind, dass es vielmehr auf eine gute Balance ankommt:

> Ein ausschließlich belehrender Unterricht ist in der Schulrealität ebenso wenig denkbar wie ein rein entdeckender; ein völlig gelenkter Unterricht ebenso unrealistisch wie das vollkommen autonome Lernen. Die Realität eines effektiven Unterrichts liegt zwischen den vier Eckpunkten des Methodenrepertoires. Die didaktisch begründete Wahl der jeweils besten Unterrichtsmethode erfordert eine Kenntnis der spezifischen Leistungsfähigkeit der verschiedenen Unterrichtsmethoden (S. 17).

Kasten 15: Unterrichtsmodelle: Vielfalt und Balance (Wiechmann, 2000a)

Das Buch von Wiechmann beschreibt eine Vielzahl von Unterrichtsmethoden, die in ihrer Gesamtheit ein breites Spektrum darstellen: Frontalunterricht, Gruppenpuzzle, Stationenarbeit, Wochenplanarbeit, Lernen in Inszenierungen, Lehrstückunterricht, Entdeckendes Lernen, Fallstudie, Werkstattarbeit und Projektmethode.
Ich finde es übrigens gut, dass auch der hierzulande oft tabuisierte „Direkte Unterricht" („direct instruction") in diesem Buch vorkommt (Grell, 2000). Der *direkte Unterricht* wird bekanntlich oft assoziiert mit: autoritär, reaktionär, anachronistisch, schülerfeindlich, militaristisch, Drill, mechanischem Lernen, passivem Lernen, bloßer Wissensakkumulation, absoluter Lehrerdominanz (Helmke, 1999), und von daher ist es nahezu anstößig, dass viele empirische Unter-

> Unterrichtskonzeptionen und didaktische Modelle können leider nicht selbst unterrichten. Das können nur kompetente Lehrerinnen und Lehrer. Aus einem hervorragenden Drehbuch kann man einen schlechten Film machen. Jede Didaktik lässt sich leicht verhunzen, wenn sie inkompetent und unprofessionell inszeniert wird. Die Schüler gewinnen dann keine Einsichten, sondern verlieren den Durchblick. Auch das Direkte Unterrichten kann misslingen. Mit einer gehörigen Portion Humorlosigkeit und Pedanterie, Sturheit und Starrheit ausgeführt, kann direktes Unterrichten zu vorsintflutlichem Formalstufen-Unterricht werden. Ich inszeniere stures Pauken statt mitreißenden Unterricht, wenn ich dieses Unterrichtsmuster fundamentalistisch, zwanghaft, fantasie- und humorlos, gefühllos, lieblos, ohne Verständnis für und Respekt vor meinen Schülern, ohne Abwechslung, ohne Begeisterung, ohne innere Überzeugung und ohne Freude am Unterrichten abliefere …
> Ein didaktisches Modell ist kein Ersatz für Interaktions- und Lehrkompetenz. Theorien sind nur Werkzeuge. Werkzeuge kann man geschickt oder ungeschickt benutzen (S. 45 f.).

Kasten 16: Jede Didaktik lässt sich verhunzen (Grell, 2000)

suchungen seine Überlegenheit bezüglich der Leistungsentwicklung gezeigt haben: in hochstrukturierten („harten") Fächern, bei leistungsschwächeren und bei jüngeren Schüler/innen. Er umfasst als typische Elemente: Wiederholung des zurückliegenden Stoffs, explizite Angabe der Ziele der Stunde, kleinschrittiges Vorgehen mit vielen Übungsgelegenheiten, klare und deutliche Hinweise („cues"), aktive Übung unter ständiger Kontrolle, regelmäßige Fragen zur Gewährleistung des Verständnisses und systematische Rückmeldungen und Korrekturen.

Was Grell in diesem Abschnitt zum direkten Unterrichten zum Thema „Methodendogmatismus" sagt – und was für Unterrichtskonzeptionen und didaktische Modelle generell gilt – gehört zum Treffendsten, was ich zu dieser Frage seit langem gelesen habe.

Der Schweizer Unterrichtsforscher Niggli (2000) spricht in seinem Buch ausdrücklich nicht von „Unterrichtsmethoden", sondern beschränkt sich auf *Lernarrangements*, d. h. auf Unterrichtsformen, die eher dem „offenen" Unterricht zuzurechnen sind. Er hebt ebenfalls hervor, dass innovative Lernarrangements, die sich von traditionellem Unterricht unterscheiden, nicht a priori guter Unterricht seien, sondern sich an Leitfragen und Bewährungskriterien orientieren müssen, die *generell* für den Unterricht gelten. Diese sachliche und empirieorientierte Sichtweise hebt sich nach meiner Einschätzung sehr wohltuend von vielen anderen Schriften ab, in denen unter Begriffen wie „Neue Lernkultur" pauschal traditionelle, klassische und bewährte Formen des Unterrichts gelegentlich generell in Frage gestellt werden. Niggli unterscheidet zwei Typen von Lernarrangements: (a) Inszenierungen von Lernarrangements zum individualisierten, selbstgesteuerten Lernen (Werkstattunterricht/Stationenlernen, Wochenplanunterricht, Phasenpläne) und (b) Inszenierung von kooperativen Lernarrangements (Gruppenpuzzle, Gruppenrally).

3.4.2.5 Schwierigkeiten der Realisierung von Gruppenarbeit im Unterricht

Dann, Diegritz & Rosenbusch (2002) sind in einer sehr interessanten Untersuchung der Frage nachgegangen, weshalb viele Lehrkräfte wider besseres Wissen bestimmte – als innovativ geltende und für bestimmte Lehrziele eigentlich unersetzbare – Lehrmethoden wie die Gruppenarbeit entweder gar nicht oder, wenn schon, dann halbherzig und ineffizient einsetzen. Dazu befragten sie Lehrkräfte, die in ihrer Klasse Kleingruppenarbeit realisierten, unmittelbar nach Ende der Stunde mithilfe der Methode des „Lauten Denkens", was ihnen in bestimmten kritischen Situationen des Stundenverlaufs durch den Kopf gegangen sei. Dabei stellte sich heraus, dass sich viele Lehrkräfte bei der konsequenten und effizienten Durchführung der Kleingruppenarbeit gewissermaßen selbst im Wege standen: Ihr Denken war von *unvereinbaren Widersprüchen* zwischen verschiedenen normativen Vorstellungen geprägt. Dann et al. verwenden bei ihrer Erklärung das Konzept des *„Widersprechenden Imperativs"* im Sinne von inneren Handlungsaufforderungen: Einerseits wird Kleingruppenarbeit für richtig und wichtig gehalten, andererseits erzeugt diese Lehrform bei Lehrkräften *Konflikte* zwischen ihrer traditionellen Lehrerrolle (wie sie im lehrergesteuerten Unterricht dominiert: Strukturierung, Kontrolle) und dem völlig entgegengesetzten Rollenprofil, das der Kleingruppenarbeit zugrunde liegt (Akzeptanz von Unübersichtlichkeit, Sich-Zurücknehmen).

Dann et al. listen die in der akuten Unterrichtssituation im Bewusstsein der Lehrkräfte widerstreitenden Imperative so auf:

Eingreifen	Nicht-Eingreifen
Ich muss die Gruppen gezielt bilden!	Ich muss die Gruppen sich selbst zusammenraufen lassen!
Ich muss die Aufgaben in den Gruppen verteilen.	Die Schüler müssen die Aufgabenverteilung selbst hinkriegen!
Ich muss Disziplin, Mitarbeit und Ergebnisse kontrollieren!	Ich muss die Gruppe selbstständig arbeiten lassen!
Ich muss in Gruppenkonflikte aktiv eingreifen!	Ich muss mich bei Auseinandersetzungen heraushalten!
Ich muss den vorgefassten Zeitplan einhalten!	Ich muss den Schülern Zeit nach Bedarf geben!
Ich muss die Auswertung nach meinen Vorstellungen durchführen!	Ich muss den Schülern Freiraum lassen!
Ich muss die Auswertung straff durchziehen!	Ich muss alle Gruppen drankommen lassen!

Kasten 17: Widersprechende Imperative

Und hier die Konsequenzen der Autoren aus ihren Erfahrungen und Untersuchungen:

> „Gruppenunterricht ist nach unseren Beobachtungen *problematisch*, wenn man als Lehrkraft den Grundkonflikt häufig zu Gunsten von Eingreifen entscheidet, also z. B. die Ziele der Gruppenarbeit allein festlegt, laufend die Arbeit der Gruppen kontrolliert und inhaltlich lenkt, bei Störungen sofort interveniert und überwiegend nur die Leistungen der Schüler bewertet, ohne die Vorgänge in den Gruppen zu beachten.
> *Hervorragender Gruppenunterricht* ist vor allem dann möglich, wenn man als Lehrkraft den Grundkonflikt häufig in Richtung auf Nicht-Eingreifen entscheidet, wenn man sich während des Gruppenunterrichts von der traditionellen Rolle der Lehrkraft als wissende Autorität löst und stattdessen mehr als Moderator auftritt. Bessere Arbeitsergebnisse können auch erreicht werden, wenn es gelingt, autoritäre und starre Führungsstrukturen in den Arbeitsgruppen aufzulösen und möglichst flexible Rangordnungen bei guter Umgangsqualität zu etablieren.
> *Qualitativ hochwertigen Gruppenunterricht* leisten schließlich diejenigen Lehrkräfte, die auf ein reichhaltiges, differenziertes und gut organisiertes didaktisch-methodisches Wissen zurückgreifen können. Lehrkräfte, denen guter Gruppenunterricht gelingt, haben also auch eine entsprechende handlungswirksame Wissensbasis aufgebaut. Ohne ein solches Expertenwissen sind Lehrkräfte nicht in der Lage, einen qualitativ hochwertigen Gruppenunterricht zu praktizieren. Versuchen sie es dennoch, kann es leicht zu Misserfolgen kommen, die dann zur vorschnellen Ablehnung dieser Sozialform des Unterrichts führen."

Kasten 18: Bedingungen erfolgreicher Gruppenarbeit, nach Dann et al. (2002)

Als ein vorläufiges Resultat kann man festhalten: Bei der Gruppenarbeit im Unterricht gibt es eine Kluft zwischen ihrer Empfehlung durch Pädagogen einerseits, die sich auf eine solide empirische Basis berufen können, und ihrer praktischen Realisierung im Unterrichtsalltag andererseits. Die Gründe für dieses Missverhältnis sind vielfältig; einige wurden bereits angesprochen. Fast immer bringt Gruppenarbeit neuartige Probleme mit sich, sie bedarf einer besonders guten Vorbereitung, sie kostet Zeit, schafft Unruhe. In der Lehrerausbildung wird Gruppenarbeit – wenn überhaupt – nur abstrakt und verbal thematisiert. Nötig wäre hier ein wesentlich stärkerer *Verhaltensbezug* (vgl. Abschnitt 7.3.2), wie er etwa mit Verfahren des *Microteaching* (vgl. Abschnitt 7.10) erreicht werden kann.

Reflexionsaufgabe 11: Lehren und Belehren
In Reflektionsaufgabe 8 war danach gefragt worden, was Sie intuitiv mit „lehrerhaft" oder „schulmeisterlich" verbinden. Versuchen Sie bitte mal, sich daran zu erinnern – und überlegen Sie, ob Sie Ihre damalige Einschätzung aufgrund des bisher Gelesenen aufrechterhalten.

3.4.3 Individualisierung
Der Umgang mit Heterogenität gehört zweifellos zu den zentralen Herausforderungen des Unterrichts, letztlich geht es dabei um die Notwendigkeit von *Individualisierung*. Diese bezieht sich nicht nur auf unterschiedliche Methoden, sondern auch auf unterschiedliche Lernmaterialien, Lerninhalte, Lernzielniveaus und Motivierungstechniken. In herkömmlichen Unterrichtsmodellen wird die Individualisierung oft als eine quasi selbstverständliche Unterrichtsform thematisiert, „ohne im Einzelnen anzugeben, welche differenziellen Unterrichtsformen, Lehrmethoden und soziale Interaktionsmodi unter welchen klassenspezifischen Bedingungen und im Hinblick auf welche pädagogischen Zielsetzungen zu praktizieren sind, um die erwünschten Effekte zu erzielen, unerwünschte Nebeneffekte zu vermeiden und die Lehrer nicht heillos zu überfordern. Ein wahrhaft herkulisches pädagogisches Problem …" (Weinert, 1997b, S. 50).

Weinert identifiziert vier Reaktionsmöglichkeiten auf die vorfindbaren Lern- und Leistungsdifferenzen, die im Folgenden wegen ihrer grundsätzlichen Bedeutung im vollen Wortlaut zitiert werden (Weinert, 1997b, S. 51/52):

„Ignorieren der Lern- und Leistungsunterschiede (passive Reaktionsform): Manche Lehrer verwenden als Bezugssystem für die Gestaltung ihres Unterrichts unbewusst einen fiktiven oder auch realen Durchschnittsschüler, dessen Lern- und Leistungsfortschritte zum Maßstab für die Schnelligkeit und Schwierigkeit des Lehrens werden. Dass durch Nichtstun auch nichts bewirkt wird, ist allerdings eine Illusion. Zwei Effekte sind nämlich wissenschaftlich gut belegt. Zum einen ist die Qualität des Unterrichts nicht nur von der Persönlichkeit und Kompetenz des ein-

zelnen Lehrers abhängig, sondern wird z. B. auch vom durchschnittlichen Niveau und der Variationsbreite kognitiver Lernvoraussetzungen der Schüler in einer Klasse beeinflusst. Zum zweiten bewirkt die Ignorierung individueller Lern- und Leistungsunterschiede im Unterricht, dass die guten Schüler besser und die schlechten schlechter werden. Das gilt insbesondere dann für einen offenen, schülerzentrierten Unterricht, wenn sich der Lehrer nur als Moderator autonomer Lerngruppen versteht. Unter diesen Umständen ist die Wahrscheinlichkeit groß, dass der individuelle Lernfortschritt eine direkte Funktion der persönlichen Lernvoraussetzungen ist.

Anpassung der Schüler an die Anforderungen des Unterrichts (substitutive Reaktionsform): Neben einigen stark umstrittenen schulorganisatorischen Maßnahmen zur Homogenisierung von Schulklassen (Zurückstellung vom Anfangsunterricht, Klassenwiederholung, Modi der äußeren Differenzierung) gibt es viele psychologische Programme zur systematischen Intelligenzförderung, zur Gedächtnisschulung, zum Erwerb des Lernenlernens und zur Motivationssteigerung. Die damit verbundenen Hoffnungen auf eine leistungswirksame Verbesserung der Lernvoraussetzungen schwacher Schüler haben sich i. d. R. aber nicht erfüllt. Nur die systematische Verbesserung der lernrelevanten Vorkenntnisse, das gezielte Schließen von Wissenslücken, die damit verbundenen Möglichkeiten der Vermittlung wirksamer Lernstrategien (metakognitive Kompetenzen) und die Beeinflussung der Lernmotivation (durch attraktive Lernanreize, durch differenzielle Bekräftigungen und durch ein angstfreies, stimulierendes und aufgabenorientiertes Klassenklima) versprechen eine Reduzierung unerwünschter Leistungsunterschiede zwischen den Schülern einer Klasse.

Anpassung des Unterrichts an die lernrelevanten Unterschiede zwischen den Schülern (aktive Reaktionsform): Mit dem Konzept des adaptiven Unterrichts wurde die illusionäre Hoffnung überwunden, man könne durch Verwendung von ein und derselben Lehrstrategie oder von zwei kontrastiven Lehrmethoden (z. B. induktives und deduktives Verfahren) bei allen Schülern gleiche Lernleistungen erzielen. Adaptiver Unterricht ist demgegenüber der realistische Versuch, mit Hilfe einer differenziellen Anpassung der Lehrstrategien bei möglichst vielen Schülern ein Optimum erreichbarer Lernfortschritte zu bewirken und dadurch auch den leistungsschwächeren Schülern die subjektive Überzeugung persönlicher Selbstwirksamkeit (wieder) zu vermitteln.

Gezielte Förderung der einzelnen Schüler durch adaptive Gestaltung des Unterrichts (proaktive Reaktionsform): Im Bewusstsein der Tatsache, dass durch Unterschiede in den individuellen Lernvoraussetzungen nicht alle Schüler alles lernen und Gleiches leisten können, kommt es im Unterricht darauf an, dass Lehrer die Lernmöglichkeiten, aber auch die Leistungsgrenzen ihrer Schüler möglichst frühzeitig realistisch diagnostizieren und optimistisch interpretieren (Schrader, 1997). Dabei gilt die Erfahrungsregel: Lernende können unter günstigen pädagogischen Bedingungen mehr an Wissen und Können erwerben als ihnen oft vorschnell zugetraut wird. Voraussetzung dafür sind *differenzielle Lernziele* (d. h. die Unterscheidung zwischen einem Basiscurriculum mit fundamentalen Lernzielen für alle Schüler und einem differenziellen Aufbaucurriculum, das Schülern mit unterschiedlichen Lernvoraussetzungen und verschiedenen Interessensrichtungen möglichst große geistige Entfaltungsmöglichkeiten bietet), ein *adaptiver Lehrstil* (mit betonter Individualisierung während ausgedehnter Stillarbeitsphasen) und genügend nachhelfende (remediale) Instruktion zur Realisierung der basalen Lernziele."

Kasten 19: Weinert (1997) zum Umgang mit Heterogenität

Weitere und vertiefende Ausführungen zur Frage der Methodenvielfalt finden sich unter anderem bei Weinert (1997c), im MARKUS-Buch (Helmke et al., 2002c, S. 354 f.) und bei Terhart (2000a).

3.5 Motivierungsqualität

Motivieren, das heißt: einen ausreichenden Anreizwert für die Beschäftigung mit dem Unterrichtsstoff schaffen. Je mehr es der Lehrkraft gelingt, den Schülerinnen und Schülern den Unterrichtsstoff als ein lebendiges, interessantes Gebiet zu vermitteln, für das es sich lohnt sich zu engagieren, desto höher wird die Schülermotivation sein. Im Fach Mathematik hieße das beispielsweise: Vorgabe authentischer Aufgaben und Situationen, konkrete Beispiele, alltagsnahe Projekte, Aufzeigen von Anwendungsmöglichkeiten oder durch innovative und anregende Lehr-Lern-Arrangements.

3.5.1 Intrinsische und extrinsische Motivation fördern

In einem der „Klassiker" der schul- und erziehungsrelevanten Werke zur Motivationspsychologie schlagen die Autoren, Pintrich & Schunk, (1996) vier Strategien zur Förderung intrinsischer Motivation vor (S. 279 f.):

- *Challenge*: Students' skills with activities of intermediate difficulty. Ensure that students do not become bored with easy tasks or reluctant to work on tasks perceived as overly difficult.
- *Curiosity*: Present ideas slightly discrepant from learners' existing knowledge and beliefs. Incorporate surprise and incongruity into classroom activities.
- *Control*: Allow students choices in activities and a voice in formulating rules and procedures. Foster attributions to causes over which they have some control.
- *Fantasy*: Engage students in make-believe activities, games, and simulations. Ensure that the motivational embellishments are task relevant and not too distracting.

Kasten 20: Vier Strategien zur Förderung intrinsischer Motivation

In der „fortschrittlichen" Pädagogik hat es gelegentlich den Anschein, als gebe es „gute" und „schlechte" Lernmotive. Hierzu Weinert (1997a):

„Positiv zu bewerten sind ... vor allem intrinsische Beweggründe zum Lernen, also das persönliche Interesse an den Lerninhalten, die Lust am Lernen selbst und die Freude am Erreichen selbstgesetzter Ziele. Demgegenüber werden äußere Zwänge, aber auch erwartete Belohnungen als Triebfedern des Lernens negativ beurteilt ...
Inspiziert man die empirische Basis der Argumente und Gegenargumente zur pädagogisch angemessenen Lernmotivation, so erscheinen die *intrinsischen* Beweggründe im Vergleich zu den extrinsischen langfristig dem Lernen förderlicher zu sein. Auf der anderen Seite gilt aber auch: Wenn die spontane Motivation zum Erwerb notwendiger oder nützlicher Kompetenzen bei Schülern fehlt oder gestört ist, so sind *extrinsische* Anregungen, Anreize und Bekräftigungen wirksame, keineswegs schädliche Mittel zur Motivierung des Lernens." (Weinert, 1997a, S. 17).

Kasten 21: Warum intrinsische und extrinsische Motive gleichermaßen wichtig sind

Diese Einschätzung ist in der wissenschaftlichen Psychologie inzwischen unbestritten (vgl. Cameron & Pierce, 1994; Deci & Ryan, 1985). Felten (1999) schreibt zu dieser Frage (im Ausblick des Buches mit dem vielsagenden Titel „Neue Mythen in der Pädagogik"):

„Erfolgreiches Lernen ist vielfach nicht nur angenehm, sondern bedeutet Gründlichkeit und Anstrengung, Aushalten von Belastungen und Überwinden von Widerständen. Wer in einer modernen Gesellschaft frei und mündig werden möchte, sollte sich auch mit Sachverhalten auseinander setzen, die ihn zunächst nicht interessieren oder mit denen er vielleicht niemals vertieft befasst sein wird – er hat dann aber seine geistigen Kräfte sinnvoll geschult und sich zudem fachliche Operationen erworben." (S. 171)

Kasten 22: Eine gute Schule kann nicht ständig Spaß machen

Aus der Motivationspsychologie (Heckhausen & Rheinberg, 1980) wissen wir, dass an der Aufrechterhaltung des Lernens in der Schule sehr verschiedene Motivsysteme beteiligt sein können: Neugiermotiv, Leistungsmotiv, Wettbewerbsmotiv, Anschlussmotiv und Motiv nach Selbstwerterhaltung, um nur die wichtigsten zu nennen. Aus der Vielfalt der das Lernen stützenden und steuernden Motive folgt, dass es auch eine *Vielfalt an Motivierungstechniken und -strategien* geben muss. Neben der Anregung von Neugier und Sachinteresse haben – je nach Klassenkontext und Schüler-Lehrer-Verhältnis – zum Beispiel auch Appelle an das Wettbewerbs- und Konkurrenzmotiv ihren Platz, wobei sich Wettbewerb und Konkurrenz auf einzelne Schüler oder (wie beim kooperativen Lernen) auch zwischen Gruppen beziehen können.

Gelegentlich wird in der neueren deutschsprachigen pädagogischen Diskussion nur noch die „Neue Lernkultur" gesehen und dabei übersehen oder unterschätzt, dass auch die klassischen, seit Jahrzehnten bestens erforschten und wirksamen Lernprinzipien des *Verstärkungslernens* (McCown et al., 1996, S. 184 f.) und des *Lernens am Modell* weiterhin unersetzlich sind. Der kompetente Umgang mit Techniken des Lobs, der Ermutigung, der Bekräftigung – aber auch mit Strafe – gehört zu den Essentials der Lehrerprofessionalität.

3.5.2 Passung: Optimierung der Balance zwischen Anforderungen und Voraussetzungen

Das Konzept der Passung wird hier als separate Variable betrachtet. Man könnte es aber ebenso gut als übergeordnetes Merkmal oder als Leitlinie *jedes* kompetenten unterrichtlichen Handelns bezeichnen. Hier sollen drei wesentliche Gesichtspunkte thematisiert werden, die sich unmittelbar auf die Passung beziehen.

Schwierigkeit des Unterrichtsstoffs. Im Idealfall sollten die unterrichtlichen Anforderungen in einer Schwierigkeitszone liegen, die oberhalb des aktuellen Wissensstandes der zu Unterrichtenden liegt, aber auch nicht zu weit davon entfernt sein darf. Anforderungen in dieser „Zone der nächsten Entwicklung" (Wygotski, 1978) sind dadurch gekennzeichnet, dass mit Unterstützung der Lehrkraft neues Wissen erworben wird, ohne dass dies durch *Unterforderung* (zu einfach, im Extremfall: „sattsam bekannt") oder *Überforderung* (zu schwierig, wird als Bedrohung oder als aussichtslos empfunden, bewirkt Angst) beeinträchtigt wird.

Anknüpfen am kindlichen bzw. jugendlichen Denken. Eine bereits im Abschnitt 3.3 angesprochene Voraussetzung des Unterrichtserfolges ist die Orientierung über und das Anknüpfen an kindlichen/jugendlichen Vorstellungen des Gegenstandsbereichs, der oft spezifische alterstypische Fehler und „misconceptions" umfasst. Hier ein Zitat des Mathematikdidaktikers Lorenz (1987):

„Ich glaube, dass man sehr viel stärker den Blick des Lehrers oder der Lehrerin auf das Denken der Kinder und darauf, wie Kinder Probleme lösen, richten sollte. Wir sollten weg von der Normierung in der Form, dass alle etwas standardmäßig nach einem Verfahren gleich machen. Kinder denken eben anders, und sich auf dieses individuell sehr unterschiedliche Denken einzulassen und es zu beobachten, ohne es gleich korrigieren und verändern zu wollen, das halte ich für wesentlich. Es ist mehr eine Einstellungssache, denke ich, dass man Kindern gegenüber eine gewisse Toleranz auch im Denken und im Lösen von Rechenaufgaben entgegenbringt. Der Impetus, sofort eingreifen zu müssen, ist ziemlich verheerend, weil man dann Kinder über einen Kamm schert und ihnen eigentlich die Möglichkeit nimmt, Problemsituationen oder Zahloperationen selbst zu untersuchen, dabei Entdeckungen zu machen und sie damit zu verstehen. Solch eine Einstellung langsam zu entwickeln, das wäre ein Ziel; und ich glaube, das gelingt über positive Beispiele. Also wenn man Beispiele von Unterricht oder von kindlichem Denken in die Lehrerausbildung und in die Lehrerfortbildung integrieren könnte, das wäre, denke ich, sehr nützlich."

Kasten 23: Anknüpfen an der Gedankenwelt des Kindes (Lorenz)

Hierhin gehört insbesondere auch die gezielte Anknüpfung an vorhandene „naive" oder „intuitive" Konzepte von Schülerinnen und Schülern insbesondere im naturwissenschaftlichen Unterricht. Zu den Themen „Schülervorverständnis", „misconceptions" und „conceptual change" gibt es inzwischen eine große Zahl von Publikationen, Forschungsaktivitäten bis hin zu Kongresszyklen zu genau dieser Thematik, wovon man sich bei einer Internetreise mit den gängigen Suchmaschinen leicht überzeugen kann. Zu den bekanntesten Protagonisten dieser wichtigen Forschungsrichtung zählen Vosniadou (1987) und Schnotz (2001).

3.5.3 Geschwindigkeit / Tempo

Die Geschwindigkeit der Lehrer-Schüler-Interaktion spielt eine wichtige Rolle für die Unterrichtsqualität und den Lernerfolg. Wegen ihrer potenziellen Auswirkungen auf die Schülermotivation (Monotonie und Langweile bei Unterforderung, Ärger oder Angst bei Überforderung) wurde dieser Aspekt im Abschnitt „Motivierung" behandelt. Allerdings hat die Geschwindigkeit des unterrichtlichen Vorgehens einen Doppelcharakter. *Einerseits* ermöglicht ein straffes Tempo die Durchnahme von mehr Stoff, und es drücken sich darin Leistungserwartungen der Lehrkräfte aus. *Andererseits*, und dies ist vermutlich der wichtigere Punkt, ist die Betonung von Schnelligkeit vielfach verknüpft mit dem Einsatz von eher routinenhaften Aufgaben und mit kurzen Antworten, die eher Faktenwissen als Verständnis repräsentieren. Das Nachdenken über schwierige, komplexe, neuartige mathematische Situationen und Aufgaben erfordert aber Zeit. Insofern kann ein pauschales Bestehen auf schneller Informationsverarbeitung ein Risikofaktor für den Erwerb mathematischen Verständnisses und für selbstreguliertes Lernen sein. Außerdem kann dies von den Schülerinnen und Schülern als mangelnde Geduld erlebt werden und damit auch ein möglicher psychosozialer Risikofaktor sein.

Das Unterrichtstempo gehört zu denjenigen Merkmalen, über die oft vorschnell evaluativ (positiv oder negativ) geurteilt wird. Dies ist in mehrfacher Hinsicht problematisch, denn je nach Vorkenntnisstand und Lernstil kann ein und dasselbe Unterrichtstempo für *einen* Schüler angemessen sein, für einen *anderen* Schüler Unter- oder Überforderung bedeuten. Analog dazu kann innerhalb der gleichen Unterrichtsstunde das Vorgehen – je nach Komplexität des Stoffes – zu schnell, angemessen oder zu langsam sein.

„Unterrichtstempo" ist *selbst* ein facettenreiches Merkmal. So unterscheidet Gruehn (2000) auf der Basis der Studie BIJU drei Aspekte: a) Leistungsdruck, b) Interaktionstempo und c) zügiges Voranschreiten im Unterricht. Zumindest für den Leistungsdruck und das Interaktionstempo gilt, dass es wohl eher ein Optimum in der Mitte gibt, dass also lineare Zusammenhänge vom Typ „je … desto" theoretisch unplausibel sind: Sowohl das Fehlen jeglichen Leistungsdruckes als auch massiver Leistungsdruck, sowohl ein extrem träger Unterrichtsfluss als auch ein hektischer Interaktionsverlauf im Zeitraffer sind im Allgemeinen negative Erscheinungsformen. Allerdings kommen diese Extremvarianten in der Realität wohl eher selten vor.

3.6 Klassenführung

3.6.1 Relevanz für Lernen und Leistung

Die effiziente Führung einer Klasse ist eine Vorausbedingung für anspruchsvollen Unterricht: Sie optimiert den zeitlichen und motivationalen Rahmen für den Fachunterricht, indem z. B. „Zeitdiebe" (wie langwierige Übergänge von einer Unterrichtsaktivität zur anderen, oder zeitraubende Erklärungen von Regeln oder Eingehen auf Regelverletzungen) ausgeschaltet bzw. minimiert und Störungen und Chaos vermieden werden.

Bei „effizienter Klassenführung" geht es – entgegen einem weitverbreiteten Missverständnis – nicht primär um die Sicherung von Ruhe und Disziplin, sondern darum,

> „die Schüler einer Klasse zu motivieren, sich möglichst lange und intensiv auf die erforderlichen Lernaktivitäten zu konzentrieren, und – als Voraussetzung dafür – den Unterricht möglichst störungsarm zu gestalten oder auftretende Störungen schnell und undramatisch beenden zu können. Die wichtigste Voraussetzung für wirkungsvolles und erfolgreiches Lernen ist das Ausmaß der *aktiven Lernzeit*, das heißt der Zeit, in der sich die einzelnen Schüler mit den zu lernenden Inhalten aktiv, engagiert und konstruktiv auseinander setzen. Je mehr Unterrichtszeit für die Reduktion störender Aktivitäten verbraucht bzw. verschwendet wird, desto weniger aktive Lernzeit steht zur Verfügung. Je häufiger einzelne Schüler im Unterricht anwesend und zugleich geistig abwesend sind, um so weniger können sie lernen. Der Klassenführung kommt deshalb eine Schlüsselfunktion im Unterricht zu. Die Unterschiede zwischen verschiedenen Lehrern sind gerade bei dieser Kompetenz sehr groß." (Weinert, 1996b, S. 124)

Die internationale Forschung zeigt, dass kein anderes Merkmal so eindeutig und konsistent mit dem Leistungsniveau und dem Leistungsfortschritt von Schulklassen verknüpft ist wie die Klassenführung. So befindet sich „classroom management" an der zweiten Stelle der Rangliste in der bekannten Metaanalyse zu Bedingungsfaktoren schulischer Leistungen von Wang et al. (1993, S. 93). Auch die Ergebnisse von PISA 2000 haben dies belegt, obgleich die Datenbasis nicht sehr stark ist, da keine kompletten Klassen befragt wurden:

Trotzdem spielt das Merkmal in Deutschland erstaunlicherweise weder in der Lehrerausund -fortbildung noch in der aktuellen pädagogischen Diskussion eine nennenswerte Rolle. Gelegentlich trifft man sogar auf Vorbehalte gegenüber dem gesamten Konzept der Klassenführung. Diese Einwände scheinen mir aus einer falsch verstandenen „humanitären" Orientierung zu stammen, der zufolge Lehrerinnen und Lehrer nicht „führen" sollen, sondern eher „Berater" oder „Partner" der Lernenden sind[15]. Diese egalitäre Sichtweise mag in einzelnen Kontexten (z. B. in der Oberstufe) angemessen sein, erscheint mir ansonsten jedoch verfehlt. Die amerikanische Pädagogische Psychologie ist diesbezüglich viel pragmatischer und realistischer: „Teachers are leaders of learning and learners." (McCown et al., 1996, S. 319)

Reflexionsaufgabe 12: Kein Abhängigkeitsgefälle in der Schule?

In einem in der Referendarsausbildung verbreiteten Buch mit dem Titel *„Schulaufgabe Unterricht. Zeitgemäß unterrichten können"* (Bennack, 2002) heißt es:

„Hier und anderswo treffen in der Schule keine Unwissenden und Unmündige auf Wissende und Mündige! Die Etablierung eines Abhängigkeitsgefälles in der Schule entbehrt also der sachlichen Grundlage, es entspricht zudem nicht den Prinzipien einer demokratischen Gesellschaft, die vom Zusammenleben gleichberechtigter und mündiger Bürger ausgeht. Lehrerinnen und Lehrer vermitteln also den Schülern kaum mehr die Neuheiten der Welt; sie sind eher – gemeinsam mit den Schülern – Suchende, die in einigen Bereichen einen Vorsprung an Kenntnissen und Techniken oder ein Mehr an Übersicht besitzen, den sie den Schülern zur Verfügung stellen." (S. 1)

Wie beurteilen Sie diese Aussage? Ist sie realistisch? Ist sie empirisch fundiert?

3.6.2 Effiziente Klassenführung ist nicht gleichbedeutend mit Disziplin

In der Forschung zeigen sich deutliche Unterschiede zwischen „Novizen" (Junglehrern) und „Veteranen"[16] (Lehrkräfte mit viel Berufserfahrung) hinsichtlich der Klassenführung. Nach der Bedeutung dieses Konzeptes für den eigenen Unterricht befragt, zeigte sich: Für Novizen war „effiziente Klassenführung" weitgehend identisch mit „Disziplin" (Schüler/innen unter Kontrolle haben, mit störenden Schülern umgehen, die Schüler zum Zuhören bewegen, den Schülern klarmachen, wer hier „der Chef" ist).

Dagegen kam der Begriff „Disziplin" bei den „veteran teachers" fast nie vor. Für sie bedeutete „Klassenführung" etwas vollkommen anderes: sorgfältige und rechtzeitige Planung der Unterrichtsstunde, Organisation von Lehrmaterial, welches bei den Schülern auf Interesse stößt, und rechtzeitige und entschiedene Etablierung klarer Regeln des Verhaltens in der Klasse: also Vorbeugung und Prophylaxe (Good & Brophy, 1994).

3.6.3 Autoritärer und autoritativer Stil

Es gibt interessante Parallelen zwischen den Dimensionen des *elterlichen* Erziehungsstils und der Art und Weise der Klassenführung. So geht das bekannte Erziehungsstilmodell von Baumrind (1991) von einem Kontinuum aus, dessen eines Extrem ein *permissiver* Stil ist („laissez-faire") und dessen anderes Ende ein *autoritärer* Erziehungsstil ist. Beide Stile erwiesen sich in vielfacher Hinsicht unterlegen gegenüber einem *autoritativen* Erziehungsstil. Hier werden zwar feste Richtlinien und Normen vorgegeben, diese werden den Kindern jedoch erklärt, und es wird darüber diskutiert – mit dem Ziel (je nach Alter in unterschiedlicher Weise), die Kinder von der Notwendigkeit von Grenzen zu *überzeugen*. Effektive Klassenführung ähnelt in erstaunlichem Maße dem letztgenannten, als positiv eingeschätzten autoritativen elterlichen Erziehungsstil. Zu Parallelen und Unterschieden zwischen Erziehungs- und Unterrichtsstilen vgl. Einsiedler (2000).

3.6.4 Regeln, Routinen, Prozeduren

Ein Kernpunkt effizienter Klassenführung ist die Vereinbarung bzw. Setzung von Regeln und Prozeduren. *Regeln* beziehen sich auf allgemeine Standards des Verhaltens. McCown et al. (1996, S. 324) bringen ein Beispiel aus der Grundschule:

- Be helpful and polite
- Respect the property of others
- Listen while others speak
- Respect all people
- Obey school rules

Kasten 24: Fünf klassische Verhaltensregeln in der Grundschule

Dagegen beziehen sich *Prozeduren* auf sehr spezifische Verhaltensmuster, beispielsweise (McCown et al., 1996, S. 325):

- How do I find out what my assignments are?
- How do I complete work missed when I am absent?
- How do I get help if I need it?
- How do I find out how well I am progressing in this class?
- How do I earn grades in this class?

Kasten 25: Beispiele für Prozeduren des Lernens im Klassenzimmer

Neben diesen Routinen gibt es zahlreiche andere, beispielsweise: Wann und wie man seine Schulsachen auspackt, ob und wann man im Unterricht etwas essen oder trinken darf, was zu tun ist, wenn man „austreten" muss, welche Verpflichtungen sich aus der Pflege des Schulgartens ergeben, wann man den Klassenraum betreten darf und wann man ihn verlassen muss usw.

Die Analysen von Unterrichtsvideos sowie Befragungen von Schülerinnen und Schülern zeigen, dass es hier erhebliche Unterschiede zwischen Klassen gibt. In einigen läuft es glatt und „wie am Schnürchen", in anderen rufen selbst Standardsituationen (wie die oben genannten) Unsicherheit und Ratlosigkeit hervor bzw. es wird nicht in konsistenter und berechenbarer Weise damit umgegangen. Wie die Classroom Management-Forschung gezeigt hat, zeichnen sich Klassen mit sehr effizienter Führung dadurch aus, dass solche Regeln und Prozeduren unmittelbar zu Beginn des Schuljahres besprochen und eingeübt wurden.

3.6.5 Elementar: Prinzipien des Bekräftigungslernens

Regeln kennen und sie befolgen, das sind allerdings zwei paar Schuhe. Ob und wie effizient vorgegebene Regeln auch tatsächlich eingehalten werden, hängt entscheidend davon ab, (a) ob sie ohne weitere *Begründung* einfach aufgestellt werden, oder ob sie in kind- bzw. schülerangemessener Weise begründet (induktives Vorgehen) und unter Beteiligung der Schülerinnen und Schüler festgelegt werden, und (b) welche *Konsequenzen* mit Regelverletzungen verknüpft sind und wie konsistent auf deren Einhaltung geachtet wird.

Hier kommen die elementaren Lernprinzipien des *Bekräftigungslernens* ins Spiel. Eine wirksame Einführung von Regeln erfordert die situationsangemessene Beherrschung der vier klassischen Varianten der Verstärkung: (1) positive Verstärkung, (2) Bestrafung, (3) negative Verstärkung (Entfernung eines aversiven, unerfreulichen Reizes) und (4) Entzug eines positiven Verstärkers. Methoden (1) und (3) erhöhen die Auftretenswahrscheinlichkeit des entsprechenden Verhaltens (z. B. regelrechtes) Verhalten, Methoden (2) und (4) verringern sie. In der Forschung zur Verhaltensmodifikation wurden ausgeklügelte Verfahren entwickelt, mit deren Hilfe die Steuerung erwünschten und der Abbau unerwünschten Verhaltens möglich werden (Stichworte: Löschung von Verhalten, „time-out", token economies/Gutscheinverstärkung, Verstärkungspläne; Premack-Prinzip, „shaping").

Darüber hinaus gibt es ein sehr umfangreiches gesichertes Wissen um die Bedingungen, unter denen Lob und Strafe wirksam sind. Hierzu Wellenreuther (in Druck):

- Die Lehrer einer Schule sollten, was bestimmte Normen angeht, eine *einheitliche Meinung* vertreten. So sollte z. B. als Norm allgemein akzeptiert werden, dass gewalttätige Auseinandersetzungen, das Verwenden von Drogen bei irgendwelchen Ausflügen, Festlichkeiten u. a. m. verboten ist.
- Die Bestrafung sollte durch Erinnern an die betreffende *Regel* begründet werden.
- Strafen sollten *konsequent* bei allen Schülern angewendet werden (Fairness).
- Sie sollte *verhältnismäßig* zur gemachten Störung („Vergehen") sein.
- Sie sollte auch als Strafe empfunden werden; bestimmte Bestrafungen wirken bei bestimmten Schülern durch die gewonnene Extra-Beachtung wie eine Belohnung, bei anderen, z. B. ängstlichen, sensiblen Schülern, dagegen wie eine harte Bestrafung.
- Nicht Rache, sondern *Wiedergutmachung* sollte im Vordergrund stehen: Der Schüler wird quasi durch die Bestrafung zu prosozialem Handeln geführt: Wer den Unterricht stört, kann eine Aufgabe bekommen, die den Unterrichtsablauf unterstützt, z. B. Informationen zu einem Thema sammeln, einen Klassendienst übernehmen, ein kurzes Referat vorbereiten und halten usw.
- Beim Verteilen der Strafen sollte der Lehrer möglichst ein *positives Verhaltensmodell* abgeben, also nicht selbst gegen die Regeln eines wertschätzenden Verhaltens verstoßen. Ein Lehrer, der schlägt oder der durch verletzende Äußerungen Schüler zu disziplinieren sucht, muss sich über ein vergleichbares Verhalten der Schüler z. B. gegenüber Schwächeren nicht wundern.
- Durch den Akt der Bestrafung sollte die Aufmerksamkeit der ganzen Klasse gegenüber bzw. der Unterrichtsprozess möglichst wenig gestört bzw. unterbrochen werden.

Kasten 26: Bedingungen einer wirksamen Bestrafungspraxis in der Schule (Wellenreuther, in Druck, S. 269 f.)

LEHREREXPERTISE, KONTEXT UND UNTERRICHTSQUALITÄT

3.6.6 Klassenführung und Classroom Management

Es gibt – vor allem im amerikanischen Sprachraum – mehrere fundierte und sehr bekannte Konzeptionen und Programme zur Klassenführung, und nahezu alle Lehrbücher der „Educational Psychology" enthalten immer auch ausführliche Kapitel zum „Classroom Management" (z. B. Slavin, 1997; McCown et al., 1996); daneben gibt es dort zahlreiche Monografien und Handbucharktikel speziell zu diesem Thema. In Deutschland ist das vollkommen anders. Warum eigentlich? Das gleiche gilt für die Forschungstätigkeit in diesem Bereich: in Deutschland ist „Klassenführung" ein Gebiet außerhalb des mainstreams (Rheinberg & Hoss, 1979; Helmke & Renkl, 1993b).

Reflexionsaufgabe 13: Klassenführung – ein Tabuthema in Deutschland?
Wie ist es zu erklären, dass das Thema „Klassenführung" hierzulande – in der Lehrerausbildung und in der Lehrerweiterbildung ebenso wie in der öffentlichen Diskussion – eine so geringe Rolle spielt, obwohl fast alle empirischen Untersuchungen (vgl. z. B. die MARKUS-Ergebnisse in Abbildung 5) gezeigt haben, dass „störende Schüler" und „Disziplinprobleme" zu den Spitzenreitern der Lehrerbelastung gehören?

Wegen der praktischen Wichtigkeit dieses Themas möchte ich im Folgenden in Kürze[17] die Konzeption von zwei sehr bekannten Vertretern des Classroom Management vorstellen: Kounin und Evertson.

3.6.6.1 Der Ansatz von Kounin

Kounin kann als „Klassiker" des Classroom Management bezeichnet werden. Kein anderer Autor hat weltweit einen solchen Einfluss in diesem Bereich gehabt; sein wichtigstes Buch wurde auch ins Deutsche übersetzt (Kounin, 1976). Basierend auf seinen empirischen Forschungen, bei denen er intensive videografische Methoden einsetzte, kommt Kounin zu folgenden Prinzipien effizienter Klassenführung (die sich teilweise mit Unterrichtsmethodik überlappen)

- *Withitness* (Allgegenwärtigkeit, Dabeisein). Die Schüler sollen das Gefühl vermittelt bekommen, dass die Lehrkraft alle ihre Aktivitäten im Blick hat, dass sie sozusagen auch auf ihrem Rücken Augen und Ohren hat, dass störende Vorfälle nicht bewusst „übersehen" und heikle Entwicklungen nicht toleriert werden.
- *Overlapping* (Überlappung). Mit unvermeidbaren Disziplinproblemen soll „nebenbei", ohne großes „Theater" und ohne den Unterrichtsfluss mehr als nötig zu unterbrechen, umgegangen werden. Die Vorbereitung und Durchführung des Medieneinsatzes muss so routiniert (gleichsam automatisiert) erfolgen, dass die Antennen weiterhin auf die Klasse gerichtet sind. Generell: Es muss gleichzeitig an verschiedenen Problemen gearbeitet werden bzw. auf verschiedene Schülerbedürfnisse reagiert werden.
- *Momentum* (Zügigkeit, Reibungslosigkeit, Geschmeidigkeit, Bewegung im Unterricht, Schwung): Vermeiden unnötiger Unterbrechungen des Unterrichtsflusses. Voraussetzung ist eine angemessene Unterrichtsplanung, insbesondere die Vermeidung von Hek-

tik (zu viel Stoff) und Langweile (zu wenig, zu monotoner Stoff). Ein Negativbeispiel für mangelnde Zügigkeit ist das „Kleben" an Notizen oder Zetteln, oder das zeitraubende Ein- und Austüten von Overheadfolien, sofern diese Zeit nicht sinnvoll für den Fortgang des Unterrichts genutzt wird. Ein anderes Beispiel ist Leerlauf durch Weitschweifigkeiten, Überproblematisieren von Kleinigkeiten.

- *Smoothness* (Geschmeidigkeit). Der Unterricht soll geschmeidig, ohne sachlogische Brüche erfolgen – dieses Merkmal ist dem Qualitätskriterium der Kohärenz ähnlich. Negativbeispiel wäre ein sprunghafter Unterrichtsverlauf; Positivbeispiel wäre ein fragend-entwickelndes Unterrichtsgespräch unter Vermeidung von Engführungen.
- *Group Focus* (Gruppenaktivierung). Auch wenn nur ein Schüler „dran" ist, sollen alle Schüler dem Unterricht folgen, d. h. die Lehrkraft behält den Fokus auf die Gruppe bzw. Klasse bei. Zum Beispiel werden der Klasse klare Aufgaben übertragen, ehe sich die Lehrkraft dialogisch einem einzelnen Schüler zuwendet.
- *Managing Transitions* (Übergangsmanagement). Übergänge zwischen verschiedenen Unterrichtssegmenten oder -phasen sollen durch knappe und eindeutige Überleitungen (z. B. akustische Signale, bestimmte Gesten, oder andere Rituale) und ohne Zeitverlust vor sich gehen. Ein anderes Beispiel sind Ruhe- oder Entspannungspausen oder Mini-Gymnastik vor Unterrichtsbeginn, in der Mitte von Doppelstunden, oder Rituale zur De-Eskalation.
- *Avoiding Mock Participation* (Vermeidung vorgetäuschter Teilnahme). Lehrkräfte sollen sensibel für „Schein-Aufmerksamkeit" sein; Schüler entwickeln bekanntlich raffinierte Rituale, Techniken und Tricks, um den Eindruck gespannter Aufmerksamkeit, verschärften Nachdenkens und lebhaften Interesses zu erwecken (heftiges Kopfnicken, „konzentriert" die Stirn in Falten legen etc.); man spricht hier von „school survival skills".

3.6.6.2 Klassenmanagement als vorausplanendes Handeln – der Ansatz von Evertson

Die Bücher „Classroom Management for Elementary School Teachers" (Evertson et al., 2002) und „Classroom Management for Secondary School Teachers" (Emmer et al., 2002) gehören weltweit zu den Bestsellern der Literatur zur Klassenführung und sind inzwischen in 6. Auflage erschienen – selbst für die USA bemerkenswert.

Im Folgenden berichte ich die elf Punkte, die nach Evertson et al. bei einem effektiven Klassenmanagement in der Grundschule zu berücksichtigen sind und die auch Grundlage eines von den Autoren entwickelten, sehr erfolgreichen Trainingsprogramms waren:

1) *Klassenraum vorbereiten* (so, dass Staus und Störungen vermieden werden können, der Raum lehrerseits gut übersehbar ist, Materialien für die Schüler leicht zugänglich sind)
2) *Regeln und Verfahrensweisen planen* (Entwicklung präziser Regeln für die Zusammenarbeit der Schüler untereinander, Aushang der Regeln auf einem Poster oder Plakat im Klassenzimmer, Verdeutlichung anhand konkreter Beispiele; Entscheidung über zulässige und unzulässige Verhaltensweisen, Entwicklung einer Liste von Prozeduren und Regeln)
3) *Konsequenzen festlegen* (für angemessenes wie für unangemessenes Verhalten) ▶

4) *Unterbindung von unangemessenem Schülerverhalten* (unangemessenes Schülerverhalten sofort und konsistent beenden; durch Verweise auf die abgemachten Regeln begründen)

5) *Regeln und Prozeduren unterrichten* (in die Unterrichtseinheiten am Schuljahresbeginn einbauen; wenn sich erst „schlechte" Rituale und Verhaltensweisen eingeschliffen haben, sind sie mit verbessertem Klassenmanagement nur noch sehr schwer abzubauen)

6) *Aktivitäten zum Schulbeginn* (Aktivitäten entwickeln, die dem Ziel dienen, das Zusammengehörigkeitsgefühl, den Klassengeist, die Kohäsion zu fördern)

7) *Strategien für potenzielle Probleme* (rechtzeitig Strategien planen, wie man mit Störungen des Unterrichts, bedingt durch Leerzeiten oder durch inhaltliche Schwierigkeiten, umgehen kann)

8) *Beaufsichtigen/Überwachen* (das Schülerverhalten aufmerksam beobachten, insbesondere bei Arbeitsbeginn – um eventuelle Missverständnisse der Arbeitsanweisungen und Instruktionen entdecken zu können)

9) *Vorbereiten des Unterrichts* (so, dass für verschieden leistungsfähige Schüler unterschiedlich schwierige Lernaktivitäten möglich sind)

10) *Verantwortlichkeit der Schüler* (Entwicklung von Maßnahmen, die den Schülern ihre Verantwortlichkeit für die Ergebnisse ihrer Arbeiten klar machen; Beeinflussung der Selbstwirksamkeit)

11) *Unterrichtliche Klarheit* (klare, strukturierte, ausreichend redundante Informationen geben)

Kasten 27: Effektives Klassenmanagement in der Grundschule nach Evertson et al. (2002)[18]

Einige dieser Kategorien (etwa Nr. 11) beziehen sich eigentlich mehr auf Fragen der Unterrichtsqualität, einige andere mögen auf den ersten Blick trivial erscheinen. Entscheidend ist jedoch das Gesamtmuster: Lehrkräfte, die sich mit Erfolg an diesen Prinzipien orientieren und sich auf diese Weise *prospektiv-vorausschauend* und *proaktiv* verhalten, haben nachweislich wesentlich weniger Schwierigkeiten mit der Klasse und gewinnen somit mehr Zeit und Ressourcen, die dem eigentlichen Unterrichtsgeschehen zugute kommen.
Wichtig ist in diesem Zusammenhang, dass die genannten Techniken in ein unterstützendes und vertrauensvolles Klima eingebettet sein sollten, und dass Regeln (wo immer möglich) nicht bloß aufgestellt, sondern immer wieder erläutert und – in Abhängigkeit von der Altersgruppe – auch erklärt werden müssen.

3.7 Diagnostische Expertise

Was genau ist diagnostische Expertise, warum ist sie für die Unterrichtsqualität wichtig, welche Rolle spielt sie für das Lernen, wie kann man sie messen, und wie lässt sie sich – sei es im Rahmen von Fortbildungsmaßnahmen oder integriert in Lernstandserhebungen – trainieren und verbessern?

Zunächst zum Begrifflichen: Ich verwende absichtlich das Konzept „*Expertise*", um es von diagnostischer Kompetenz im engeren Sinne (lediglich auf die zutreffende Informiertheit bezogen, *Urteilsgenauigkeit* „accuracy") abzuheben. Expertise ist das umfassendere Konzept; sie beinhaltet sowohl *methodisches und prozedurales Wissen* (Verfügbarkeit von Methoden zur Einschätzung von Schülerleistungen und zur Selbstdiagnose) als auch *konzeptuelles Wissen* (Kenntnis von Urteilstendenzen und -fehlern) und darüber hinaus noch ein hohes Niveau an *zutreffender Orientiertheit*.

3.7.1 Pädagogische Bedeutung der diagnostischen Expertise

Lehrkräfte vollbringen in ihrem Beruf zahlreiche diagnostische Leistungen. Diese umfassen sowohl fortlaufend während des Unterrichtens erfolgende implizite Diagnosen der ständig im Wandel begriffenen Lernvoraussetzungen der Schüler als auch „punktuelle, vom unmittelbaren Unterrichtsgeschehen abgehobene und explizite Formen der Informationsgewinnung und -verarbeitung, deren Ergebnis erst mit einer gewissen zeitlichen Verzögerung wieder in den Unterricht zurückgeführt wird" (Schrader, 1989, S. 16). Die Bedeutung der diagnostischen Kompetenz für das schulische Lernen ergibt sich unmittelbar daraus, dass die Schwierigkeit von Unterrichtsmaßnahmen, Fragen und Aufgaben auf die Lernvoraussetzungen der Schüler abgestimmt sein muss. Lehrkräfte, die über Fähigkeitsunterschiede, über Stärken und Schwächen ihrer Schüler nicht im Bilde sind, dürften Schwierigkeiten bei der Passung zwischen Lernvoraussetzungen und Anforderungen haben. Individuelle Förderung setzt ein ausreichendes diagnostisches Wissen der verantwortlichen Lehrkraft zwingend voraus.

Weinert & Schrader (1986, S. 11 f.) schreiben hierzu:

> „In vielen neueren didaktischen Modellen wird dem Lehrer präskriptiv die Funktion zugeschrieben, den Unterricht so zu organisieren und zu realisieren, dass das aktuelle Lernverhalten, der kurzzeitige Leistungsfortschritt und die langfristige Persönlichkeitsentwicklung möglichst aller Schüler optimiert wird. Denkt man dabei an verschiedene Klassen und Schüler, an unterschiedliche Lerninhalte und Lehrziele und die damit verbundene Variabilität pädagogischer Situationen, so lässt sich das Verhalten des Lehrers theoretisch als eine Kette, oder (besser) als ein System didaktischer Entscheidungen und davon abhängiger (möglichst situationssensitiver und zielgerichteter) Handlungsanpassungen beschreiben. Solche Anpassungsbemühungen sind nach Snow (1972) immer dann zu erwarten, wenn der Lehrende nicht tolerierbare Diskrepanzen zwischen beabsichtigtem und tatsächlich ablaufendem Unterrichtsgeschehen wahrnimmt und wenn er zugleich subjektiv über alternative Verhaltensmöglichkeiten zu verfügen glaubt. Permanente, hochautomatisierte und schematisierte Zustands-, Veränderungs- und Diskrepanzdiagnosen des Schülerverhaltens, des Unterrichtsverlaufs und der eigenen Handlungseffekte spielen in diesem Modell eine zentrale Rolle. Natürlich handelt es sich bei diesen subjektiven Diagnosen in der Regel nicht um die absichtliche, methodisch kontrollierte Gewinnung und Verarbeitung aller relevanten Informationen, sondern häufig um das routinierte

▶

Registrieren und Vergleichen subjektiv bedeutsamer Indikatoren des pädagogischen Geschehens. Nur bei Wahrnehmung didaktischer Entscheidungsfindungen, kritischer Unterrichtsereignisse oder praktischer Problemlagen dürften vom Lehrer bewusst reflektierte Formen des Diagnostizierens, wie z. B. systematischer Schülerbeobachtungen oder Leistungsbeobachtungen eingesetzt werden. Der pädagogische Nutzungswert der automatisch oder reflektiert gewonnenen diagnostischen Informationen ist für die zieladaptive Steuerung, Kontrolle und Korrektur des unterrichtlichen Handelns von großer Wichtigkeit."

Kasten 28: Zur Bedeutung diagnostischer Leistungen im Unterricht

Es ist deshalb nur konsequent, wenn sich die KMK und alle Bildungs- und Lehrergewerkschaften auf eine Beschreibung des Berufsbildes von Lehrkräften geeinigt haben, in dem der Lehrerschaft der Status von „Experten für das Lernen" zugewiesen wird. Als die Kernaufgabe von Lehrkräften wird dabei die „gezielte und nach wissenschaftlichen Erkenntnissen gestaltete Planung, Organisation und Reflexion von Lehr- und Lernprozessen sowie ihre individuelle Bewertung und systemische Evaluation" (Arnold, 2001a) angesehen.

Wesentlich weiter gehen die US-amerikanischen Standards zur Lehrerkompetenz im Bereich der Leistungsbeurteilung[19], wie sie als Richtlinien von drei bedeutenden Organisationen vorgelegt wurden:

1. Lehrer sollen aus dem verfügbaren Methodenarsenal jene Diagnoseverfahren auswählen können, die für anstehende Unterrichtsentscheidungen angemessen sind.
2. Lehrer sollen Diagnoseverfahren entwickeln können, die für anstehende Unterrichtsentscheidungen angemessen sind.
3. Lehrer sollen fähig sein, sowohl von Testexperten professionell konstruierte als auch unterrichtsbezogene, von Lehrern entwickelte Diagnoseverfahren anzuwenden, auszuwerten und zu interpretieren.
4. Lehrer sollen fähig sein, pädagogisch-diagnostische Informationen (a) in pädagogischen Entscheidungen, die einzelne Schüler betreffen, (b) für die Planung ihres Unterrichts, (c) im Rahmen der Curriculumentwicklung und (d) in Schulentwicklungsprozessen zu nutzen.
5. Lehrer sollen fähig sein, valide Verfahren der zusammenfassenden Beurteilung von Einzelbewertungen zu entwickeln (z. B. als Zensierungsmodell).
6. Diagnoseergebnisse sollen von Lehrern in verständlicher Weise den Schülern, Eltern oder anderen Laienpersonen mitgeteilt werden können.
7. Lehrer sollen fähig sein, ethisch inakzeptable oder ungesetzliche oder in anderer Weise unangemessene Diagnoseverfahren bzw. eine in dieser Weise problematische Anwendung von Verfahren zu erkennen.

Kasten 29: Standards for Teacher Competence in Educational Assessment of Students

Gemessen an der offenkundig großen Bedeutung der pädagogischen Diagnostik in der Schulpraxis, spielt dieser Bereich in der deutschen universitären Lehramtsausbildung eine minimale Rolle. Arnold (2001b) weist darauf hin, dass nur unter extrem günstigen Umständen (sehr hoher obligatorischer Anteil erziehungswissenschaftlicher Anteile) von einer (quantitativ) halbwegs zufriedenstellenden Ausbildung die Rede sein kann. Dieses massive Versäumnis kann auch von der 2. Phase der Lehrerausbildung nicht kompensiert werden, zumal diese ohnehin überfrachtet ist. Auch deshalb wird diesem Bereich in diesem Buch ein eigenes Kapitel gewidmet.

3.7.2 Gütekriterien diagnostischer Urteile

Im Kontext von Schule und Unterricht fallen zahlreiche diagnostische Leistungen an, die mit ganz unterschiedlichen Zielsetzungen verknüpft sind. Innerhalb der Pädagogischen Diagnostik können nach Ingenkamp (1988) zwei grundlegende Aufgabenstellungen, Diagnostik zur *Erteilung von Qualifikationen* und Diagnostik zur *Verbesserung des Lernens* unterschieden werden. Beide Aufgaben stellen unterschiedliche Anforderungen an die Qualität der Diagnosen. Insbesondere dann, wenn es um die Erteilung von Qualifikationen (dazu zählen natürlich im weiteren Sinne auch Übergangs- oder Zulassungsentscheidungen) geht, müssen die diagnostischen Urteile fair und genau sein und daher die in der Diagnostik gebräuchlichen Gütekriterien erfüllen. Dies sind vor allem die Objektivität, die Reliabilität und die Validität.

Diese Anforderungen gelten prinzipiell natürlich auch für Diagnosen zur Verbesserung des Lernens. Hier sind die Anforderungen aber oft bescheidener, weil die Diagnosen meistens keine so einschneidenden Konsequenzen für die Schülerinnen und Schüler haben. Außerdem ist es hier meist wichtiger, eine schnelle, für den weiteren Unterricht nutzbare Orientierung zu bekommen, als die Güte der Diagnosen mit oft unverhältnismäßig großem Aufwand zu optimieren. Zur Frage, ob die Gütekriterien in gleichem Maße auch für diagnostische Lehrerurteile während des Unterrichtens gelten, wird in Abschnitt 3.7.3 Stellung genommen.

3.7.2.1 Objektivität

Sie ist dann gegeben, wenn verschiedene Urteiler zu ein- und demselben Ergebnis kommen. Wie wenig objektiv Noten und Schätzurteile von Lehrkräften – z. B. bei der Beurteilung von Schüleraufsätzen – sind, ist seit langem bekannt; Ingenkamp hat hier Pionierarbeit geleistet. Aber Vorsicht: hundertprozentige Objektivität (dies hieße: Alle Lehrkräfte stimmen bei der Beurteilung einer Arbeit oder eines Schülermerkmals perfekt miteinander überein) ist nicht automatisch gleichbedeutend mit Korrektheit und sachlicher Richtigkeit; es gibt auch die Möglichkeit kollektiven Irrtums, z. B. wenn bei der Beurteilung der Intelligenz eines Schülers das Merkmal „Intelligenz" mit „Kreativität" verwechselt wird (vgl. Schwarzer & Schwarzer, 1977).

3.7.2.2 Reliabilität

Reliabel ist ein Urteil dann, wenn es sich – vorausgesetzt, das zu beurteilende Schülermerkmal bzw. die Schülerleistung ist im Zeitverlauf stabil geblieben – bei wiederholten Beurteilungen nicht ändert. Probe aufs Exempel: Wiederholte Korrektur und Bewertung der gleichen Serie von Arbeiten (Aufsätze, Klassenarbeiten, Hausarbeiten) einige Monate später.

3.7.2.3 Validität

Validität bedeutet, dass sich das Urteil auch tatsächlich auf das Merkmal oder Konstrukt bezieht, das Gegenstand der Beurteilung sein soll. Je nach Ziel der Diagnose werden verschiedene Validitäten unterschieden. Die wichtigsten sind die Übereinstimmungs- und die prognostische Validität. Hier liegen die Hauptprobleme der Pädagogischen Diagnostik im Bereich von Schule und Unterricht.

Eine hohe *Übereinstimmungsvalidität* weist ein Lehrerurteil dann auf, wenn es mit anderen Messungen, die das gleiche Konstrukt zu erfassen beanspruchen, eng zusammenhängt. Oft wird dies ein Testbefund sein. Es ist allerdings ein verbreiteter Kurzschluss, Testleistungen automatisch als „wahren Wert", als unbestreitbar valides Außenkriterium hinzustellen, und das Ausmaß der Abweichung des Lehrerurteils vom Testbefund als „Fehler" zu charakterisieren. Dabei wird oft außer Acht gelassen, dass sich Testleistungen in mehrfacher Hinsicht von Zeugnisnoten unterscheiden: Sie betreffen meist nur *Teilbereiche* der zu prüfenden Kompetenz (z. B. im Englischunterricht häufig nur schriftliche Leistungen), Tests werden oft unter Bedingungen des *Zeitdrucks* durchgeführt, und die Testleistung kann massiv von *individuellen Besonderheiten* beeinflusst sein: beispielsweise negativ von akuter Leistungsangst, oder positiv von „Testschlauheit" oder „test wiseness" (Anwenden von Strategien, die das Testergebnis maximieren: von intelligenten Täuschungen bis hin zum nutzenmaximierenden Vorgehen bezüglich Reihenfolge der Aufgabenbearbeitung und cleveren Ratetechniken bei multiple choice-Aufgaben).

Nicht weniger relevant ist die *prognostische Validität* von Lehrerurteilen, die bei Schullaufbahnempfehlungen (z. B. in manchen Bundesländern nach Ende der Grundschule) von großer Bedeutung ist – auch wenn Eltern nicht gezwungen sind, sich daran zu halten. Auch hier wäre es ein Fehler, wenn ein nur mittelhoher Zusammenhang zwischen prognostischem Urteil der Lehrkräfte (Schullaufbahnempfehlung) und dem realen späteren Schulerfolg oder -misserfolg als Belege für mangelnde diagnostische Lehrerkompetenz interpretiert würde. Eine sehr hohe Vorhersagevalidität heißt ja nichts anderes als: Künftiger Schulerfolg hängt ausschließlich von den aktuell vorhandenen Merkmalen der Schülerperson ab. Mögliche Veränderungen der Schülermerkmale werden dabei nicht in Rechnung gestellt; ebenso bleiben Faktoren wie die Qualität des Unterrichts, das Leistungsklima in der künftigen Klasse und die außerunterrichtliche Förderung unberücksichtigt.

Massive Einschränkungen der Validität diagnostischer Lehrerurteile können aus systematischen *Urteilstendenzen* resultieren; man spricht auch von Urteilsverzerrungen. Hierzu wird in Kapitel 3.7.9 mehr gesagt.

3.7.3 Gelten die psychometrischen Gütekriterien wirklich für Lehrkräfte?

Die oben beschriebenen Gütekriterien für diagnostische Leistungen beziehen sich ursprünglich auf psychologische Testverfahren. Ist es realistisch und angemessen, den Urteilsleistungen der Lehrkräfte im Schulalltag den gleichen Maßstab zu unterlegen? Nach der Einschätzung von Weinert & Schrader (1986, S. 18 f.) nicht unbedingt (Kursivsetzungen durch den Autor):

„Lehrerdiagnosen während des Unterrichts brauchen im Gegensatz zu landläufigen Überzeugungen keineswegs besonders genau sein, wenn sich der Diagnostiker der Ungenauigkeit, Vorläufigkeit und Revisionsbedürftigkeit seiner Urteile bewusst ist. Es gibt für die Unterrichtsarbeit im Klassenzimmer keine didaktischen Modelle, keine speziellen Lehrmethoden und keine rationalen Aufgabenzuweisungen an die Schüler, die durch extreme Genauigkeit der herangezogenen diagnostischen Informationen wesentlich verbessert werden könnten. Das gleiche gilt natürlich in verstärktem Maße für die häufig geforderte Übereinstimmung der Lehrerurteile mit vergleichbaren Testwerten. Wichtig allein ist eine ungefähre Diagnose des Lehrers und ihre *permanente Überprüfung* im Verlauf des Unterrichts. Lehrerdiagnosen während des Unterrichts sollten sensitiv gegenüber Verhaltens-, Wissens- und Motivationsänderungen der Schüler und darauf einwirkender unterrichtlicher Maßnahmen sein (Cooper & Good, 1983). Das ist der wichtigste, von Cronbach (1975) postulierte diagnostische Imperativ für den Lehrer. Von pädagogischer Bedeutsamkeit ist also weniger die Zustands- als die *Verlaufsdiagnostik* mit besonderer Beachtung erwartungskonformer und erwartungswidriger Veränderungen und Nicht-Veränderungen der Schulleistungen.

Lehrerdiagnosen müssen verschiedene Maßstäbe berücksichtigen. Neben sozial- oder normorientierten (bei Lehrern also vorwiegend schulklassenbezogen) und kriterien- oder lehrzielorientierten Bezugssystemen hat sich vor allem die Verwendung eines *individuumzentrierten Maßstabs* als pädagogisch fruchtbar erwiesen. Der Lehrer registriert und bewertet dabei die Leistungen eines Schüler auf der Basis der früher erzielten Ergebnisse und der dadurch erkennbaren Leistungsveränderungen. Besonders die von Rheinberg (1980) vorgelegten empirischen Befunde demonstrieren den unterrichtspraktischen Nutzen dieser Beurteilungsperspektive.

Lehrerdiagnosen müssen sich nicht durch neutrale Objektivität, sondern durch *pädagogisch günstige Voreingenommenheiten* auszeichnen. Diese Forderung nach einer systematischen Verzerrung der Wahrnehmung und Beurteilung von Schülern durch ihre Lehrer wird bei vielen psychometrisch eingestellten Wissenschaftlern auf Zweifel und Widerspruch stoßen. Wäre es nicht vorzuziehen, Lehrer könnten sich möglichst genau und zuverlässig Urteile über die Schüler bilden und daraus geeignete pädagogische Schlussfolgerungen ziehen? Das ist zweifellos richtig! Allerdings handelt es sich bei dieser Forderung um eine jener wohlklingenden Maximen, deren Nachteil in ihrer minimalen psychologischen Realisierungsmöglichkeit besteht. Unter den Belastungen des Unterrichts sind nämlich bei Lehrern situationsabhängige Erlebnisse, Urteile über andere und die Regulation eigener Handlungen keineswegs analytisch getrennt, sondern aufs engste miteinander verknüpft. Wenn dem aber so ist, dann erscheint es unter praktischen Gesichtspunkten günstig, wenn der Unterrichtende im Vergleich zu den „wahren Werten" die Leistungsunterschiede zwischen den Schülern einer Klasse mäßig unterschätzt, die Leistungsfähigkeiten der einzelnen Schüler leicht überschätzt, ihre Erfolge subjektiv durch Begabung und ihre Misserfolge durch mangelnde Anstrengung oder ineffektiven Unterricht erklärt und sich selbst auf diese Weise vielfältige und immer neue pädagogische Handlungsanreize erschließt. Der Lehrer wird sich unter dieser Voraussetzung auch dann noch um Lernfortschritte bei den Schülern intensiv bemühen, wenn er aufgrund objektiver Diagnosen vielleicht längst resigniert hätte. Pädagogische Erfolge werden sich dadurch natürlich nicht immer, aber häufig einstellen, weil – ausreichende didaktische Kompetenz bei den Lehrern unterstellt – wahrscheinlich nichts so motivierend und erfolgreich ist wie eine leicht optimistische Erfolgserwartung. Als pädagogisch ungünstig müssen demgegenüber diagnostische Voreingenommenheiten von Lehrern angesehen werden, die häufig zu einer Überschätzung der Leistungsdifferenzen in der Klasse, zu einer Unterschätzung der individuellen Lernmöglichkeiten und zu einer subjektiven Erklärung von Misserfolgen durch mangelnde Begabung und von Erfolgen durch Zufall oder besondere Anstrengung führen."

Kasten 30: Warum Lehrerurteile nicht immer genau sein müssen

3.7.4 Defizitäre diagnostische Kompetenz von Lehrkräften bei PISA 2000

Zu den Aufsehen erregenden Ergebnissen von PISA 2000 zählt die dort gefundene defizitäre diagnostische Kompetenz von Lehrkräften. Was wurde eigentlich bei PISA genau erhoben und analysiert, und was bedeutet das Ergebnis?

Basis war die Befragung der für die Durchführung des PISA-Tests zuständigen Schulkoordinatoren/innen (ausschließlich in Schulen des Bildungsganges Hauptschule). Diese wurden darum gebeten, sich bei den Klassen- bzw. Deutschlehrkräften danach zu erkundigen, welche der Schüler/innen der PISA-Stichprobe *schwache Leser* seien. Dies wurde wie folgt definiert: „Als schwache Leser werden jene Schülerinnen und Schüler aus Hauptschulen bzw. Hauptschulzweigen gekennzeichnet, deren Lesefähigkeit so gering ausgeprägt ist, dass sich dies als ernsthaftes Problem beim Übergang ins Berufsleben erweisen wird. Die Lesefähigkeit dieser Schülerinnen und Schüler liegt deutlich unterhalb der Lesefähigkeit gleichaltriger Schülerinnen und Schüler derselben Schulform" (Artelt, Stanat, Schneider & Schiefele, 2001, S. 119). Im Ergebnis blieben die meisten schwachen Leserinnen und Leser von den Lehrkräften unerkannt.

Abbildung 6 zeigt noch einmal systematisch, welche Urteile abzugeben waren, und um welche Kombination der beiden Dimensionen „*Lehrerurteil*" (schwacher Leser/kein schwacher Leser) und „PISA-Ergebnis" (schwacher Leser/kein schwacher Leser) es eigentlich geht. Die Zahlen stehen für den Anteil von Schüler/innen unterhalb bzw. innerhalb der Kompetenzstufen, die von ihren Lehrkräften als „schwache Leser" identifiziert wurden (Baumert et al., 2001).

		PISA-Ergebnis		
		unter Kompetenz-stufe 1	Kompetenz-stufe 1	über Kompetenz-stufe 1
Diagnose der Lehrkraft	schwacher Leser	**11,4**	**3,7**	**2,8**
	kein schwacher Leser	**88,6**	**96,3**	**97,2**

Abbildung 6: Die PISA 2000-Ergebnisse zur Diagnose der Lesekompetenz

Korrekt bzw. genau ist das Lehrerurteil in drei der sechs Felder, d. h. gemäß PISA: schwache Leser werden als solche identifiziert (linkes oberes Feld: 11,4 %), und nicht-schwache Leser ebenfalls (mittleres bzw. rechtes unteres Feld: 96,3 % bzw. 97,2 %). Daneben gibt es zwei Typen von Urteilsfehlern: (a) schwache Leser (laut PISA) werden nicht erkannt, ihre Fähigkeit wird also überschätzt, und (b) Leser, die laut PISA nicht-schwach sind, werden seitens der Lehrkräfte aber als schwache Leser eingeschätzt. Im ersten Fall spricht man in der Entscheidungstheorie von „missing", im zweiten von „false alarm".
Bei der Bewertung des Ergebnisses muss man berücksichtigen, dass die tatsächlichen Quoten der „schwachen" Leser (22,5 %) und der „normalen" Leser (77,5 %) unterschiedlich groß sind. Das Hauptproblem ist also, dass aus Sicht der beurteilenden Lehrkräfte die „Basisrate" unterschätzt wird: Sie schätzen, dass insgesamt 55 Leser schwach sind, in Wirklichkeit (PISA-Test) sind es aber 426. Im Hinblick auf die Förderungsbedürftigkeit ist vor allem der erstgenannte Fehler (unerkannte Defizite) von Bedeutung; und nur er wurde von den PISA-Autoren entsprechend herausgestellt.

Auf den ersten Blick mutet dieses Ergebnis spektakulär an: Knapp 90 Prozent derjenigen Schüler/innen, die sich laut PISA-Testergebnis noch unterhalb der Kompetenzstufe 1 befanden (und damit per definitionem als Risikogruppe gelten), wurden nicht als solche identifiziert, sondern als unauffällig eingeschätzt. Schaut man sich die seitens der Lehrkräfte zu bewältigende diagnostische Aufgabe jedoch etwas genauer an, dann wird klar, dass hier eine komplexe diagnostische Aufgabe zu lösen war: Zwar wurde für sie definiert, was ein „schwacher Leser" ist, aber das Urteil war aus mindestens drei Gründen schwierig:
a) Sie waren mit der der Bildung von Kompetenzstufen zugrunde liegenden Skalierung nicht vertraut.
b) Die Aussage „ernsthaftes Problem beim Übergang ins Berufsleben" ist relativ unbestimmt, d. h. sie lässt sehr unterschiedliche Sichtweisen zu. Zudem setzt die Beurteilung eine zutreffende Orientierung über das Niveau der „Lesefähigkeit gleichaltriger Schüler/innen derselben Schulform" voraus.
c) Die Lehrkräfte sollten die Fähigkeit („*Kompetenz*") der betreffenden Schüler/innen einschätzen. Zugrunde gelegt wurden jedoch die Ergebnisse der resultierenden Testleistung („*Performanz*"). Die tatsächliche Leistung kann jedoch unter Umständen durch mangelnde Anstrengung oder andere motivationale Defizite beeinträchtigt sein.

Man würde PISA jedoch Unrecht tun, wenn man die Schwierigkeit der diagnostischen Aufgabe kritisieren und die Tragfähigkeit der daraus abgeleiteten Folgerungen in Frage stellen würde; die Autoren sagen ja selbst, dass „PISA keine umfassende Erhebung der diagnostischen Kompetenz von Lehrkräften beinhaltet" (Artelt et al., 2001, S. 120) und schlagen vor, dieses Ergebnis zum Anlass zu nehmen, die Diagnose der Lesefähigkeiten von Schüler/innen unter die Lupe zu nehmen.

3.7.5 Grundlegende Begriffe

Diagnose und Prognose. Das Wort „Diagnose" leitet sich aus dem Wort *diagnosis* ab, das heißt so viel wie „auseinanderhalten" oder „unterscheiden". Nicht jede Beschreibung einer Person, nicht jede Aussage über eine Person ist bereits eine Diagnose. Das charakteristische Merkmal einer Diagnose liegt darin, dass *anhand vorgegebener Kategorien, Begriffe oder Konzepte* geurteilt wird – etwa Aussagen darüber, wie leistungsfähig, kompetent, motiviert, aggressiv oder ängstlich jemand ist, sofern eine differenzierte Merkmalsstruktur beim Urteiler vorhanden ist. Diagnosen bezeichnen also Schlussfolgerungen, „bei der präzise und begründete Fragestellungen vorausgehen und kontrollierte sowie theoriegeleitete Datenerhebungsprozesse folgen und zu einer Aussage über Personen, Sachen oder Institutionen führen" (Jäger, 2000).

Formale und informelle Diagnoseleistungen. Im Gegensatz zu solchen „formalen" Diagnoseleistungen stehen informelle Diagnoseleistungen, d. h. implizite subjektive Urteile, Einschätzungen und Erwartungen, die eher beiläufig und unsystematisch im Rahmen des alltäglichen erzieherischen Handelns gewonnen werden.

Diagnostische Wissensbasis. Mit diagnostischer Kompetenz im engeren Sinne meint man die Fähigkeit eines Urteilers, Personen oder Gruppen (z. B. Schulklassen) zutreffend oder genau – jeweils an einem vorgegebenen Maßstab oder Kriterium gemessen – zu beurteilen („accuracy"). Eine notwendige, aber nicht hinreichende Voraussetzung hierfür ist eine fundierte Wissensbasis, nämlich die Kenntnis von Grundlagen, -begriffen und -problemen und Instrumenten der Pädagogisch-psychologischen Diagnostik (vgl. Leutner, 2001b; Lukesch, 1998), wozu insbesondere gehören:
• Orientierung über die wichtigsten Gütekriterien diagnostischer Leistungen
• Kenntnis typischer und häufiger Fehler und Verzerrungen des Lehrerurteils
• Fähigkeit, im Unterricht selbst einen Test ad hoc zu entwickeln, ihn einzusetzen, auszuwerten und die Ergebnisse zurückzumelden
• Orientierung über ausgewählte Test- und Fragebogenverfahren für schulische Zwecke und Kenntnis von Quellen, wie man sich solche Tests beschaffen kann

Urteilsgenauigkeit, „Veridikalität". Um ein Maß für die Urteilsgenauigkeit zu bilden (das einen wesentlichen Teil der diagnostischen Kompetenz ausmacht) bedarf es eines Standards, d. h. eines Kriteriums. Im Bereich schulrelevanter Leistungen können dies z. B. Tests sein, bei affektiven Personmerkmalen (wie Selbstvertrauen) Selbstauskünfte der Personen in Form etwa von Fragebögen. Aber Vorsicht:

- Erstens gilt nicht unbedingt die Gleichung „Je genauer desto besser" – gelegentlich sind maßvolle Überschätzungen günstiger als realistische, „akkurate" Einschätzungen (siehe Weinert & Schrader, 1986).
- Zweitens: Je nach Testsituation und Rahmenbedingungen können in die Testleistung auch andere Personaspekte mit eingehen, z. B. Leistungsängstlichkeit, Cleverness im Umgang mit Tests („test miseness") oder einfach Anstrengungsbereitschaft. Dies muss man wissen und auf dieser Basis die Vertrauenswürdigkeit (Solidität) der Testergebnisse entsprechend einschätzen.
- Drittens: Es ist keineswegs von vorneherein gesagt, dass Testleistungen „bessere" oder „verlässlichere" Messungen als das Lehrerurteil sind. Welche der beiden Zugänge die geeignetere Messung ist, welche als „Kriterium" dienen kann, ist je nach den Umständen und dem Urteilsgegenstand unterschiedlich zu beantworten.

Diagnose und Prognose. Noch komplexer als diagnostische Entscheidungen sind prognostische Entscheidungen, d. h. Einschätzungen der künftigen Entwicklung von Personen, wie sie im Schulalltag bei Übertrittsentscheidungen (z. B. beim Grundschulgutachten bzw. der Empfehlung für den Besuch einer weiterführenden Schule) von großer Bedeutung sind. Bei der Prognose kommt zur genauen Einschätzung des Ist-Standes noch die zutreffende Einschätzung und Gewichtung entwicklungsrelevanter Person- oder Kontextmerkmale (z. B.: Art der Unterstützung durch das Elternhaus) dazu. Ich beschränke mich im Folgenden auf den einfacheren Fall diagnostischer Leistungen.

3.7.6 Empirischer Forschungsstand zur Diagnostischen Lehrerkompetenz

In der empirischen Schulforschung ist der diagnostischen Kompetenz von Lehrkräften seit den frühen Arbeiten von Gage (1958; 1968) erstaunlicherweise nur wenig Aufmerksamkeit geschenkt worden. Abgesehen von der Identifikation hochbegabter Schüler (Wild, 1992; Hany, 1992) haben sich neben einigen wenigen neueren amerikanischen Studien (Coladarci, 1986; Hoge, 1983) insbesondere die von Franz E. Weinert initiierten Arbeiten am MPI für psychologische Forschung (Schrader, 1989, 1987; Schrader & Helmke, 1987; Weinert, Schrader & Helmke, 1990a; Weinert & Lingelbach, 1995), sowie unser eigenes Forschungsprojekt SALVE Hosenfeld, Helmke & Schrader (2002) mit diesen Fragen beschäftigt.

In einer unserer Arbeiten (Schrader & Helmke, 1987), die auf der Münchner Studie basiert, konnten wir zeigen, dass der leistungssteigernde Effekt von Strukturierungshilfen von der diagnostischen Kompetenz abhängt: Ist die diagnostische Kompetenz hoch *und* werden viele Strukturierungshilfen gegeben, ist das für den Lernerfolg (Leistungssteigerung im Fach Mathematik) optimal. Dagegen ist die Koppelung von Strukturierungshilfen mit unterdurchschnittlicher diagnostischer Kompetenz ungünstig, und als fatal stellte es sich heraus, wenn trotz vorhandener diagnostischer Kompetenz (= gute Orientierung über Leistungsunterschiede zwischen den Schülern) keine didaktischen Förder- und Strukturierungsmaßnahmen ergriffen wurden.

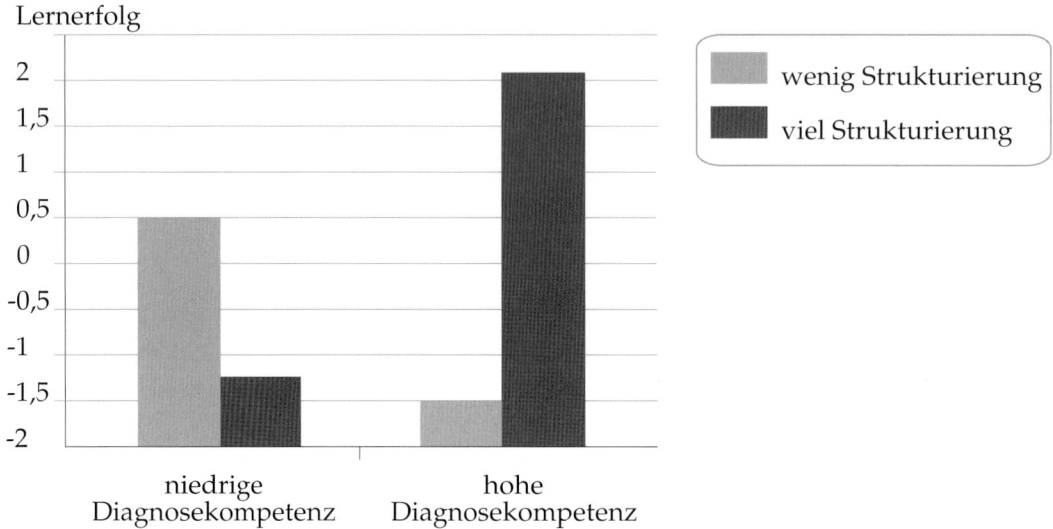

Abbildung 7: Lernerfolg (senkrechte Achse) in Abhängigkeit vom Ausmaß der Strukturierung und der Diagnosekompetenz der Lehrkräfte (Weinert & Helmke, 1987)

Es zeigt sich somit, dass von einer einfachen linearen Beziehung zwischen diagnostischer Kompetenz und Lernerfolg der Schüler nicht die Rede sein kann; vielmehr scheint die Diagnosekompetenz so etwas wie eine *Katalysatorvariable* zu sein.

In der Schulstudie SALVE, in der es – wie in der Münchner Studie – um die unterrichtlichen und individuellen Bedingungen der Lern- und Motivationsentwicklung bei Schülern der 5. und 6. Klassenstufe ging, wurde die Frage der diagnostischen Kompetenz ebenfalls intensiv untersucht. Um nur ein Beispiel zu erwähnen: Nach einer Unterrichtsstunde (die auch videografiert wurde), wurden die Schüler zu der vorangegangenen Stunde befragt, u. a. ob der Unterricht für sie „viel zu schwierig", „etwas zu schwierig", „gerade richtig", „etwas zu leicht" oder „viel zu leicht" gewesen sei. Aus den Antworten aller Schüler einer Klasse resultiert dann eine prozentuale Verteilung über die fünf Kategorien. Parallel dazu wurden die Lehrkräfte darum gebeten einzuschätzen, wie denn wohl ihre Schüler die Schwierigkeit der soeben gehaltenen Mathematikstunde einschätzen würde. Das Ergebnis zeigt Abbildung 8:

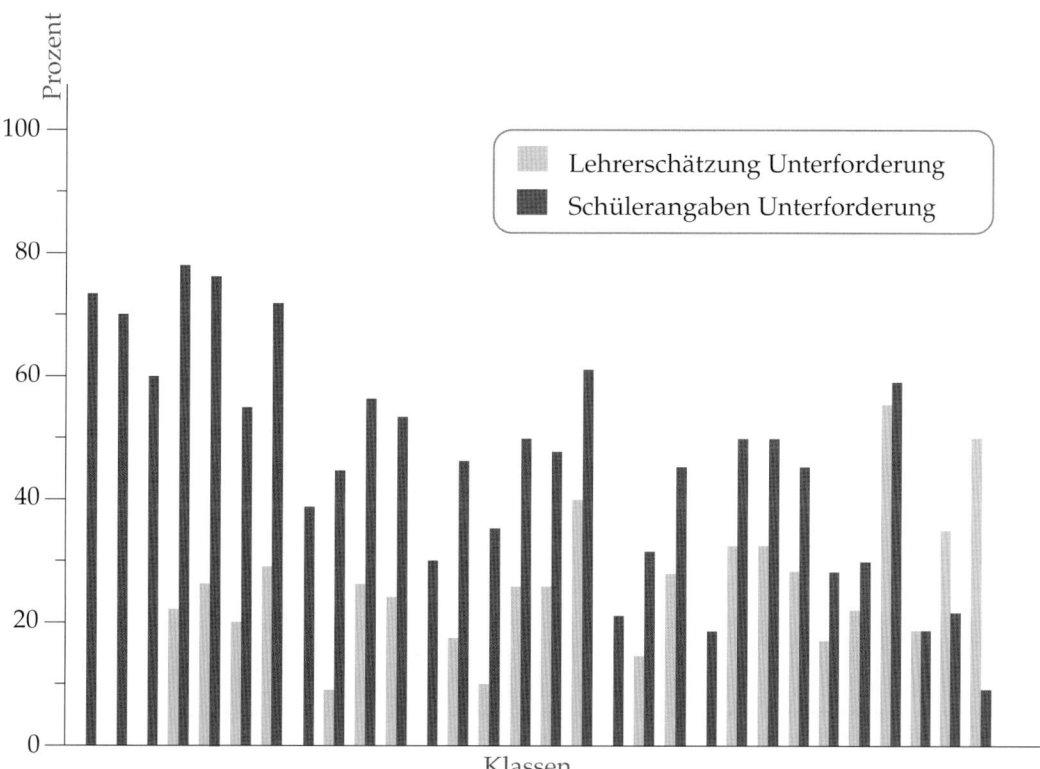

Abbildung 8: Lehrer- und Schülerangaben zur Unterforderung durch den Mathematikunterricht, geordnet nach dem Unterschied zwischen Schüler- und Lehrerangaben; Quelle: SALVE-Projekt (Hosenfeld, Helmke & Schrader, 2002)

Zwei Aspekte dieses Ergebnismusters erscheinen bemerkenswert:

a) Die Lehrkräfte schätzen das Vorkommen von subjektiver Unterforderung seitens der Schüler/innen erheblich niedriger ein als diese selbst (bis auf die drei Klassen am äußersten rechten Rand sind die Lehrer-Balken fast durchweg niedriger als die Schüler-Balken).

b) Dies geht soweit, dass in einigen Klassen (z. B. wenn man von links zählt, die Klassen Nr. 1–3, 8 und 12) aus Lehrersicht kein einziger Schüler durch den Unterricht unterfordert ist – in krassem Gegensatz zu den Einschätzungen der Schüler selbst.

3.7.7 Dimensionen diagnostischer Urteile durch Lehrkräfte

Die bei PISA 2000 erfasste diagnostische Leistung deckt nur einen schmalen Teil möglicher und im Alltag geforderter diagnostischer Leistungen durch Lehrkräfte ab. Um die Bandbreite und den Facettenreichtum pädagogisch-psychologischer Diagnostik zu veranschaulichen, werden im Folgenden einige Dimensionen genannt:

Person- versus Aufgabenmerkmale. Diagnostische Urteile müssen sich nicht nur auf Merkmale von Personen beziehen, sondern können auch Aufgabenmerkmale (z. B. ihre Schwierigkeit oder typische Fehler) zum Gegenstand haben. Letztlich geht es auch hier um eine Beurteilung der Leistungen von Personen bei der Bewältigung bestimmter Anforderungen, was auch daran zu erkennen ist, dass für die Ermittlung der diagnostischen Kompetenz Lehrerurteile mit empirisch ermittelten Aufgabenlösungen in Beziehung gesetzt werden.

Fachlicher oder überfachlicher Bezug. Lehrkräfte müssen sich sowohl über fachliche Leistungen als über nicht-fachliche (Schlüsselkompetenzen) lern- und leistungsrelevante Merkmale ein Bild machen, z. B. über Leistungsangst. Dass dies für Lehrkräfte eine fast unlösbare Aufgabe darstellt, haben Untersuchungen in der Vergangenheit gezeigt (Helmke & Fend, 1981, 1982), ähnliches gilt für Eltern (Helmke & Schrader, 1989, 1990).

Ebene (Individuum vs. Klasse). Lehrkräfte unterrichten in aller Regel Gruppen, d. h. Klassen oder Kurse. Dementsprechend liegt es nahe, nicht nur einzelne Schüler/innen, sondern auch die Leistungsstärke der gesamten Klasse zum Gegenstand diagnostischer Urteile zu machen. Für eine faire Beurteilung der Schülerleistungen ist es sogar unabdingbar, zumindest grob darüber orientiert zu sein, ob die in einem bestimmten Fach unterrichtete Klasse – verglichen mit dem Leistungsniveau aller Klassen dieses Bildungsganges – am unteren Ende, im Durchschnittsbereich oder an der Spitze liegt.

Status versus Potenzial. Diese Unterscheidung ist verwandt mit der zwischen Diagnose und Prognose. Die Diagnose des Potenzials einer Person ist nichts anderes als die Einschätzung, was diese Person unter günstigen Umständen, z. B. bei strukturierter und dosierter Hilfestellung („scaffolding"), zu leisten imstande wäre. Zugrunde liegt hier eine dynamische Perspektive: nicht der Ist-Stand, die aktuelle Leistung, sondern der maximal erreichbare Leistungstand. In ähnlicher Weise kann die geforderte Diagnoseleistung darin bestehen, rückwirkend die Leistungsentwicklung eines Schülers (z. B. während des vorangegangenen Schuljahres) in einem Fach zu diagnostizieren.

Bezugsnormen des diagnostischen Urteils. Von Urteils„genauigkeit" zu sprechen, hat überhaupt nur dann Sinn, wenn es zur Bewertung der Güte oder Genauigkeit des diagnostischen Urteils einen objektiven Maßstab, ein Kriterium gibt. Im Falle kognitiver Kompetenzen (wie der Lesekompetenz) werden dies in aller Regel Tests sein, bei affektiven und motivationalen Merkmalen zieht man Selbsteinschätzungen der Betroffenen[20] heran.

3.7.8 Drei Komponenten der Urteilsgenauigkeit

Bei der Beschreibung der Genauigkeit diagnostischer Urteile unterscheiden wir (Schrader & Helmke, 1987) drei voneinander unabhängige Komponenten: Niveau-, Streuungs- und Rangordnungskomponente. Um dies zu veranschaulichen, stelle man sich am einfachsten vor, dass es darum ginge, die Lesekompetenz aller Schüler/innen einer Klasse zu diagnostizieren, wie es bei PISA 2000 von Lehrkräften erwartet wurde[21].

Die *Niveaukomponente* bezieht sich dann darauf, ob die Lehrkraft im Mittel die Schüler zu gut, gerade richtig, oder zu niedrig einschätzt. Dazu würde man den Mittelwert der Schülerleistungen berechnen (z. B. wie viele Aufgaben einer Testbatterie im Durchschnitt gelöst wurden) und diesen Wert mit dem Mittelwert der korrespondierenden Lehrereinschätzungen vergleichen. Gibt es systematische Tendenzen der Unter- oder Überschätzung, so können hierfür sehr unterschiedliche Gründe maßgeblich sein, z. B. systematische Urteilstendenzen (Strenge- oder Mildeeffekt) oder die Orientierung an inadäquaten Vergleichsmaßstäben (z. B. der klasseninternen Leistungsverteilung anstelle des Kriteriums).

Die *Streuungskomponente* bezieht sich auf den Vergleich der Verteilungsform der empirischen (real vorkommenden) Angaben der Schüler und der korrespondierenden Lehrerangaben. Ist der Streubereich der Lehrerangaben deutlich geringer als der der Schüler-angaben (die dabei als Kriterium angesehen werden), dann kann ebenfalls eine systema-tische Urteilstendenz zugrunde liegen („Tendenz zur Mitte"), die dazu führt, dass der Streu-bereich der Einschätzungen unangemessen reduziert ist. Aber auch das Gegenteil (Überdifferenzierung) ist denkbar.

Die *Rangordnungs- oder Korrelationskomponente* ist das Kernstück der diagnostischen Kom-petenz, weil sie die Fähigkeit umfasst, die Rangordnung bzw. Fähigkeitsabstufung zwi-schen verschiedenen Schülern zutreffend zu erkennen. Hierzu überprüft man mithilfe kor-relativer Verfahren, wie ähnlich sich die reale und die geschätzte Verteilung sind, mit anderen Worten: wie ähnlich sich die Reihenfolgen beider Verteilungen sind. Im Idealfall würden beide übereinstimmen (Korrelation von r = 1.0); im entgegengesetzten (wenngleich un-realistischen) Fall wäre die geschätzte Rangordnung die perfekte Umkehrung der realen (r = -1.0); gibt es keinerlei Zusammenhang zwischen beiden Messreihen (wie bei einer Zu-fallsangabe), dann ergäbe dies eine Korrelation von r = 0.

3.7.9 Urteilstendenzen, -voreingenommenheiten und -fehler

Es gibt eine große Zahl von Publikationen, die sich mit sehr unterschiedlichen Arten von Fehlern bei der Urteilsbildung im Allgemeinen und im Bereich der pädagogisch-psycho-logischen Diagnostik im Besonderen beschäftigen (Schwarzer, 1979; Ulich & Mertens, 1974; Kleber, 1992). In der vorliegenden Arbeit kann es nicht um eine erschöpfende und syste-matische Darstellung dieser Fehlertypen gehen, vgl. hierzu die Spezialliteratur. Wenigstens die wichtigsten und „klassischen" Urteilsfehler, über die jede Lehrkraft im Bilde sein soll-te, werden im Folgenden aufgelistet.

Ein für die Erklärung von Urteilsfehlern – die zu reduzierter Urteilsgenauigkeit führen – plausibles theoretisches Rahmenmodell ist das sog. Linsenmodell von Brunswik:

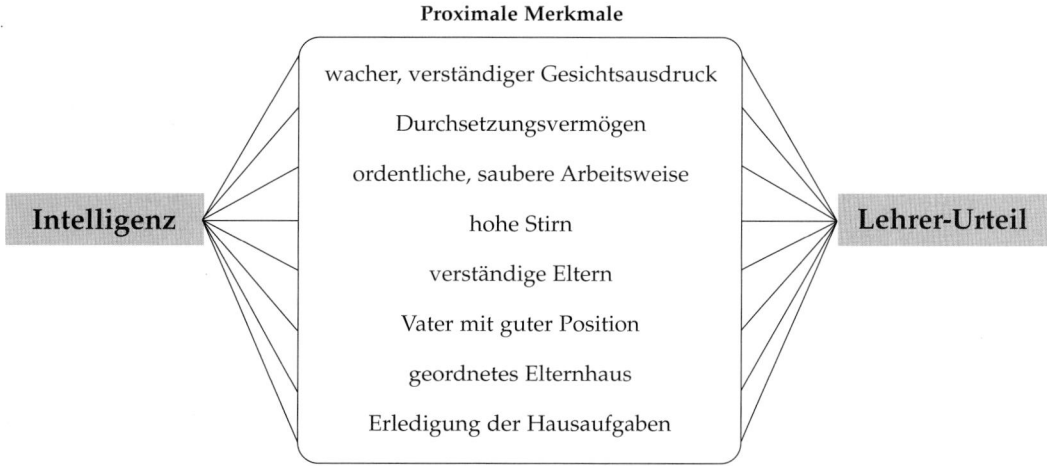

Abbildung 9: Beispiel einer psychologisch nicht-fundierten impliziten Persönlichkeitstheorie: Linsenmodell von Brunswik (nach Kleber, 1992, S. 132)

In diesem Beispiel geht es darum, bei Schülern den Ausprägungsgrad ihrer Intelligenz zu beurteilen. Diese ist kein direkt beobachtbares Merkmal, sondern ein verborgenes (latentes) Merkmal. Es müssen also Indikatoren herangezogen werden, mit deren Hilfe eine Wahrscheinlichkeitsaussage über das zu erfassende Konstrukt vorgenommen wird. Solche der Beurteilung zugrunde liegenden Indikatoren können z. B. beobachtbare Merkmale des Verhaltens, Ergebnisse von Tests, biologische Merkmale (wie Geschlechtszugehörigkeit) oder Sprachherkunft sein.

Die Güte der Diagnose ist beeinträchtigt, wenn der Urteiler Indikatoren verwendet (*Merkmalsverwertung*), die keinen oder nur einen geringen Vorhersagewert für das Konstrukt „Intelligenz" haben (*Merkmalsvalidität*). *Merkmalsverwertung* betrifft dabei die Frage, welche Indikatoren der Urteiler für die Urteilsbildung heranzieht und wie er diese gewichtet. *Merkmalsvalidität* bezieht sich darauf, ob und in welchem Maße die beobachteten („proximalen") Merkmale gültige (valide) Indikatoren für das zu beurteilende Konstrukt (das „latente" Merkmal) sind. Stützt sich der Urteiler bei seinen Urteilen also auf eine hohe Stirn als Anzeichen für Intelligenz, so benutzt („verwertet") er ein Merkmal, das tatsächlich natürlich kein valider Indikator für Intelligenz ist, und die Genauigkeit seines Urteils wird dann beeinträchtigt sein. Oder: Wenn die Lehrkraft als beobachtetes Merkmal für Lerninteresse lediglich heranzieht, ob sich jemand spontan meldet, dann stützt sie sich auf ein Merkmal, das kein guter (valider) Indikator für Lerninteresse ist, während sie validere Merkmale (z. B. freiwillige Beschäftigung mit bestimmten Lerngegenständen) nicht berücksichtigt.

Reflexionsaufgabe 14: Indikatoren der Lesekompetenz
Bitte denken Sie einmal an die diagnostische Aufgabe, die bei PISA den Schulkoordinatoren gegeben worden war: die Beurteilung der Lesekompetenz von Schülern.

Welche Indikatoren würden Sie selbst heranziehen, wenn Sie die Schüler Ihrer Klasse darauf hin beurteilen müssten, a) wie lesekompetent sie sind, b) welchen Schulabschluss sie wohl erreichen werden?

Hier einige bekannte Urteilstendenzen:
- *Tendenz zur Mitte*. Extreme Urteile werden vermieden, es erfolgt eine Tendenz zu Urteilen (z. B. Noten, oder Antwortkategorien bei Multiple Choice Items) im mittleren Bereich. Beispiel: Eine Lehrerin gibt niemals eine 1, aber auch niemals eine 5 oder 6.
- *Tendenz zu extremen Urteilen*. Das Gegenteil zur Mittentendenz. Urteile in der Mitte der Notenskala oder innerhalb vorgegebener Antwortkategorien werden vermieden.
- *Milde-Effekt*. Die Schüler werden durchweg günstiger beurteilt als es von der Sache her angemessen wäre bzw. günstiger als sie von Vergleichspersonen (anderen Lehrkräften) beurteilt werden.
- *Referenzfehler*. Anstelle der Beurteilung an einem objektiven Kriterium (welche Lernziele wie gut erreicht wurden, welche Kompetenzen beherrscht werden), orientiert sich die Lehrkraft an einer anderen Bezugsnorm, etwa an der Leistungsposition innerhalb der Klasse. Dies macht die Vergleichbarkeit von Noten über Parallelklassen hinweg unmöglich.

- *Halo-Effekt* (auch Hof-Effekt oder Heiligenschein-Effekt genannt). Aufgrund nur weniger Hinweisreize (Aussehen, Kleidung, Dialekt, Sprachherkunft) wird in wertender Weise auf globale Merkmale der Schülerpersönlichkeit geschlossen. Beispiel: Wer den Unterricht schwänzt, dem Lehrer nicht zuhört, ist „faul" oder hat einen „schlechten Charakter".
- *Logischer Fehler*. Von der Ausprägung eines bestimmten Schülermerkmals (z. B. Aufgeregtheit in Leistungssituationen) wird auf ein anderes Schülermerkmal geschlossen, ohne dass dies empirisch gerechtfertigt wäre. Beispiel: Wer Mängel in der Rechtschreibung aufweist, ist nicht intelligent.

3.7.10 Erfassung und Verbesserung der Diagnosefähigkeit: Ein Zyklus

Was für Unterrichtsmerkmale und lernrelevante Lehrerkompetenzen gilt, trifft auch für die diagnostische Kompetenz zu: Keine Verbesserung, kein Training ohne eine vorherige Diagnose. In diesem Sinne schlage ich den folgenden Zyklus vor:

a) *Auswahl eines Schülermerkmals oder eines Satzes von Aufgaben*. Wählen Sie ein für Unterrichtserfolg wichtiges Merkmal aus, anhand dessen Sie Ihre diagnostische Kompetenz checken und ggf. verbessern möchten – z. B. die Lesekompetenz, das Verständnis mathematischer Testaufgaben, oder ein Merkmal wie Leistungsängstlichkeit. Wenn Sie anstelle der personbezogenen Diagnosefähigkeit Ihre aufgabenbezogene Diagnosefähigkeit prüfen wollen, wählen Sie eine Reihe konkreter Aufgaben aus.

b) *Erhebung der tatsächlichen Schülerleistung bzw. des Merkmals*. Dies geschieht bei Leistungen durch einen Test bzw. durch einzelne Aufgaben (bei einem Schülermerkmal durch einen Fragebogen). Dies erzeugt die „harten" Daten, die als Anker bzw. als Vergleichsmaßstab zur Berechnung der Genauigkeit Ihrer Einschätzungen dienen.

c) *Ihre persönliche Prognose*. Noch vor der Erhebung der Leistungen, spätestens zur gleichen Zeit, sollten Sie unbedingt Ihre persönliche Prognose des mutmaßlichen Ergebnisses abgeben. Dies ist die eigentliche Pointe des Programms: Dadurch, dass Sie sich Ihre (in der Regel nur implizit vorhandene) Orientierung z. B. über Unterschiede zwischen verschiedenen Schülern oder zwischen der Schwierigkeit verschiedener Aufgaben bewusst machen und die darauf basierende Einschätzung explizit hinschreiben, gehen Sie den ersten Schritt in Richtung Sensibilisierung und Verbesserung.

d) *Vergleich zwischen Schätzung und empirischem Befund*. Hierfür gibt es, je nachdem, für welche Komponente der Diagnosegenauigkeit (siehe 3.7.7) Sie sich interessieren, unterschiedliche Rechenverfahren, die heutzutage jeder Taschenrechner (bzw. die in Handy oder in PC-Betriebssystemen verfügbaren „Rechner") leisten kann. Im Falle der *Niveaukomponente* berechnen Sie einfach die Differenz zwischen den mittleren Aufgabenlösungen durch die Schüler (bzw. der mittleren Ausprägung des zur Debatte stehenden Schülermerkmals) einerseits und Ihrer entsprechenden (mittleren) Einschätzung andererseits.

e) *Analyse von Diskrepanzen*. Die Suche nach Gründen für erwartungswidrige Ergebnisse erfolgt am besten gemeinsam mit anderen Kollegen, sei es im Rahmen schulinterner Lehrerfortbildung oder anderer Zirkel, in denen Erfahrungen über Unterricht, Klassenführung und Leistungsbewertung ausgetauscht werden. An dieser Stelle ist es unabdingbar, das diagnostische Wissen (über Unterschiede in der Ausprägung bestimmter Schülermerkmale) mit Wissen über Ursachen solcher Unterschiede zu verknüpfen, wie es in Kapitel 2.3.11 skizziert worden ist. Hierzu sind gegebenenfalls weitere Informationsquellen anzuzapfen: Selbstauskünfte der Schüler, von Kollegen, den Eltern, ggf. auch Schulpsychologen. In diesem letzten Teil des vorgeschlagenen Zyklus steckt das größte pädagogische und didaktische Potenzial.

3.7.11 Beispiele zur praktischen Durchführung

3.7.11.1 Diagnose des Leistungsstandes der Klasse

Im Folgenden möchte ich ein Beispiel aus dem Lehrerfragebogen unseres Unterrichtsforschungsprojektes SALVE vorstellen: als Anregung, welche Fragen man in diesem Zusammenhang stellen könnte. Sie können diese Fragen für sich selbst oder – besser noch – in einer Fachgruppe oder einem Qualitätszirkel bearbeiten:

Gerhard kauft 3 kg Heidelbeeren für 18,80 €, zweieinhalb kg Äpfel für 7,50 € und danach noch drei Zeitschriften, die insgesamt 6,30 € kosten.
Wie viel Geld hat er nach dem Kauf des Obstes übrig, wenn er neun Fünfeuroscheine mitgenommen hatte?
Endergebnis: Euro …,   Cent …,

Haben Sie dieses Sachgebiet im Unterricht durchgenommen?	nein, noch nicht ❑ ja, kurz ❑ ja, ziemlich gründlich ❑ ja, sehr gründlich ❑
Wenn ja: wann zum letzten Mal vor dem Test?	in den letzten 2 Stunden ❑ in der letzten Woche ❑ im letzten Monat ❑ noch länger her ❑
Was schätzen Sie, *wie viele Schüler/innen* Ihrer Klasse die Beispielaufgabe zum jetzigen Zeitpunkt (schriftlich) lösen können?	_____ Schüler/innen
Wie wichtig ist Ihnen das Beherrschen dieses Sachgebiets im Hinblick auf die *Zeugnisnote?*	sehr unwichtig ❑ eher unwichtig ❑ eher wichtig ❑ sehr wichtig ❑
Wie wichtig ist Ihrer Meinung nach das Beherrschen dieses Sachgebiets für das tägliche Leben, also für den *außerschulischen Alltag?*	sehr unwichtig ❑ eher unwichtig ❑ eher wichtig ❑ sehr wichtig ❑

Wie wichtig ist Ihrer Meinung nach das Beherrschen dieses Sachgebiets als Grundlage für weitere *darauf aufbauende Lehrstoffe?*	sehr unwichtig ❑ eher unwichtig ❑ eher wichtig ❑ sehr wichtig ❑
Wie wichtig ist Ihrer Meinung nach dieses Sachgebiet, um *mathematisches Verständnis,* mathematisches Denken und allgemeine Problemlösefähigkeiten zu fördern?	sehr unwichtig ❑ eher unwichtig ❑ eher wichtig ❑ sehr wichtig ❑
Wie gerne unterrichten Sie persönlich dieses Sachgebiet?	sehr ungern ❑ ziemlich ungern ❑ ziemlich gern ❑ sehr gern ❑
Wie schwierig ist es für Sie, dieses Sachgebiet zu unterrichten?	sehr leicht ❑ eher leicht ❑ eher schwer ❑ sehr schwer ❑

Kasten 31: Fragen zur Diagnose der Schwierigkeit von Mathematikaufgaben – aus dem Unterrichtsforschungsprojekt SALVE

Die für die Bestimmung der Diagnosegenauigkeit bzw. des Diagnoseerfolges entscheidende Frage ist natürlich die nach der Anzahl von Schülern, die das betreffende Item richtig lösen werden. Aus Platzgründen habe ich hier nur ein einziges Item ausgewählt (im Projekt SALVE waren es zehn verschiedene). Die anderen Fragen zu diesem Item aus dem Mathematiktest erschienen uns wichtig, um den Stellenwert der mit gerade dieser Aufgabe verbundenen Kompetenzen bzw. Fertigkeiten näher zu bestimmen. Gerade im Kontext einer Mathematik-Arbeitsgruppe oder Fachgruppe kann die Verteilung der betreffenden Antworten aus dem Lehrerfragebogen fruchtbaren Rohstoff für pädagogische und didaktische Diskussionen liefern.

Dies gilt in noch stärkerem Maße für Unterschiede *zwischen* verschiedenen Aufgaben. Hier lassen sich zwei Rangreihen miteinander vergleichen: (a) die *geschätzte* „Schwierigkeit" oder „Leichtigkeit" des Items aus der Sicht der Lehrkraft, die sich einfach aus dem Quotienten aus der von Ihnen geschätzten „Anzahl von Schülern, die die Aufgabe lösen" und der „Anzahl der Schüler in der Klasse" (bzw. der „Anzahl derjenigen, die die Aufgabe bearbeitet haben") ergibt; (b) die *reale* Schwierigkeit der Aufgaben, dadurch bestimmbar, von wie viel Prozent der Schüler Ihrer Klasse sie gelöst wurden. Eine einfache und robuste Art, diese Daten zu analysieren, besteht darin, einfach Differenzen zwischen (a) und (b) zu bestimmen. Auf diese Weise ergibt sich ein erster Eindruck der diagnostischen Leistung: Wird generell eher unter- oder überschätzt? Bei welchen Aufgaben klaffen Lehrerurteil und Schülerleistung besonders weit auseinander?

Methodisch fortgeschrittenere und der Statistik freundlich gegenüberstehende Lehrkräfte können darüber hinaus auch eine Korrelation berechnen, und zwar zwischen den beiden (geschätzten versus realen) Schwierigkeits-Rangreihen. Das eigentliche Potenzial liegt meines Erachtens weniger in der Klassifikation der Lehrkräfte als „gute" oder „schwache" Diagnostiker, sondern im Anstoßen von Diskursen über die Ergebnisse einzelner Aufgaben, insbesondere wenn sie von der Erwartung abweichen. Was ist es eigentlich, was Aufgaben „schwierig" oder „leicht" macht, welche Aspekte und Parameter sind entscheidend? Ist es die Länge oder Komplexität des Textes, die Anzahl und Schwierigkeit der mentalen Operationen, die Alltagsnähe des Aufgabenkontextes usw.?

Selbstverständlich lassen sich die beschriebenen Aktionen mit Aufgaben aus anderen Schulfächern und mit Schülern unterschiedlicher Altersstufen ebenso gewinnbringend durchführen.

3.7.11.2 Diagnose affektiver und motivationaler Schülermerkmale

Etwas schwieriger, aber nicht weniger ertragreich, ist die Erfassung der Diagnosegenauigkeit bei nicht-kognitiven Schülermerkmalen – wie z. B. Lernmotivation, Fähigkeitsselbstkonzept, Ängstlichkeit usw. Das Vorgehen ist analog wie im vorigen Abschnitt beschrieben, nur dass anstelle der Testaufgaben die Fragenbogenitems den Diagnosegegenstand bilden.

3.7.11.3 Selbstdiagnose: Unterrichtsqualität aus Schülersicht

In Abschnitt 6.5 ist von Schülerfeedback zum Unterricht die Rede, und dort werden auch beispielhaft einige Instrumente zur Erfassung verschiedener Aspekte der Unterrichtsqualität aus Schülersicht berichtet. Solche Schülerangaben lassen sich, wenn man sie mit korrespondierenden Einschätzungen der Lehrkräfte koppelt, sehr gut als Werkzeug für unterrichtsbezogene Selbstdiagnosen heranziehen. Nehmen wir einfach das folgende Beispiel aus dem Schülerfragebogen des SALVE-Projektes:

Unsere Mathematiklehrerin/unser Mathematiklehrer

… kann mich manchmal richtig für die Themen begeistern.	stimmt genau ❏ stimmt ziemlich ❏ stimmt wenig ❏ stimmt gar nicht ❏
… kann auch trockene Themen wirklich interessant machen.	stimmt genau ❏ stimmt ziemlich ❏ stimmt wenig ❏ stimmt gar nicht ❏
… gibt uns verschiedene Themen oder Aufgaben zur Auswahl.	stimmt genau ❏ stimmt ziemlich ❏ stimmt wenig ❏ stimmt gar nicht ❏
… geht auf Vorschläge und Anregungen der Schüler/ Schülerinnen ein.	stimmt genau ❏ stimmt ziemlich ❏ stimmt wenig ❏ stimmt gar nicht ❏
… zeigt uns, wie nützlich Mathe im Alltag sein kann.	stimmt genau ❏ stimmt ziemlich ❏ stimmt wenig ❏ stimmt gar nicht ❏
… betont, dass Mathe in vielen Berufen eine große Rolle spielt.	stimmt genau ❏ stimmt ziemlich ❏ stimmt wenig ❏ stimmt gar nicht ❏
… betont oft, dass es mehrere Wege zu einer Aufgaben- lösung gibt.	stimmt genau ❏ stimmt ziemlich ❏ stimmt wenig ❏ stimmt gar nicht ❏

Vermutlich hat jede Lehrkraft, die ihren Schülern einen solchen Bogen zur Beantwortung gibt, bereits implizite Annahmen oder eine intuitive Vorstellung dazu, wie sie wohl eingeschätzt wird (z. B.: in etwa wie viele Schüler/innen einer bestimmten Aussage zustimmen. Das Prinzip der Selbstdiagnose besteht darin, diese impliziten Annahme explizit zu machen, d. h. eine Prognose über die zu erwartende Beantwortung seitens der Klasse zu machen.

3.7.11.4 Literaturempfehlungen

Die gründlichste und ausführlichste Darstellung zur Diagnostischen Kompetenz von Lehrkräften in deutscher Sprache stammt von Schrader (1987; 2001). Speziell zur Rolle alltäglicher, impliziter Diagnosen im Unterrichtsalltag vgl. Schrader & Helmke (2001), zum Unterrichtsmodell „Diagnostic-Prescriptive Teaching" vgl. Helmke & Schrader (1994), zur aktuellen bildungspolitischen Bedeutung diagnostischer Lehrerkompetenzen vgl. Arnold (2001a; 1999a). Die diagnostische Kompetenz umfasst auch ein fundiertes Wissen im Bereich der *Pädagogischen Diagnostik*. Hierzu liegen in deutscher Sprache verschiedene Darstellungen vor, von denen nur einige wenige genannt werden sollen (Ingenkamp, 1988; Lukesch, 1998; Ulich & Mertens, 1974; Hofer, 1969; Schwarzer & Schwarzer, 1977; Jäger, 2000, 2002; Kleber, 1992).

3.8 Unterrichtsquantität: Lehr- und Lernzeit

Neben der Unterrichts*qualität* ist die Unterrichts*quantität* eine weitere, oft falsch eingeschätzte und missverstandene Bestimmungsgröße erfolgreichen Unterrichts.

3.8.1 Unterschiedliche Zeitkomponenten

Die Bedeutung von Zeitfaktoren lässt sich gut anhand des folgenden Rahmenmodells veranschaulichen:

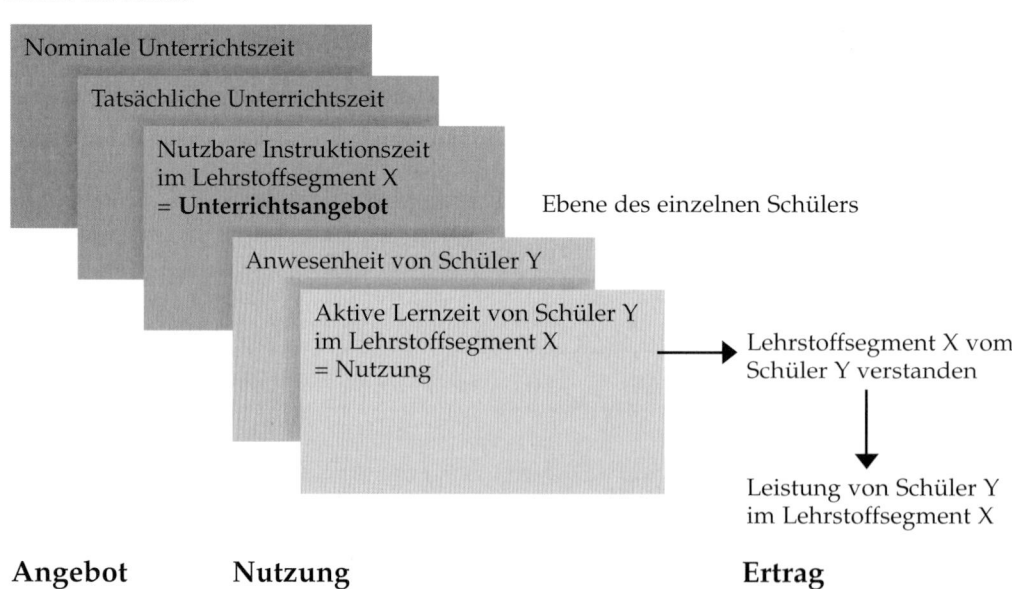

Abbildung 10: Ein Rahmenmodell zur Veranschaulichung von Zeitfaktoren (Unterrichtsquantität) für den Lernerfolg (nach Treiber & Weinert, 1982)

Was bedeuten die Termini?

Nominale Unterrichtszeit: die im Fachstundenplan einer Klasse angesetzte Anzahl von Unterrichtsstunden in einem bestimmten Zeitraum (z. B. im Schuljahr)

Tatsächliche Unterrichtszeit: die Anzahl der tatsächlich gehaltenen Unterrichtsstunden im Schuljahr (also nominale Unterrichtszeit abzüglich Stundenausfälle durch Lehrerkrankheit, Fortbildung etc.)

Nutzbare Unterrichtszeit: Der Zeitanteil an der tatsächlichen Unterrichtszeit, in dem lehrzielbezogener Stoff behandelt wird (also tatsächliche Unterrichtszeit minus Zeit, die für andere Aktivitäten als Stoffbehandlung verbraucht wird, wie z. B. Management von Störungen, sozialpädagogische Aktivitäten, Prozeduren wie Geldeinsammeln, Leerlauf etc.). Die *nutzbare Unterrichtszeit* repräsentiert (wie im Rahmenmodell gezeigt) das Unterrichtsangebot. Die Nutzung des Unterrichtsangebots durch die Schüler kann auf mehrfache Weise scheitern oder gestört sein; die Analyseeinheit in der Abbildung wechselt folglich von der Klassenebene (Lehrer, Unterricht) auf diejenige des individuellen Schülers.
Schüleranwesenheit: Die physische Präsenz eine Schülers ist trivialerweise eine notwendige, allerdings nicht hinreichende Voraussetzung für Lernen. Krankheiten oder Schuleschwänzen können hier zu erheblichen Einbußen führen.

Aktive Lernzeit: Dauer der Aufmerksamkeit eines Schülers während des Unterrichts. Dies ist zweifellos die Schlüsselvariable im Zeitmodell, und zugleich ist sie am schwierigsten zu erfassen. Die Abwesenheit von Störverhalten ist ja für sich genommen noch kein Beleg für aktives Lernen. Im Gegenteil: Es gehört vielfach zu den „school survival skills", einen interessierten/engagierten Eindruck bei gleichzeitigem mentalen „Leerlauf" oder Stillstand zu erwecken. Umgekehrt kann ein Schüler, der auf den ersten Blick abgelenkt zu sein scheint (z. B. kramt, aus dem Fenster schaut) durchaus mental aktiv sein. Deshalb ist die Registrierung der Schüleraufmerksamkeit, wie sie etwa im Münchner Aufmerksamkeitsinventar (siehe Kapitel 3.8.3) erfolgt, immer nur eine (wenn auch wichtige) Momentaufnahme, die erst in Verbindung mit dem Erfahrungshintergrund der Lehrkraft und mit wiederholten Messungen inhaltliche Substanz gewinnt.

3.8.2 Empirischer Forschungsstand zur Lehr- und Lernzeit

Empirisch hat sich in vielen Studien ein asymptotischer Zusammenhang zwischen tatsächlicher Unterrichtszeit und Leistungszuwachs ergeben: Der Zusammenhang ist zunächst positiv linear, doch ab einer bestimmten Zone führt zusätzliche Unterrichtszeit nur noch zu minimalen Verbesserungen auf der Leistungsseite (Anderson, 1995; Fisher, 1995).

Detailliert wurde der Frage des *Unterrichtsausfalls* (der ja nichts anderes als das Komplement der tatsächlich unterrichteten Zeit darstellt) in der landesweiten Studie MARKUS nachgegangen. Die detaillierten Angaben der Lehrkräfte über die Anzahl ausgefallener oder irregulärer (z. B. Zusammenlegung von Klassen) Unterrichtsstunden wurden in die jeweiligen tatsächlich erteilten Stundenanzahlen umgerechnet. Das Gleiche erfolgte auf Schülerebene für die Anzahl (wegen Krankheit oder aus anderen Gründen) versäumter Unterrichtsstunden. Dabei ergaben sich einige überraschende Ergebnisse (Hosenfeld et al., 2002). Für die Mathematikleistung (gemessen mit dem MARKUS-Mathematiktest) sind die Unterschiede in der *tatsächlichen Unterrichtszeit* belanglos. Das heißt, es zeigt sich kein systematischer Zusammenhang vom Typ „Je mehr Mathematikstunden, desto höher die Leistung". Das gleiche gilt für irregulär gehaltenen Mathematikunterricht.

Im krassen Gegensatz dazu hängen die *Fehlzeiten* von Schülerinnen und Schülern statistisch hoch signifikant mit dem mathematischen Leistungsniveau zusammen: Je höher der Anteil der Fehlzeiten individueller Schülerinnen oder Schüler innerhalb einer Klasse ist, desto schlechter ist das Leistungsniveau.

Reflexionsaufgabe 15: Unterrichtsausfall
Daraus, dass es zwischen Klassen mit mehr oder weniger Unterricht(sausfall) keine Unterschiede im Leistungsniveau (gemessen durch einen Mathematiktest) gibt, könnte man den ironischen Schluss ziehen: „Also ist der Mathematikunterricht wohl bedeutungslos." Welche Denkfehler enthält dieser Schluss?

3.8.3 Das Münchner Aufmerksamkeits-Inventar (MAI)

Helmke (1988a) hat ein Inventar zur systematischen Beobachtung und Klassifikation des Aufmerksamkeitsverhaltens von Grundschülerinnen und -schülern während des regulären Unterrichts entwickelt, das über die SCHOLASTIK-Studie hinaus in vielen anderen Forschungsprojekten, auch im Bereich der Heilpädagogik, eingesetzt worden ist (vgl. Helmke & Renkl, 1992, 1993a).

Hier ein Überblick über die Kategorien:

(a) Unterrichtsfächer
- Deutsch
- Mathematik
- Sachkunde
- Anderes Fach oder fächerübergreifender Unterricht

(b) Unterrichtskontexte
Fachlich
- Unterricht
- Stillarbeit, Gruppen- und Partnerarbeit
- Tests, Proben, Lernzielkontrollen
- Übergangsphasen
Nichtfachlich
- Musik, Spiel, Gymnastik, Entspannung
- Private Interaktionen
- Prozentuale Aktivitäten
- Management

(c) Aufmerksamkeitsstatus
0 = no task (es liegt keine Aufgabe an)
1 = off-task (aktiv, interagierend, störend)
2 = off-task (passiv, nicht interagierend)
3 = on-task (passiv, unauffällig)
4 = on-task (selbst-initiierte Aktivitäten)
5 = on-task (fremd-initiierte Aktivitäten)

Kasten 32: Kategorien des Aufmerksamkeits-Inventars

Das Verfahren sieht so aus, dass bestimmte (oder auch alle) Schülerinnen und Schüler einer Klasse in regelmäßigen Zeitintervallen daraufhin beurteilt werden, welchen Aufmerksamkeitsstatus sie haben. Aus der Summe aller Einzelangaben pro Schüler lassen sich dann Prozentangaben berechnen, z. B. der Prozentsatz „on-task", d. h. Kategorien 4 oder 5, geteilt durch alle Messungen dieses Schülers in der betreffenden Stunde.

Zur Kennzeichnung des Aufmerksamkeitsniveaus einer gesamten *Klasse* wird separat für jede der o. g. Kategorien der Klassendurchschnitt gebildet. Begleitend dazu wird das Beteiligungsniveau der gesamten Klasse auf einer Skala von 0 (minimal) bis 4 (maximal) eingestuft. In dieses Urteil gehen drei Parameter des Schülerengagements ein: die Dauer, die Anzahl der Schüler/innen und die Intensität der Beteiligung. Interessant können insbesondere Vergleiche zu verschiedenen Zeitpunkten innerhalb der gleichen Klasse, zwischen dem Aufmerksamkeitsverhalten in verschiedenen Fächern oder Vergleiche zwischen Parallelklassen sein.

3.9 Qualität des Lehr- und Lernmaterials

Auch die didaktische Qualität und der Anregungsgehalt der Lehr- und Lernwerke hat selbstverständlich einen Einfluss darauf, wie gelehrt und gelernt wird. In Fremdsprachen beispielsweise ist der Einfluss des jeweils vorgegebenen Unterrichtswerkes enorm groß. Trotz der Normierung durch verbindliche curriculare Vorgaben unterscheiden sich die Lehrwerke teilweise erheblich voneinander. Besonders deutlich wurde dies bei den kulturvergleichenden Forschungen (Vergleich Japan – USA – Deutschland) im Rahmen der TIMS-Studie. So weist Wellenreuther (in Druck) darauf hin, dass die japanischen Schulbücher in Mathematik eher „Erklärbücher" sind, während sie in Deutschland und in den USA eher den Charakter von „Übungsbüchern" haben (Mayer, Sims & Tajika, 1995). Vergleichende Aufgabenanalysen von Neubrand[22] erbrachten ein deutliches Ergebnis:

- „In deutschen Schulen dominiert das prozedurale Wissen – das sind Aufgaben zu den Techniken der Rechenverfahren. Solche Aufgaben umfassen 82 % der gestellten Aufgaben. Rein konzeptuell, auf das Verständnis zielende Aufgaben spielen mit 2 % (in Japan über 20 %) kaum eine Rolle.
- Im Arithmetikunterricht finden sich weder in den deutschen noch in den japanischen Stunden Begründungs- oder Beweisaufgaben. Der Unterschied in der Geometrie ist jedoch groß: In Japan etwa 50 %, in Deutschland fast keine.
- Aufgaben, die ein Vernetzen verschiedener mathematischer Lerngebiete erfordern, werden in Japan viel häufiger gestellt (38 % vs. 2 %)."

Im Projekt MARKUS (Helmke & Jäger, 2002) waren die Lehrkräfte im Lehrerfragebogen u. a. nach einer Beurteilung des eingesetzten Mathematik-Lehrbuchs gefragt worden („Welche Punkte finden Sie an dem von Ihnen verwendeten Lehrbuch änderungswürdig?"). Die Resonanz auf diese offene Frage war außerordentlich groß, und es zeigten sich bemerkenswerte Unterschiede in der Häufigkeit und im Profil verschiedener Kritikpunkte zwischen den Büchern der dominierenden Lehrbuchverlage[23]. Hier nur einige illustrative Auszüge (ohne Nennung des Verlages) in Form wörtlicher Zitate:

Lehrwerk A (Realschule X)
- Aufgaben nicht schülergerecht und zu stupide
- zu wenig Transferaufgaben, zu wenige Aufgaben mit mehreren Lösungswegen
- sehr monoton, es werden immer wieder die gleichen Strukturen abgefragt; kaum Aufgaben, die einen Bezug zwischen Mathematik und dem „wahren Leben" herstellen; kaum Transferaufgaben
- Übungen sind wirklichkeitsfremd und motivieren nicht; Rechenspiele fehlen; nirgends Computerbezug
- unmotivierend, veraltet, überholt
- mehr Aufgaben, die selbstständiges Arbeiten betreffen

Lehrwerk B (Realschule Y)
- ist o.k.
- keine Kritik, Lehrbuch ist ideal auf den Lehrplan abgestimmt
- offenere Aufgabenstellungen bei Sachaufgaben
- Thema „Statistik" fehlt ganz

Kasten 33: Auszüge aus der MARKUS-Lehrerbefragung zur Qualität des verwendeten Mathematik-Unterrichtswerkes

Reflexionsaufgabe 16: Kriterien für die Auswahl von Unterrichtswerken
Stellen Sie sich bitte folgende Situation vor: Sie sollen unter sechs verbreiteten Lehrbüchern für das von Ihnen unterrichtete Hauptfach eines für Ihre Schule aussuchen und dafür der Fachgruppe einen Vorschlag unterbreiten.
- Welche Kriterien würden Sie dabei zugrunde legen?
- Wie beurteilen Sie das zur Zeit von Ihnen verwendete Lehrbuch bzw. Arbeitsmaterial?

3.10 Literaturempfehlungen

Übersichten zum Stand der Forschung zur Unterrichtsqualität befinden sich bei Einsiedler (2000) und Helmke & Weinert (1997). Umfassendere Darstellungen finden sich im „Handbook of Educational Psychology" und „Handbook of Research on Teaching/Third Edition", insbesondere bei Brophy & Good (1986), Shuell (1996) sowie Rosenshine & Stevens (1986). In der Neuauflage des „Handbook of Research on Teaching" (Fourth Edition), herausgegeben von Richardson (2001), empfehle ich insbesondere die Kapitel zu „Foundational Issues and Thinkers in the Development of Research on Teaching", z. B. Morine-Dershimer (2002) and Greene (2002) und im Abschnitt „Teachers and Teaching", insbesondere zum Lehrerwissen (Munby, Russel & Martin, 2002) und zu „Classroom Cultures and Cultures in the Classroom" (Gallego, Cole & The Laboratory of Comparative Human Cognition, 2002). Eine aktuelle und differenzierte Darstellung des Standes der internationalen Unterrichtsforschung unter besonderer Berücksichtigung empirischer und experimenteller Arbeiten stammt von Wellenreuther (in Druck).

Mehrere Kurzartikel mit Übersichtscharakter zu Themen mit Unterrichtsbezug befinden sich im „Handwörterbuch Pädagogische Psychologie" (Rost, 2001), etwa von Lompscher (2001) zu „Lehrstrategien", von Niegemann (2001) zur Lehr-Lern-Forschung oder von Helmke & Schrader (2001) zu Bedingungsfaktoren schulischer Leistungen.

Eine sehr gute und ausgewogene Darstellung des Forschungsstandes insbesondere zur Motivation als Bedingung und Ziel des Unterrichts findet sich in der BLK-Expertise, die die Basis für das BLK-Programm „Steigerung der Effizienz des mathematisch-naturwissenschaftlichen Unterrichts" darstellte. Diese Schrift ist im Internet erhältlich.[24]

4 Standards und Klassifikationen zur Unterrichtsqualität

Basierend auf einem eigenen Rahmenmodell wurden im vergangenen Abschnitt Ausführungen zu zentralen Faktoren der Qualität des unterrichtlichen Angebots gemacht. Dies soll in diesem Kapitel in zweierlei Hinsicht ergänzt werden: Zum einen durch das Konzept der Standards, zum anderen durch alternative Klassifikationen zur Bestimmung der Unterrichtsqualität, die sich in der Unterrichtsforschung finden.

Ich habe diese beiden Punkte aus dem vorigen Kapitel ausgegliedert, um es nicht zu voluminös werden zu lassen. Wozu dieses Kapitel über Standards und Klassifikationen? Standards sind ein beherrschendes Thema der Bildungspolitik, und die für Lehrerverhalten bzw. die Lehrerausbildung entstandenen Standards weisen eine erhebliche Überlappung mit Aspekten der Unterrichtsqualität und Lehrerexpertise auf; hierauf wird im abschließenden Kapitel noch Bezug genommen. Da ich davon ausgehe, dass dieses Buch auch als Material für unterrichtsbezogene Arbeits- und Lerngruppen benutzt wird, wollte ich den Egozentrismus[25] nicht auf die Spitze treiben und möchte deshalb neben „meinem" eigenen Angebots-Nutzungs-Modell auch noch andere Ansätze und Klassifikationen vorstellen.

4.1 Standards

Generell versteht man unter einem „Standard" einen Maßstab, einen Anker, eine Norm, ein Kriterium oder eine bestimmte – vorab festgelegte – Leistung (Ostermeier & Prenzel, 2002). In der aktuellen bildungspolitischen Diskussion nach dem enttäuschenden Abschneiden bei TIMSS und PISA 2000 spielen Standards eine überragende Rolle. Diese Diskussion bezieht sich jedoch überwiegend auf *Bildungsstandards*, d. h. welche Leistungen und Kompetenzen an bestimmten Gelenkstellen der Schulkarriere erreicht sein müssen (Klieme et al., 2003).

4.1.1 Standards for Teaching des NBPTS

Dass das Konzept der Standards für *Lehrkräfte* bzw. für den *Unterricht* noch keine derartige Rolle spielt, liegt vielleicht daran, dass die großen Leistungsvergleichsstudien des letzten Jahrzehnts Lehrerkompetenzen und Unterrichtsmethoden nur randseitig oder gar nicht thematisiert haben. Dies könnte sich im Verlauf der nächsten Jahre erheblich ändern, da sowohl bei PISA 2003 als auch bei DESI (2003/2004) der Unterricht eine zentrale Rolle spielen wird. Dazu kommt das Projekt PITA (Project International Teacher Assessment) der OECD, bei dem zum gegenwärtigen Zeitpunkt noch nicht absehbar ist, ob und in welcher Form sich Deutschland daran beteiligen wird (vgl. Abschnitt 5.10).

In den USA haben Standards eine längere Tradition, was sich besonders deutlich in den offiziellen Stellungnahmen des einflussreichen NBPTS („National Board for Professional Teaching Standards")[26] äußert. Dort werden für nahezu alle Fächer und Altersstufen teilweise sehr detaillierte Angaben zu Standards gemacht. Auf der allgemeinen, fachunspezifischen Ebene geht man von *fünf Kernstandards* aus, die sich auf „the effectiveness, knowledge, skills, dispositions, and commitments of the accomplished teacher" beziehen:

- Teachers are committed to students and their learning
- Teachers know the subjects they teach and how to teach those subjects to students
- Teachers are responsible for managing and monitoring student learning
- Teachers think systematically about their practice and learn from experience
- Teachers are members of learning communities

Und um zu veranschaulichen, wie Standards für bestimmte Inhaltsbereiche und Altersgruppen aussehen, hier ein Ausschnitt: die zwölf Standards für Mathematik (Altergruppe: 7–12 Jahre):

The Middle Childhood through Early Adolescence/Mathematics Standards Committee recommends the following twelve standards for National Board Certification in each of these two fields. The standards have been sequenced to facilitate understanding, not to assign priorities. In fact, in the course of quality mathematics teaching, highly accomplished teachers often demonstrate several of these standards concurrently as they skillfully weave their knowledge, skills and dispositions into a rich tapestry of accomplished practice.

Commitment to all students

1) *Commitment to Equity and Access*-Accomplished mathematics teachers value and acknowledge the individuality and worth of each student; they believe that all students can learn and should have access to the full mathematics curriculum; and they demonstrate these beliefs in their practice by systematically providing all students equitable and complete access to mathematics.

Knowledge of students, mathematics and teaching

2) *Knowledge of Students*-Accomplished mathematics teachers recognize that students are shaped by a variety of educational, social and cultural backgrounds and experiences that influence learning. They draw on their knowledge of how students learn and develop in order to understand their students and to guide curricular and instructional decisions.

3) **Knowledge of Mathematics**-Accomplished mathematics teachers draw on their broad knowledge of mathematics to shape their teaching and set curricular goals. They understand significant connections among mathematical ideas and the application of those ideas not only within mathematics but also to other disciplines and the world outside of school.

4) *Knowledge of Teaching Practice*-Accomplished mathematics teachers rely on their extensive pedagogical knowledge to make curricular decisions, select instructional strategies, develop instructional plans and formulate assessment plans.

The teaching of mathematics

5) *The Art of Teaching*-Accomplished mathematics teachers create elegant and powerful approaches to instructional challenges. Their practice reflects a highly developed personal synthesis of their caring for students, their passion for teaching

and mathematics, understanding of mathematical content, ability to apply mathematics, and rich knowledge of established and innovative educational practices.

6) *Learning Environment*-Accomplished mathematics teachers create stimulating, caring and inclusive environments. They develop communities of involved learners in which students accept responsibility for learning, take intellectual risks, develop confidence and self-esteem, work independently and collaboratively, and value mathematics.

7) *Using Mathematics*-Accomplished mathematics teachers help students develop a positive disposition for mathematics and foster the development of all students' ability to use mathematics as a way to understand the world around them. They focus instruction on developing students' mathematical power by providing opportunities for students to understand and apply mathematical concepts; investigate, explore and discover structures and relationships; demonstrate flexibility and perseverance in solving problems; create and use mathematical models; formulate problems of their own; and justify and communicate their conclusions.

8) *Technology and Instructional Resources*-Accomplished mathematics teachers are knowledgeable about and, where available, use current technologies and other resources to promote student learning in mathematics. They select, adapt and create engaging instructional materials and draw on human resources from the school and the community to enhance and extend students' understanding and use of mathematics.

9) *Assessment*-Accomplished mathematics teachers integrate assessment into their instruction to promote the learning of all students. They design, select and employ a range of formal and informal assessment tools to match their educational purposes. They help students develop self-assessment skills, encouraging them to reflect on their performance.

Professional development and outreach
10) *Reflection and Growth*-Accomplished mathematics teachers regularly reflect on teaching and learning. They keep abreast of changes in mathematics and in mathematical pedagogy, continually increasing their knowledge and improving their practice.

11) *Families and Communities*-Accomplished mathematics teachers work to involve families in their children's education, help the community understand the role of mathematics and mathematics instruction in today's world, and, to the extent possible, involve the community in support of instruction.

12) *Professional Community*-Accomplished mathematics teachers collaborate with peers and other education professionals to strengthen the school's program, promote program quality and continuity across grade levels, advance knowledge in the field of mathematics education, and improve practice within the field.

Kasten 34: Standards for Teaching des NBPTS: Mathematik, 7–12 Jahre

4.1.2 „Principles and Standards" für Schulmathematik des NCTM

Anders als in Deutschland haben sich die Lehrerverbände im anglo-amerikanischen Sprachraum seit langem darum bemüht, programmatische Standards und Prinzipien für das Lehren und Lernen zu entwickeln, und zwar nicht nur im Bereich der Mathematik (National Council of Teachers of Mathematics, NCTM[27]) und Naturwissenschaften, sondern auch im Bereich des muttersprachlichen Unterrichts (National Council of Teachers of English, NCTE[28]) und des Fremdsprachenunterrichts, etwa durch die Organisation TESOL[29] (= Teachers of English to Speakers of Other Languages).

Als beispielhaft soll an dieser Stelle auf die auch in elektronischer Form verfügbaren „Principles and Standards for School Mathematics 2000" des NCTM hingewiesen werden, die inzwischen bereits in der 3. Auflage vorliegen. Der NCTM stellt zunächst fünf Hauptprinzipien auf:

- *Equity*. Excellence in mathematics education requires equity-high expectations and strong support for all students
- *Curriculum*. A curriculum is more than a collection of activities: it must be coherent, focused on important mathematics, and well articulated across the grades
- *Teaching*. Effective mathematics teaching requires understanding what students know and need to learn and then challenging and supporting them to learn it well
- *Learning*. Students must learn mathematics with understanding, actively building new knowledge from experience and prior knowledge
- *Technology*. Technology is essential in teaching and learning mathematics; it influences the mathematics that is taught and enhances students' learning

---

Kasten 35: Die fünf Prinzipien für Schulmathematik der NCTM

Darauf aufbauend, werden Standards für vier verschiedene Altersgruppen definiert: Vom Kindergarten bis zur 3. Klasse, für Klasse 4–5, Klasse 6–8 und Klasse 9–12. Hier interessieren allerdings nicht die mathematischen Inhalte, sondern das, was zum Thema „Unterricht" gesagt wird. Unter der Überschrift „The Teaching Principle" werden *vier zentrale Prinzipien* benannt (und dort sehr detailliert ausgeführt, was hier aus Platzgründen unmöglich ist):

- Effective mathematics teaching requires understanding what students know and need to learn and then challenging and supporting them to learn it well
- Effective teaching requires knowing and understanding mathematics, students as learners, and pedagogical strategies
- Effective teaching requires a challenging and supportive classroom learning environment
- Effective teaching requires continually seeking improvement

---

Kasten 36: Die vier zentralen Unterrichtsprinzipien des National Council of Teachers of Mathematics

> **Reflexionsaufgabe 17: Die Unterrichtsprinzipien des NCTM und die Aspekte der Unterrichtsqualität im Angebots-Nutzungs-Modell (Abbildung 4): Ein Vergleich**
> Wie lassen sich die vier dem effektiven Unterrichten zugrundeliegenden Kompetenzbereiche Weinerts vier Basiskompetenzen (fachliche, didaktische, klassenführungsbezogene, diagnostische Kompetenz) zuordnen?

Aber auch im deutschen Sprachraum werden Standards für die Lehrerausbildung und den Lehrerberuf zunehmend diskutiert. Die renommierte Fachzeitschrift „Journal für LehrerInnenbildung" hat kürzlich (Heft 1/2002) dem Thema „Standards in der Lehrerinnen- und Lehrerbildung" ein eigenes Heft gewidmet. Da der Schweizer Erziehungswissenschaftler Fritz Oser im Bereich der Entwicklung solcher Standards eine herausragende Rolle gespielt hat, soll im Folgenden sein Standard-Konzept etwas detaillierter dargestellt werden.

4.1.3 Das Konzept der Standards der Lehrerbildung bei Oser

Oser (1997a; 1997b; 2001a) hat einen eigenen Ansatz zur Dimensionierung von Lehrerkompetenzen entwickelt. Er knüpft an die Diskussion über professionelle Standards, deren Kriterien und Indikatoren an (Holmes-Group, 1995; Kommission zur Neuordnung der Lehrerausbildung an Hessischen Hochschulen, 1997) und entwickelte ein differenziertes Instrumentarium dazu. Sowohl für die empirische Forschung im Bereich des Lehrens und Lernens[30] als auch für die Forschung zum Lehrerwissen (Nölle, 2002; Fischler, 2001) hat sich der Oser-Ansatz als fruchtbare Basis herausgestellt.

Ausgangspunkt ist die Feststellung, dass der Lehrerberuf eine Reihe spezifischer Kompetenzen erfordert. Oser spricht auch von *„Standards"*: „Standards sind einerseits durch Leistungs- und Qualifikationsniveaus geprägt, andererseits können sie auch Richtschnur für eine Ausbildung und deren Evaluation werden." (1997a, S. 28) Zur Veranschaulichung verwendet Oser die Metapher vom Flugpiloten: Die für die Ausbildung von Piloten geltenden Standards geben dem Passagier die Sicherheit, heil an einen Ort geflogen zu werden. Bezogen auf den Lehrerberuf handelt es sich bei Standards um solche „Fähigkeiten, die theoretisch fundiert sind, hinsichtlich deren es Grundlagenforschung gibt, die kriteriell evaluierbar sind und die auf einer gelebten Praxis beruhen" (Oser, 1997b, S. 210). Fehlt nur einer dieser vier Aspekte, handelt es sich um defizitäres Wissen, das den Anforderungen eines verantwortlichen Lehrerhandelns nicht gerecht wird. Oser beschreibt dies so:

> „Eine Handlungsweise ohne Basistheorie beruht im besten Fall auf einer Handlungsregel, mehr nicht. Sie ist im schlechtesten Fall ein Handlungsrezept. Eine Theorie ohne Handlungstradition bleibt unwirksam. Und Handlungsweisen ohne empirische Überprüfung ihrer Wirksamkeit sind oft blind. Es bedarf also nachgewiesenermaßen aller vier Kriterien, damit man von einem Standard sprechen kann. Insbesondere sind Evaluations- bzw. Qualitätsmerkmale notwendig, damit der bessere vom schlechteren Einsatz unterschieden werden kann." (S. 210)

Basierend auf Gesprächen mit Experten des Lehrberufs und der Lehrerausbildung beschreibt Oser 88 Standards in zwölf verschiedenen Gruppen. Im Folgenden wird eine Übersicht über die Standardgruppen gegeben.

1) *Lehrer-Schüler-Beziehungen und fördernde Rückmeldung*: Fähigkeiten, die nötig sind, um mit den Kindern eine positive Beziehung aufzubauen und im Klassenzimmer ein menschliches und angstfreies Klima zu schaffen, was eine Voraussetzung für erfolgreiches Lernen ist. Die Lehrkraft sollte das Geschehen im Klassenzimmer einerseits und die einzelnen Schülerinnen und Schüler andererseits stets sorgfältig und aufmerksam im Auge haben.

2) *Schülerunterstützendes Handeln und Diagnose*: Um bei kritischen Entwicklungen und auftretenden Problemen eingreifen und richtig handeln zu können, muss die Lehrkraft das Diagnostizieren derselben beherrschen und darauf angemessen reagieren können.

3) *Bewältigung von Disziplinproblemen und Schülerrisiken*: Fähigkeiten, die nötig sind, wenn in der Schulklasse Konflikte und Schwierigkeiten auftauchen.

4) *Aufbau und Förderung von sozialem Verhalten*: Kompetenzen, mit deren Hilfe die Lehrkraft das soziale Verhalten ihrer Schülerinnen und Schüler fördert und aus der heterogenen Klasse eine Gemeinschaft von Menschen macht, die sich gegenseitig akzeptieren und unterstützen.

5) *Lernstrategien vermitteln und Lernprozesse begleiten*: Kompetenzen, die die Schülerinnen und Schüler befähigen, selbstständig und effizient zu lernen.

6) *Gestaltung und Methoden des Unterrichts*: Fähigkeiten der Lehrkraft, einen abwechslungsreichen und methodisch reichhaltigen Unterricht zu geben.

7) *Leistungsmessung*: Fähigkeiten, die es einer Lehrkraft ermöglichen, die Leistungen der Schülerinnen und Schüler vielseitig, gerecht und effizient zu überprüfen und zu beurteilen.

8) *Medien*: Kompetenzen der Lehrkraft, Medien im Unterricht sinnvoll einzusetzen.

9) *Zusammenarbeit in der Schule*: Fähigkeiten, mit Kolleginnen und Kollegen, mit der Schulaufsicht, mit der Schulleitung und mit den Eltern zusammenzuarbeiten, mit all denjenigen Personen also, die ebenfalls an der Gestaltung der Schule beteiligt sind, eine Kooperation aufzubauen.

10) *Schule und Öffentlichkeit*: Fähigkeiten der Lehrkraft, Kontakte mit der Öffentlichkeit herzustellen und die Schule nach außen zu vertreten.

11) *Selbstorganisationskompetenz der Lehrkraft*: Das Wissen, die Fähigkeiten und die persönlichen Ressourcen, die eine Lehrkraft benötigt, um den Schulalltag ohne unnötigen Kräfteverschleiß erfolgreich bewältigen zu können.

12) *Allgemeine und fachdidaktische Standards*: Kompetenzen, die in der Ausbildung relativ häufig vorkommen und als Instruktionstechniken bezeichnet werden.

Kasten 37: Die zwölf Gruppen von Standards des Lehrerberufs nach Oser (2001b, S. 215 f.)

Reflexionsaufgabe 18: Standards des Lehrerberufs
Formulieren Sie selbst einmal zwölf Standards, basierend auf dem bisher Gelesenen und – falls Sie bereits im Lehrerberuf stehen – ihrer eigenen Berufserfahrung!

Im Folgenden berichten wir die Items der für die Frage der *Unterrichtsqualität* wichtigsten Gruppen, die bei Oser (2001b) aufgeführt werden, nämlich 1–3, 6, 9 und 12. Für die komplette Liste muss auf die Originalpublikation verwiesen werden.

Ich habe in der Lehrerinnen- und Lehrerbildung gelernt, ...

Lehrer-Schüler-Beziehungen
1. mich in konkreten Situationen in die Sicht- und Erlebensweise der Schülerinnen oder Schüler zu versetzen
2. den Schülerinnen und Schülern fördernde Rückmeldung zu geben
3. wie schulische und soziale Leistungen in verschiedener Weise (auch symbolisch) belohnt werden können
4. zu verhindern, dass Schülerinnen und Schüler wiederholte Erfahrungen machen, die zu „gelernter Hilflosigkeit" führen
5. wie ich mit positiven Erwartungen in die Schülerinnen und Schüler positive Entwicklungen unterstützen kann (Pygmalion-Effekt)
6. wie ängstliche Schülerinnen und Schüler durch Erfolgserlebnisse Selbstsicherheit bekommen können

Schülerunterstützende Beobachtung und Diagnose
7. zu diagnostizieren, welche Ursache Misserfolg, Aggression, Ängste, Blockierungen etc. haben und darauf zu reagieren
8. den entwicklungspsychologischen Stand der Schülerinnen und Schüler in verschiedenen Bereichen (Intelligenz, Sprache, Moral, soziales Verhalten usw.) zu diagnostizieren
9. Nachahmungsprozesse unter den Schülerinnen und Schülern zu beobachten
10. unterschiedliche Gefährdungen (z. B. Gewalt, Drogen, Selbstmord usw.) in jedem Alter, das ich unterrichte, festzustellen und entsprechend einzugreifen
11. die Ablösung vom Elternhaus zu verstehen und auf unterschiedliche Ablösungsformen zu reagieren
12. wie man spezifische Lernschwierigkeiten diagnostizieren kann

Ich habe in der Lehrerinnen- und Lehrerbildung gelernt, ...

Bewältigung von Disziplinproblemen und Schülerrisiken

13 wann und wie ich außenstehende Expertinnen und Experten (Erziehungsberatung, Schulpsychologischer Dienst, Rechtsdienst usw.) heranziehe

14 unterschiedliche Fälle von Disziplinproblemen zu regeln

15 was man tun muss, wenn ein Schüler oder eine Schülerin umgestuft werden muss

16 wie ich mit Meinungsmachern und geheimen Diktaturen in der Schule umgehen kann

17 wann ich bei Verletzungen (Auslachen, Kränkungen, Eifersucht, Diebstahl usw.) den Unterricht zu unterbrechen und unter den Aspekten von Gerechtigkeit, Fürsorglichkeit und Wahrhaftigkeit die Auseinandersetzung zu suchen habe

Gestaltung und Methoden des Unterrichts

35 den Unterricht so zu gliedern, dass den Schülerinnen und Schülern vielfältiges Handeln (schreiben, lesen, sprechen usw.) möglich wird

36 die Phasen des Unterrichts, in denen Schülerinnen und Schüler aufnehmen, verarbeiten und kontrollieren, klar und eindeutig zu bestimmen und zu gestalten

37 die Möglichkeiten und Grenzen projektorientierten Unterrichts einzuschätzen

38 verschiedene Formen des individuellen und selbstständigen Lernens im Unterricht zu verwirklichen

39 Gruppeneinteilungen nach unterschiedlichen Kriterien und Prinzipien vorzunehmen

40 Gruppenresultate auf vielfältige Weise zu verarbeiten

41 jahrgangsübergreifend zu unterrichten

42 wie man eine Werkstatt vorbereitet und Werkstattunterricht sinnvoll organisiert

43 wie man Diskussionen von Schülerinnen und Schülern, die spontan entstehen, fruchtbar gestaltet und auch effizient zu einem Ende bringen kann

Zusammenarbeit in der Schule

52 wie die Kompetenzen zwischen Schulaufsicht, Schulleitung und Lehrerschaft verteilt sind und wie Konflikte in diesem Bereich bearbeitet werden können

53 professionelle Regeln des Umgangs mit Schülerschaft, Lehrerschaft, Eltern und Schulaufsicht zu entwickeln

54 ein Berufs- und/oder Schulleitbild zu formulieren und im alltäglichen Unterricht zu realisieren

55 mich gemeinsam mit Kolleginnen und Kollegen auf Standards des Lehrerhandelns zu einigen

56 auf welchen Gebieten und wie ich mit Kolleginnen und Kollegen kommunizieren und kooperieren kann und muss

57 den Unterricht von Kolleginnen oder Kollegen zu beobachten und differenziert feedback zu geben

▶

Ich habe in der Lehrerinnen- und Lehrerbildung gelernt, ...

58 wie positiver Wettbewerb innerhalb der Schule gefördert werden kann

59 wie man die zur Verfügung stehenden finanziellen Mittel sinnvoll einsetzt

Allgemeine und fachdidaktische Standards

70 gesellschaftlich und fachlich bedeutsame Lerninhalte auszuwählen

71 Lernziele im kognitiven, emotionalen und/oder psychomotorischen Bereich zu formulieren

72 die ausgewählten Lerninhalte sach- und lernlogisch (z. B. vom Konkreten zum Abstrakten, vom Einfachen zum Schwierigen) zu gliedern

73 den Unterricht so aufzubauen, dass verschiedene Formen der sozialen Interaktion möglich sind

74 mich bei der Unterrichtsdurchführung an meiner Planung zu orientieren und trotzdem bei Unvorhergesehenem flexibel zu reagieren

75 unterschiedliche Methoden und Sozialformen inhaltsspezifisch angepasst einzusetzen

76 Methoden zu variieren und die Methodenwahl zu begründen

77 welches die wichtigsten Schritte des Problemlösens sind und wie man sie im Unterricht verwirklicht

78 wie man Schülerinnen und Schülern reale Erfahrungen ermöglicht, diese reflektiert und mit vermitteltem Wissen koppelt

79 wie man mit Schülerinnen und Schülern einen Begriff oder ein Konzept aufbaut und anwendet und sie dabei aktiv mitarbeiten lässt

80 den Aufbau der Fachinhalte über mehrere Klassen mit Hilfe des Lehrplans und der Schulbücher klar zu strukturieren

81 die Vor- und Nachteile unterschiedlicher Schulbücher zum Fach aufzuzeigen

82 Fachlehrmittel zu bewerten, auszuwählen und dem Lehrplan entsprechend einzusetzen

83 mit den Schülerinnen und Schülern übersichtliche und realistische Tages-, Wochen-, Halbjahres- und Jahrespläne zu erstellen

84 zu einer Lektion oder Lektionsgruppe eine inhaltliche Strukturskizze zu erstellen

85 exemplarisch Inhalte auszuwählen

86 die Inhalte des Fachlehrplans sinnvoll in ein Unterrichtsprogramm zu verarbeiten

87 selber Übungsmaterialien, ähnlich wie sie sich in einem Lehrbuch finden, herzustellen

88 wie man sinnvoll Hausaufgaben erteilen und überprüfen kann

89 den Schülerinnen und Schülern Möglichkeiten zur mehrfachen Verarbeitung (schriftlich, bildlich, sensumotorisch, auditiv) von neuen Lerninhalten zu geben

90 alternative Lehr-Lern-Strukturen wie Projekte, Epochenunterricht, handlungsorientierten Unterricht etc. erfolgreich durchzuführen

Kasten 38: Auszug aus Osers Standards des Lehrerberufs

Reflexionsaufgabe 19: Vergleich: Oser und das Angebots-Nutzungs-Modell
Vergleichen Sie die zwölf Bereiche Osers mit dem Angebots-Nutzungs-Modell des Unterrichts in Abbildung 4: Welche der bei Oser aufgeführten Bereiche kommen dort gar nicht oder in anderer Weise vor? Und umgekehrt: Welche der dort genannten Konzepte finden keine Entsprechung bei den hier genannten Standards von Oser?

Reflexionsaufgabe 20: Selbsteinschätzung
Bitte gehen Sie einmal die 90 Items im Kasten 38 daraufhin durch,
– ob Sie selbst dies in *Ihrer* Ausbildung gelernt haben
– ob Sie dies, falls Sie im Beruf stehen, *beherrschen*

In einer umfassenden empirischen Untersuchung zur Wirksamkeit der Schweizer Lehrerbildung (Oser & Oelkers, 2001) wurden Absolventen von Lehrerbildungsanstalten (kurz nach dem Examen und nach fünf Jahren im Beruf) ausführlich zu den Standards befragt.

Zu allen Standards wurde danach gefragt,
a) *ob und wie sie sich damit beschäftigt haben* (Ich habe davon gar nichts gehört/habe mich damit theoretisch beschäftigt/habe Übungen dazu gemacht/habe mich damit in der Praxis intensiv auseinander gesetzt); Mehrfachantworten waren hier möglich;
b) *für wie bedeutungsvoll sie den betreffenden Standard halten* (Ich halte dies für nicht bedeutungsvoll/ziemlich bedeutungsvoll/sehr bedeutungsvoll);
c) *ob sie sich künftig an dem Standard orientieren werden* (In meiner Lehrtätigkeit werde ich dies nicht beachten/ab und zu beachten/häufig beachten/weiß nicht).

Die Untersuchung erbrachte hochinteressante Ergebnisse, die in der Feststellung gipfeln, „dass die Intensität der Ausbildung für die Erreichung der Standards, nicht einmal der wichtigsten, ungenügend ist" (S. 224). Oser spricht sich in Anbetracht der gefundenen Ergebnisse für eine radikale Reform („die bisherige Ausbildungsstruktur zertrümmern") der Lehrerausbildung aus. Insbesondere müssten die Curricula und Studienordnungen der Lehrerbildung unbedingt von den Erfordernissen der realen Unterrichtssituation bestimmt sein. Für mehr Details fehlt hier der Platz, so dass auf die Lektüre der originalen Berichte verwiesen wird (Oser, 1997a, 1997b; Oser & Oelkers, 2001).

Meines Erachtens haben die Standards von Oser gegenüber bloßen Auflistungen von Variablen des erfolgreichen Unterrichts zwei entscheidende Vorteile: Zum einen umfassen sie neben dem eigentlichen Unterricht auch andere für eine erfolgreiche Berufstätigkeit wichtige Kompetenzbereiche. Zum anderen sind sie überwiegend so detailliert und konkret, dass sie sich sowohl für die Umsetzung in ein Curriculum eignen als auch für evaluative Studien – sei es rückblickend auf die Wirksamkeit der selbst erfahrenen Lehrerbildung oder sei es zu späteren Zeitpunkten in der Berufsbiografie. Auch für die Lehrerfortbildung und für schulinterne Basisarbeit an der Unterrichtsentwicklung könnte eine auf den Oser-Standards basierende empirische Erhebung in einem Kollegium eine fundierte Grundlage für die Schwerpunktbildung bei der Planung der schulinternen Lehrerfortbildung sein.

Es gibt jedoch auch kritische Einschätzungen. So merkt Wellenreuther (in Druck) an, dass es eine Inbalance gebe: Den „neuen" Unterrichtsmethoden werde unverhältnismäßig viel Aufmerksamkeit und Wertschätzung entgegengebracht, was zu Lasten ebenso wichtiger (und vielleicht sogar noch wichtigerer) grundlegender Methoden wie „Direktes Unterrichten" gehen könne. Schon das Adjektiv „neu" suggeriert ja, dass die „traditionellen" Methoden – „alt" sind, und dabei entsteht leicht die Assoziation „alt – überholt – muss überwunden werden".

Reflexionsaufgabe 21: Stellungnahme zu Aussagen von Wellenreuther
Stimmen Sie der Kritik Wellenreuthers zu?

Wellenreuther zufolge sollte man sich stärker auf die Ebene des *Zusammenhangs* zwischen Unterrichtsmodulen und anvisierten Zielen begeben. Dann ginge es um Fragen wie in der folgenden Aufführung:

---

1. Wie sollte ein Lehrer bestimmte Inhalte erklären, damit Schüler davon möglichst viel in ihre kognitive Struktur integrieren können und es langfristig auch verfügbar haben (nötig: Erklärmodule für verschiedene Wissensformen; Theorien der Verständlichkeit, der Wissenspräsentation, des Scaffolding)?
2. Wie sollte die Arbeit in einer Klasse organisiert und strukturiert werden, um Schüler möglichst stark auf die zu behandelnden Inhalte zu fokussieren? (nötig: Theorien zum Klassenmanagement, zur Arbeit mit Regeln, zum Umgang mit Konflikten, zu Techniken der Klassenführung)?
3. Wie sollten Inhalte wiederholt und geübt werden? (Rückmeldungsmodule, Übungsmodule (Hausaufgaben, in der Stillarbeit etc.)? Und welche Zusammenhänge bestehen zwischen Erklären und Üben bzw. Wiederholen (Theorien über Gedächtnisprozesse, z. B. zum massierten und verteilten Üben, zu Gedächtnistechniken etc.)?
4. Welche unterrichtlichen Vorgehensweisen befähigen Schüler zu selbstständigem, lehrerunabhängigen Verhalten? Welche Rolle spielen dabei „moderne" Unterrichtsformen wie Projektunterricht, Werkstattunterricht oder Wochenplanarbeit? In welchem Maße werden bestimmte Methoden wie z. B. das Experimentieren durch direkte Instruktion und angeleitetes „Nachmachen" gelernt und in welchem Maße durch eigenes Ausprobieren und entdeckendes Lernen?
5. Wie sollte Wissen erfasst bzw. gemessen und darauf geantwortet werden? (nötig: Attribuierungstheorien über die Interpretation von Rückmeldeinformationen, über paradoxe Wirkungen von Lob und Tadel, usw.)?

Kasten 39: Ein alternativer Zugang zu „Standards": Vorschläge von Wellenreuther (in Druck)

Reflexionsaufgabe 22: Zentrale und periphere Standards
Bei welchen Standards der Lehrerausbildung würden Sie sagen: Das ist ein MUSS der Lehrerausbildung, das muss man (spätestens am Ende der zweiten Ausbildungsphase) können – und bei welchen Standards würden Sie sagen, dass sie a) im Rahmen der ersten und zweiten Lehrerausbildung realistischerweise nicht erreichbar sind, b) nicht so wichtig sind?

4.2 Unterrichtsqualität: Klassifikationen, Übersichten, Listen

In Kapitel 3 bin ich – basierend auf einem eigenen Angebots-Nutzungs-Modell unterrichtlicher Wirkungen – auf Aspekte der Lehrerexpertise und der Unterrichtsqualität eingegangen. Es gibt jedoch eine ganze Reihe sehr unterschiedlicher alternativer Schemata und Modelle; überwiegend in Form von Listen, Katalogen, oder Schlüsselvariablen, die man zumindest kennen sollte, für weiterführende Hinweise siehe Ditton (2000; 2002b). Die aus meiner Sicht wichtigsten und einflussreichsten habe ich im folgenden Abschnitt als Arbeitsmaterial zusammengestellt.

4.2.1 Brophy: Elf Schlüsselvariablen der Unterrichtsqualität

Zu den weltweit einflussreichsten Publikationen in der Pädagogischen Psychologie gehört die Serie „Educational Practices Series" der *International Academy of Education*. Das Ziel dieser an die UNESCO gekoppelten Organisation besteht darin, „syntheses of research on educational topics of international importance" vorzunehmen, mit dem Ziel, den Unterricht und das Lernen zu verbessern.

Sämtliche dieser sehr empfehlenswerten Schriften können komplett und kostenlos aus dem Internet heruntergeladen werden (http://www.ibe.unesco.org). Brophy fasst den Stand der Erkenntnis zu den wichtigsten Aspekten der Unterrichtsqualität in Gestalt der folgenden Punkte zusammen[31] (Brophy, 2000):

Faktoren von Brophy	Übersetzung
A Supportive Classroom Climate	Unterstützendes Klima im Klassenzimmer
Opportunity to Learn	Lerngelegenheiten
Curricular Alignment	Orientierung am Lehrplan
Establishing Learning Orientations	Aufbau einer Lern- und Aufgabenorientierung
Coherent Content	Innerer Zusammenhang der Inhalte
Thoughtful Discourse	Gut durchdachter Unterrichtsplan
Practice and Application Activities	Übung und Anwendung
Scaffolding Students' Task Engagement	Unterstützung der Lerntätigkeit
Strategy Teaching	Lehren von Strategien
Co-operative Learning	Kooperatives Lernen
Goal-oriented Assessment	Kriteriumsorientierte Beurteilung
Achievement Expectations	Leistungserwartungen

Kasten 40: Schlüsselvariablen der Unterrichtsqualität nach Brophy

Brophy weist bei dieser Gelegenheit ausdrücklich auf einen zentralen Punkt hin, der auch in diesem Buch wiederholt thematisiert wird, nämlich auf die notwendige *Methodenvielfalt*: „no single teaching method ... can be the method of choice for all occasions. An optimal programme will feature a mixture of instructional methods and learning activities" (S. 6).

4.2.2 Das schottische System der Qualitätsindikatoren

Eine etwas andere Strukturierung weist das schottische System der Indikatoren für unterrichtliche Qualität auf (berichtet bei Döbrich, 2000; Stern & Döbrich, 2000). Dieses Instrument dient der schulischen Selbstevaluation und soll Prozesse der Schulentwicklung fördern.

Qualität des Unterrichts (in engerem Sinne)
- Bandbreite und Angemessenheit der Lehrmethoden, incl. Hausaufgaben
- Klarheit und Zweckorientiertheit der Darstellungen und Erklärungen durch den Lehrer
- Qualität des Lehrer-Schüler-Dialogs

Qualität des Lernprozesses der Schüler
- Umfang der Schülermotivation durch ihre Lernerfahrungen
- Lernfortschritte
- Persönliche Verantwortung für das Lernen; eigenständiges Denken, aktive Beteiligung am Lernen
- Interaktion mit anderen

Orientierung an Schülerbedürfnissen
- Wahl der Aufgaben, Aktivitäten und Mittel
- Lerngeschwindigkeit zur Erreichung angemessener Lernziele durch alle Schüler
- Relevanz von Lernzielen und des Lernkontextes für Schülererfahrungen und -interessen

Beurteilung als Teil des Lehrens
- Beurteilungsmethoden und Dokumentation des Unterrichtsfortschritts
- Diagnostische Lehreraktivitäten im Unterricht und Einsatz von Vergleichstests zur klasseninternen und schulbezogenen Standortbestimmung
- Kontinuierliche Information und Rückmeldung zur Leistungsentwicklung der Schüler

Kommunikation mit den Eltern
- Qualität der Verfahren zur Kommunikation mit den Eltern
- Qualität der Informationen, die die Eltern über die einzelnen Lernfortschritte jeder Schülerin oder jedes Schülers erhalten
- Qualität der Informationen, die die Eltern über die Qualität der Schule insgesamt erhalten

Kasten 41: Dimensionen des schottischen Qualitätsbeurteilungssystems

Reflexionsaufgabe 23: Schottisches System versus Brophy-Klassifikation

Wo gibt es zwischen den fünf Gruppen von Qualitätsindikatoren des schottischen Beurteilungssystems und den Schlüsselvariablen von Brophy Gemeinsamkeiten, wo Unterschiede?

Wie würden Sie selbst verfahren, wenn Sie zu den o. a. Kriterien eine Selbstevaluation ihrer eigenen Klasse durchführen wollten?

4.2.3 Das QuAIT-Modell von Slavin

QuAIT ist ein Akronym und bezieht sich auf die Konzepte Quality, Appropriateness, Incentives, Time (Slavin, 1997).

- *Quality of instruction*: The degree to which information or skills are presented so that students can easily learn them. Quality of instruction is largely a product of the quality of the curriculum and of the lesson presentation itself.
- *Appropriate levels of instruction*: The degree to which the teacher makes sure that students are ready to learn a new lesson (that is, have the necessary skills and knowledge to learn it) but have not already learned the lesson. In other words, the level of instruction is appropriate when a lesson is neither too difficult nor too easy for students.
- *Incentive*: The degree to which the teacher makes sure that students are motivated to work on instructional tasks and to learn the material being presented.
- *Time*: The degree to which students are given enough time to learn the material being taught.

Kasten 42: Das QuAIT-Modell von Slavin

Ditton (2000) hat auf der Basis dieses Modells eine detailliertere Gliederung bedeutsamer Faktoren des Unterrichts vorgelegt:

Qualität
- Struktur und Strukturiertheit des Unterrichts
- Klarheit, Verständlichkeit, Prägnanz
- Variabilität der Unterrichtsformen
- Angemessenheit des Tempos
- Angemessenheit des Medieneinsatzes
- Übungsintensität
- Behandelter Stoffumfang
- Leistungserwartungen und Anspruchsniveau

Motivierung
- Bedeutungsvolle Lehrinhalte und Lernziele
- Bekannte Erwartungen und Ziele
- Vermeidung von Leistungsangst
- Interesse und Neugier wecken
- Bekräftigung und Verstärkung
- Positives Sozialklima in der Klasse

Angemessenheit
- Angemessenheit des Schwierigkeitsgrades
- Adaptivität
- Diagnostische Sensibilität/Problemsensibilität
- Individuelle Unterstützung und Beratung
- Differenzierung und Individualisierung
- Förderungsorientierung

Unterrichtszeit
- Verfügbare Zeit
- Lerngelegenheiten
- Genutzte Lernzeit
- Inhaltsorientierung, Lehrstoffbezogenheit
- Klassenmanagement, Klassenführung

Kasten 43: Bedeutsame Unterrichtsfaktoren nach Ditton (2000)

Diese Klassifikation hat den Vorteil einer sehr detaillierten Aufzählung, bei der keine wesentlichen Faktoren fehlen. Sie macht jedoch auch deutlich, wie schwierig es in der Unterrichtsforschung ist, eine völlige Kohärenz der Begriffe zu erreichen:

- So gibt es zwar einerseits eine Oberkategorie *„Angemessenheit"*; Aspekte der Angemessenheit tauchen jedoch explizit auch unter „Qualität" auf. Nach meiner Einschätzung ist „Adaptivität" eine Metakategorie, die als Prinzip *allen* Aktionen und Aufgaben sowohl im eigentlichen didaktischen Bereich als auch im Bereich der Klassenführung zugrunde liegen muss.
- Die Faktoren befinden sich auf unterschiedlichen Abstraktionsniveaus und Ebenen: teils beziehen sie sich auf den Unterricht selbst (wie „Klarheit"), teils auf seine Wirkungen (wie „Vermeidung von Leistungsangst").

4.2.4 Die „Mitarbeiterbeurteilung für Lehrkräfte an Züricher Volksschulen"

Abschließend noch ein interessantes Beurteilungssystem („Rating") – diesmal aus der Praxis. Es handelt sich um den offiziellen Beurteilungsbogen für die „Mitarbeiterbeurteilung für Lehrkräfte an Züricher Volksschulen", verantwortlich dafür ist die Bildungsdirektion des Kantons Zürich. Diese Beurteilung findet alle vier Jahre statt und wird innerhalb eines Schulquartals durchgeführt. Sie umfasst mehrere Elemente:

- einen *Beobachtungsbericht* (dessen Kategorien anschließend dargestellt werden) basierend auf sechs Unterrichtsbesuchen durch mindestens zwei Personen, in denen die Bereiche Unterrichtsgestaltung und Klassenführung im Mittelpunkt stehen,
- einen *Erkundungsbericht*, basierend auf einem ausführlichen Gespräch des Beurteilungsverantwortlichen mit der Lehrkraft zu den Bereichen (a) „Engagement für Lehrerteam und Schule" (Zusammenarbeit im Schulteam, mit Sonderdiensten, Fachpersonen und Eltern; Mitwirkung im Schulhaus, in der Schulgemeinde und im Schulwesen), (b) „Öffnung der Schule" (Umgang mit Veränderungen und persönliche Weiterbildung) sowie (c) einem Dossier „Unterricht und Planung", von der Lehrkraft selbst zur Verfügung gestellt.

Dies alles ist die Basis für eine *Integrationssitzung* (in der die Punkte aufbereitet und besprochen werden) und ein *Beurteilungsgespräch* mit der Lehrkraft. Am Ende steht ein Beschluss der Schulpflegschaft als zuständiger Institution: ob und unter welchen Bedingungen die Lehrkraft weiterhin beschäftigt wird.

Im Folgenden sind die *„Beobachtungskriterien für die Schulbesuche"* aufgelistet:

Atmosphäre
– Fühlt sich BesucherIn wohl?
– Stimmung?
– Werden SchülerInnen ernst genommen?
– Können SchülerInnen mitbestimmen, vorschlagen?
– Lärmpegel?
– Zuflucht zu Drohungen/Strafen?
– Klassenzimmer und Unterrichtsräume?

Kontakt LehrerIn – SchülerInnen
– Freundlich?
– Ermutigend?
– Anerkennend?
– Streng?
– Lässt andere Meinungen/Haltungen gelten?
– Schöpft Potenzial der SchülerInnen aus?
– Auftreten, Durchsetzungsvermögen, Disziplin?

LehrerInnen-Aktivität
– Aktiv, interessiert, engagiert?
– Vielfältige Möglichkeiten, Abwechslung, Kreativität?
– Werden Schüler aktiviert, motiviert?
– Wird Sozialverhalten gefördert?

SchülerInnen-Aktivität
– Beteiligung am Unterricht?
– Aktivität?
– Auffallen durch Aussehen?
– Durch Verhalten?
– Durch besondere Leistungen?
– Klassenzusammenarbeit?
– EinzelgängerInnen?
– AnführerInnen?

Methoden/Unterricht
– Sprache?
– Lautstärke?
– Prägnanz?
– Frontal?
– Werkstatt?
– Gruppen?
– Andere Formen?
– Roter Faden und Lektionsaufbau erkennbar?
– Stundenrhythmisierung?
– Zeiteinhaltung?

▶

- Intensität?
- Unterbrechungen?
- Übungsmöglichkeiten?
- Sind Anweisungen verständlich?

Unterricht/Ziel/Inhalt
- Thema?
- Gegenstand der Lektionen, werden Ziele/Absichten formuliert?
- Wird das Gelernte kontrolliert?
- Ist die Vermittlung und der Umfang des Stoffes stufengemäß?

Lehrmittel/Hilfsmittel
- Einsatz sinnvoll?
- Optimale Wahl?
- Qualität?

Kontrolle/Unterrichtserfolg
- Im Gespräch?
- Mit Kontrollfragen?
- Hausaufgaben (kontrolliert, korrigiert, verbessert)?
- Beharrlichkeit?
- Konsequenz?
- Lernzielkontrolle?

Konflikte
- Mit Schülern, Schülerinnen?
- Mit Eltern?
- Kollegen/Kolleginnen?

Kasten 44: Beobachtungskriterien für die Schulbesuche

Im Folgenden werden die Kategorien des Beobachtungsberichts für die Bereiche „Klassenführung" und „Unterrichtsgestaltung" berichtet (Jede der sechs Kategorien wird vierstufig beurteilt, von C = genügt den Anforderungen nicht bis A = übertrifft die Anforderungen deutlich).

Klassenführung
Grundhaltung
- Ist glaubwürdig durch das Bestreben, Beispiel zu sein.
- Stellt hohe, aber realistische Ansprüche.
- Findet leicht Zugang, hört aufmerksam zu und gibt offen Feedback.
- Ist optimistisch, kritikfähig und verlässlich („gerecht"). ▶

Gemeinschaftsförderung
- Schafft ein Klima von Respekt, Rücksichtnahme und Zusammengehörigkeit.
- Wählt bewusst auch Unterrichtsformen, die Kinder unterschiedlicher Herkunft und Leistungsfähigkeit zusammenbringen, und fördert Knaben und Mädchen gleichermaßen.
- Greift bei groben Verstößen ein (u. a. auch in der Pause).

Beziehung zu den einzelnen Schüler/innen
- Nimmt alle Schüler/innen ernst.
- Motiviert sie, sich hohe Leistungs- und Verhaltensziele zu setzen und diese zu erreichen.
- Ermutigt sie, verstärkt gute Ansätze, freut sich an Fortschritten und lässt auch im Tadel Wohlwollen erkennen.
- Zeigt Anteilnahme bei persönlichen Problemen und bietet Hilfe an.

Unterrichtsgestaltung

Zielorientiertes Unterrichten
- Hält sich an Lehrplan und vorgegebene Lehrmittel.
- Ist fachlich auf dem aktuellen Stand. Knüpft im Unterricht an die Lernvoraussetzungen und den Wissensstand der einzelnen Schüler/innen an.
- Gibt klare, verständliche Ziele vor, überprüft deren Erreichung (u. a. durch sorgfältiges und aufbauendes Korrigieren schriftlicher Arbeiten) und baut die folgenden Lernschritte darauf auf.
- Kann die Lektion anpassen, wenn die Klasse von den eigenen Erwartungen abweicht.

Geeignete Lehr- und Lernformen
- Erklärt anschaulich und nachvollziehbar. Varriiert die Unterrichtsformen ideenreich, um alle Lernkanäle und Lerntypen anzusprechen.
- Nutzt Unterrichtsmittel zweckmäßig (Wandtafel, Videos, Experimente, Werkstatt, Internet usw.).
- In der Klasse wird erkundet, angewendet, geübt, wiederholt, vertieft.

Förderung eigenverantwortlichen Lernens
- Schafft Freiräume, in denen die Schüler/innen selbsttätig und eigenverantwortlich lernen, handeln und urteilen können (u. a. auch bei Hausaufgaben).
- Weckt die Freude am Lernen, ermutigt zu planvoller Arbeitsorganisation, zu präzisen Aussagen und zu guter Präsentation.
- Leitet die Schüler/innen an, ihre Lernfortschritte, abgestimmt auf ihre Möglichkeiten, zunehmend selber zu planen und zu verfolgen sowie sich selber realistisch einzuschätzen.

Kasten 45: Beurteilungskategorien des Unterrichtsbesuches

Dabei sind die Urteiler angehalten, wie folgt vorzugehen:
1. Wichtige Eindrücke, Vorkenntnisse, Beispiele in Stichworten und ohne Wertung festzuhalten.
2. Einstufungen erst nach der Lektion vorzunehmen, im Überblick. Streng auf die Dimensionen bezogen.
3. Eventuell Texte der Dimensionen (Vorderseite) verändern (streichen, hervorheben, Fragezeichen setzen).
4. Der Lehrperson spontane Eindrücke weiterzugeben; klärende Fragen zu stellen/beantworten. Nicht werten.

Sicher kann man da und dort einhaken, erfüllen nicht alle Kategorien die wünschenswerten Anforderungen im Hinblick auf theoretische Stringenz und semantische Präzision. Angesichts der in anderen Regionen und Nationen obwaltenden Beliebigkeit der Lehrerbeurteilung (sofern Lehrkräfte nach ihrer Verbeamtung überhaupt noch Rechenschaft über ihr Wirken ablegen und sich extern evaluieren lassen müssen), erscheint mir das im Kanton Zürich praktizierte System einer *umfassenden* Beurteilung (nicht nur) des Unterrichts, basierend auf sechs (!) Unterrichtsbesuchen, als beispielhaft und standardsetzend. Die dort verwendeten Instrumente können andernorts auch für Selbstevaluation oder für wechselseitige kollegiale Supervision verwendet werden.

4.2.5 Weitere Übersichten und Übersichtsdarstellungen
Es gibt inzwischen auch in deutscher Sprache zahlreiche Übersichten und Artikel über Merkmale „guter Schulen", aber vergleichsweise wenige zu den Merkmalen guten bzw. effektiven Unterrichts. Hier nur ein Hinweis auf zwei gelungene Übersichten: Einsiedler (1997), Haenisch (2000).

4.3 Literatur zur Vertiefung

Die aktuellste und zugleich umfassende Darstellung des „state of the art" hinsichtlich möglicher Kategorisierungen und Klassifikationen der Unterrichtsqualität sowie hinsichtlich der Standards (und ihrer Messbarkeit) des Unterrichtens und dafür erforderlicher Kompetenzen befindet sich nach meiner Einschätzung im „Handbook of Research on Teaching", dessen 4. Auflage von Richardson (2002) herausgegeben wurde: zum Stand der „mainstream"-Unterrichtsforschung (Floden, 2002) und divergierender innovativer Ansätze (Hamilton & McWilliam, 2002), zur Lehr-Lern-Forschung (Oser & Baeriswyl, 2002) bis hin zum „Standard Setting in Teaching" (Darling-Hammond, 2002) und neuen Entwicklungen im Bereich des „Teacher Assessment" (Porter, Youngs & Odder, 2002). Wer sich wirklich gründlich informieren will, wird an diesem von der AERA (American Educational Research Association) herausgegebenen Buch nicht vorbeikommen, dessen einziger Nachteil darin besteht, dass – von wenigen Ausnahmen abgesehen – Entwicklungen außerhalb des anglo-amerikanischen Sprachraums konsequent ausgeblendet werden – auch dann, wenn diese (insbesondere aus Europa stammenden) Publikationen in englischer Sprache verfasst sind.

5 Wichtige Studien der Bildungsforschung auf einen Blick

Reflexionsaufgabe 24: Selbsttest Schulleistungsstudien und -programme
Beginnen wir mit einem Selbst-Test: der Orientierung über ausgewählte internationale und national wichtige Vergleichsstudien und Schulentwicklungsprogramme. Je nach dem, ob Sie mit den folgenden Studien (genannt werden nur die Akronyme) gar nicht oder gut vertraut sind, geben Sie sich bitte pro genannte Studie zwischen null und drei Punkte. Kreuzen Sie pro Studie das jeweils für Sie zutreffende Feld an!

	habe keine Ahnung (0 Punkte)	kenne die Bedeutung der Abkürzung (1 Punkt)	weiß in etwa, worum es geht (2 Punkte)	bin über diese Studie gut im Bilde (3 Punkte)
TIMSS/I				
TIMSS/II				
TIMSS/III				
TIMSS-Videostudie				
IGLU				
PISA 2000				
PISA 2003				
PISA 2006				
DESI				
SINUS[32]				
PITA				
Summe				

Kasten 46: Aktuelle und geplante schul- und unterrichtsbezogene Programme und Studien

Zählen Sie mal zusammen: Wie viele Punkte (die Höchstzahl ist 11 x 3 = 33) haben Sie sich gegeben?

Nein, ich möchte hier keine Auswertung vom Typ der Boulevardzeitschriften vornehmen und Sie in Schemata pressen oder in Typen (wie „Ignorant", „Halbwisser", „Experte") klassifizieren. Es sollte lediglich klar gemacht werden, dass es jedem zukünftigen und erst recht jedem berufstätigen Lehrer, Schulleiter, Schulpsychologen oder Schulaufsichtsbeamten nach dem „TIMSS-Schock" und der „PISA-Katastrophe" in Deutschland gut ansteht, über die wichtigsten laufenden und geplanten Studien und Programme der Bildungsforschung im Bilde zu sein – um Eltern, Schülern und besonders im eigenen Kollegium Auskunft zu geben, und um die Anregungen aus diesen Studien gegebenenfalls konstruktiv für die Unterrichtsentwicklung an der eigenen Schule aufzugreifen.

Im Folgenden werden wichtige ausgewählte unterrichtsrelevante Ergebnisse neuerer Studien zusammengefasst, um eine Orientierung zu erleichtern; dazu werden Literatur- bzw. www-Hinweise für diejenigen gegeben, die sich mit der einen oder anderen Studie gründlicher auseinander setzen wollen. Überwiegend handelt es sich um Studien, die bereits abgeschlossen wurden und die entweder in Deutschland oder mit deutscher Beteiligung stattfanden. Kurzdarstellungen und Übersichten über die wichtigsten Projekte befinden sich
- in dem von Weinert herausgegebenen Buch „Leistungsmessungen in Schulen" (2001);
- bei van Ackeren & Klemm (2000): „TIMSS, PISA, LAU, MARKUS und so weiter. Ein aktueller Überblick über Typen und Varianten von Schulleistungsstudien" und in
- einer Übersicht der BLK-Geschäftsstelle[33] (veröffentlicht als PISA-Info 05/2001 der GEW): „Übersicht über nationale und internationale Initiativen zu Qualitätsvergleichen und zur Qualitätssicherung im Bildungswesen". Eine sehr schöne Übersicht zur Teilnahme von EU-Staaten an internationalen Assessments stammt von Specht & Haider (2003).

Die im Folgenden aufgeführten Studien werden nur sehr knapp skizziert, und es werden ausgewählte Ergebnisse nur insofern berichtet, als sie den Unterricht betreffen. Es ist im Rahmen dieses Buches nicht möglich, Anlage und Ergebnisse dieser Studien ausführlich zu berichten und zu diskutieren. Insofern stellt dieses Kapitel neben einer ersten Orientierung eine Einladung dar, sich auch einmal mit der Originalliteratur zu beschäftigen oder jedenfalls im Internet nach Einzelheiten zu sondieren.

5.1 BIJU[34]

Bildungsverläufe und psychosoziale Entwicklung im Jugendalter
Eine 1991 begonnene Längsschnittuntersuchung des MPI für Bildungsforschung in drei Bundesländern, die Fragebögen und Leistungstests in mehreren Fächern einsetzte und sich von der 7. Klassenstufe bis zum Übergang in das Studium bzw. in den Beruf erstreckte. Diese Langzeitstudie hat den Fachunterricht (in Mathematik, Biologie und Physik) sehr differenziert und in aufwändiger Weise aus Sicht der Schüler erfasst.

Wichtige unterrichtsrelevante Ergebnisse dieser Studie finden sich im Buch „Unterricht und schulisches Lernen" von S. Gruehn (2000), einer der Mitarbeiterinnen des BIJU-Projektes:

- *Verzerrungen* („bias") bei der Unterrichtsbeurteilung durch subjektive Beurteilungstendenzen oder sympathiebedingte Parteilichkeit werden als gering eingeschätzt (S. 196).
- Formen der *direkten Instruktion* (effiziente Klassenführung, hohe Regelklarheit, angemessenes (nicht zu hohes) Unterrichtstempo sowie ein klar strukturierter und sequenzierter Unterrichtsablauf) erwiesen sich als besonders leistungsförderlich (S. 190), *offene Ansätze* sowie remediale Maßnahmen dagegen als lernmindernd (damit erklärt, dass solche Ansätze möglicherweise Diskussions- und Abstimmungsprozesse zwischen Lehrkraft und Schüler voraussetzen, wodurch Unterrichtszeit verloren geht). Noch negativer wirkte sich *repetitives Üben* (ohne Transferleistung) auf die Leistungsentwicklung aus.
- Auch *konstruktivistische Ansätze/Unterrichtsmethoden* (Abzielen auf Konzeptverständnis und Transferleistungen; Aufgreifen von Alltagsvorstellungen von Schülern) korrelierten positiv mit der Leistungsentwicklung; dagegen zeigten sich negative Zusammenhänge zwischen Aspekten der *Binnendifferenzierung* und Individualisierung einerseits und fachlichem Lernen andererseits. Dies wird damit erklärt, dass diese Maßnahmen erheblich mehr Zeit absorbieren (Organisationsbedarf, durch individuelle Lerntempi bedingte Leerlaufphasen).
- Als unbedeutend für fachliches Lernen stellten sich die *affektive Qualität* der Lehrer-Schüler-Beziehung heraus.

5.2 DESI[35]

Deutsch-**E**nglisch **S**chülerleistungen **I**nternational

Die DESI-Studie soll erstmals aussagefähige Daten zu den Fähigkeiten deutscher Schülerinnen und Schüler im aktiven und passiven Gebrauch des Deutschen und Englischen erheben, dokumentieren, Erklärungsmodelle unter Einschluss personaler, unterrichtlicher und schulischer Faktoren ableiten und Optimierungsansätze für den Unterricht aufzeigen. Mit dieser Zielstellung stellt DESI eine nationale Ergänzung zu PISA 2000 dar, denn dort wurde im sprachlichen Bereich nur die Lesekompetenz erfasst.

Gegenstand der Untersuchung sind die reproduktiven und produktiven, die schriftlichen und mündlichen Kompetenzen von Neuntklässlern in den Fächern Englisch und Deutsch. Das beabsichtigte Projekt konzentriert sich angesichts der Bedeutung des Englischen als Lingua franca der modernen Welt und des Deutschen als Unterrichtssprache auf die Untersuchung des Englischen als erste Fremdsprache und des Deutschen als Muttersprache.

Im Einzelnen geht es bei DESI vor allem um folgende Fragen:
- Welchen Einfluss haben personale, unterrichtliche und schulische Bedingungsfaktoren auf die Leistungen im Deutschen und Englischen?
- Welche Binnenstruktur besitzen die muttersprachlichen und fremdsprachlichen Kompetenzen von Schülerinnen und Schülern der Zielpopulation, und was weiß man über deren Entwicklung im Verlauf der Sekundarstufe?
- Welche Faktoren des Spracherwerbs und der Sprachbeherrschung lassen sich aus sprachpsychologischer, linguistischer, sprachdidaktischer Sicht postulieren?

- Welcher Zusammenhang zwischen diesen Komponenten/Faktoren und den Lehrzielen unseres Schulsystems lässt sich ableiten?
- Welche systematischen Zusammenhänge bestehen zwischen Teilleistungen in der Muttersprache Deutsch und der ersten gelernten Fremdsprache Englisch?
- Welche Rolle spielen Aspekte der Unterrichtsqualität einerseits und familiäre Unterstützungssysteme andererseits, der Lehrer-Schüler-Interaktion und des Lernklimas für die Leistungsentwicklung im sprachlichen wie im motivationalen Bereich?

Alle 16 Bundesländer nehmen an der DESI-Studie teil. Es ist geplant, die Hauptuntersuchung bundesweit an 220 Schulen (pro Schule 2 Klassen, d. h. insgesamt 440 Klassen) und darin 11 000 Schülerinnen und Schülern durchzuführen. In 100 Klassen findet zusätzlich eine *Videostudie* des Englischunterrichts statt, einschließlich intensiver Begleitstudien zur Unterrichtsplanung, -durchführung und zu den Bedingungen interkultureller Kompetenzen. Das Projekt DESI wird von einem interdisziplinären Wissenschaftlerkonsortium (Eichler, Helmke, Klieme, Lehmann, Nold, Rolff, Schröder, Thomé, Willenberg) unter der Leitung des DIPF (Deutsches Institut für Internationale Pädagogische Forschung) Frankfurt durchgeführt (Sprecher: Klieme/DIPF). Der Autor ist federführend für die Bereiche „Unterricht" und „Individuelle Lernbedingungen", für die Schüler- und Lehrerfragebögen sowie die Videostudie des Englischunterrichts. Über wesentliche Merkmale der DESI-Studie informiert ein Artikel von Beck & Klieme (in Druck), über die Rolle des Unterrichts im DESI-Projekt vgl. Helmke, Göbel, Hosenfeld, Schrader, Vo & Wagner (in Druck).

5.3 IGLU[36]

Internationale Grundschul-Leseuntersuchung
Deutsche Teilstudie der IEA-PIRLS; ergänzt um Mathematik und einige naturwissenschaftliche Komponenten (IGLU/E). IGLU/E ist gewissermaßen die nachgeholte TIMS-Grundschulstudie (TIMSS/I), an der sich Deutschland seinerzeit nicht beteiligt hatte.
Die Hauptuntersuchung in der 4. Klassenstufe fand 2001 statt, die ersten Ergebnisse werden im April 2003 publiziert. Alle 16 Bundesländer haben sich an IGLU beteiligt, 12 an IGLU-E. Federführend ist Prof. Bos, Universität Hamburg.

5.4 LAU[37]

Lernausgangslagen-Untersuchung
Eine Längsschnittuntersuchung (Vollerhebung) in Hamburg zum Lernfortschritt in den Fächern Deutsch (Leseverständnis und Rechtschreibung, später auch andere Komponenten), Mathematik, erste Fremdsprache sowie bei fächerübergreifenden Kompetenzen. LAU wird seit 1996 (Beginn der 5. Klasse) durchgeführt und seitdem in zweijährigem Abstand bis zur 11. Klassenstufe (Erhebung 2002) von der Humboldt-Universität Berlin (Prof. Lehmann, Dr. Gänsfuß und Dr. Peek) fortgesetzt. Vor kurzem erschien der Bericht der Erhebung in der 9. Klassenstufe (Lehmann, Peek, Gänsfuß & Husfeldt, 2002). Die Fortführung bis zur 13. Klassenstufe (2004) wird diskutiert. Damit ist LAU eine der umfassendsten Langzeit-

studien zum Verlauf schulischer Leistungen überhaupt, sowohl im Hinblick auf die inhaltliche Breite als auch den Erhebungszeitraum. Es wurden (bei LAU) auch Angaben zum *Unterricht* erhoben, diese durften jedoch wegen eines Einspruchs des Hauptpersonalrates und eines sich daran anschließenden Rechtsverfahrens nicht ausgewertet werden. Inzwischen erhielt das Projekt in einem abschließenden Urteil das Recht zur Analyse dieser Daten.

5.5 Lernerfolg in der Primarschule der Schweiz

Es handelt sich um eine umfassende Erhebung der Schulqualität am Ende der Primarschule (Ende 6. Klassenstufe) im Kanton Zürich, die im Jahre 1997/98 durchgeführt wurde (Moser & Rhyn, 1999). Insgesamt nahmen 80 Schulklassen an der Untersuchung teil. Angaben zur *Unterrichtsqualität* wurden von den Schülerinnen und Schülern erfragt, und zwar zu folgenden Aspekten: Unter- und Überforderung, Arbeitsklima, Aufgabenorientierung, Individualisierung, sachorientierte Unterstützung und Verständlichkeit.

Zu den interessantesten Ergebnissen der Studie zählt aus meiner Sicht, dass Schulmerkmale keinerlei direkte Effekte auf die Deutsch- und Mathematikleistungen hatten: Die Unterschiede zwischen den Schulen im Niveau des Deutsch- und Mathematiktests wurden praktisch vollständig durch die individuelle Herkunft, die Sprache, die Intelligenz und die soziale Zusammensetzung der Klasse aufgeklärt. Das heißt: „Die Ergebnisse zeigen, dass der Lernerfolg vor allem über den Lehr-Lern-Prozess im Klassenzimmer beeinflusst werden kann. Die Bestrebungen zur Verbesserung der Schulqualität über Entwicklungen, die die Organisation der Schule betreffen, sind für den Lernerfolg kaum von Bedeutung." (S. 135) Die Förderung fremdsprachiger Schülerinnen und Schüler und aus der unteren Sozialschicht gelingt in manchen Klassen fast ebenso gut wie bei deutschsprachigen Schüler/innen und solchen aus oberen sozialen Schichten.

5.6 MARKUS[38]

Mathematik-Gesamterhebung Rheinland-Pfalz: Kompetenzen, Unterrichtsmerkmale, Schulkontext

Es handelt sich um eine Vollerhebung im Mai 2000 in Rheinland-Pfalz zu den Mathematikleistungen der Schüler in der 8. Jahrgangsstufe und zu den Unterrichtsmerkmalen sowie zu Lernvoraussetzungen und zum persönlichen Hintergrund der Schüler; durchgeführt von der Universität Koblenz-Landau/Fachbereich Psychologie (Prof. Helmke) und dem Zentrum für empirisch-pädagogische Forschung Landau (Prof. Jäger).

Die Ergebnisse wurden in Form eines 66-seitigen Kurzberichtes (Helmke, Jäger, Balzer, Hosenfeld, Ridder & Schrader, 2002d), in Form eines ausführlichen Buches (Helmke & Jäger, 2002) sowie zahlreichen Zeitschriftenaufsätzen publiziert. Hier einige der vielen Ergebnisse, sofern sie für Fragen des Unterrichts von Belang sind:
- Je höher der *Bildungsgang* (Hauptschule – Realschule – Gymnasium), desto ungünstiger und kritischer wird der Unterricht eingeschätzt.

- Spitzenreiter der *Unterrichtserschwerung* sind aus Lehrersicht: TV- und Videokonsum der Schüler, Desinteresse, Begabungsunterschiede innerhalb der Klasse, störende Schüler.

- In allen vier Bildungsgängen zeigen sich bedeutsame Zusammenhänge zwischen dem Ausmaß der *subjektiven Belastung* der Lehrkräfte und der Mathematiktestleistung der Klasse: Je höher die erlebte Beeinträchtigung, desto schlechter die Testleistung.

- Im Gegensatz zu einer weit verbreiteten Einschätzung, wonach primär Merkmale der *Schule* für Leistungsunterschiede verantwortlich seien, erweisen sich Unterschiede zwischen *Schulklassen* als wesentlich bedeutsamer.

- *Lehrermerkmale*: Ob der Mathematikunterricht von jüngeren oder älteren, von weiblichen oder männlichen Lehrkräften erteilt wird, spielt für die Mathematikleistung der Schulklasse so gut wie gar keine Rolle.

- Der *Klassenkontext* ist eine Restriktion, aber keine Fessel: Die höchste in einem Bildungsgang vorfindbare Korrelation eines Einzelmerkmals (Bildungsferne) mit der Mathematikleistung deutet an, dass knapp 10 % der Leistungsstreuung zwischen Klassen auf dieses Merkmal zurückzuführen sind, und die Summe aller Merkmale erklärt innerhalb des Bildungsgangs maximal 15 % der Leistungsvariation. Das heißt: Auch bei schwierigen Rahmenbedingungen ergibt sich noch ein erheblicher unterrichtlicher Spielraum für die Steigerung der Mathematikleistungen. Dies gilt ebenso für die Förderung der Leistungsmotivation.

- Charakterisiert man pro Bildungsgang die Merkmale besonders *leistungsstarker* Klassen und Kurse und stellt dabei die jeweiligen Kontextunterschiede in Rechnung, dann zeigt sich: Die Klassenführung ist in den Spitzengruppen aller Bildungsgänge überdurchschnittlich effizient. Darüber hinaus lässt sich die Spitzengruppe in der Hauptschule wie folgt charakterisieren: entwickelte Aufgabenkultur, große Methodenvielfalt. Bei der Spitzengruppe in der Realschule kommen hinzu: anspruchsvolles Üben, ein hohes Anspruchsniveau, verbunden mit mehr Kleingruppenarbeit. Im Gymnasium sind die Spitzenreiter charakterisierbar durch entwickelte Aufgabenkultur und ein hohes Anspruchsniveau.

- Verwendet man anstelle der Mathematiktestleistung als Zielkriterium die *Lernmotivation*, dann zeigt sich ein etwas anderes Ergebnis: Zwar wird in extrem hoch motivierten Klassen ebenfalls die Qualität des Unterrichts aus Schülersicht sehr hoch eingeschätzt. Dazu kommt aber, dass in diesen Klassen auch häufiger Kleingruppenunterricht – und abgeschwächt – Formen der Leistungsdifferenzierung eingesetzt werden. Dieses Ergebnis verdeutlicht den Sachverhalt, dass es je nach betrachtetem Zielkriterium eine ganz unterschiedliche Charakterisierung „effizienten" Unterrichts geben kann. Stellt man in Rechnung, dass die Lernmotivation mit zunehmendem Alter eine immer wichtiger werdende Voraussetzung für lebenslanges Lernen ist (Schrader & Helmke, 2002), dann kommt diesem Ergebnis ein besonderes Gewicht zu.

5.7 Münchner (Hauptschul)Studie

Es handelt sich um den wesentlich erweiterten deutschen Beitrag zur „Classroom Environment Study" der IEA; vom Max-Planck-Institut für Psychologische Forschung München als Längsschnittuntersuchung 1983–1985 durchgeführt. An der Untersuchung nahmen teil: insgesamt 69 Hauptschulklassen der 5. und 6. Jahrgangsstufe aus den Landkreisen

Erding und München sowie aus der Stadt München; davon 39 Klassen auch an der Kernstudie, die eine intensive Unterrichtsbeobachtung vorsah. Geleitet wurde die Studie von F. E. Weinert und A. Helmke.

Die Leistungsentwicklung der zirka 850 Schüler vom Beginn der 5. bis zum Ende der 6. Klassenstufe und wichtige Einflussfaktoren der Schulleistung wurden wie folgt erfasst:

- *Unterricht*: Systematische Beobachtung des Lehrerverhaltens und des Schülerverhaltens in neun Mathematikstunden, Beurteilung des Unterrichts durch die Unterrichtsbeobachter, Unterricht und Klassenführung aus der Sicht der Schüler (Fragebogenangaben) und Lehrerangaben (Interviews und Fragebögen)
- *Geistige Fähigkeiten der Schüler*: Intelligenztest (Sprachverständnis, schlussfolgerndes Denken und räumliches Vorstellungsvermögen) und ausführliche Schülerbeurteilung durch die Lehrer
- *Leistungsentwicklung*: Vierfache Testung mit drei verschiedenen Mathematiktests: zu Beginn, gegen Mitte und gegen Ende der 5. Klassenstufe sowie am Ende der 6. Klassenstufe (Grundrechenarten, Text- und Verständnisaufgaben und Rechnen mit Brüchen und Dezimalzahlen); Schulnoten in den Hauptfächern während dieses Zeitraums
- *Motivationale Entwicklung*: Vierfache Erhebung (Schülerfragebogen) zu Lernfreude, Einstellung zur Schule, Leistungsangst, Begabungsselbstbild, Anspruchsniveau; Beurteilung durch die Lehrer; Angaben der Mütter im Rahmen von Interviews
- *Aufmerksamkeit*: Beobachtungen während des Unterrichts, Interviews mit Schülern nach dem Unterricht, Fragebogenangaben der Schüler
- *Elternhaus*: Schülerangaben (Fragebogen), Interviews mit Müttern

---

Kasten 47: Erhebungen bei der Münchner Studie

Es handelt sich im Hinblick auf den Unterricht noch immer um die aufwändigste und perspektivenreichste Studie im deutschen Sprachraum. Die Studie hat zu vielen Publikationen geführt (vgl. die Übersicht bei Helmke & Schrader, 1998), und ihre Ergebnisse liegen auch einem wesentlichen Teil der einflussreichen Veröffentlichungen Weinerts zu Fragen der Schule und des Unterrichts zugrunde. Hier einige „highlights" der Münchner Studie:

- *Klarheit*, effiziente *Klassenführung* und eine intensive fachliche *Unterstützung* sind die Faktoren, die am stärksten mit dem Leistungszuwachs in Mathematik zusammenhängen.
- Das *Vorkenntnisniveau* einer Klasse wirkt sich in doppelter Weise aus: Es beeinflusst sowohl die Unterrichtsqualität (je geringer das Vorkenntnisniveau, desto ineffizienter ist der Unterricht) als auch die Endleistung (je höher das Vorkenntnisniveau, desto mehr wird dazu gelernt und desto höher ist folglich das Leistungsniveau am Ende des Schuljahres).
- *Diagnostische Kompetenz* (auf die Leistungsfähigkeit von Schülerinnen und Schülern bezogen) hat einen Katalysatoreffekt: In Verbindung mit der Häufigkeit strukturierender Hinweise besitzt sie ein starkes leistungsförderliches Potenzial, für sich genommen übt sie dagegen keinen Effekt aus.

- Es lassen sich sogenannte *„Optimalklassen"* finden, denen es gelingt, die Leistung der Klasse zu steigern, ohne dies mit einer Vergrößerung der Leistungsschere zu erkaufen (Vereinbarkeit von Qualifizierung und Chancenausgleich/Egalisierung). Der Unterricht in diesen Klassen ist charakterisiert durch ausgeprägte Klarheit, eine effiziente Klassenführung und Geduld, d. h. Toleranz für Langsamkeit.
- Erfolgreiche Lehrkräfte (z. B. diejenigen in Optimalklassen oder solche, die Leistungs- und motivationale Entwicklung gleichermaßen fördern) weisen kein einheitliches Profil ihrer Unterrichtsqualität auf, sondern ihre individuellen *Unterrichtsprofile unterscheiden sich erheblich voneinander. Unterrichtserfolg ist also auf sehr verschiedene Weise erreichbar.* Nur bei zwei Schlüsselmerkmalen weisen sehr erfolgreiche Lehrkräfte immer mindestens durchschnittliche (nie unterdurchschnittliche) Ausprägungen auf: bei der Klarheit und der Effizienz der Klassenführung.

Weitere Ergebnisse in Kurzform sind im Internet verfügbar.[39]

5.8 PIRLS[40]

Progress in International Reading Literacy Study

Es handelt sich um eine Weiterentwicklung der Internationalen Lesestudie der IEA; Gegenstand ist das Leseverständnis von Grundschülern. Der deutsche Beitrag läuft unter dem Akronym IGLU. An PIRLS nehmen 36 Nationen teil. Die Hauptuntersuchung fand im Sommer 2001 statt, die ersten Ergebnisse sollen im April 2003 berichtet werden.

Auch PIRLS ist als Zyklus (mit jeweils 5-jährigem Intervall) angelegt, d. h. PIRLS-Repeat wird im Jahre 2006 stattfinden – ob mit oder ohne deutsche Beteiligung ist zum Zeitpunkt der Drucklegung dieses Buches noch nicht entschieden.

5.9 PISA[41]

Programme for International Student Assessment

Laufende OECD-Studie (1998–2007) zur *Lesekompetenz*, zur *mathematisch-naturwissenschaftlichen Grundbildung und fächerübergreifenden Kompetenzen* mit vielfältigen Indikatoren für Lernergebnisse bei 15jährigen Schülern. Federführend für den ersten Zyklus (PISA 2000) mit dem Schwerpunkt Leseverständnis war das Max-Planck-Institut für Bildungsforschung Berlin; für den zweiten Zyklus (PISA 2003) mit dem Schwerpunkt Mathematik wird das Institut für die Pädagogik der Naturwissenschaften (IPN) Kiel federführend sein (Schwerpunktbereich: Mathematik). Einen Überblick über die Konzeption von PISA 2003 wird auf der Internetseite des IPN Kiel gegeben[42]. Die letzte PISA-Erhebung wird 2006 stattfinden (Schwerpunktbereich: Naturwissenschaften); eine Fortsetzung des Zyklus über 2006 hinaus ist jedoch so gut wie sicher.

5.9.1 PISA 2000 International

PISA 2000 ist aufgrund seiner Untersuchungsanlage (repräsentative Auswahl von 15-Jährigen, also Individualstichprobe innerhalb von Schulen anstelle von Klassenstichproben) weniger geeignet, die Frage nach der Rolle des Unterrichts befriedigend zu beantworten.

Dazu kommt, dass zwar Schulleitungen, nicht jedoch Lehrkräfte befragt wurden. Trotzdem sind die Ergebnisse von PISA 2000 interessant. In Deutschland wurden aus Schülersicht *sieben Aspekte der Unterrichtsqualität* erhoben: Leistungserwartungen, Lehrerunterstützung, Disziplinprobleme, Klarheit und Regeltreue, Überforderung, Individuelle Bezugsnormorientierung und Anspruchsvolles Üben.

Da zum Erscheinungstermin dieses Buches die im Jahre 2002 heiß diskutierten Ergebnisse möglicherweise nicht mehr allen präsent sind bzw. von aktuellen Ergebnissen aus PISA 2003/2006, DESI oder IGLU überlagert werden, hier in Kürze die wichtigsten Ergebnisse aus deutscher Sicht:

- Deutschland landet bei der *Lesekompetenz* nur auf einem Mittelplatz, desgleichen bei Mathematik und Naturwissenschaften;
- die Lesekompetenz ist in Deutschland stärker an die *Sozialschicht* gekoppelt als in jedem anderen Teilnehmerland;
- neben Kindern aus unteren Sozialschichten stellen insbesondere die *Migranten* eine Risikogruppe dar;
- bei Inrechnungstellung des *sozialen Kontextes* (incl. prozentualer Anteil von Migranten, Wohlstand etc.) wird die Position Deutschlands im internationalen Vergleich nicht etwa besser, sondern im Gegenteil noch schlechter;
- Lehrkräfte zeigen sich mit der *Identifikation von Risikoschülern* (mangelnde Lesekompetenz) überfordert.

Und hier die Ergebnisse zum Niveau der wahrgenommenen Unterrichtsqualität. Die Autoren (Kapitel 9) resümieren: „Die Einschätzung der Unterrichtsqualität durch die Schülerinnen und Schüler fällt verhalten positiv aus – und zwar in Deutsch wie in Mathematik. Überwiegend bestehen keine Schulformunterschiede, doch wird in Gymnasien eine signifikant geringere Lehrerunterstützung wahrgenommen. Insgesamt lassen die Ergebnisse den Schluss zu, dass es aus der Schülersicht noch erhebliche Möglichkeiten zur Qualitätsverbesserung des Unterrichts gibt." (S. 498)

Diese zurückhaltende Formulierung steht in deutlichem Kontrast zu Presseberichten zum Thema „Unterricht", die auf einer zeitverzögerten Veröffentlichung entsprechender internationaler Ergebnisse von PISA 2000 durch die OECD basieren (wobei oft der Eindruck entsteht, als handele es sich um neue Ergebnisse einer Folgestudie – wovon gar keine Rede sein kann).

Außer im Falle der Überforderung (je höher die wahrgenommene Überforderung, desto geringer die Leistung sowohl im Lesen als auch in Mathematik) gibt es keine signifikanten Zusammenhänge. Dies spricht aus meiner Sicht nicht gegen die verwendeten Instrumente, sondern gegen das Erhebungsdesign. Aus der Erkenntnis dieses Defizits heraus wird es sowohl bei PISA 2003 als auch bei DESI ein anderes Erhebungsdesign geben, dass die Erhebung vollständiger Klassen vorsieht und es ermöglicht, Berechnungen auf der Ebene von Schulklassen (anstatt auf der Ebene individueller Schüler/innen) durchzuführen.

5.9.2 PISA-E 2000

Ergänzend (daher der Suffix -E) zur PISA-Hauptstudie, an der knapp 5.000 Schülerinnen und Schüler teilnahmen, wurde zum Zweck des Bundesländervergleichs die Stichprobe wesentlich vergrößert: An PISA-E nahmen 33.809 15-Jährige aus insgesamt 1.460 Schulen teil. Die Ergebnisse von PISA-E wurden im Jahre 2002 veröffentlicht (Baumert, Artelt, Carstensen, Sibberns & Stanat, 2002).

5.9.3 PISA 2003 und 2006

PISA 2003, unter der Federführung des IPN Kiel[43], wird sich in mehrfacher Hinsicht erheblich von PISA 2000 unterscheiden:

- PISA 2003 deckt die Kompetenzbereiche Lesen, Mathematik und Naturwissenschaften sowie Problemlösen als CCC-Komponente (cross-curricular competencies) ab, nun mit Mathematik als Schwerpunktgebiet.
- Für alle Kompetenzbereiche wird eine Itemauswahl aus dem ersten Erhebungszyklus getroffen, die Trendanalysen über längere Zeiträume und über die beteiligten Länder gestattet.
- Die Zielpopulation der 15-Jährigen bleibt gleich. PISA bietet 2003 als internationale Option eine zusätzliche schuljahrgangsbezogene Erhebung an. Das erlaubt z. B., vollständige Klassen in die Stichprobe einzubeziehen.
- Auch der Fragebogen zum Schulkontext, der von der Schulleitung 2003 auszufüllen sein wird, erhält eine mathematikspezifische Akzentuierung. Die Fragen richten sich auf Strukturmerkmale, materielle und soziale Ressourcen, aber auch auf Unterrichtsbedingungen. Zusätzlich werden ausführliche Lehrerfragebögen eingesetzt.

5.10 PITA

Project International Teacher Assessment

Dieses Projekt der OECD, bei dem es um einen Vergleich der Lehrerausbildung, des Lehrerwissens und der unterrichtlichen Kompetenzen von Lehrkräften geht (korrekter Titel *„Attracting, developing and retraining effective teachers"*) befindet sich zum Zeitpunkt der Drucklegung dieses Buches noch in der Planung. Allerdings ist hier eine Konfusion festzustellen, was die Verwendung von Kürzeln (Akronymen) anbelangt. So taucht das Projekt „PITA" im Internet sehr oft auch unter „PISA-L" auf. „PISA-L" ist aber eigentlich für eine an PISA angedockte Langzeitstudie, zur Entwicklung von Jugendlichen über die Schulzeit hinaus, „reserviert", was wiederum kaum bekannt ist. Die Thematik dieses Projektes ist gerade für die Fragestellungen dieses Buches von großer Wichtigkeit.[14]

Ziel der Studie ist es, den politisch Verantwortlichen in den Teilnehmerstaaten aufzuzeigen, wie sie eine wirksame „human resource management policy" für ihre Schulen entwickeln können. Welche bildungspolitischen Rezepte helfen und welche nicht? So warnen die Experten zum Beispiel jetzt schon eindeutig davor, Lehrern einfach einen jährlichen Gehaltszuwachs zu versprechen, ohne dies mit einer Rechenschaftspflicht und ihrer beruflichen Weiterentwicklung zu verknüpfen, siehe Kapitel 4.2.4.

Vier „key issues" verfolgt die OECD-Studie:
- *„Attracting able people into the profession"*: Was bewegt Menschen, Lehrer zu werden, und was hält sie davon ab?
- *„Educating, developing and certifying teachers"*: Liefert die Lehrerausbildung überhaupt das richtige Instrumentarium für den Schulalltag? Sind auch alternative Wege in die Schule möglich oder sogar schon bewährt?
- *„Recruiting, selecting and assigning teachers"*: Ist die Auswahl des Lehrpersonals für eine Schule effektiv organisiert? Was bedeutet es, wenn Lehrer ihrer Schule zentral zugewiesen werden, und was, wenn die Schule selbst ihre Lehrer auswählt?
- *„Retaining effective teachers in schools"*: Warum scheiden Lehrer oft vorzeitig wieder aus ihrem Beruf aus?

5.11 QuabS

Qualitätsentwicklung an beruflichen Schulen
Der Modellversuch „Qualitätsentwicklung an Berufsschulen" (http://www.quabs.de/), der im Rahmen des BLK-Programms „Neue Lernkonzepte in der dualen Berufsausbildung" gefördert wird, startete 1999; beteiligt sind die Bundesländer Bayern (federführend), Rheinland-Pfalz und Schleswig-Holstein. Bayern und Rheinland-Pfalz befassen sich mit der Umsetzung des Business Excellence Modells (EFQM), Schleswig-Holstein mit Zertifizierung einer Organisation nach DIN/EN/ISO. Generell geht es darum, in den drei Bundesländern Möglichkeiten zur Qualitäts- und Effizienzsteigerung beruflichen Lernens zu erproben und Ansatzpunkte zur Weiterentwicklung von Berufsschulen aufzuzeigen. Das erfordert neben der schulorganisatorischen Entwicklung (z. B. flexible Organisationsstrukturen, Berufsschule als lernende Organisation, Teamentwicklung im Kollegium, Schulprofilbildung) auch die didaktisch-methodische Modernisierung der Berufsschule (z. B. Berücksichtigung unterschiedlicher Lernvoraussetzungen, neue Lernkonzepte). Der Modellversuch verfolgt weiterhin das Ziel, Möglichkeiten für eine schulinterne Evaluation zu erproben und darüber hinaus Ansatzpunkte für eine externe Evaluation aufzuzeigen.

5.12 QuaSUM[45]

Qualitätsuntersuchung an Schulen zum Unterricht in Mathematik
Es handelt sich um eine 1999 in Brandenburg in den Jahrgangsstufen 5 und 9 erfolgte Untersuchung, die auch Merkmale des Unterrichts, des Schulalltags und der Lebens- und Lernumwelt der Schüler einbezog. Sie wurde durchgeführt von der Humboldt-Universität zu Berlin (Projektleitung: Prof. Lehmann). Der ausführliche Ergebnisbericht ist sowohl als Broschüre als auch im Internet erschienen.[46]

Die für den Unterricht relevanten Ergebnisse zeigen unter anderem, dass die Lehrkräfte sich zwar (im Lehrerfragebogen) zur Förderung der Eigenständigkeit und der Kreativität bekennen, dass sie jedoch nach eigener Auskunft eher eine *kontrollierende Unterrichtsführung* realisieren.

Diese hängt auch mit höheren Mathematiktestwerten zusammen. Die Autoren (Lehmann, Peek, Gänsfuß, Lutkat, Mücke & Barth, 2000) resümieren, „dass ein durch gutes Unterrichtsmanagement gesicherter verantwortlicher Umgang mit der Lernzeit der Schülerinnen und Schüler und ein angemessenes Anspruchsniveau gute Voraussetzungen für eine Verbesserung der Mathematikleistungen an den Schulen in Brandenburg sind" (S. 144).

5.13 SALVE[47]

Systematische Analyse des Lernverhaltens und des Verständnisses in Mathematik: Entwicklungstrends und Fördermöglichkeiten
Längsschnittstudie zu den Wirkungen des Mathematikunterrichts vom Ende der 5. bis zum Ende der 6. Klassenstufe (2000–2002) im Rahmen des Schwerpunktprogramms „Bildungsqualität der Schule" der Deutschen Forschungsgemeinschaft (geleitet von Helmke, Hosenfeld und Schrader, Universität Landau) in Kooperation mit dem Institut für schulische Fortbildung und schulpsychologische Beratung des Landes Rheinland-Pfalz (Priebe, Kroppen).

SALVE versteht sich als Replikation und zugleich Vertiefung der „Münchner Studie", in der es ebenfalls um die Entwicklung der Mathematikleistungen in Abhängigkeit von der Unterrichtsqualität, dem Klassenkontext und den individuellen Lernvoraussetzungen ging. Besondere unterrichtliche Schwerpunkte von SALVE liegen auf (1) der diagnostischen Kompetenz von Lehrkräften, (2) dem Umgang mit Fehlern aus Sicht der Lehrkräfte und Schüler, (3) auf unterschiedlichen Formen des Wiederholens und Übens sowie (4) auf der Videografie des Mathematikunterrichts, die die Basis für Unterrichtsbeschreibungen und -beurteilungen aus pädagogisch-psychologischer Sicht darstellt. Neben der Testung und Befragung von Schülerinnen und Schülern, der Befragung von Lehrkräften und der Unterrichtsvideografie wurden auch die Eltern der Schüler zu lern- und leistungsrelevanten Themen mit einem Fragebogen befragt. Erste Ergebnisse von SALVE sowie ein Ausblick auf weitere Analysen finden sich bei Hosenfeld, Helmke & Schrader (in Druck).

5.14 SCHOLASTIK und SCHOLASTIK-VN[48]

Schulorganisierte Lernangebote und Sozialisation von Talenten, Interessen und Kompetenzen
Es handelt sich um die Grundschul-Langzeitstudie des Max-Planck-Instituts für psychologische Forschung München (Weinert und Helmke) von der 1. bis zur 4. Klasse der Grundschule. Der Unterricht wurde in zweierlei Weise erfasst: zum einen per Fragebogen aus Sicht der Kinder, zum anderen durch trainierte Unterrichtsbeurteiler. Ein großer Teil der Ergebnisse ist in dem Sammelband „Entwicklung im Grundschulalter" (Weinert & Helmke, 1997) dargestellt (für einen Überblick siehe auch Helmke & Schrader, 1998) sowie die Beiträge in Weinert (1998a). Die Studie SCHOLASTIK war mit der Langzeitstudie LOGIK[49], eine der weltweit umfassendsten und noch nicht abgeschlossenen Studie zur Entwicklung im Alter von 4–24 Jahren verknüpft.

Ein wesentlicher Teil von SCHOLASTIK (SCHOLASTIK-VN) wurde in vietnamesischen Grundschulklassen wiederholt (Helmke, Schrader, Vo, Le & Tran, in Druck)[50].

5.15 TIMSS[51]

Third International Mathematics and Science Study
(Dritte Internationale Mathematik- und Naturwissenschaftsstudie)
TIMSS ist die dritte Studie einer Untersuchungsserie der IEA, die die Bereiche Mathematik und Naturwissenschaften (science) zunächst separat behandelten, nämlich die Studien FIMS (First International Mathematics Study), FISS (First International Science Study), SIMS (Second International Mathematics Study) und SISS (Second International Science Study).

TIMSS wird in mehreren Zyklen durchgeführt, so dass auch Trends beschrieben werden können. Die bekannteste (die man gemeinhin meint, wenn man ohne weitere Angaben von „TIMSS" spricht), ist die im Jahre 1995 durchgeführte Studie. Seitdem wird TIMSS in vierjährigem Abstand wiederholt, so dass man der Eindeutigkeit halber von TIMSS 1995, TIMSS 1999 etc. sprechen sollte.

5.15.1 TIMSS 1995

TIMSS 1995 umfasste einen breiten Bereich von miteinander vernetzten Teilstudien bzw. Untersuchungskomponenten:
- eine international vergleichende Curriculumstudie
- Befragungen der Schulleitungen und Fachlehrer
- Fallstudien
- die Videotape Classroom Study sowie
- eine mehrdimensionale Leistungsstudie

Sie umfasste drei Altersstufen:
- TIMSS/I betrifft die 4. Klassenstufe, also das Ende der Grundschule;
- TIMSS/II: der Teil der Untersuchung, der sich auf „Population II" bezieht, d. h. Sekundarstufe I (8. Klassenstufe);
- TIMSS/III ist der Teil der Studie, bei dem es um die Leistungen in der Sekundarstufe II (letztes Jahr des allgemeinbildenden Schulwesens) geht. Im Gegensatz zu TIMSS/II (Sekundarstufe I), wo über unterrichtsrelevante Ergebnisse wenig berichtet wurde, umfasst der Ergebnisbericht zu TIMSS/III ein ausführliches Kapitel zur Rolle des Fachunterrichts.

TIMSS war (und ist noch) eine der produktivsten und folgenreichsten Studien der Schulforschung überhaupt und hat zu zahlreichen Publikationen geführt. Eine gute und aktuelle Übersicht befindet sich in der vom Bundesministerium für Bildung und Forschung[52] (2001) herausgegebenen und dort kostenlos erhältlichen Broschüre „TIMSS – Impulse für Schule und Unterricht. Forschungsbefunde, Reforminitiativen, Praxisberichte und Video-Dokumente" (Bonn: Bundesministerium für Bildung und Forschung (BMBF)). Der Broschüre liegt auch eine CD mit Videoausschnitten aus der TIMSS-Videostudie bei.

In Deutschland[53] wurde TIMSS am Ende der Schuljahre 1994/95 und 1995/96 in der Sekundarstufe I und II durchgeführt. Federführend waren das IPN Kiel (Institut für die Pädagogik der Naturwissenschaften) und das Max-Planck-Institut für Bildungsforschung Berlin. Das Erhebungsdesign umfasst auch Angaben zu den Bereichen Unterricht, Lehrer, Schulen und außerschulische Lebensumwelt sowie zu psychosozialen und individuellen Schülermerkmalen. Hier ein kleiner Ausschnitt aus den unterrichtsrelevanten Ergebnissen von TIMSS/III (Oberstufe) Deutschland:

- Der Mathematikunterricht der gymnasialen Oberstufe ist (aus Schülersicht) bemerkenswert variationsarm; die Schüler nehmen den Mathematikunterricht als „rezeptive und fertigkeitsorientierte Veranstaltung" (S. 283) wahr.
- „Der Physikunterricht der gymnasialen Oberstufe ist zwar didaktisch und methodisch variabler, scheint jedoch vornehmlich Demonstrationsunterricht zu sein, in dem Lehrkräfte mit Hilfe des Vorführexperimentes einen physikalischen Gedankengang entwickeln. Das gelenkte Schülerexperiment ist selten, und die Entwicklung von Experimenten durch Schüler kommt praktisch nicht vor" (S. 295 f.).

Die TIMSS-Videostudie 1995

Die 1995 in Deutschland, Japan, USA (Population II) durchgeführte TIMSS-Videostudie[54] gehört zu den interessantesten Unterrichtsstudien der letzten Jahre. In Deutschland nahmen daran 100 Klassen der 8. Klassenstufe teil, in Japan 50 und in den USA 81. Für die mathematikdidaktische Diskussion erwiesen sich die in den Unterrichtsfilmen vorgefundenen „kulturellen Skripts" als besonders wichtig. Mit „Skripts" sind typische didaktische Abläufe des Unterrichts gemeint. In Deutschland war das z. B. das verbreitete „fragendentwickelnde Unterrichtsgespräch". Dass dieses sehr oft schematisch ist und durch eine Hinführung auf eine einzige richtige Lösung gekennzeichnet ist, wird allgemein als einer der Gründe dafür angesehen, dass die deutschen Schülerinnen und Schüler, insbesondere bei anspruchsvollen, Verständnis erfordernden Aufgaben besondere Schwierigkeiten hatten. Die TIMSS-Videostudie ist inzwischen gut dokumentiert, und die CD mit ausgewählten videografierten Unterrichtsausschnitten aus Japan, Deutschland und den USA ist Bestandteil mehrerer Publikationen (Pädagogisches Zentrum Rheinland-Pfalz, 1999; Bundesministerium für Bildung und Forschung (BMBF), 2001).

5.15.2 TIMSS 1999 (oder TIMSS Repeat)[55]

Für die Fortsetzung der TIMS-Studie als Zyklus mit vierjährigen Intervallen fand man klugerweise eine Bezeichnung, die die Beibehaltung des Akronyms TIMSS ermöglichte: Statt „Third International Mathematics and Science Study" steht TIMSS nunmehr für „Trends in Mathematics and Science Study". An TIMSS 1999 nahmen 38 Länder teil (Deutschland, Österreich und die Schweiz allerdings nicht). Die Messinstrumente gleichen im Wesentlichen TIMSS 1995, aber es wurden entsprechend der internationalen pädagogischen Diskussion der Fortschritt der neuen Fragen aufgenommen.

An der *TIMSS-Videostudie 1999*[56] nahmen mehr Länder als 1995 teil, nämlich Australien, die Tschechei, Hong Kong, Japan, die Niederlande, die Schweiz sowie die USA. Die Ergebnisse werden ab 2003 erwartet.

WICHTIGE STUDIEN DER BILDUNGSFORSCHUNG AUF EINEN BLICK

5.16 VERA

Projekt Vergleichsarbeiten in Rheinland-Pfalz

Es wird im Auftrag des Ministeriums für Bildung, Frauen und Jugend des Landes Rheinland-Pfalz von der Universität Koblenz-Landau (Projektleiter: Prof. Helmke und Dr. Hosenfeld) durchgeführt. Basis ist der Koalitionsvertrag der Landesregierung, demzufolge ab 2002 in allen Grundschulklassen der 4. Jahrgangsstufe Vergleichsarbeiten in den Fächern Mathematik und Deutsch geschrieben werden müssen. Mehrere Bundesländer haben sich diesem Projekt angeschlossen (Stand April 2003: Nordrhein-Westfalen, Schleswig-Holstein, Bremen). Wegen der Möglichkeiten, die die Verknüpfung von Leistungsmessung/Bestandsaufnahme einerseits und Verbesserung des Lehrens und Lernens andererseits in sich birgt, wird dieses Projekt im Detail in Kapitel 7.6.3 besprochen.

5.17 WALZER

„Wirksamkeitsanalyse der Leistungsevaluation: Zielerreichung, Ertrag für die Schulqualität und Rückmeldung von Ergebnissen" – zugegebenermaßen eine etwas geschraubte Ansammlung von Worten, die aber immerhin ein leicht merk- und aussprechbares Kürzel ergab.

Das von Helmke und Schrader (Landau) geleitete DFG-Projekt WALZER ist ein Folgeprojekt von MARKUS und hat die Frage zum Gegenstand, wie die an MARKUS beteiligten Schulleitungen und Lehrkräfte Form und Inhalt der Ergebnisrückmeldungen (an alle Mathematiklehrkräfte) wahrgenommen haben, und ob sie sich auf die Schul- und Unterrichtsentwicklung ausgewirkt haben. Erste Ergebnisse der Schulleiteruntersuchung werden von Schrader & Helmke (in Druck a) dargestellt; die Resultate zur Lehrerbefragung von WALZER finden sich bei Schrader & Helmke (in Druck b).

5.18 Unterrichtsforschung in Deutschland

In den vergangenen Abschnitten war überwiegend von den großen Projekten der schul- und unterrichtsbezogenen Bildungsforschung die Rede, bei denen es schwerpunktmäßig um Monitoring und Evaluation ging. Am Schluss möchte ich zumindest einen kleinen Ausblick auf einige aus meiner Sicht bedeutende, gerade erst begonnene bzw. noch laufende Projekte der Unterrichtsforschung geben.

Die wichtigsten Projekte der empirischen Unterrichtsforschung in Deutschland finden im Rahmen des DFG-Schwerpunktbereichs „Bildungsqualität von Schule"[57] der Deutschen Forschungsgemeinschaft statt. Neben unseren eigenen – bereits erwähnten – Projekten SALVE und WALZER möchte ich, um einen Eindruck von der Vielfalt dieses Forschungsbereiches zu vermitteln, exemplarisch auf einige unterrichtsrelevante Projekte in diesem Schwerpunktbereich hinweisen (auf der angegebenen Internetseite werden detaillierte Informationen angeboten).

Über erste Ergebnisse aller im Schwerpunktprogramm „Bildungsqualität von Schule" zusammengefassten Projekte berichtet ein Beiheft der Zeitschrift für Pädagogik (Prenzel & Doll, 2002). Hier finden sich Aufsätze zu den o. g. unterrichts- und schulrelevanten Projekten, sofern diese bereits 2000 begonnen haben, nämlich

1 Fischler, Schröder, Tonhäuser & Zedler (2002)
3 Fischer, Reyer, Wirz, Bos & Höllrich (2002)
4 Sumfleth, Wild, Rumann & Exeler (2002)
5 Diedrich, Thußbas & Klieme (2002)
6 Prenzel, Seidel, Lehrke, Rimmele, Duit, Euler, Geisler, Hoffmann, Müller & Widodo (2002)
7 Ditton, Arnoldt & Bornemann (2002)
8 von Hofe, Pekrun, Kleine & Götz (2002)
9 Möller, Jonen, Hardy & Stern (2002)
10 Reiss, Hellmich & Thomas (2002)
11 Sodian, Thoermer, Grygier & Günther (2002)

	Projektthema	Antragsteller/in
1	Unterrichtsskripts und Lehrerexpertise: Bedingungen ihrer Modifikation	Fischler & Zedler
2	Professionswissen von Lehrkräften, kognitiv aktivierender Mathematikunterricht und die Entwicklung von mathematischer Kompetenz	Baumert, Blum & Neubrand
3	Unterrichtsgestaltung und Lernerfolg im Physikunterricht	Fischer & Bos
4	Schulische und familiale Bedingungen des Lernens und der Lernmotivation im Fach Chemie: Evaluation eines integrierten Interventionskonzeptes zur Säure-Base-Thematik	Sumfleth & Wild
5	Unterrichtsqualität und mathematisches Verständnis in verschiedenen Unterrichtskulturen: Eine quasi-experimentelle, videogestützte Studie im deutsch-schweizerischenVergleich	Klieme & Hesse
6	Lehr-Lern-Prozesse im Physikunterricht: Eine Videostudie	Prenzel, Duit Euler & Lehrke
7	Entwicklung und Implementation eines extern unterstützten Systems der Qualitätssicherung an Schulen unter besonderer Berücksichtigung des mathematisch-naturwissenschaftlichen Unterrichts	Ditton

1	PALMA (Projekt zur Analyse der Leistungsentwicklung in Mathematik): Entwicklungsverläufe, individuelle Voraussetzungen und Kontextbedingungen von Mathematikleistungen bei Schülern der Sekundarstufe I	Pekrun & vom Hofe
2	Auswirkungen von Unterricht zum „Schwimmen und Sinken" auf das Verständnis physikalischer Basiskonzepte und den Erwerb inhaltsübergreifender graphisch-visueller Kompetenzen bei Grundschulkindern	Möller & Stern
3	Individuelle und schulische Bedingungsfaktoren für Argumentationen und Beweise im Mathematikunterricht	Reiss
4	Vermittlung von Wissenschaftsverständnis in der Grundschule	Sodian & Kircher

Kasten 48: Unterrichtsrelevante Forschungsprojekte im DFG-Schwerpunktbereich „Bildungsqualität von Schule"

5.19 Unterrichtsforschung in der Schweiz

In der Schweiz gab es – analog zum Schwerpunktprogramm der DFG – ein umfassendes und sehr produktives Nationales Forschungsprogramm (NFP Nr. 33, Wirksamkeit unserer Bildungssysteme). Hier entstanden zahlreiche, auch unterrichtsrelevante Forschungen.

Neben dem in Kapitel 7.5.4 beschriebenen Projekt „Best Practice" der Stiftung „Avenir Suisse" erscheinen mir die folgenden unterrichtsbezogenen Projekte in der Schweiz besonders interessant und aussichtsreich:

- die *TIMSS-R Videostudie* (Hiebert, Gallimore & Stigler, UCLA/Lessonlab, Los Angeles; Projektleitung Schweiz: Reusser, Universität Zürich): Die TIMSS-R Videostudie ist ein internationales Projekt zur Praxis des Mathematik- und Naturwissenschaftsunterrichts in der achten Klasse. Die Studie videographiert und analysiert die Unterrichtspraxis in über tausend Schulklassen in sieben verschiedenen Ländern: Australien, Tschechische Republik, Niederlande, Japan, Hong Kong, die USA und Schweiz; letztere nimmt an diesem Projekt mit ihrer erweiterten nationalen Video-Unterrichtsstudie zum Mathematikunterricht teil.
- die nationale schweizerische Videostudie *„Unterrichtsqualität und Mathematiklernen in den drei Landesteilen der Schweiz"*: Ein Forschungsprojekt zum Lehren- und Lernen von Mathematik in der achten Klasse in der Schweiz. Die Studie ist eingebettet in die internationale Videostudie TIMSS-R Video und filmt und analysiert die Unterrichtspraxis von 160 Schulklassen aus allen Schweizerischen Landesteilen (Reusser, Universität Zürich). Das Projekt versucht, schweizerischen Mathematikunterricht durch Analyse von Videoaufzeichnungen alltäglicher Unterrichtspraxis differenziert zu beschreiben und die pädagogisch-psychologischen und didaktischen Voraussetzungen, die Hintergründe und

Rahmenbedingungen der Mathematikleistungen von Schülerinnen und Schülern auf der Sekundarstufe I in den drei großen Sprachregionen der Schweiz durch begleitende Befragungen zu identifizieren. Ein weiteres Ziel besteht darin, die Ergebnisse dieser Videountersuchung für die Unterrichtsentwicklung und Lehreraus- und -weiterbildung fruchtbar zu machen. Weiterführende Hinweise und Ergebnisse finden sich bei Reusser, Pauli & Waldis (2003) und Reusser, Pauli, Petko & Noetzli (2003).

- das schweizerisch-deutsche Projekt *„Unterrichtsqualität, Lernverhalten und mathematisches Verständnis in der Schweiz und Deutschland"* (Klieme, Pauli & Reusser), auch kurz „Pythagoras"-Projekt genannt: Die binationale Studie vergleicht den Mathematikunterricht in der Schweiz und in Deutschland. Videoaufzeichnungen von Unterricht (zur Satzgruppe des Pythagoras und zu mathematischen Textaufgaben) werden in beiden Ländern verbunden mit komplexen Befragungen der Lehrpersonen, Schülerinnen und Schüler. Die Studie zeichnet sich durch ein quasiexperimentelles und längsschnittliches Design aus.

- die von den Kantonen Aargau, Zürich und Bern sowie von der Universität Zürich getragene Videostudie *„Geschichte und Politik im Unterricht"* (Gautschi, Moser, Reusser & Wiher). In drei Deutschschweizer Kantonen werden insgesamt 60 Doppellektionen im Fach Geschichte mit 15-Jährigen (Abschlussklassen der Volksschule) videographiert, und es werden Befragungen von Lehrpersonen und SchülerInnen durchgeführt. Ziel der durch eine erweiterte, repräsentative Lehrerbefragung ergänzten Studie ist die mehrperspektivische Erfassung der Unterrichtswirklichkeit und von Merkmalen der Unterrichtsqualität in einem Fach, zu dem es nur wenig Forschung gibt.

- das Projekt *„Adaptive Lehrkompetenz.* Analyse von Struktur, Veränderbarkeit und Wirkung handlungssteuernden Lehrerwissens" von Beck, Brühwiler, Guldimann und Zutavern (Forschungsstelle der Pädagogischen Hochschule St. Gallen/Pädagogische Hochschule Luzern). Hier geht es darum, mit Hilfe mehrerer Forschungsansätze (Fallstudie, Befragung, Intervention) die adaptive Lehrkompetenz zu beschreiben, zu trainieren und praktisch zu realisieren. „Adaptive Lehrkompetenz" ist die Fähigkeit, sensibel und effizient mit Heterogenität umzugehen, und umfasst sowohl diagnostische als auch didaktische Expertise.

- das Projekt *„Oberstufe im Kanton Thurgau"* und *„Evaluation der 3. Primarschulklassen im Kanton Zürich"*, durchgeführt von Moser (Universität Zürich).

- das Projekt *„Content Focused Learning"* von Fritz Staub (Universität Zürich in Verbindung mit der University of Pittsburgh; Lauren Resnick).

6 Erfassung und Bewertung der Unterrichtsqualität

6.1 Begriffliches

Vor einem Kapitel zur Erfassung und Bewertung der Qualität des Unterrichts ist es unverzichtbar, einige Grundbegriffe knapp zu skizzieren. Dies sind:

- *Erhebung* (assessment) und *Messung* (measurement), welche umfassende und unspezifische Bezeichnungen für die Erfassung von Daten jeglicher Art sind; diese Konzepte werden hier synonym verwendet.
- Im Gegensatz dazu wird unter *Diagnose* eine Urteilsleistung verstanden, die sich an bestimmten vorgegebenen Kategorien (z. B. Personenmerkmale oder Merkmale der Unterrichtsqualität) orientiert und spezifischen Gütekriterien unterworfen ist.
- *Evaluation* (Bewertung) *und Monitoring* (Überwachung) sind zentrale Kategorien der Pädagogischen Psychologie und der Bildungsforschung und werden im folgenden Abschnitt etwas ausführlicher behandelt. In diesem Zusammenhang wird auch auf eine spezielle Evaluationsmethode eingegangen, das *Benchmarking* (Standortbestimmung durch Vergleiche mit einer Bezugsgruppe oder mit herausragenden Personen/Firmen/Gruppen).

6.2 Evaluation: Ziele, Konzepte, Methoden

Spätestens seit dem TIMSS-Schock beginnt man sich in Deutschland zunehmend für Fragen, Probleme und Instrumente der Evaluation zu interessieren. In einer Übersicht über die wichtigsten deutschsprachigen Veröffentlichungen zum Thema „Evaluation" in der Schule (Schnack, 1997) war noch von einer „überschaubaren" Anzahl von Publikationen die Rede. Fünf Jahre später, besonders nach PISA 2000, ist die Anzahl einschlägiger Publikationen immens angewachsen. Kein Landesinstitut, kein Bildungsministerium, das nicht einschlägige Handreichungen, Broschüren, Gebrauchsanweisungen etc. zur Verfügung stellt.

Obwohl es in diesem Band nicht um Evaluation im Allgemeinen, sondern speziell um die des *Unterrichts* geht, sind einige begriffliche Ausführungen zu Typen und Formen der Evaluation doch unabdingbar. Für weitergehende Fragen, insbesondere zum praktischen Einsatz verschiedener Evaluationsinstrumente in der schulischen Praxis, verweise ich exemplarisch auf drei nach meiner Einschätzung praxisgerechte Werke: das umfassende „Praxishandbuch Evaluation in der Schule" (Burkard & Eikenbusch, 2000); speziell für Selbstevaluationen vgl. auch Buhren, Killus & Müller (1999) sowie Herrmann & Höfer (1999).

6.2.1 Definition von Evaluation

Was ist eigentlich „Evaluation"? Ich möchte an dieser Stelle nicht in lehrbuchmäßiger Weise zahlreiche Definitionen aufführen und miteinander vergleichen – dafür reicht schon der Platz nicht aus –, sondern eine Definition vorstellen, die einfach und konsensfähig ist; für weitergehende und ausführliche Darstellungen vgl. Wottawa (2001b; 2001a), für Anwendungen speziell in der Schule vgl. Burkhard & Eikenbusch (2000). Demnach umfasst das Konzept der Evaluation folgende Bestandteile:

- eine systematische Erfassung
- der Durchführung oder der Ergebnisse
- eines Programms oder einer Maßnahme
- verglichen mit vorgegebenen Standards, Kriterien, Erwartungen oder Hypothesen
- mit dem Ziel der Verbesserung des Programms oder der Maßnahme

Wichtig: Auch der *Prozess der Evaluation selbst* ist evaluierbar, und professionelle Evaluationsprogramme umfassen immer auch diese Form der Selbstevaluation: Wie effizient, ökonomisch, erfolgreich etc. war die Evaluation?

Im Bereich der Schule verfolgt die Evaluation dreierlei Arten von Zielen (Burkard & Eikenbusch, 2000, S. 58 f.):

- Planung, Steuerung und Beteiligung für Schulentwicklung (Sicherung einer soliden Datenbasis als Basis für die Arbeitsplanung)
- Selbstvergewisserung, Forschung, Erkenntnisgewinn (Erweiterung des Wissens mit dem Ziel, ein besseres Verständnis zu erreichen)
- Rechenschaftslegung (Überprüfung eigener oder externer Ziele)

6.2.2 Der Evaluationszyklus

Typischerweise folgen Evaluationen einem Zyklus:

- Ausgangspunkt: Planung eines Evaluationsprogramms
- Bestimmung des Ziels
- Identifikation der Zielgruppe
- Planung der Durchführung (Zeit, Geld, Personal, Genehmigungen)
- Datenerhebung (Tests, Fragebögen, Interviews, Statistiken)
- Analyse und Interpretation der Daten
- Nutzung der Daten für Veränderungen
- Modifizierung des Evaluationsprogramms (Feedback-Schleife)

6.2.3 Ziele von Evaluation

Die wichtigsten Typen von Evaluation ergeben sich bei Beantwortung folgender Fragen:

Wozu?	formativ versus summativ
Wann?	prozess- vs. produktbezogen
Durch wen?	intern vs. extern
Wie oft?	einmalig – mehrfach – kontinuierlich
Welcher Maßstab?	soziale Norm, kriteriale Norm, individuelle Norm
Was?	Programm, Unterricht, Lernstand

Kasten 49: Typen von Evaluation

Gegenstand. Traditionellerweise spricht man nur dann von Evaluation, wenn es sich um Programme oder Maßnahmen handelt, deren Wirksamkeit untersucht werden, wie z. B. bei Reformprojekten, Unterrichtsversuchen, Projekten in der Entwicklungsförderung etc. „Evaluation" im Kontext der Schule wird jedoch inzwischen wesentlich weiter gefasst: Sie kann Aspekte des Kontextes, des Inputs, des Prozesses, des Produktes einschließlich möglichen Transfers beinhalten (Burkard & Eikenbusch, 2000, S. 63).

Formativ vs. summativ. Formativ sind Evaluationen nach einzelnen Lernphasen, summativ nach Abschluss des Themas/des Lehrgangs/des Schuljahres. Formative Evaluationen dienen vorwiegend der Förderung, summative Evaluationen sind abschließende Bewertungen.

Intern vs. extern. Übernehmen die Schulen die Evaluation in eigener Regie (ob freiwillig oder durch ein Schulprogramm dazu „veranlasst") und Verantwortung, dann handelt es sich um interne Evaluation oder um „Selbstevaluation", ansonsten um externe Evaluation, vgl. Burkard & Eikenbusch (2000, S. 68 f.)

Eimalig – mehrfach – kontinuierlich. Manche Evaluationen (wie das Projekt MARKUS in Rheinland-Pfalz) sind singulär, d. h. umfassen eine einzige Erhebung; viele andere externe Evaluationsprojekte (wie PISA oder TIMSS) dagegen sind als Zyklus angelegt – mit dem großen Vorteil, Entwicklungstrends über die Zeit hinweg feststellen zu können.

Bezugsnormen. Hier gelten die gleichen Prinzipien wie bei der Leistungsmessung: Die Evaluation kann sich darauf beziehen, wie gut ein Ziel erreicht bzw. eine Kompetenz erworben wurde

- im Vergleich zu *anderen* (Schülern, Schulen, Bundesländern, Nationen): Zum Beispiel: Welchen Rangplatz wird Finnland bei PISA-2003 haben?
- im Vergleich zu einem absoluten, a priori vorgegebenen *Kriterium* (z. B. den für das Sportabzeichen geltenden Absolutwerten für einzelne Disziplinen oder präzisen Lernzielen und Bildungsstandards). Zum Beispiel: Wie viele der PISA-Mathematikaufgaben schafft eine 9. Klasse in der vorgegebenen Zeit?
- im Vergleich zu einer vergleichbaren Leistung der gleichen Person (oder Klasse, Schule etc.) zu einem vorangegangenen Zeitpunkt. Die Betrachtung des *Zeitverlaufs* drückt den dynamischen Charakter, das Veränderungspotenzial aus: Wie viel hat ein Schüler durch Unterricht im Laufe eines Jahres (Pre- und Posttest) dazu gelernt? Um wie viel wird die durchschnittliche Lesekompetenz von Schülern nichtdeutscher Sprachherkunft bei PISA 2003 höher sein als sie bei PISA 2000 war?

6.3 Vielfalt von Methoden und Akteuren: Ein Überblick

Die Einholung von Rückmeldung ist ein zentrales Prinzip jeder Art von professionellem Training und Unterricht. Ebenso wie Schulsysteme der regelmäßigen Wirkungskontrolle bedürfen („system monitoring"), geleistet durch externe Evaluationsstudien vom Typ TIMSS oder PISA, ist der Einsatz von Verfahren des Feedbacks, der Supervision oder der Rückmeldung als unabdingbarer Teil der Lehrerprofessionalität anzusehen. Um eine Metapher aus der Medizin heranzuziehen: Kein Therapieerfolg ist denkbar ohne vorherige Diagnose.

Das gilt auch für den Unterricht: Ohne eine solide Bestandsaufnahme, ohne eine gültige Beschreibung des Ist-Standes sind zielgerichtete Veränderungen des Unterrichts ein aussichtsloses Unterfangen.

Für die Erfassung von Aspekten der Unterrichtsqualität gibt es eine große Zahl von *Methoden*, und diese Methoden können ihrerseits von unterschiedlichen *Akteuren* und damit aus verschiedenen Perspektiven eingesetzt werden. Jede einzelne Methode hat – alleine eingesetzt – ihre Schwächen, jeder Adressat hat bei der Unterrichtsbeurteilung seine „blinden Flecken". Deshalb kommt es darauf an, sich bei der Information über den eigenen Unterricht nach Möglichkeit nicht nur auf eine einzige Methode oder auf einen einzigen Adressaten zu beschränken, sondern Kombinationslösungen zu probieren. Der folgende Abschnitt gibt eine Übersicht über mögliche Methoden und skizziert mögliche Akteure der Unterrichtsbeurteilung.

Als **Methoden** zur Erfassung des Unterrichts kommt das gesamte Spektrum sozialwissenschaftlicher Erhebungstechniken in Betracht. Im Folgenden sollen nur einige Koordinaten angesprochen werden, hinsichtlich derer sich die vorfindbaren Methoden klassifizieren lassen.

Frei vs. gebunden. Je nach dem Ausmaß der Vorstrukturierung sind freie Berichte, schwach strukturierte Verfahren (z. B. Interviews lediglich mit Leitfragen) bis hin zu völlig gebundenen Verfahren (z. B. Fragebögen mit multiple choice-Format) zu unterscheiden.

Schriftlich vs. mündlich. Es kann sich um schriftliche (z. B. Angaben in einem Fragebogen) oder mündliche Angaben (z. B. der Schüler oder Kollegen im Rahmen eines Interviews) handeln.

Breitbanddiagnose vs. Ausschnittbeleuchtung. Angesichts begrenzter zeitlicher und materieller Ressourcen entsteht gelegentlich das so genannte „Bandbreite-Genauigkeits-Dilemma": Die Diagnose kann umfassend sein und die Gesamtheit der Person (z. B. der Lehrerpersönlichkeit) bzw. des Unterrichts einbeziehen, oder sie kann ein höheres Auflösungsvermögen aufweisen und einen kleinen Teilausschnitt herausgreifen, der differenzierter behandelt wird.

Aktuell vs. kumulativ. Die Beurteilung des Unterrichts kann sich auf den soeben erfahrenen/gesehenen Unterricht beziehen (aktuell), oder es kann darum gehen, retrospektiv über einen längeren Zeitraum hinweg zu urteilen (kumulativ, habituell). Letzteres erfordert gedankliche Mittelungsprozesse über viele Situationen.

Niedrig-inferent vs. hoch-inferent. Von niedrig-inferenten Angaben spricht man dann, wenn der Beurteilungs- und Ermessensspielraum nur sehr gering ist. Beispiel: Während eines Unterrichts wird auf der Basis eines vorgegebenen Kategorienbogens ausgezählt, wie oft bestimmte für die Beurteilung der Unterrichtsqualität relevante Ereignisse vorkommen (z. B. dass sich jemand verspricht, Sätze nicht korrekt zu Ende führt, sich verhaspelt, Füllwörter einsetzt, „ok" oder „ähhhh" sagt). Dagegen wäre die Beurteilung des „Humors" der Lehrkraft („gering", „mittelmäßig", „stark" o. Ä.) ein hochinferentes Urteil, in das eine Portion Ermessen und Subjektivität eingeht.

Medium der Beurteilung. Neben dem Einsatz von Papier und Bleistift (Bögen, Formulare, Checklisten, Protokolle) sind Audio- und Videoaufnahmen möglich. Während man früher den Unterricht durch anwesende Beurteiler/innen „online" beschreiben und beurteilen ließ, versucht man heute, den Unterricht oder Teile davon zu konservieren. Damit wird der Prozess der Erhebung von dem der Auswertung abgekoppelt. Das hat den großen Vorteil, dass die Unterrichtsaufnahmen wiederholt und aus verschiedenen Perspektiven (z. B. Frontalkamera vs. Ausschnittkamera) sowie aus verschiedenen Blickwinkeln beurteilt werden können.

Verwendung als *Forschungsmethode* oder in der *Schulpraxis*. Hier gibt es eine erhebliche Überlappungszone: Die meisten mir bekannten Beurteilungsbögen, die für die Unterrichtsforschung entwickelt und dort eingesetzt werden, lassen sich im Prinzip auch in der Schulpraxis und in der Lehrerausbildung (2. Phase) einsetzen. Umgekehrt gibt es jedoch eine große Zahl „selbstgestrickter" eher unsystematischer „Checklisten" etc., die zwar in der Praxis kursieren, die sich jedoch für eine wissenschaftlich fundierte Einschätzung des Unterrichts weniger eignen.

Die Angaben zum Unterricht können nicht nur mithilfe verschiedener Methoden, sondern von unterschiedlichen *Akteuren* erhoben werden. Als „Datenlieferanten" kommen in Frage:

- die Lehrkräfte selbst
- Kollegen („Peers")
- Schüler/innen der unterrichteten Klasse
- Schulleitung
- Schulaufsicht
- Eltern
- Dritte, z. B. Experten, die zur Beurteilung von Aufnahmen des Unterrichts herangezogen werden

---

Kasten 50: Mögliche Datenquellen für die Beurteilung der Unterrichtsqualität

Die folgende Darstellung setzt vier Schwerpunkte: Beginnend mit der Selbstreflektion des eigenen Unterrichts durch die Lehrkräfte gilt das Interesse vor allem dem Schülerfeedback des Unterrichts, dem Einsatz videografischer Methoden sowie der Verwendung von so genannten Urteilsskalen (Ratingbögen).

6.4 Lehrerangaben zum eigenen Unterricht

6.4.1 Wie gut können Lehrer den eigenen Unterricht beurteilen?

Lehrer sind aus verschiedenen Gründen nicht die optimalen Beurteiler ihres eigenen Unterrichts. Weinert & Schrader (1986) meinen hierzu:

> „Die meisten Lehrer tendieren dazu, die Bedeutung der eigenen Arbeit für die Leistungsgenese ihrer Schüler zu unterschätzen (Rheinberg, 1975). Sie sind außerdem nur in sehr begrenztem Maße in der Lage, von ihrer gewohnten Unterrichtsführung abweichende Lehrstrategien zu verwenden, wenn sich die Wirkungen ihrer bisherigen pädagogischen Bemühungen als unbefriedigend oder problematisch erwiesen haben. Insofern ist es nicht erstaunlich, dass erhebliche Zweifel an der Fähigkeit von Lehrern zur Selbstdiagnose ihres Unterrichts bestehen; verwunderlicher ist es schon, dass diese Form der Diagnose wissenschaftlich bisher so wenig untersucht wurde. Dabei dürfte gerade die Entwicklung geeigneter Hilfsmittel zur Beurteilung des Unterrichts durch Lehrer eine wichtige Aufgabe für eine an der praktischen Verbesserung des Unterrichts interessierten Erziehungswissenschaft sein." (S. 17)

Kasten 51: Warum Lehrkräfte ihren eigenen Unterricht schlecht beurteilen können

Daneben hat die empirische Schulforschung gezeigt: Wenn Angaben zum Unterricht aus unterschiedlichen Perspektiven (Schüler, Beobachter im Unterricht, Dritte als Beurteiler videografierten Unterrichts – und Lehrkräfte selbst) erhoben wurden, gab es in vielen Studien einen ähnlichen Trend: Mit Ausnahme der Lehrerangaben konvergierten die Daten aus den anderen Perspektiven hoch miteinander, d. h. die Lehrerangaben hingen mit allen anderen inhaltlich korrespondierenden Datenquellen kaum zusammen. Eine grundlegende Arbeit zu dieser Frage stammt von Clausen (2002), der in seinem Perspektivenvergleich – basierend auf Daten der TIMS-Studie – von Lehrkrafturteilen, Schülerfragebogendaten und Videobeurteilungen insgesamt gesehen nur geringe Zusammenhänge zwischen diesen verschiedenen Formen der Beurteilung fand.

> **Reflexionsaufgabe 25: Schwierigkeiten der Diagnose des eigenen Unterrichts – warum?**
> Welche Gründe könnten dafür verantwortlich sein, dass Lehrkräfte bei der Beurteilung und Bewertung ihres eigenen Unterrichts Schwierigkeiten haben? Gibt es auf der anderen Seite unterrichtliche Sachverhalte, bei denen Lehrer externen Beobachtern oder Beurteilern überlegen sind – und warum?

6.4.2 Checklisten zur Wirkung des eigenen Unterrichts

Was für Zwecke der Forschung oder der externen Evaluation praktisch keine nennenswerte Rolle spielt, ist für die alltägliche Rechenschaftslegung und damit die persönliche Unterrichtsentwicklung von überragender Bedeutung: die *Selbstbeurteilung des Unterrichts*. Normalerweise finden solche Selbstreflektionen ständig statt – jedoch nicht systematisch, sondern eher zufällig und intuitiv, und dies überwiegend bei erwartungswidrigen Unterrichtsverläufen und -ergebnissen. Systematischer wird es z. B. in der 2. Phase der Lehrerausbildung gelegentlich praktiziert. Zur Erleichterung solcher Selbsturteile sind zahlreiche *Checklisten* entwickelt worden. Für die einer Unterrichtsstunde (im Idealfall) folgende Selbstreflektion schlägt Becker (1998) die Selbstbefragung zu den folgenden Punkten vor.

- Wie habe ich den Lehr-Lern-Prozess angeregt?
- Wurde das Interesse am Lerninhalt aufrechterhalten?
- Wurden die Schüler auf zentrale Frage- oder Problemstellungen hingelenkt?
- Lässt die Unterrichtsstunde einen Schwerpunkt erkennen?
- Wie viele Fragen habe ich gestellt?
- Was für Fragen habe ich gestellt?
- Wie viele Fragen stellten die Schüler?
- Was für Fragen stellten die Schüler?
- Waren die Frage- bzw. Problemstellungen sachlogisch aufeinander bezogen?
- Welche Beiträge lösten welche Fragen aus?
- Hörte ich den Schülern zu?
- Wurden vereinbarte Gesprächsregeln eingehalten?
- Wie ging ich auf die Schülerbeiträge ein?
- Wurden Schülerbeiträge von mir wörtlich wiederholt?
- Benutzte ich stereotype Verstärkungsformen?
- Wurden auch Interaktionen zwischen den Schülern angeregt?
- Wie hoch war mein Sprechanteil?
- Wie hoch war der Sprechanteil aller Schüler?
- Gab es einzelne Schüler mit besonders hohen Sprechanteilen?
- Wie stark beteiligten sich die Mädchen im Vergleich zu den Jungen?
- Welche Beiträge leisteten bestimmte Problemschüler?
- Konzentrierte ich mich auf bestimmte Schüler?
- Wie kam es zu spezifischen Konfliktsituationen?
- Welchen Verlauf nahmen die Auseinandersetzungen?
- Wie wurden Konflikte vorläufig bewältigt?
- Waren die Arbeitsaufträge verständlich?
- Wie wurden die Arbeitsaufträge in den Prozess eingebracht?
- Welche Lernhilfen wurden von mir gegeben?
- Wie wurden die Arbeitsergebnisse präsentiert?
- Wie wurden Kenntnisse, Einsichten oder Erkenntnisse festgehalten?
- Weitere Fragestellungen?

Kasten 52: Checkliste zur Selbstbeurteilung des Unterrichts von Becker (1998)

In Kombination mit gemeinsamer Unterrichtsvorbereitung, -hospitation oder -durchführung können solche Listen ein Werkzeug der Selbstvergewisserung sein und Anstöße für die Unterrichtsverbesserung geben. Allerdings muss einschränkend zweierlei gesagt werden: (1) Ihr Gebrauch ist nur dann wirklich sinnvoll und zielführend, wenn er auf der Grundlage eines soliden, wissenschaftlich fundierten und empirisch gesicherten Wissens über den Unterricht und seine Wirkungen erfolgt. Andernfalls ist die Bearbeitung solcher Bögen in der Gefahr, dass sie zu einer schematischen Pflichtübung verkommt. (2) Zweitens haben die meisten dieser Checklisten nach meiner Einschätzung den Charakter eines Potpourri, d. h. es ist keine theoretische oder begriffliche Systematik erkennbar, keine Koordinaten oder Prinzipien – im Gegensatz beispielsweise zu den Standards (vgl. 4.1.3). Ungünstigenfalls verursacht somit das Abarbeiten solcher Checklisten eine Menge Arbeit, ohne dass davon konstruktive Impulse für eine Weiterentwicklung des eigenen Unterrichts ausgehen. Fairerweise muss jedoch gesagt werden, dass Becker dieses Problem selbst sieht und benennt: „Diese Zusammenstellung darf keinesfalls als Katalog missverstanden werden. Die Liste muss notwendig unvollständig sein, da fast jeder Unterricht Überraschungen bietet, Ereignisse, die mit hier nicht genannten Begriffen zu belegen und zu beurteilen sind …" (Becker, 1998)

6.4.3 Unterrichtstagebücher, Logbücher, Portfolios
Die Protokollierung des eigenen Unterrichts in Form von Tagebüchern, Logbüchern oder anderer Methoden ist eine weitere wichtige Methode der Selbstvergewisserung und eine günstige Basis für didaktische und pädagogische Diskussionen. Hierzu gibt es inzwischen eine größere Zahl von Instrumenten; exemplarisch möchte ich auf das im Erlanger Projekt KILIA[64] (Kooperationsprojekt Identitäts- und Leistungsentwicklung im Anfangsunterricht) von Gisela Kammermeyer entwickelte „Unterrichtstagebuch" hinweisen. In diesem Projekt geht es darum, welche Klimadimensionen (Lehrer-Schüler-Klima, Schüler-Schüler-Klima, bestimmte Unterrichtsmerkmale, z. B. Leistungs- und Unterrichtsdruck, Umgang mit Fehlern, Autonomieempfinden) besonders zur Identitätsbildung beitragen. Beim *Unterrichtstagebuch* handelt es sich um einen standardisierten Fragebogen, mit dessen Hilfe die Lehrkräfte (hier: Erstklasslehrerinnen) die einzelnen Unterrichtsstunden auf einer möglichst niedriginferenten, verhaltensnahen Ebene selbst erfassen können. Unterrichtstagebücher sind manchen Lehrkräften aus der 2. Phase der Lehrerausbildung bekannt, wo selbstständige Unterrichtsversuche in einem Bericht (Unterrichtstagebuch) dokumentiert werden müssen, der dem Mentor/der Mentorin vorzulegen ist.[65]

Nach meiner Einschätzung sind solche gut vorstrukturierten und zugleich auf dem aktuellen Forschungsstand der Referenzdisziplin bezogenen Tage- oder Logbücher ein ausgezeichnetes Werkzeug zur Selbstvergewisserung und Bestandsaufnahme – auch als Anknüpfungspunkt für schulinterne Projekte der Unterrichtsdiagnose sehr gut einsetzbar. Im Anhang ist deshalb exemplarisch für diese Instrumente ein von G. Kammermeyer entwickeltes Schema für die unterrichtliche Selbstbeurteilung abgedruckt.

6.5 Schülerangaben zum Unterricht[66]

6.5.1 Pro und Contra Unterrichtsfeedback durch Schülerinnen und Schüler

Nachfolgend habe ich einige Argumente aus der Unterrichts- und Schulentwicklungsforschung zusammengetragen, die sich auf die Bedeutung von Schülerangaben, ihre Möglichkeiten und Grenzen beziehen. Wegen der aus meiner Sicht sehr großen und in Zukunft noch wachsenden Bedeutung dieses Themas – und der häufig anzutreffenden Tendenz, Schülerinnen und Schülern generell die Kompetenz zur Beurteilung des Unterrichts abzusprechen – ist dieses Unterkapitel bewusst etwas ausführlicher angelegt.

Projekt „Feedback für Lehrerinnen und Lehrer"

Dieses Projekt der Bürgerstiftung Hannover, unter der Leitung von C. Pfeiffer (inzwischen Justizminister Niedersachsens) verfolgt den Zweck, die Feedbackkultur zu fördern (Bürgerstiftung Hannover, 1999):

> „… die Bürgerstiftung Hannover will einen Beitrag zur Qualitätsentwicklung von Schulen leisten. Allen Lehrerinnen und Lehrern, die daran Interesse haben, möchten wir eine Rückmeldung dazu vermitteln, wie sie von den Klassen eingeschätzt werden und was aus deren Sicht vielleicht bei ihrer *Unterrichtsgestaltung* noch verbessert werden könnte. Wir sind davon überzeugt, dass es für alle großen Dienstleistungsunternehmen und ihre MitarbeiterInnen hilfreich ist, von Zeit zu Zeit ein Feedback dazu zu erhalten, wie ihre Arbeit von ihren „Kunden und Klienten" beurteilt wird. In der freien Wirtschaft ist es heute selbstverständlich geworden, laufend eine derartige Rückmeldung zu organisieren. An vielen Universitäten hat sich mittlerweile durchgesetzt, dass die StudentInnen die HochschullehrerInnen am Ende jedes Semesters mit Hilfe von Fragebögen anonym bewerten. Wir gehen davon aus, dass diese Entwicklung vor den Schulen nicht Halt machen wird. In England, Österreich und nun auch in Bayern haben die für die Schule zuständigen Ministerien Programme entwickelt, die die Schule in die Lage versetzen sollen, die *Qualität ihres Unterrichts* zu hinterfragen. Es ist nur eine Frage der Zeit, wann dies auch in den anderen Bundesländern beginnen wird. In dieser Situation halten wir es für richtig, selber eine Initiative in Gang zu setzen, die nicht auf Kontrolle von oben hinausläuft, sondern an die freiwillige Kooperationsbereitschaft der LehrerInnen appelliert. Für uns ist es von zentraler Bedeutung, dass wir den Lehrerinnen und Lehrern eine Rückmeldung garantieren können, die nur sie persönlich erhalten und niemand sonst." (S. 4 f.)

Schul- und Unterrichtsforschung im deutschen Sprachraum

Ein renommierter Schulforscher, Ditton (2002a), fasst den Diskussionsstand wie folgt zusammen:

> „Eine direkte Ermittlung der schülerspezifischen Wahrnehmungen von Lehrkraft und Unterricht wird durch Befragungen der Schüler möglich. Untersuchungsgegenstand ist damit explizit die Perspektive der Betroffenen. Dass damit ein wesentlicher Aspekt des *Unterrichts* ermittelt wird, ist kaum zu bestreiten … Für eine Befragung von Schülern spricht u. a. ihre Langzeiterfahrung mit Schule, Unterricht und Lehrkräften. Schüler kennen Lehrkräfte sowohl im Vergleich mehrerer Fächer als auch im Vergleich über die Schulzeit hinweg. Ihre Aussagen können sich auf Wahrnehmungen über einen längeren Zeitraum und auf die Erfahrungen in unterschiedlichen Situationen stützen."

Internationale Unterrichtsforschung

Ein grundlegender Artikel zu dieser Frage stammt von De Jong und Westerhof (2001). Sie führen aus:

> „The judgement of teachers' behaviour by students has several advantages. In the first place, written measures of the perceptions of students are more cost-effective and efficient to obtain than observations of external, hired observers. In the second place, perceptions of students are based on day-to-day experiences with the teacher during different lessons. External observations are usually restricted to a limited number of lessons. Therefore an external observer has no idea whether the observed behaviour is representative for the teacher or not. Besides, the presence of an external observer can influence teachers' behaviour. In the third place, the perceptions of the students express the joint ratings of the students, whereas external observations are restricted to rating by a single person. In the fourth place, students' perceptions determine their behaviour. Therefore, these perceptions are probably more important in predicting achievement than externally-observed behaviour. Finally, perceptions explain more variance in achievement than externally-registered behaviour." (p. 53)

Das Projekt „Schule & Co"

In diesem Modellversuch, einem Gemeinschaftsunternehmen des nordrhein-westfälischen Ministeriums für Schule und Weiterbildung, Wissenschaft und Forschung und der Bertelsmann-Stiftung (Herrmann & Höfer, 1999) geht es ebenfalls zentral um die Evaluation des *Unterrichts*. Ausgehend von der bisherigen Vernachlässigung dieses Themas in der pädagogischen Schulentwicklung wird die Unterrichtsevaluation als ein zentrales Lern- und Entwicklungsfeld bezeichnet. Der altersangemessenen Beteiligung der Schülerinnen und Schüler – sowohl an der Entwicklung von Erhebungsinstrumenten als auch bei der Evaluation selbst – wird dabei besondere Wichtigkeit eingeräumt. In diesem Zusammenhang stellen die Autoren fest:

> „Wenn Lehrerinnen und Lehrer etwas über sich lernen wollen, benötigen sie zu ihrer Selbstbeobachtung ergänzend unbedingt Beobachtungen aus einer zweiten Perspektive, beispielsweise aus der Schülerperspektive." (Herrmann & Höfer, 1999, S. 18)

Forschung zur Schul- und Unterrichtsentwicklung

Auch in der Schulentwicklung gilt die Bezugnahme auf die Einschätzungen und Sichtweisen der Schülerinnen und Schüler zum Unterricht inzwischen als ein Schlüssel für die Verbesserung der Unterrichtsqualität. Im Standardwerk „Unterrichtsentwicklung" schreiben Horster und Rolff (2001):

> „Man kann sich der Effizienz des *Unterrichts* nur gewiss sein, wenn er kontinuierlich evaluiert wird." (S. 52) „Eine wichtige Ergänzung für das kollegiale Feedback aus der Lehrerperspektive stellt das Feedback durch Schüler dar, das z. B. durch Fragebögen erhoben werden kann." (S. 170)

Bildungsministerien

Immer mehr Bundesländer sehen ausdrücklich Formen der Schülerrückmeldung über Unterricht vor. So heißt es im Programm „Qualitätsentwicklung und Qualitätssicherung" des Ministeriums für Schule, Wissenschaft und Forschung des Landes Nordrhein-Westfalen (2000):

„Systematische Rückmeldungen der Schülerinnen und Schüler an die Lehrkräfte über den von ihnen erlebten *Unterricht* sollten ebenso die Regel werden wie gemeinsame Beratungen über die Gestaltung des Unterrichts." (S. 6)

Projekt „Unterrichtsqualität an Schweizer Schulen"

In der Schweiz ist die Feedbackkultur weit vorangeschritten. Bessoth und Weibel (2000) geben den Lehrkräften eine systematische Rückmeldung über Stärken und Schwächen der Unterrichtskultur und des Unterrichtsklimas:

> „Die Reputation von Befragungen von Schülerinnen und Schülern ist nach allen vorliegenden Forschungen höher als die der Zensurengebung durch die Lehrenden. Das heißt den Einschätzungen der „Klienten" kann mehr Reliabilität (Zuverlässigkeit) und Validität (Gültigkeit) zugebilligt werden als der Notengebung, die ja individuell erfolgt. … Obwohl viele Lehrende glauben machen wollen, dass ihre Schülerinnen und Schüler, und insbesondere die ganz jungen, keine konsistenten Urteile über Lehrpersonen und deren *Unterricht* aufgrund ihrer fehlenden Reife, ihrer mangelnden Erfahrungen und ihrer Sprunghaftigkeit fällen können, zeigen die bis in die 20er Jahre zurückreichenden Forschungen genau das Gegenteil: Die Urteile der Lernenden waren von Jahr zu Jahr stabiler." (S. 74)

> „… Ein Kernstück des Ansatzes besteht darin, dass die „Kunden" der Lehrenden ernst genommen und als wichtige Informanten herangezogen werden. In Sonntagsreden ist immer alles klar: „Die Schule ist für die Schülerinnen und Schüler da!" Aber im Schulalltag geht diese Binsenweisheit allzu leicht verloren und löst sich in nichts auf. Wenn die öffentlichen Schulen, deren Image durch ihre begrenzte Fähigkeit, auf den gesellschaftlichen und technologischen Wandel angemessen zu reagieren, bereits etwas gelitten hat, überleben wollen, müssen sie entdecken, dass die neuen Gegebenheiten (Entwicklung zu einer Wissensgesellschaft im Postkapitalismus) gänzlich neue Spielregeln verlangen." (S. 82)

Schwerpunktheft der Zeitschrift PÄDAGOGIK

Das Heft 5/2001 mit dem Thema „Schülerrückmeldung über Unterricht" hat die Diskussion über die Thematik vertieft und intensiviert. Besonders wichtig finde ich die Ausführungen von Bastian, Combe und Langer (2001):

> „Typisch ist zunächst: Wer heute mit systematischem Schülerfeedback arbeitet, der erreicht in der Öffentlichkeit leicht eine hohe Aufmerksamkeit, weil damit ganz offensichtlich – selbst wenn die eigenen Intentionen andere sind – der Eindruck erweckt wird, hier ginge es um die Beurteilung von Lehrer(inne)n durch Schüler(innen). Die außerschulische Öffentlichkeit sieht in Schülerrückmeldung zunächst eine einfache Umkehr selbst erfahrener schulischer Be- oder Verurteilungspraxis. Das weckt bei den einen Hoffnungen, bei den anderen Befürchtungen.

> Eindeutiger scheint die Reaktion bei vielen Kolleginnen und Kollegen. Hier stößt man mit Vorschlägen zum Schülerfeedback über Unterricht recht schnell auf Skepsis und Ablehnung. Nicht selten scheint dahinter ebenfalls die Vorstellung einer einfachen Umkehrung schulischer Be- oder Verurteilungspraxis zu stehen.

> Erste Erfahrungen mit Formen systematischer Schülerrückmeldung über Unterricht entsprechen aber weder den Hoffnungen der Öffentlichkeit noch den Befürchtungen von Lehrerinnen und Lehrern. Sie können stattdessen eher neugierig machen auf die Potenziale von Schülerrückmeldung als Gestaltungsinstrument, das zu einer neuen *Qua-*

lität von Unterricht beitragen kann. Formen, Verfahren und Methoden, die Schüler und Lehrer in ein Gespräch über Unterricht bringen können, „das erstaunliche Wirkungen zeigt; Wirkungen, die wir so nicht erwartet haben" – so ein Lehrerteam nach einem halben Jahr Erfahrung mit systematischer Schülerrückmeldung in der 5. Klasse eines Gymnasiums." (S. 6)

„… Rückmeldung ist also darauf gerichtet, mit Hilfe angemessener Methoden Sichtweisen und Bewertungen anderer Personen kennen zu lernen, um einen Gegenstand besser zu verstehen. Rückmeldung berücksichtigt also die Wechselseitigkeit der Erfahrung. Sie will die Perspektiven- und Erfahrungsunterschiede produktiv machen." (S. 7)

Feedbackprojekt der Schüler/innenkammer Hamburg gemeinsam mit der GEW

Dies ist nach meiner Einschätzung ein sehr interessantes und aussichtsreiches Projekt. Da sich Schüler/innen, obwohl Adressat aller unterrichtlichen Bemühungen, bisher in der öffentlichen Diskussion kaum zu Wort gemeldet haben, soll hier deren Stellungnahme ausführlich dokumentiert werden[67]:

„Bewertung des Unterrichts und der Lehrerinnen und Lehrer durch die Schülerinnen und Schüler" hieß eine der Forderungen auf dem ersten SchülerInnenforum vom Mai '99, mit der rund einhundert Schulsprecherinnen und Schulsprecher deutlich machten, dass guter Unterricht nur zustande kommen kann, wenn Schülerinnen und Schüler zusammen mit ihren Lehrerinnen und Lehrern Kriterien für den Unterricht festlegen. Wenn Schülerinnen und Schüler also auch mitbestimmen können, wie der Unterricht abläuft. Schülerinnen und Schüler müssen es zur Zeit meistens hinnehmen, dass ihre eigenen Wünsche und Ansprüche an interessanten und ansprechend gestalteten Unterricht nicht ernst genommen werden. Oft gibt es nicht einmal Raum und Zeit, derartige Wünsche zu äußern. Dies führt unweigerlich zur Resignation der Schülerinnen und Schüler – nach dem Motto: Ändern kann man ja eh nichts, wozu sich also weiter einbringen. Viele Schülerinnen und Schüler haben Angst, am Unterricht zu nörgeln. Sie befürchten dadurch schlechter benotet zu werden. Doch genau so viel Angst haben anscheinend die Lehrerinnen und Lehrer vor der Beurteilung durch ihre Schülerinnen und Schüler. Das mag zunächst paradox klingen – haben doch gerade Lehrerinnen und Lehrer in ihrem Beruf wie in kaum einen anderem mit Beurteilungen zu tun. Doch trotzdem existieren Ängste, wenn es um die Beurteilung der Person geht. Das mag von daher verständlich sein, dass Lehrerinnen und Lehrer über bestimmte Privilegien verfügen, die etwas, was auf dem normalen Arbeitsmarkt selbstverständlich ist, bisher ausschlossen: die Bewertung der eigenen Arbeit, der Vergleich mit anderen.

Daher gilt es, die Ängste der Lehrerinnen und Lehrer zunächst einmal zu akzeptieren, um sie dann abzubauen. Denn dass derartige Furcht unnötig ist, zeigt die Praxis. Schülerinnen und Schüler, deren Lehrerinnen und Lehrer ein Feedback zulassen oder sogar erwünschen, bringen sich interessierter und engagierter in den Unterricht ein, wenn sie merken, dass sie ernst genommen werden. Den Lehrerinnen und Lehrern bietet sich hierbei die Chance, in Erfahrung zu bringen, wie ihr *Unterricht* auf die Schülerinnen und Schüler wirkt. Außerdem können sie ihr Verständnis für die Wertmaßstäbe von Schülerinnen und Schülern erweitern. Lehrerinnen und Lehrer, die Feedback zulassen, gelten bei ihren Schülerinnen und Schülern als starke Persönlichkeiten, unabhängig davon, ob diese sie mögen oder nicht. Die durch den gemeinsamen Dialog entstehenden und spürbaren Erfolge führen zu einem angenehmeren Lernklima und bewirken gleichzeitig das Entstehen einer Vertrauensbasis.

Auf beiden Seiten – sowohl bei Schülerinnen und Schülern als auch bei Lehrerinnen und Lehrern – gibt es großes Interesse, der Forderung nach Beurteilung der Lehrerinnen und Lehrer durch die Schülerinnen und Schüler nachzukommen. So entstand aus der Forderung des ersten SchülerInnenforums ein gemeinsames Projekt der SchülerInnenkammer Hamburg und der GEW Hamburg. Wissenschaftlich begleitet von den Erziehungswissenschaftlern Johannes Bastian und Arno Combe soll nun an vier Schulen ein Pilotprojekt gestartet werden, das sich zum Ziel gesetzt hat, Möglichkeiten des SchülerInnen-Feedbacks zu erarbeiten. Gerade von Seiten der Schülerinnen und Schüler war das Interesse, an diesem Projekt teilzunehmen sehr groß. Bereits in diesem Schuljahr soll das SchülerInnen- Feedback an den beteiligten Schulen in die erste Runde gehen.

Bei dem Projekt geht es allerdings nicht darum, die Rollen im Klassenzimmer einfach zu tauschen, und den Lehrerinnen und Lehrern Noten zu vergeben, sondern darum, gemeinsam Verfahren und Methoden für Unterrichtsentwicklung und -evaluation zu entwickeln. Dies trägt in hohem Maße zu Demokratisierung von Schule bei. Wir hoffen, dass wir damit eine Feedbackkultur ins Rollen bringen, die nach und nach zu einer Selbstverständlichkeit im Klassenzimmer wird.

Wir gehen davon aus, dass die Entwicklung von Schule und Unterricht nur davon leben kann, ob und wie die Beteiligten sie wollen und tragen. Nimmt man diesen Sachverhalt ernst, dann liegt es nahe, dass SchülerInnen und LehrerInnen gemeinsam Kriterien für guten Unterricht und Verfahren für eine stärkende und vertrauensvolle Feedback-Kultur erarbeiten.

Dabei geht es nicht um eine Vermischung der jeweils unterschiedlichen Rollen von LehrerInnen und SchülerInnen. Die gemeinsame Evaluation von Unterricht soll auch dazu beitragen, das jeweils Besondere der unterschiedlichen Rollen im Lernprozess transparent und diskutierbar zu machen. Für LehrerInnen bietet SchülerInnenrückmeldung die Chance, Informationen zu bekommen und das Verständnis zu modifizieren und zu erweitern für:

- die Wirkung ihrer Unterrichtsgestaltung;
- den Grad, in dem sie angestrebte Ziele erreicht haben;
- Interaktionsprozesse im Unterricht;
- die Lebenswelt und Wertmaßstäbe der SchülerInnen.

Für die SchülerInnen bietet die Erarbeitung von Rückmeldungen die Chance, die pädagogischen Ziele der Unterrichtsplanung, Bewertungskriterien und Entscheidungsfindung der LehrerInnen nachzuvollziehen und verstehen zu lernen und so Mitverantwortung für den Unterricht zu übernehmen. Gleichzeitig wird durch eine systematische Reflexion von Unterricht die Urteils- und Planungsfähigkeit unterstützt. Beide Seiten können vom Gelingen der SchülerInnenrückmeldung dadurch profitieren, dass

- ihre Selbstbilder und Selbsteinschätzungen realistischer werden und sich stärker mit den Fremdeinschätzungen decken;
- sie ihr Verständnis füreinander vertiefen und

- sie spürbare Erfolge hinsichtlich der Verbesserung der Unterrichtspraxis erzielen. Methoden, Verfahren und Fragestellungen werden in einem auf zwei Jahre angelegten Projekt zwischen beteiligten LehrerInnen und SchülerInnen gemeinsam entwickelt, erprobt und evaluiert. Eine zentrale Projektgruppe koordiniert und verbreitet die Erfahrungen. Unnötig zu betonen, dass die Basis für die Teilnahme am Projekt auf Freiwilligkeit und Transparenz beruht. Die Initiatoren erhoffen und erwarten, dass über positive Ergebnisse und deren Veröffentlichung Akzeptanz für regelmäßige Feedback-Verfahren hergestellt wird und somit eine Feedback-Kultur Einzug in die Schulen halten kann. Schülerrückmeldung soll so einen Beitrag zur Demokratisierung der Schulentwicklung leisten."

Das Pilotprojekt „Unterrichtsbeurteilung durch Schüler" des Sächsischen Staatsministeriums für Kultus[68]

Dieses Projekt ist nach meiner Einschätzung schon deshalb bemerkenswert, weil hier Schülerangaben zum Unterricht, wie beim Projekt MARKUS in Rheinland-Pfalz (Helmke et al., 2002c), nicht beiläufig oder als Nebenaspekt im Rahmen einer Survey-Studie erhoben wurden, sondern mit dem expliziten Ziel der Verbesserung der Unterrichsqualität. Das Projekt begann Ende 1999; an der Erhebung beteiligten sich insgesamt 12 Schulen (Mittelschulen, Gymnasien und Berufliche Schulen).

Die für die Akzeptanz sehr heikle Frage der Anonymität wurde hier so gelöst, dass die Lehrkräfte die Wahl zwischen drei Varianten der Ergebnisrückmeldung hatten:

„Variante 1: Die Vertrauensperson erhält in einer Postsendung die Gesamtauswertung sowie in verschlossenen Umschlägen die Auswertungen für die einzelnen Lehrerinnen und Lehrer. Die verschlossenen Umschläge werden durch die Vertrauensperson an die entsprechenden Lehrer weitergeleitet.

Variante 2: Die Ergebnisse werden jeder Lehrerin bzw. jedem Lehrer privat zugestellt. Die Gesamtergebnisse werden der Vertrauensperson an die Schuladresse geschickt.

Variante 3: Die Vertrauenspersonen holen unter Vorlage des Personalausweises die Ergebnisse für die an der Schule beteiligten Kollegen in der Sächsischen Arbeitsstelle ab. Die große Mehrheit der Schulen wählte die Variante 1, die Variante 2 wurde einmal, die Variante 3 zweimal gewählt."

Interessant für die Planung künftiger Aktionen zum Schülerfeedback erscheinen mir die folgenden Erfahrungen der Forschungsgruppe:

„Die Zweifel insbesondere unbeteiligter Lehrer, dass Schüler den Unterricht ihrer Lehrer nicht einschätzen könnten, haben sich nach Aussage der beteiligten Lehrer nicht bestätigt. Eine Schule stellte in ihrer Auswertung dazu Folgendes fest: „Zur Überraschung aller Projektbeteiligten spiegelten die Ergebnisse offensichtlich sehr genau seine/ihre individuellen Stärken oder Schwächen wider. Auch ergab sich bei Befragungen in Jahrgangsstufen mit sehr großem Altersunterschied (6. und 11. Jahrgangsstufe) eine erstaunlich große Deckungsgleichheit der Ergebnisse.

Einige Lehrer beschrieben, dass sie vor allem Klassen für die Beurteilung ausgewählt hätten, in denen sie Schwierigkeiten im Unterricht haben. Insgesamt wird eingeschätzt, dass sich Lehrer am Projekt beteiligt haben, die generell an Schülerurteilen zu ihrem Unterricht interessiert sind und bereits ein entsprechendes Vertrauensverhältnis zu den

Schülern aufgebaut haben. Das sagt jedoch nicht über die Qualität des Unterrichts dieser Lehrer aus. Diese Meinung wird auch durch Schüleräußerungen am Rande der Befragung gestützt."

Abschließend ein Auszug aus den Empfehlungen, die auch für andere Gruppen, Kollegien oder Projekte von Interesse sein dürften und deshalb ausführlich berichtet werden:

„Die Schülerbefragung kann nach Aussagen der beteiligten Lehrerinnen und Lehrer ein hilfreiches Feedback zur Entwicklung der Unterrichtsqualität geben.

Das Instrument sollte allen Lehrerinnen und Lehrern in Sachsen zur Verfügung gestellt werden, die auf diese Weise von ihren Schülern eine Rückmeldung zu ihrem Unterricht wünschen.

Dabei sollte das Prinzip der Freiwilligkeit unbedingt erhalten bleiben, da der Einsatz des Feedback- Instruments der Verbesserung oder Weiterentwicklung der eigenen Arbeit dienen soll. Eine Qualitätsentwicklung in diesem Sinne lässt sich jedoch nicht gegen, sondern nur mit den Lehrern entwickeln. Eine Ausweitung der Nutzung solcher Instrumente und Methoden sollte im Rahmen der Entwicklung einer Feedback-Kultur an Schulen erfolgen, in der Schülerbefragungen als eine hilfreiche Art der „Kundenbefragung" zunehmend selbstverständlich werden.

Soll die Unterrichtsbeurteilung durch Schüler, wie konzeptionell geplant, zu einem Baustein für die Qualitätssicherung von Schule werden, ist die Beteiligung aller Lehrer an der Schule wünschenswert. Die Entscheidung darüber sollte jedoch im Kollegium der jeweiligen Schule erfolgen.

Schülerbefragungen können ein wichtiger Bestandteil schulinterner Evaluation zur Überprüfung und Präzisierung vereinbarter Zielvorstellungen und Erfolgsindikatoren sein, sie werden aber sicher nicht als das einzige Instrument zur Messung der Wirkungen pädagogischer Schulentwicklung angesehen werden können. Gerade wenn es darum geht, differenzierte Schulprogramme zu entwickeln und umzusetzen, bedarf es einer Vielfalt von Verfahren und Instrumenten zur Sicherung von Ergebnissen wie auch zur Qualitätskontrolle. Die Befragung der Beteiligten – infrage kommen neben den Schülerinnen und Schülern vor allem auch die Eltern – kann dabei vor allem auch Auskunft darüber geben, wie weit diese die Entwicklungen mittragen und stützen. In diesem Prozess sollten, auch um die Akzeptanz von Schülerbefragungen in der Lehrerschaft und die Verwertbarkeit der Ergebnisse insgesamt zu erhöhen, Schulen verstärkt Beratung und Begleitung erhalten.

Es hat sich bewährt, eine schul- und schulaufsichtsunabhängige Institution mit der Durchführung und Auswertung der Schülerbefragung zu beauftragen, die die notwendige Anonymität im Umgang mit den Daten und die Einhaltung der datenschutzrechtlichen Bestimmungen gewährleistet. Besonderes Augenmerk wurde auf die Transparenz des gesamten Verfahrens, auf eine diskrete und reibungslose Erhebung sowie auf einen vertrauensvollen Umgang mit den beteiligten Lehrern gerichtet, wie an anderer Stelle bereits im Detail dargelegt wurde.

An dieser Stelle werden Empfehlungen zum weiteren Verfahren gegeben, die in Abwandlung oder in Ergänzung des erprobten Verfahrens erfolgen sollten:

• Die Planung, Durchführung und Auswertung der Schülerbefragung sollte zukünftig in Eigenregie der Schule laufen und relativ unabhängig von externen Einrichtungen möglich sein. Wenn die Schulaufsicht nicht mehr als Initiator der Erhebungen in Erscheinung tritt, könnte möglicherweise eine größere Vertrauensbasis entwickelt und die Eigenverantwortung der einzelnen Schule in diesem Prozess gestärkt werden.

- Es sollte darüber hinaus weiterhin die Möglichkeit für einzelne Lehrer geben, eine Schülerbefragung für ihre individuelle Verwertung durchzuführen und eine Auswertung durch eine schul- und schulaufsichtsunabhängige Institution erstellen zu lassen.
- Da damit gerechnet werden kann, dass Unterrichtsbeurteilungen durch Schüler in Sachsen in den nächsten Jahren eine erhebliche Ausweitung erfahren, sollte das Verfahren der Datengewinnung und -auswertung unter Berücksichtigung der datenschutzrechtlichen Bestimmungen und bei Wahrung der Anonymität vereinfacht werden. In der erprobten Form ist es sehr zeitaufwendig und arbeitsintensiv.
- Es sollte das Anliegen des Projekts sowie der überarbeitete Fragebogen über das Internet präsentiert und zur Information für alle Interessenten abrufbar sein.
- Für das Verfahren an der Schule empfehlen wir die Wahl eines Lehrers des Vertrauens, der den gesamten Prozess der Befragung koordiniert. Es sollte sicher gestellt werden, dass die Erhebung nicht von dem Lehrer vorgenommen wird, dessen Unterricht von den Schülern gerade eingeschätzt werden soll. Dafür sollten im Einvernehmen mit den/der Beurteilten entweder Kollegen, Schülersprecher oder externe Personen gewonnen werden.
- Um praktikable und möglichst valide Ergebnisse sowohl auf der individuellen bzw. auf der schulischen Ebene zu erhalten, sollte die Schülerzahl möglichst groß sein und es sollten verschiedene Klassenstufen und Fachbereiche beteiligt werden.
- Dringend zu empfehlen ist eine Rückmeldung und Diskussion der Ergebnisse mit den Schülern der Klasse, die eine Beurteilung des Unterrichts vorgenommen haben. Geschieht das nicht, wird das Ziel der Erhebung gefährdet und die Motivation für weitere Befragungen bei den Schülern gemindert.
- Für die Auswertung der Ergebnisse und eine konstruktive Verarbeitung der Feedback-Informationen sollte der Schule und den einzelnen Lehrern eine externe fachliche Beratung ermöglicht werden. Bedarf sehen wir vor allem bei der Moderation der Auswertungsveranstaltungen auf schulischer Ebene sowie der weiteren Prozessberatung, aber auch für Supervisionen und andere Beratungsformen, durch die einzelne Lehrer in ihrer Ergebnisverarbeitung Unterstützung finden können."

Ich schließe diesen Rundblick mit einer kurzen Stellungnahme von Eikenbusch (2001a) im soeben erwähnten Schwerpunktheft der Zeitschrift „PÄDAGOGIK" ab:

„Feedback kann – je nach angestrebten Zielen – genutzt werden,
1. um ‚Kunden' den Eindruck zu vermitteln, dass sie mitbestimmen,
2. um eine Sache oder eine Person von anderen beurteilen zu lassen,
3. um herauszufinden, ob ein Ziel oder ein Zweck erreicht wurde,
4. um zu erfahren, wie man den Arbeitsprozess gestalten und eventuell Veränderungen herbeiführen kann,
5. um Prozesse gemeinsam zu reflektieren und die Beteiligten anzuregen, sie selbst zu beeinflussen." (S. 18)

Zusammengefasst lassen sich viele Vorteile, aber auch einige Restriktionen von Schülerurteilen feststellen:

Positiv	Negativ
Schülerinnen und Schüler sind die Zielgruppe des Unterrichts, und von daher liegt zunächst nichts näher, als diese selbst auch zu Wort kommen zu lassen	Schülerinnen und Schüler können mit der Unterrichtsbeurteilung überfordert sein. Die didaktische Kompetenz und die fachliche Expertise von Lehrkräften können sie schwer beurteilen.
Anders als die Beurteilerinnen und Beurteiler einer einzelnen Unterrichtsstunde oder eines Videoausschnitts können Schülerinnen und Schüler als Verhaltensstichprobe ein ganzes Schuljahr oder mehr zugrunde legen.	Es ist oft unklar und geht aus den Angaben nicht hervor, welchen Maßstab Schülerinnen und Schüler zugrunde legen, wenn sie ein Urteil über eine bestimmte Lehrkraft abgeben und über welchen Zeitraum sie kognitiv mitteln.
Durch die Aggregierung der Daten einzelner Schülerinnen und Schüler zu Klassenmittelwerten lassen sich Verzerrungen und Fehler wenn nicht ausschalten, so doch minimieren.	In einzelnen Fällen ist nicht auszuschließen, dass die Angaben verzerrt sind (etwa: Bevorzugung extremer Antworten, negative Herabsetzung oder freundliche Aufwertung im Sinne von Gefälligkeitsaussagen).
Die klasseninterne Streuung des beurteilten Unterrichtsmerkmals lässt sich als das Ausmaß der Übereinstimmung bsw. Uneinigkeit innerhalb der Klasse interpretieren.	Differentielle Angaben zu einzelnen Fassetten der Unterrichtsqualität werden überlagert durch die allgemeine Beliebtheit und Wertschätzung der Lehrkräfte.

Kasten 53: Vor- und Nachteile von Schülereinschätzungen des Unterrichts

Resümee: Schülerangaben zum Unterricht repräsentieren eine sehr wichtige Perspektive. Da sie jedoch auch Schwächen haben, dürfen sie nicht verabsolutiert werden, und es müssen die Grenzen einer sinnvollen Nutzung im Auge behalten werden. Für Forschungszwecke und für eine *formative* Evaluation eignen sie sich vorzüglich; für die *summative* Evaluation der Unterrichtsqualität einzelner Klassen dagegen sehr eingeschränkt. Auch wenn Schülerurteile insgesamt gesehen ein relativ zuverlässiges und gültiges Verfahren zur Gewinnung von Aussagen über die Unterrichtsqualität sind, kann natürlich nicht ausgeschlossen werden, dass im Einzelfall auch einmal weniger zutreffende Einschätzungen erfolgen. Trotz solcher gelegentlichen Schwächen können Schülerbeurteilungen interessante, auf andere Weise nicht erhältliche Hinweise auf Stärken und Schwächen des Unterrichtens, auf besondere Problemlagen geben. Vor allem als Werkzeug für die Unterrichtsentwicklung sind sie sehr gut geeignet.

6.5.2 Standortbestimmung und Benchmarking durch Schülerfeedback

Man kann die Ergebnisse der großen Vergleichsstudien, sofern ihre Daten in geeigneter Form publiziert sind, für die Standortbestimmung hinsichtlich der Unterrichtsqualität in der eigenen Klasse nutzen. Als Beispiel werden im Folgenden die unterrichtsbezogenen Ergebnisse aus dem Projekt MARKUS (8. Klassenstufe) in tabellarischer Form berichtet. Aus Gründen der Übersichtlichkeit wird pro Frage nicht die komplette Antwortverteilung dargestellt, sondern die beiden zustimmenden Kategorien („trifft ziemlich zu" und „trifft vollkommen zu") werden zu einem Gesamtwert zusammengelegt. Dies ergibt die Prozentwerte „Zustimmung" in Kasten 54. Zur Interpretation der teilweise eklatanten Unterschiede zwischen den Bildungsgängen vgl. die entsprechenden Kapitel im ausführlichen MARKUS-Buch (Helmke & Jäger, 2002).

		Zustimmung in Prozent			
Aufgabenkultur		ges.	HS	RS	GY
	Unser Mathematiklehrer/unsere Mathematiklehrerin …				
1	… betont oft, dass es mehrere Wege zu einer Aufgabenlösung gibt.	74	76	73	72
2	… ermuntert uns, eigene Lösungswege zu probieren.	54	63	51	46
	Wenn ich einen Fehler mache, dann …				
3	… fragt der Lehrer/die Lehrerin erst die anderen und lässt dann diskutieren, welche Aussage die richtige ist.	71	70	71	72
Strukturierung					
	Unser Mathematiklehrer/unsere Mathematiklehrerin …				
4	… weist uns darauf hin, wenn etwas besonders beachtenswert ist.	79	79	78	80
5	… fasst den Stoff am Ende der Stunde noch einmal zusammen.	39	55	34	24
Leistungserwartung					
	Mein Mathematiklehrer/meine Mathematiklehrerin …				
6	… will, dass ich mich richtig anstrenge.	83	88	81	79
7	… achtet sehr darauf, dass ich gute Leistungen bringe.	63	76	58	51

		Zustimmung in Prozent			
	Motivierung	ges.	HS	RS	GY
	Mein Mathematiklehrer/meine Mathematiklehrerin …				
8	… kann neue Themen gut erklären.	64	73	61	54
9	… kann mich manchmal richtig für die Themen begeistern.	48	60	42	37
10	… kann auch trockene Themen wirklich interessant machen.	38	49	33	27
	Relevanz von Mathematik				
	Mein Mathematiklehrer/meine Mathematiklehrerin …				
11	… zeigt uns, wie nützlich Mathematik im Alltag sein kann.	50	68	46	33
12	… betont, dass Mathematik in vielen Berufen eine wichtige Rolle spielt.	58	79	55	35
	Schülerorientierung				
	Mein Mathematiklehrer/meine Mathematiklehrerin …				
13	… weiß genau, bei welchen Aufgaben ich Schwierigkeiten habe.	55	67	50	43
14	… erklärt etwas so lange, bis ich es verstehe.	61	73	56	50
15	… nimmt sich immer Zeit, wenn ich etwas mit ihm/ihr bereden möchte.	61	68	57	56
16	… kümmert sich um mich, wenn ich Schwierigkeiten habe.	57	68	53	48
	Klassenführung				
	Mein Mathematiklehrer/meine Mathematiklehrerin …				
17	… weiß immer genau, was in der Klasse vor sich geht.	59	71	57	46
	Im Mathematikunterricht …				
18	… muss der Lehrer/die Lehrerin oft eingreifen, um Aufmerksamkeit herzustellen.	65	63	67	64
19	… sind die Schüler/innen während des Unterrichts aufmerksam und konzentriert.	41	45	37	39
20	… sind die Spielregeln, die man einhalten muss, allen bekannt.	78	81	78	75
21	… hat der Lehrer/die Lehrerin klar gemacht, was passiert, wenn man Regeln verletzt.	65	73	67	53

		Zustimmung in Prozent			
	Freiheitsspielräume	ges.	HS	RS	GY
	Im Mathematikunterricht …				
22	… gibt uns der Lehrer/die Lehrerin verschiedene Themen oder Aufgaben zur Auswahl.	14	22	11	8
23	… geht der Lehrer/die Lehrerin auf Vorschläge und Anregungen der Schüler/innen ein.	34	41	32	28
	Zeit für Reflektion				
	Mein Mathematiklehrer/meine Mathematiklehrerin …				
24	… verlangt blitzschnelle Antworten.	48	47	50	48
25	… geht gleich zum nächsten Schüler, wenn ich nicht sofort antworte.	39	38	42	38
26	Wenn ich einen Fehler mache … … ruft der Lehrer/die Lehrerin jemand anderen auf, der es wahrscheinlich richtig weiß.	66	68	66	63
	Kleingruppenarbeit				
	Im Mathematikunterricht …				
27	… arbeiten wir oft in kleinen Gruppen an verschiedenen Aufgaben.	20	23	21	14
28	… helfen die leistungsstärkeren Schüler/innen den schwächeren auch einzeln oder in kleinen Gruppen.	44	46	46	39
	Leistungsdifferenzierung				
	Im Mathematikunterricht …				
29	… verlangt der Lehrer/die Lehrerin von den guten Schülern deutlich mehr.	48	55	44	44
30	… stellt der Lehrer/die Lehrerin leistungsschwächeren Schüler/innen einfachere Fragen.	25	34	20	20

Kasten 54: Unterrichtsqualität aus Schülersicht (8. Klassenstufe) im Projekt MARKUS: Prozentsatz der Zustimmung zu einzelnen Fragen (nach Bildungsgang)

6.5.3 Nutzung von Vergleichsdaten für Benchmarking

Auch die Ergebnisse anderer Vergleichsstudien, in denen Fragen zum Unterricht gestellt wurden, sind teilweise publiziert bzw. wurden für die wissenschaftliche Öffentlichkeit ins Netz gestellt. Insbesondere die IEA (z. B. TIMSS, PIRLS) und die OECD (PISA) stellen die kompletten Datensätze sehr zügig nach den vorangegangenen Buchpublikationen ins Netz. Viele ausführliche Tabellen sind auch im internationalen Bericht über PISA 2000 (OECD, 2001b) und (leider nur Beispielitems) im Bericht des deutschen PISA-Konsortiums (Baumert et al., 2001) enthalten. Die Internetadressen der wichtigsten Projekte sind in Kapitel 5 angegeben. Der Gruppe TIMSS-Austria[69] gebührt das Verdienst, die Ergebnisse der TIMS-Studie in Form einer CD (Preis: 100 Euro) und eines im Internet kostenlos erhältlichen Manuals speziell für innerschulisches Benchmarking aufbereitet zu haben (2002). Es handelt sich dabei um die TIMSS-Oberstufenuntersuchung (TIMSS/III).

6.5.4 Andere Fragebögen zum Unterricht aus Schülersicht

Im Internet und in Form von Büchern und Broschüren gibt es inzwischen eine Vielfalt von teils selbst entwickelten, teils adaptierten Instrumenten. Hier nur wenige Beispiele:

Das *IFS-Schulbarometer*. Vom Dortmunder Institut für Schulentwicklung (ifs) wurde ein umfassender Fragebogen u.a. zu Themen der Schul- und Unterrichtsqualität entwickelt, dessen Ergebnisse auf großen Stichproben basieren: das IFS-Schulbarometer (Institut für Schulentwicklungsforschung, 1999). Das IFS-Schulbarometer[70] ist ein Instrument zur Erfassung von Schulwirklichkeit aus unterschiedlichen Perspektiven und eignet sich ab der 5. Klassenstufe. Die Neufassung 1999 wurde um eine Vielzahl von Bereichen erweitert. Zur Eingabe und Auswertung der Daten liegt ein passendes Programm für alle Fragebögen auf Diskette vor. In der so genannten IFS-Durchschnitts-Schule werden Vergleichsdaten aus repräsentativen Befragungen angeboten, differenziert nach den Bildungsgängen Hauptschule, Realschule, Gymnasium und Gesamtschule. Auf diese Weise eignet sich das Schulbarometer ebenfalls als Maßstab (benchmark), um die (auf Klassenebene gemittelten) Angaben zum Unterricht in der eigenen Klasse besser einschätzen zu können. Er umfasst Angaben zu folgenden Bereichen:

• Allgemeine Einschätzung der eigenen Schule
• Schulleben
• Unterricht
• Schülermitbestimmung
• Persönliche Einschätzungen
• Angaben zur Person

Der *„Fragebogen zur konstruktiven Unterrichtskritik im Fach Deutsch"*[71], der allerdings einige in ihrer Formulierung sehr harte und für viele Lehrkräfte vermutlich nicht akzeptable Items enthält, indem beispielsweise danach gefragt wird, ob Lehrkräfte sich eine falsche Autorität anmaßen, ob sie launisch sind und dergleichen. Ich finde, dass wertende Urteile über Lehrkräfte, die dermaßen in den persönlichen Bereich gehen, nicht in einen Bogen zum Unterrichtsfeedback gehören, obwohl es natürlich Fälle geben mag, wo die mangelnde emotionale Stabilität ein Problem darstellt. Es besteht jedoch die Gefahr, dass die Bereitschaft zur Verbesserung des Unterrichts (das eigentliche Ziel von Schülerfeedback) durch solche Negativaussagen blockiert und das gesamte konstruktive Potenzial dieses Instrumentes verloren geht oder sogar ins Gegenteil verkehrt wird.

Schülerfragebogen des BIJU-Projektes. Zu den differenziertesten und ausführlichsten Fragebögen zur Wahrnehmung des Unterrichts aus Schülersicht gehört der im Projekt BIJU[72] des MPI für Bildungsforschung verwendete Schülerfragebogen. Er ist bei Gruehn (2000) sowie bei Clausen (2002) abgedruckt.

Schülerfragebogen zur Klassenführung. Ein oft verwendeter Schülerfragebogen zur Wahrnehmung von Techniken der Klassenführung wurde von Küppers entwickelt. Er umfasst 33 Fragen und ist bei Wahl et al. (1997, S. 368 f.) sowie bei Wellenreuther (in Druck) abgedruckt. Eine ausführliche Beurteilung der Klassenführung aus Sicht der Schüler stellt die Linzer Diagnose zur Klassenführung (Mayr, Eder & Fartacek, 2000) dar.

Stuttgarter Unterrichtsbeurteilungsbogen. Ein sehr differenziertes Messinstrument zur schulinternen Evaluation der Unterrichtsqualität wurde vom Institut für Berufs-, Wirtschafts- und Technikpädagogik der Universität Stuttgart entwickelt. Obwohl für die Berufsschule gedacht, lässt sich der Fragebogen (30 Items) ohne Weiteres auch in anderen Schularten einsetzen. Bemerkenswert: Es wird ein (kostenfreies) Angebot einer automatisierten grafischen Auswertung gemacht, basierend auf einem EXCEL-Programm – Normen sind allerdings (noch) nicht verfügbar. Das Instrument wurde von Mayer & Nickolaus (1998, 2003) entwickelt und kann kostenlos heruntergeladen werden (http://www.uni-stuttgart.de/downloads.htm; dort unter „Beurteilungsbogen [exe]").

Online-Unterrichtsauswertungen. Eine relativ neue und in Schulen zunehmend populärer werdende Methode ist die der Online-Auswertung des Unterrichts. Ein schönes Beispiel stammt von Kleiner (2003), dessen Evaluationsinstrument (www.sk-web.net/schule/evaluation) per Internet zu bearbeiten ist. Die anonymisierte Auswertung kann eine gute Basis für unterrichtsbezogene Diskussion und Verbesserungen sein; problematisch dabei ist lediglich, dass mit dem individuellen Versand der Rückmeldung per E-Mail personbezogene, sensible Daten anfallen; hier müsste darauf geachtet werden, dass mit Providern gearbeitet wird, deren E-Mail-Adressen die Identität des Versenders nicht preisgeben.

Zahlreiche andere Fragebögen und Inventare sind gegen Entgelt bei der Testzentrale[73] erhältlich.

6.5.5 Kurzbefragung im Anschluss an Unterrichtsstunden

Bisher war von der Beurteilung „typischen" Unterrichts die Rede, d. h. die Schüler/innen hatten die Aufgabe, den Unterricht bzw. ihre Lehrkräfte zu beurteilen, wie sie im Allgemeinen erlebt werden. Dies erfordert Denk- und Gedächtnisleistungen (wie die Orientierung an Vergleichsmaßstäben und vor allem eine Art „Mittelung" über die Zeit), die gerade für jüngere Schüler/innen nicht immer einfach sind.

Für die Unterrichtsentwicklung ist es nicht weniger interessant und ergiebig, etwas darüber zu erfahren, wie eine konkrete Stunde „angekommen" ist. Hier ist ein Beispiel für einen solchen Fragebogen, wie er im DFG-Projekt SALVE eingesetzt wurde (Hosenfeld et al., 2002) und wie er in modifizierter Form auch für die Videostudie im Rahmen des Projektes DESI der Kultusministerkonferenz geplant ist:

Was wir in der Stunde heute durchgenommen haben, habe ich …
❑ sehr gut verstanden
❑ gut verstanden
❑ einigermaßen verstanden
❑ nicht so gut verstanden
❑ schlecht verstanden
❑ sehr schlecht verstanden

Heute habe ich in der Stunde …
❑ sehr gut aufgepasst
❑ gut aufgepasst
❑ einigermaßen aufgepasst
❑ nicht so gut aufgepasst
❑ schlecht aufgepasst
❑ sehr schlecht aufgepasst

War Dir klar, worauf der Lehrer/die Lehrerin hinauswollte?
❑ völlig klar
❑ ziemlich klar
❑ einigermaßen klar
❑ nicht so klar
❑ ziemlich unklar
❑ völlig unklar

Heute war der Unterricht für mich …
❑ viel zu leicht
❑ etwas zu leicht
❑ genau richtig
❑ eher etwas zu schwer
❑ viel zu schwer

Was wir heute durchgenommen haben, fand ich …
❑ sehr interessant
❑ ziemlich interessant
❑ einigermaßen interessant
❑ nicht so interessant
❑ ziemlich uninteressant
❑ völlig uninteressant

Der Unterricht heute war …
❑ genau so wie andere Stunden auch
❑ anders als sonst, weil ....

Kasten 55: Schülerfeedback zu einer konkreten Unterrichtsstunde

6.5.6 Handreichung für die Planung, Durchführung und Auswertung

Einen praktischen Leitfaden zu Wegen und Methoden der Selbstevaluation haben Buhren, Killus & Müller (1999) entwickelt, die auch weiterführende und vertiefende Literatur nennen (S. 35 f.) und einige Fragebögen im Anhang abdrucken. Der Erleichterung des Einstiegs in die Selbstevaluation dienen auch die im Internet abrufbaren von den Schulen entwickelten Instrumente[74].

Ein umfassendes und nach meiner Einschätzung sehr nützliches Handbuch zur Evaluation in der Schule liegt von Burkhard und Eikenbusch (2000) vor. Dort werden alle Schritte – von der Klärung der Ziele, der Fragebogenentwicklung bis hin zur Kommunikation der Ergebnisse – ausführlich und praxisnah beschrieben. Das Buch enthält darüber hinaus zahlreiche direkt im Unterricht einsetzbare Instrumente. Es wird unterschieden nach

- *Ebenen*: Mikroebene (eigene Klasse), Mesoebene (ganze Schule) und Makroebene (Gesamtsystem) und
- *Zielen*: (a) Planung, Steuerung und Beteiligung für Schulentwicklung, (b) Selbstvergewisserung, Forschung, Professionalisierung, Erkenntnisgewinn und (c) Rechenschaftslegung.

Zur Anregung, sich mit dem letztgenannten Buch weiter zu beschäftigen, hier die von den Autoren für die Evaluation auf der Ebene der einzelnen Klasse vorgeschlagenen möglichen Leitfragen:

- *Wie erfolgreich* bin ich in meinem Unterricht?
- Wo liegen die *Stärken und Schwächen* der Schülerinnen und Schüler? In welchen Bereichen besteht ein besonderer Förderungsbedarf?
- Was haben die Schülerinnen und Schüler ihrer Meinung nach *gelernt,* und wie *zufrieden* sind sie mit dem Unterricht?
- *Wo stehen* die Schülerinnen und Schüler meiner Klasse im Vergleich zu anderen? Welche Gründe kann es dafür geben?
- Muss ich Arbeitsformen, *Unterrichtsstil*, Methoden, Medien, Themen oder Inhalte ändern?
- Werden die Unterrichtsinhalte so strukturiert und präsentiert, dass sie von den Schülerinnen und Schülern *gut aufgenommen und verarbeitet* werden können?
- Sind die Anforderungen, die ich stelle, dem *Schulabschluss angemessen*, den die Schülerinnen und Schüler anstreben?

**Kasten 56: Leitfragen für die Evaluation auf der Klassenebene
nach Burkard & Eikenbusch (2000)**

Für die Durchführung eines Benchmarking in Ihrer Klasse empfehle ich folgendes Vorgehen, wobei ich der Einfachheit von den Fragebogeninstrumenten ausgehe, die wir selbst im Projekt MARKUS entwickelt haben (siehe Kasten 54).

- Wählen Sie die Sie interessierenden Fragebereiche aus, z. B. die 30 Items zum Bereich „Unterrichtsqualität" oder einen Teil davon.

- Verwenden Sie Originalfragen und die originalen vier Antwortkategorien (siehe auch das MARKUS-Gesamtinstrumentarium im Internet[75]).
- Falls Sie ein *anderes* Fach als Mathematik unterrichten: Ändern Sie die Fragen sinngemäß ab. Falls Sie eine *andere Klassenstufe* als die 8. Klasse unterrichten: Die Vergleichbarkeit mit MARKUS ist dann zwar eingeschränkt; Vergleichsmöglichkeiten ergeben sich jedoch u. U., wenn Sie den Fragebogen im Rahmen einer Parallelaktion in mehreren Klassen Ihrer Schule einsetzen. Er eignet sich für Schülerinnen und Schüler der Klassen 5–10.
- Beachten Sie, dass die Bearbeitung durch Ihre Schülerinnen und Schüler unbedingt *anonym* erfolgen muss. Andernfalls haben die Ergebnisse aus nahe liegenden Gründen keinen Wert, können sogar Schaden anrichten.
- Sie können die geschlossenen Fragen durch selbst gestaltete *offene Fragen* ergänzen (z. B. „Was mir am X-Unterricht gefällt …"; „Wovor ich im Y-Unterricht Angst habe …").
- Führen Sie die Erhebung und auch die Auswertung im Rotationsprinzip durch, d. h. Sie sind für Erhebung und Auswertung in der Klasse Ihres Kollegen/Ihrer Kollegin zuständig und umgekehrt. Dies schafft eine günstige Basis für die nachfolgende Diskussion, und den Schülern erleichtert es womöglich die offene und ehrliche Fragebeantwortung.
- Sammeln Sie die ausgefüllten Fragebögen ein und berechnen Sie für jedes Item getrennt den Prozentsatz der Zustimmung zu diesem Item. Dazu gehen Sie wie folgt vor:
  - Kreuze in den beiden Ablehnungskategorien werten Sie als „0", Kreuze in den beiden Zustimmungskategorien als „1".
  - Bestimmen Sie pro Item die Anzahl der Schüler/innen, die diesem Item zugestimmt haben, und teilen Sie diese Zahl durch die Gesamtzahl der Schülerinnen und Schüler in der Klasse. Um Prozentwerte zu erhalten, multiplizieren Sie mit 100.
  - Vergleichen Sie „Ihre" so erhaltenen Prozentwerte Item für Item mit den MARKUS-Ergebnissen, z. B. indem Sie beide Messreihen in Form eines grafischen Profils darstellen.
- Geben Sie Ihrer Klasse eine geeignete *Rückmeldung*, und diskutieren Sie wichtig erscheinende Punkte.
- Tauschen Sie sich mit Ihren Kolleginnen und Kollegen, mit der Fachkonferenz, mit der Schulleitung aus, indem die gesamte Fachgruppe (oder ein Tandem) eine solche kleine Erhebung plant und bespricht.

6.6 Ratingbögen, Checklisten, Inventare

Es gibt wesentlich weniger Beurteilungsskalen („Ratings") für die Qualität des Unterrichts, als man in Anbetracht der zahlreichen Unterrichtsbeurteilungen sowohl in der Unterrichtsforschung als auch in der 2. Phase der Lehrerausbildung und der Zahl einschlägiger Kurse der Lehrerfortbildung annehmen könnte. Außerdem sind sie (in Handbüchern, „grauen Papieren" oder „Technical Reports") sehr verstreut.

6.6.1 Ratingbogen zur Unterrichtsbeurteilung in der Grundschule: SCHOLASTIK

Eine verbreitete Methode sind sogenannte „Rating"-Bögen, deren Prinzip darin besteht, dass unterschiedliche Aspekte des Unterrichts (wie „Verständlichkeit", „Effizienz der Klassenführung" etc.) beurteilt werden. Bei den Antwortkategorien kann es sich beispielsweise um Grade der *Zustimmung* („stimmt genau", „stimmt kaum") oder um *pauschale Häufigkeiten* („kommt oft vor", „kommt selten vor") oder um *konkrete Häufigkeiten* („kommt ... mal vor") handeln. Im Grundschulprojekt SCHOLASTIK wurde ein vom Autor gemeinsam mit F.-W. Schrader entwickelter Ratingbogen eingesetzt, der auf den Seiten 170/171 auszugsweise abgedruckt ist; er stammt aus dem Buch von Weinert & Helmke (1997). Neben dem Wortlaut der unterrichtsbezogenen Ratings werden auch die Mittelwerte berichtet, die sich als Durchschnitt aller Beurteilungen der an der Grundschulstudie beteiligten 54 Klassen ergeben hatten. Auf diese Weise ist es möglich, das eigene Unterrichtsprofil mit dem einer größeren Gruppe von Klassen zu vergleichen.

Als Antwortkategorien sind vorgesehen: trifft vollkommen zu (4)/trifft ziemlich zu (3)/trifft mittelmäßig zu (2)/trifft weniger zu (1)/trifft gar nicht zu (0). Das heißt, jedes Merkmal kann einen Minimalwert von 0 und einen Maximalwert von 4 erreichen. Hohe Ausprägungen können resultieren, wenn entweder mehrere Merkmalsaspekte zu beobachten sind oder wenn einzelne Merkmalsaspekte sehr stark ausgeprägt sind.

6.6.2 Ratingbogen zur Unterrichtsbeurteilung in der 5. und 6. Klasse: Münchner Studie und SALVE

In der internationalen Classroom Environment Study, deren deutschen Beitrag, die „Münchner Studie" (Helmke, Schneider & Weinert, 1986; Helmke & Schrader, 1993) seinerzeit der Autor[76] leitete, wurde ein Unterrichts-Ratingbogen entwickelt und adaptiert, der aus Gründen der Vergleichbarkeit mit der Münchner Studie auch im Unterrichtsforschungsprojekt SALVE als Grundlage Verwendung findet, ergänzt um weitere pädagogische und vor allem fachdidaktische Kategorien. Beide Inventare können ganz oder in Teilen in der Schulpraxis eingesetzt werden, beispielsweise im Rahmen wechselseitiger Hospitationen mit anschließender Einschätzung der Unterrichtsqualität, oder auf der Basis innerschulischer Videoprojekte. Da nur wenige solcher Ratingbögen öffentlich erhältlich sind, wird dieser Bogen im Anhang komplett abgedruckt.

6.6.3 Weitere Ratingbögen

Aus Platz- und Copyright-Gründen können hier nur Hinweise auf weitere Listen, Inventare und Bögen mit unterrichtsbezogenen Ratings gegeben werden. Einen Überblick über Beobachtungs- und Einschätzungsbögen („classroom observation schemes") speziell für den Fremdsprachenunterricht findet man bei Meerholz-Härle & Tschirner (2000). Als besonders fruchtbar und differenziert hat sich nach meiner Einschätzung vor allem das Inventar COLT (Communicative Orientation of Language Teaching) von Spada & Fröhlich (1995) herausgestellt.

Wortlaut der Ratings (Minimalwert: 0, Maximalwert: 4)	3. Kl.	4. Kl.
Regelverwendung: Existenz eines Regelsystems, das den Inter-aktionen im Klassenzimmer zugrunde liegt und dafür sorgt, dass Aktivitäten in der Klasse ohne besondere Erklärungen, Anweisungen und Begründungen in Gang gesetzt und aufrecht-erhalten werden.	2.33	2.45
Unterrichtsorganisation: Unterricht ist so organisiert, dass Übergänge zwischen verschiedenen Unterrichtsphasen kurz und reibungslos erfolgen und keine unnötigen Pausen entstehen.	2.76	2.76
Kontrolle: Effektiver und ökonomischer Umgang mit Störungen und Unterbrechungen; Lehrer bekommt alles mit und signalisiert das gegenüber der Klasse (Allgegenwärtigkeit, Withitness).	2.53	2.61
Zeitnutzung: Nutzung der Unterrichtszeit für fachliche Ziele und Minimierung des Zeitaufwandes für außerfachliche Angelegenheiten.	2.63	2.65
Betonung des Geschwindigkeitsaspekts von Schülerleistungen: Auf Schnelligkeit von Reaktionen, in der Ausführung von Verhaltensweisen und der Erbringung von Leistungen gerichtete Erwartungen des Lehrers.	2.04	2.08
Schülerengagement: Engagierte und interessierte Mitarbeit und Beteiligung der Schüler; zügige Bearbeitung gestellter Aufgaben.	2.37	2.31
Lehrerzentriertheit: Unterrichtsablauf wird nahezu ausschließlich vom Lehrer bestimmt und kontrolliert; alle Aktivitäten laufen über den Lehrer; keine Beteiligung der Schüler an den Entscheidungen.	1.53	1.61
Struktur: Klar erkennbare Struktur der Unterrichtsstunde; klar voneinander abgrenzbare Phasen und klarer Bezug einzelner Phasen zum übergeordneten Lehrziel.	2.53	2.71
Prägnanz: Kurze, direkte und prägnante Ausdrucksweise.	2.73	2.75
Variabilität von Unterrichtsformen: Häufige Variation der Form des Unterrichts.	2.29	2.27
Previews und Zusammenfassungen: Einführende Bemerkungen zu neuem Stoff; Überblick über den Stundenverlauf; Formu-lierung von Merksätzen.	2.13	2.56
Hervorhebungen (Cues): Betonung der Wichtigkeit bestimmter Ziel- oder Stoffaspekte; aufmerksamkeitsregulierende Bemerkun-gen; explizite Herstellung von Zusammenhängen zwischen verschiedenen Teilen des Stoffs und von Bezügen zu Zielen.	2.15	2.40

Wortlaut der Ratings	3. Kl.	4. Kl.
Akzentuierung lernbezogener Strategien: Über den eigentlichen Unterrichtsstoff hinaus Vermittlung von Strategien, kognitiven und metakognitiven Aktivitäten, Lösungshinweisen, Lernhilfen usw.	1.67	2.02
Unterrichtsschwierigkeit: zu hohe Schwierigkeit des Unterrichts; Orientierung an zu anspruchsvollen Zielen; Fragen werden deswegen häufig nicht oder falsch beantwortet, Fragen und Aufforderungen nicht verstanden.	2.53	2.39
Individualisierung: Häufiger Einsatz von Maßnahmen der kurzzeitigen inneren Differenzierung; Variation von Fragen, Aufgaben und Rückmeldungen in Abhängigkeit von individuellen Bedingungen.	2.04	2.10
Förderungsorientierung: Vorrang der Förderung lernschwacher Schüler gegenüber der von leistungsstarken Schülern; Einsatz von Stütz- oder Fördermaßnahmen bei Lernschwierigkeiten.	2.08	2.12
Akzeptanz/Privatbereich: Eingehen auf private Belange der Schüler; Einbezug von Themen aus dem persönlichen Bereich in den Unterricht.	2.14	2.10
Akzeptanz/affektiver Bereich: Eingehen auf Gefühle der Schüler; Berücksichtigung und Thematisierung des Gefühlsbereichs.	2.00	1.96
Thematisierung nicht-fachlicher Ziele: Betonung der Wichtigkeit nicht-fachlicher Ziele, Werte und Normen.	196	196
Beziehungsaspekt: Bedeutung des Lehrers als persönlich wichtige Person: nicht nur als Vermittler fachlichen Wissens, sondern auch als Ansprechpartner für nicht-fachliche Angelegenheiten.	2.27	2.43
Klima: Primär leistungs- und nicht sozial-zentriertes Unterrichtsklima.	1.55	1.59
Reaktion auf Misserfolge: Sach- und leistungsbezogene Reaktionen auf Misserfolge und Fehlverhalten.	2.57	2.59

Kasten 57: Items zur Unterrichtsbeurteilung; Basis: Grundschulprojekt SCHOLASTIK (Weinert & Helmke, 1997)

6.7 Die Videografie des Unterrichts

6.7.1 Argumente für die Videografie

In vergangenen Zeiten erfolgte die Unterrichtsbeobachtung dadurch, dass trainierte Personen dem Unterricht beiwohnten und (auf entsprechenden Bögen und Kodierblättern) Aspekte des Unterrichts mit „paper and pencil" protokollierten, sei es in freier Form, mit Hilfe von vorgegebenen Unterrichtskategorien oder durch Zählen bestimmter Vorkommnisse. Demgegenüber hat der Einsatz der Videotechnologie einige Nachteile, aber unverhältnismäßig mehr Vorteile:

Nachteilig ist, dass der Einsatz einer Videokamera ein Mindestmaß an technischer Intelligenz bedarf, sollen die gefilmten Unterrichtssequenzen seh- und vor allem hörbar sein. Außerdem hat die Etablierung einer Kamera auch heute vermutlich noch einen höheren Sensationswert für die Klasse als eine zusätzliche Person (die ebenso gut ein/e Hospitant/in sein könnte). Außerdem ist – je nach dem, wo die Kamera postiert wird – die Perspektive eingeschränkt, z. B. nur auf die Lehrkraft, auf einen Teil der Klasse gerichtet etc.

Dagegen gibt es zahlreiche *Vorteile* von Videoaufnahmen des Unterrichts:
- Eine Videokamera (sofern man sie erst einmal hat) hat keine Terminprobleme.
- Fehler und Versäumnisse des Unterrichtsbeobachters während der Unterrichtsbeschreibung oder -beurteilung sind kein Thema.
- Im Gegensatz zu spezifischen Beobachtungsinventaren, die während des Unterrichts ausgefüllt werden müssen und irreversibel sind, bedeutet die Videoaufnahme noch keine Vorentscheidung für oder gegen ein bestimmtes Raster der Unterrichtsbeurteilung.
- Zwar erfordert der Einsatz der Unterrichtsvideografie kompetente und geschulte Auswerter; Erfassung und Auswertung sind jedoch – zeitlich und persönlich – voneinander unabhängig.
- Videoaufnahmen eröffnen die Möglichkeit, den Unterricht (oder Ausschnitte davon) mehrfach bzw. beliebig oft zu analysieren – zu Zwecken der Selbstvergewisserung, der innerschulischen Unterrichtsentwicklung, der kollegialen Hospitation und Supervision oder zu Lehrzwecken.
- Es ergibt sich die einzigartige Chance, ein- und denselben Unterricht von verschiedenen Personen zu verschiedenen Zeitpunkten und aus verschiedenen Blickwinkeln beurteilen zu lassen, z. B. aus fachwissenschaftlicher, fachdidaktischer, sozialpsychologischer oder linguistischer Sicht; oder im Hinblick auf spezifische Fragestellungen wie z. B. Vorkommen von und Umgang mit Lehrer- und Schülerfehlern.

6.7.2 Erfahrungen in Forschung und Schulpraxis

In der Unterrichtsforschung hat die Videografie des Unterrichts lange ein Schattendasein geführt. Bereits 1983 haben wir selbst im Rahmen der „Münchner Studie" eine Intensivstudie zum Erwerb des Bruchbegriffs in 13 Klassen der 6. Klassenstufe durchgeführt, wobei sämtliche 13 x 5 Unterrichtsstunden videografiert und ausführlich analysiert wurden. Obwohl die technische Qualität der Videobänder (wir verwendeten das Profi-Format „U-Matic") tadellos war, gestalteten sich die Durchführung und vor allem die Auswertungen enorm umständlich und zeitraubend. Erst seit der 1995 durchgeführten TIMSS-Videostudie (Stigler, Gallimore & Hiebert, 2000; Klieme, Knoll & Schürmer, 1998; Baumert,

Bos & Lehmann, 2000a, 2000b; Klieme & Baumert, 2002) in Deutschland, Japan und den USA beginnt sich in der Unterrichtsforschung ein Umschwung anzudeuten:

- TIMSS 1999 („TIMSS Repeat") videografierte den Mathematikunterricht in folgenden Ländern[77]: Australien, Tschechien, Hong Kong, Niederlande, Schweiz und USA.
- Erst kürzlich erschienen mehrere Publikationen, die den Stellenwert der Videografie in der modernen unterrichtspsychologischen Forschung verdeutlichen. Zu nennen ist vor allem das Buch von Aufschnaiter & Welzel (2001).
- Insbesondere in der Schweiz gibt es eine sehr anspruchsvolle und weit entwickelte Kultur der Unterrichtsvideografie, sowohl in der Lehrerausbildung (z. B. im Kanton Fribourg) als auch in der Forschung (Reusser-Gruppe, Universität Zürich).
- In der deutschsprachigen Unterrichtsforschung werden in zunehmendem Maße technisch und analytisch anspruchsvolle Verfahren der Videografie (z. B. im Schwerpunktbereich „Bildungsqualität der Schule" der DFG) und Auswertungsverfahren, wie zum Beispiel das Verfahren *Cat Movie*[78] (Wild, 2001), *vPrism*[79] (Stigler, Gonzales, Kawanaka, Knoll & Serrano, 1996) eingesetzt; unsere Forschungsgruppe verwendet das Programm *Videograph*[80] (Rimmele, 2002).

Was leistet ein solches Programm, welche Zwecke erfüllt es? Hierzu exemplarisch ein Auszug aus der Beschreibung des zuletzt genannten Programms:

„*Videograph* ist ein Multimedia-Player für Windows98/ME/2000/XP, mit dem digitalisierte Videos oder Audios, z. B. Aufzeichnungen von Schulunterricht oder Interviews, abgespielt und gleichzeitig ausgewertet („videographiert") werden können. Das Programm erlaubt die Konstruktion von Beobachtungskategorien und Ratingskalen, die der Betrachter als „Messinstrument" zur Analyse der im Video oder Audio dargebotenen Inhalte einsetzen kann. Die Kodierung kann synchron zum laufenden Clip erfolgen, sie kann in Zeitintervalle segmentiert sein („time-sampling") oder rein ereignisbezogen gehandhabt werden („event-sampling"). Parallel dazu werden die Daten grafisch abgebildet und das Ergebnis der Auswertung kann zum Zwecke statistischer Berechnungen oder grafischer Präsentation in eine externe Datei übertragen werden, wobei man zwischen dem Datenbank-Format des Statistikprogramms SPSS oder einem tabellarischen Textformat zum Import in Textarbeitungsprogramme wie Word oder Tabellenkalkulationen wie Excel wählen kann. Mit Videograph können außerdem Transkriptionen des sprachlichen Inhalts angefertigt werden. Auch diese Transkripte können exportiert werden."

Zugleich deuten Veranstaltungsprogramme der Lehrerfortbildung in Deutschland darauf hin, dass auch dort der didaktische Wert von videografiertem Unterricht zunehmend wertgeschätzt wird. Im angloamerikanischen Sprachraum werden Unterrichtsvideos dagegen seit langem wesentlich häufiger eingesetzt.

6.7.3 Erfahrungsbericht eines Lehrers beim Ansehen der TIMSS-Videos

Als anregend empfand ich den subjektiven und persönlichen Erfahrungsbericht eines Mathematiklehrers, der zugleich Autor ist und in seinem Buch (Leuders, 2001) seine ersten Eindrücke von den Unterrichts-Videos der TIMS-Studie schildert. Vielleicht macht dieser Bericht auch Sie neugierig! Hier ein Auszug daraus:

„Der Mythos, der sich seit der TIMS-Studie um den japanischen Mathematikunterricht rankt, lies mich neugierig werden, als ich erfuhr, dass im Rahmen der Erhebungen 1994/95 auch Videoaufnahmen von Unterrichtsstunden in über 200 zufällig ausgewählten 7. und 8. Klassen in Japan, Deutschland und den USA angefertigt wurden. Einige repräsentative Stunden wurden auch der Öffentlichkeit zugänglich gemacht. Ich besorgte mir also die CD-ROMs und spielte sie auf dem Computer ab. Zunächst einmal störte mich sehr, dass es keine Transkription des Unterrichtsgeschehens oder Lehrer- und Schüleräußerungen gab – dennoch lies sich das Wesentliche ganz gut aus dem Zusammenhang schließen. Zunächst einmal erkannte ich schnell, dass von den Vorurteilen und Klischees vom japanischen Unterricht nur einige stimmen: Die Klasse ist sehr groß, es wird Uniform getragen, die Disziplin und Aufmerksamkeit der Schüler ist sehr groß. Allerdings ist der Unterricht alles andere als eine sture Paukerei. Was auffällt, sind die für den deutschen Beobachter unerwarteten methodischen Wendungen des Stundenablaufs. Der Lehrer demonstriert zu Beginn kurz und knapp eine geometrische Situation und stellt das zu lösende Problem vor, das er in Form eines vorbereiteten Pappschildes säuberlich an die Tafel heftet. Dann organisieren sich die Schüler blitzschnell in kleine Gruppen und bearbeiten das Problem – durchaus lautstark – gemeinsam. Der Übergang zur folgenden Phase funktioniert wieder reibungslos. Die Schüler stellen an der Tafel ihre Lösungsansätze vor, der Lehrer ergänzt gelegentlich. Meine ersten von diesen Beobachtungen angeregten Gedanken waren: „Man sollte viel mehr Stoff durch geeignete offene Aufgaben ersetzen. Dadurch erspart man sich das fragend-entwickelnde Gespräch und die Schüler können anschließend selbstständig echtes Problemlösen betreiben und nicht nur fertige Ergebnisse in Übungsaufgaben anwenden. Außerdem erhält man bei der Sammlung eine viel größere Zahl individueller Lösungsansätze von den Schülern."

Auch die deutsche Stunde und die amerikanische brachten ihre Aha-Erlebnisse mit sich: Die amerikanische Lehrerin war die meiste Zeit damit beschäftigt, die Schüler zu disziplinieren oder ihre Aufmerksamkeit zu gewinnen, trug das zu erlernende Verfahren mit fester Stimme dozierend vor und verlangte gelegentliche, kleinschrittige Antworten von den Schülern. Die deutschen Schüler ließen zunächst eine anspruchsvolle Kopfrechenübung über sich ergehen, dann folgte eine längere Pause, in der unterschiedliche Verfahren, wie man lineare Gleichungssysteme löst, im Klassenunterricht „erarbeitet" wurden. Wichtigster Eindruck war, dass dieses Erarbeitungsmuster dem Außenstehenden anstrengend und uneffektiv schien, und vom Lehrer meist eng gesteuert wurde. Mein Unwohlsein, das dem Anschein nach auch stark die Wahrnehmung der Schüler widerspiegelte, schlug schnell in eine Erkenntnis um: „Ist mein Unterricht so verschieden von dem, was ich hier sehe? Habe ich nicht ein ähnliches fragend-entwickelndes Muster verinnerlicht und lasse es Unterrichtsprozesse auch da steuern, wo Gelegenheiten zu aktivem Lernen wären? Nehme ich gar nicht mehr wahr, dass meine eigenen Schüler ganz ähnlich reagieren? Sind meine Aufgaben und Arbeitsmethoden vielleicht gar nicht geeignet, ein selbstständiges Lernen, das das Individuum mehr fordert, zu ermöglichen?" (S. 218–220)

Kasten 58: TIMSS-Unterrichts-Videos – Ein Erfahrungsbericht von Leuders (2001)

6.7.4 Beispiele erhältlicher Unterrichtsvideos

Im Folgenden sind einige aus meiner Sicht interessante Videobänder aufgeführt, in denen es (teilweise oder auch ausschließlich) um Unterricht geht und die im Handel bzw. bei den entsprechenden Institutionen oder auch kostenlos im Internet erhältlich sind. Damit Sie sich als Leser/in ein Bild machen können (ob es sich z. B. lohnt, den entsprechenden Film zu besorgen), werden alle verfügbaren Angaben zur Anschrift, zur Dauer und – wo verfügbar – zum Preis berichtet. Bei der Inhaltsangabe verwenden wir überwiegend die Angaben der jeweiligen Produktionsfirma auf dem Video-Cover, dem Beiheft oder dem Beipackzettel.

6.7.4.1 Mathematikunterricht: Video-Segmente der NCTM

Der National Council of Teachers of Mathematics hat eine umfangreiche, im Internet abrufbare Sammlung elementarer Prinzipien und Standards des Mathematikunterrichts entwickelt. Diese werden, separat für bestimmte mathematische Inhaltsbereiche, mit so genannten *„e-examples"* angereichert, worunter sich auch kurze Videosegmente befinden, so zum Beispiel ein Video[81] zu Schätzstrategien. Sehr hilfreich ist an diesen Videoausschnitten, dass die kompletten Transkripte der Unterrichtsverläufe ebenfalls dargestellt werden. Ich wünschte mir, dass solches Material auch von den deutschen Lehrerverbänden ins Internet gestellt würde.

6.7.4.2 Lob des Fehlers

Es handelt sich um eine vierteilige Serie von Videofilmen von Kahl. Ziel ist es, Übergänge von der „traditionell" belehrenden bzw. belehrten zur lernenden Gesellschaft aufzuzeigen. Die „Rehabilitierung des Irrtums" als Entwicklungsprinzip in der Schule und im Betrieb ist laut Kahl allerdings nicht als Bekenntnis zur Falschmacherei im Sinne eines *Fehlerkultes* misszuverstehen, sondern als ein Plädoyer dafür, dass oftmals erst oder überhaupt nur durch „Fehler" Umwege oder Neuanfänge versucht werden, die dann zu neuen Zielen und Lösungen führen können. Es geht also um eine grundlegende Neuorientierung in Bezug auf die Moral des Lernens in Schulen, Hochschulen und Betrieben: das Spielerische, das Selbst-Entdecken wird immer wichtiger als das „bloße" Anwenden immer gültiger Lösungswege. Die folgenden Texte entstammen direkt den Covers der Videofilme:

Folge 1: Ein Coach und 23 Spieler
Im Zentrum steht der Lehrer *Jürgen Reichen*. Das erstaunliche Ergebnis seiner Methode, die Fehler als Verbündete der Lernenden willkommen heißt: Kinder können in wenigen Wochen lesen und schreiben.[82] Sie verfassen kleine Texte voller Poesie und arbeiten am Computer (Kahl, 2002c).

Fehler als „Entwicklungshelfer"
Folge 2: Kulturrevolution
Unternehmen auf dem Weg zur „learning organization" sind Fehler als Entwicklungshelfer willkommen. Schulen und Hochschulen sind immer noch belehrende Einrichtungen, in denen Fehler verfolgt werden. Der Film zeigt Beispiele für den Übergang von der Fehlerjagd zur Fehlertoleranz – für eine Kulturrevolution in Schulen, Hochschulen und Unternehmen (Kahl, 2002d).

182

Neue Methoden
Folge 3: Aufbruch zur Kreativität
Physiknobelpreisträger Gerd Binnig plädiert für Lernen in Gruppen; denn Teamarbeit stimuliert die Intelligenz mehr als die Abkapselung des Einzelkämpfers. Der Mathematiker Heinz Otto Peitgen und ein Gymnasium in Stuttgart zeigen, wie Mathematik aussehen kann, die mehr auf die Intuition der Schüler setzt, als auf Drill (Kahl, 2002a).

„Spielend" lernen
Folge 4: Die List des Spiels
Die vierte Folge zeigt, welche Kraft im kindlichen Spiel steckt, aber auch, wie bedroht es ist. Wenn das Spiel verkümmert, wird auch die Leistungsfähigkeit beeinträchtigt. In Beobachtungen des Kinderspiels wird sichtbar, wie Neues entsteht: das Spiel als Genpool für die kreativen Ressourcen einer Gesellschaft (Kahl, 2002b).

> *Bezug der Videos*: Pädagogische Beiträge Verlag,
> Rothenbaumchaussee 11, 20148 Hamburg
> *Preis* für die vier Folgen plus Begleitheft: 174 €

6.7.4.3 SINUS Hessen

Im Rahmen des BLK-Modellversuchs SINUS (Steigerung der Effizienz des mathematisch-naturwissenschaftlichen Unterrichts) entstand in der Gruppe SINUS Hessen[83] eine CD mit Videosequenzen aus dem Unterricht. Die CD mit dem Titel *„Naturwissenschaftliches Arbeiten und Methodenvielfalt"* versteht sich als Anregung zur kollegialen Fortbildung und bezieht sich ausdrücklich auf die so genannte BLK-Expertise, die mit ihren elf Modulen Leitlinien für die Weiterentwicklung des mathematisch-naturwissenschaftlichen Unterrichts aufgestellt hat. Exemplarisch werden sechs Methoden (u. a. ‚Stationenlernen und Expertenmethode', ‚Lautes Denken', ‚Beobachten und Zeichnen') anhand von Videoclips aus dem Unterricht vorgestellt und mit begleitenden und kommentierenden Texten interaktiv zugänglich gemacht. Dabei sind die methodischen Vorschläge nicht grundsätzlich neu, denn in erster Linie geht es ja um eine Aktivierung des vorhandenen Methodenrepertoires als ein Schritt zu einer differenzierten Unterrichtsgestaltung und einer stärkeren Aktivierung der Schülerinnen und Schüler im Unterricht. Nicht als Rezept sollen die ausgewählten Beispiele daher dienen, sondern als „Aperitif" für die kollegiale Arbeit an dem gemeinsamen Projekt „Naturwissenschaftliche Bildung" (Stamme & Stäudel, 2001).

> *Bezug der CD*: durch Dr. Lutz Stäudel (lutzs@hrz.uni-kassel.de)
> oder Elke Peter (gup.natwiss@uni-kassel.de)
> *Preis*: Schutzgebühr von 8 € + 2 € Porto und Verpackung

6.7.4.4 „Für die Zukunft lernen"

Beim EFWI Landau (Institut der Evangelischen Lehrerfortbildung Rheinland-Pfalz) ist die Video-Produktion „Für die Zukunft lernen" entstanden. Beabsichtigt ist mit diesem Beitrag von Heinz Klippert der Versuch einer Antwort auf die Ergebnisse der PISA-Studie.

Titel: „Strategien zur Förderung einer neuen Lernkultur. Ein Beitrag zur systematischen Unterrichtsentwicklung von Dr. Heinz Klippert".

Aus dem Cover: „Im dokumentierten Vortrag, gehalten vor 500 pädagogischen Führungskräften an der Universität Hannover, wird zunächst begründet, warum neue Lehr- und Lernformen wichtig sind. Das deutsche Bildungswesen steht in der Kritik. Die Absolventen deutscher Schulen schneiden in internationalen Vergleichsstudien wie TIMSS und PISA mäßig ab. Die Wirtschaft beklagt das Fehlen grundlegender „Schlüsselqualifikationen". Die Eltern befürchten das Scheitern ihrer Kinder in Studium und Beruf. Und die Lehrkräfte selbst? Sie fühlen sich in hohem Maße ratlos und überfordert und verlangen nach machbaren Reformen und wirksamer Entlastung im Schulalltag. Kein Zweifel: Unterrichtsentwicklung ist angesagt. Doch wo und wie ist anzusetzen? Vieles spricht dafür, dass es um die Selbsterneuerung des Systems Schule nicht zum Besten bestellt ist. Das Gros der Lehrkräfte ist zur Veränderung des eigenen Unterrichts erfahrungsgemäß nur dann bereit, wenn machbare Aktionen, praktische Hilfen und rasche Erfolge in Aussicht stehen. Dieser Motivationslage muss eine auf Nachhaltigkeit bedachte Unterrichtsentwicklung Rechnung tragen. Im Rahmen des Vortrags stellt Dr. Klippert, Dozent am Erziehungswissenschaftlichen Fort- und Weiterbildungsinstitut der Evangelischen Kirchen in Rheinland-Pfalz (EFWI) im pfälzischen Landau, sein praxiserprobtes Qualifizierungs- und Unterstützungsprogramm mit zahlreichen Beispielen aus dem Unterrichtsalltag vor. Es wird derzeit in Bundesländern wie Berlin, Hessen, Nordrhein-Westfalen und Rheinland-Pfalz umgesetzt. Weitere Bundesländer sind am Programm interessiert. Im Zentrum des Klippertschen Konzepts stehen dezidierte Methodenschulung, einschlägige Lehrertrainings, konkrete Fahrpläne, fundierte Innovationsberatung und konsequente Teamentwicklung im Lehrerkreis. Wie das entsprechende Innovationsmanagement aussieht und welche Konsequenzen sich daraus für das zuständige Fortbildungssystem ergeben, wird im dokumentierten Vortrag dargelegt. In einem Gespräch (ca. 25 min) geht Dr. Klippert auf kritische Fragen ein, die in Verbindung mit seinem Programm immer wieder gestellt werden, z. B. Wie steht es um die Mehrbelastung der Lehrkräfte? Kommen die Inhalte zu kurz? Tragen die Eltern das Programm mit? Wie sieht es mit der Freistellung der Lehrkräfte aus? Etc. Die praxisnahen Antworten unterstreichen, was auch TIMSS und PISA deutlich gemacht haben: Schulentwicklung muss beim Unterricht beginnen" (Klippert, 2002).

> *Bezug*: EFWI[84], 76829 Landau, Luitpoldstraße 8,
> Tel.: 0 63 41/2 00 43, Fax: 0 63 41/8 89 89
> *Preis*: 10 € + 1,50 € Porto und Verpackung

6.7.4.5 Schulprojekt „Lernen lernen"

Mit diesem Video[85] veröffentlicht die Stadt Lüdenscheid einen Film zu der bewährten Berichtsdokumentation „Lernen lernen" und möchte einen Anstoß zu Schulentwicklung und schulpsychologischer Prävention geben. Ziel ist es, Schulen für das Thema zu interessieren, zu ermutigen und in ihrer Arbeit zu unterstützen. Das Video gibt einen Einblick, wie das Projekt an zwei Lüdenscheider Gymnasien in der Jahrgangsstufe 5 durchgeführt wird. Gezeigt werden Unterrichtsausschnitte zu den Themenbereichen: Arbeitsplatzorganisation und Self-Management, mit vielen Sinnen lernen, Konzentrationstraining und Entspannung (Schulpsychologische Beratungsstelle, 1999).

Bezug: Stadt Lüdenscheid, Schulpsychologische Beratungsstelle, Staberger Str. 3, D-58511 Lüdenscheid,
Tel.: 0 23 51/17 15 82, Fax 0 23 51/17 17 56; E-Mail post@luedenscheid.de;
Internet: www.luedenscheid.de
Preis: Bericht (18 €) und Video (20 €) oder als Medienpaket (35 €)

6.7.4.6 Freiarbeit am Gymnasium

Es handelt sich um einen Videofilm aus der Serie „Beispiele machen Schule" des Landesmedienzentrums Rheinland-Pfalz[86] mit dem Titel „Viel Lust – wenig Frust. Freiarbeit am Gymnasium"[87]. Auch die höhere Schule öffnet ihren Unterricht, Schülern wie Lehrern werden pädagogische Freiräume zugestanden. Das Gymnasium wird zu einem Lebensraum, wo Wissensvermittlung und soziales Lernen, Leistungsstreben und Solidarität gleichbedeutend nebeneinander stehen. Gesprächskreis, Freiarbeit und Projektlernen an zwei Gymnasien stehen im Mittelpunkt des Films.

6.7.4.7 „Ich freu mich schon auf morgen". Grundschule 2000

Der Film[88] zeigt an vier Beispielen, wie eine zeit- und kindgemäße Grundschule mit Zukunftsperspektiven aussehen kann. Es sind Reformen, die bundesweit von Bedeutung sind: die Schule als Lebensstätte (z. B. volle Halbtagsschule), die Öffnung der Schule (Lernen am anderen Ort), Offener Unterricht (Freiarbeit, Abkehr vom fächerfixierten 45 Minuten-Takt), Teamteaching, gemeinsamer Schulanfang.

Bezug: Landesmedienzentrum Rheinland-Pfalz[89],
Hofstr. 257, 56077 Koblenz-Ehrenbreitstein, Tel.: 02 61/97 02-0
Preis: 12 € + 1,50 € Porto und Verpackung

6.7.4.8 „Mensch werden durch Erziehung". Die reformierte Reformpädagogik.

Schule der Zukunft, wo ist sie? Schule für ökologisches Lernen, Schule der Demokratie, Schule in einer europäischen und multikulturellen Gesellschaft, Schule gar des Informationszeitalters, der globalen Vernetzung durch interaktive Medien? Viel zu oft geben wir den Kindern die Methoden weiter, mit denen uns die Welt zunehmend aus dem Ruder läuft. Dass es auch anders geht, wenn es denn gut gehen soll, beweist Thüringen mit zwei reformpädagogischen Schulen: mit der wiederbelebten Jenaplan-Schule in Jena und mit dem Versuch in Haubinda, den „Schulstaat" von Hermann Lietz aus den Anfängen dieses Jahrhunderts in zeitgemäßer Form wieder aufzubauen. Ein Kamerateam des Südwestfunks besuchte beide Reformschulen (Schwarz, 1993).

Bezug: Landesmedienzentrum Rheinland-Pfalz, Hofstr. 257,
56077 Koblenz-Ehrenbreitstein, Tel.: 02 61/97 02-0, *Preis*: 12 €

6.7.4.9 Die TIMSS-Videostudie 1995

Im Zusammenhang mit der TIMSS-Videostudie 1995 (siehe Kapitel 5.14.1) ist eine CD mit Videoausschnitten zum Mathematikunterricht in 8. Klassen in Japan, den USA und Deutschland entstanden. Die Transkripte der japanischen und deutschen Stunden wurden ins Englische übersetzt, die Aussagen der einzelnen Sprecher nach zuvor festgeschriebenen Regeln in Sprechabschnitte untergliedert und anschließend mit Zeitkodes versehen. Letztere ermöglichen die Verbindung des Transkripttextes mit der dazugehörigen Videosequenz. Diese CD ist Teil mehrerer Broschüren von Landesinstituten oder Ministerien (siehe Kasten).

> *Bezug*: Max-Planck-Institut für Bildungsforschung[90]; Pädagogisches Zentrum Rheinland-Pfalz[91]; Kultusministerium Baden-Württemberg[92]; Bundesministerium für Bildung und Wissenschaft[93]
> *Preis*: kostenlos

6.7.4.10 Lernen und Aufwachsen in Japan

Der Film gibt einen Überblick darüber, wie Kinder in Japan in der Krippe und Schule aufwachsen und welche hohen Anforderungen dabei an die Mütter gestellt werden, die die Erziehungsarbeit (überwiegend) allein zu leisten haben. Weiterhin werden spezifische Charakteristika des japanischen Erziehungsstiles (z. B. Leben und Arbeiten in der Gruppe, Dominanz der Form gegenüber dem Inhalt etc.) anhand von konkreten Situationen (z. B. in der Schule) erläutert. Der Film ist gut für den Einsatz in Seminaren geeignet, vor allem wenn es um den Vergleich interkultureller Sozialisation geht (Elschenbroich & Schweitzer, 1994; Elschenbroich, 1994). In diesem Zusammenhang sei auf das reichhaltige Angebot käuflicher Videofilme des Zentrums für Fernstudienentwicklung in der Fernuniversität Hagen hingewiesen.[94]

> *Bezug*: Fernuniversität Hagen[95], Zentrum für Fernstudienentwicklung (ZFE): Nr. 76767, Aufwachsen und Lernen in Japan 94/06 123
> *Preis*: € 20

6.7.4.11 4 x Erstklässler in 4 Ländern

Millionen von Kindern gehen überall auf der Welt im Herbst erstmals zur Schule. NZZ Format vergleicht in Form von Porträts, wie die Kinder ihr erstes Schuljahr erleben: in einer 60köpfigen Schulklasse in Hanoi, einer mit japanischer Disziplin geführten Klasse in Tokio, einer Klasse in New York mit Einwandererkindern aus sieben verschiedenen Ländern.

> *Bezug*: Format NZZ:[96] Fax: 01/262 38 14
> oder Internet: http://www.access.ch/nzz/format
> *Preis*: € 24,50

6.7.4.12 Lehrerprobleme – Schülerprobleme

Hierbei handelt es sich um ein in vielen Institutionen der Lehreraus- und -fortbildung eingesetztes Paket: das Fernsehkolleg „Lehrerprobleme – Schülerprobleme. Ein Programm zur Verbesserung pädagogischer Handlungsmöglichkeiten" im Rahmen des „Fernstudiums Erziehungswissenschaften des DIFF (Deutsches Institut für Fernstudien an der Universität Tübingen)": Es besteht aus zwölf Videofilmen und ausführlichen Beiheften. Obwohl die Videofilme meines Wissens zur Zeit nicht mehr käuflich zu erwerben sind, werden sie hier aufgeführt, weil sie – zusammen mit dem fundierten Begleitmaterial – nach meiner Einschätzung zu den fundiertesten und zugleich praxistauglichsten Filmen über Unterricht überhaupt gehören und weil sie noch immer in zahlreichen Videotheken, Schulen etc. der Bundesrepublik verfügbar oder ausleihbar sind. Es handelt sich um die folgenden sechs Filme (jeder ist in etwa 30 Minuten lang):

1A) Lehrermotive und Zielkonflikte
1B) Lehrererwartungen und Unterrichtsziele
2A) Lehrer-Schüler-Beziehungen
2B) Problematische Lehrer-Schüler-Beziehungen
3A) Aggressives Verhalten von Schülern und Lehrern
3B) Kollektive Störungen
4A) Geringe Anstrengungsbereitschaft
4B) Schulstress und Schülerangst
5A) Allgemeines Schulversagen
5B) Erwartungswidrige Schulleistungen
6A) Formen direkter Unterweisung
6B) Chaotischer Unterricht

Es handelt sich um ein vom (inzwischen geschlossenen) DIFF Tübingen veranstaltetes Programm; die federführenden Wissenschaftler waren Günther L. Huber, Diethelm Wahl und Franz E. Weinert. Eine Aktualisierung der ausführlichen Begleithefte war die Basis für das Buch „Psychologie für die Schulpraxis. Ein handlungsorientiertes Lehrbuch für Lehrer" (Wahl, Weinert & Huber, 1984), das nicht ohne Grund inzwischen in der 6. Auflage (1997) erschienen ist und das ich für eines der besten deutschsprachigen Lehrbücher für Lehramtsstudierende und Lehrkräfte überhaupt halte.

6.7.4.13 Audiovisuelle Dokumentation der Landesbildstelle Bremen

Unter der Leitung von Holger Wessels ist in Bremen (http://www.lis.uni-bremen.de/lis/med/arc/x031.html) ein Archiv mit interessanten unterrichtsrelevanten Videos entstanden, die zum überwiegenden Teil auch käuflich erworben werden können. Die folgende Übersicht stellt exemplarisch einige dieser Videos vor:

Titel	Kurzzusammenfassung	Min.	Jahr	Preis in €
‚Es war herrlich'. Historisches Lernen in der Grundschule.	Im Mai 2001 hat die Grundschule Rablinghausen das 50jährige Bestehen ihres Schulgebäudes am Dorfkampsweg gefeiert. Das Kollegium hat sich dafür entschieden, diesen Anlass für das historische Lernen im Unterricht zu nutzen. So haben sich alle Klassen in der Zeit vor dem Jubiläum intensiv mit der Geschichte ihrer Schule beschäftigt. Die Kinder haben Dinge von früher gesammelt, ehemalige Mitschüler/innen als Zeitzeugen im Unterricht befragt und beliebte Spiele ihrer Großeltern gelernt. In der Pausenhalle der Schule haben sie dann den Mitschülern das Ergebnis ihrer Arbeit vorgestellt.	40	2001	18
Arbeit, Leistung, Glück – Kurzfassung Das Freinet-Symposion Bremen 1999	1996 wäre Celestin Freinet 100 Jahre alt geworden – ein Anlass für die deutsche Freinetbewegung, sich stärker um die Verbindung reformorientierter Unterrichtspraxis mit pädagogischer Theorie zu bemühen. 1999 fand dazu ein internationales Symposion an der Universität Bremen statt mit dem Ziel, Erkenntnisse und Erfahrungen durch eigenes praktisches Handeln in der Gruppe zu gewinnen und zu reflektieren. Vormittags liefen Langzeitprojekte in festen Gruppen, nachmittags Vorträge, Werkstätten und Gespräche. Das Informationsangebot wurde ergänzt durch Büchertische, Ausstellungen sowie Präsentationen anregender Unterrichtsergebnisse im Sinne Freinets.	89	2001	30
Das schafft eine Struktur im Kopf. Mathematik in Klasse 2 mit Material von Montessori	Die Videodokumentation zeigt, wie Kinder Rechnen lernen, die nach den Grundsätzen von Maria Montessori unterrichtet werden. Dies geschieht im Fachunterricht, in dem die Lehrerin neue Themen einführt, und in der Freiarbeit, in der die Kinder auf der Basis eines umfangreichen Materialangebots selbst tätig werden. Auszüge aus Interviews mit der Lehrerin erläutern die Sequenzen aus dem Unterricht.	44	1999	20
Goethe in Malcesine. Handlungsorientierter Unterricht im LK Deutsch	Die Videodokumentation gibt einen Einblick in das Unterrichtsprojekt ‚Goethe und das Land der Sehnsucht' eines Leistungskurses Deutsch im Goethejahr 1999. Die KursteilnehmerInnen haben ein Szenario zur Episode von Malcesine entwickelt und inszeniert. Die Videodokumentation zeigt die Inszenierung und vermittelt den pädagogischen Hintergrund in Gesprächen mit den Akteuren und den beiden verantwortlichen Fachleiterinnen.	27	1999	15

Titel	Kurzzusammenfassung	Min.	Jahr	Preis in €
Sie stehen ja noch am Anfang. Rechnen in der Grundschule	Die Videodokumentation will einen Beitrag leisten zur sachbezogenen Auseinandersetzung mit dem Mathematikunterricht. Sie gewährt Einblick in den Rechenunterricht einer 1. und einer 4. Klasse. In der 4. Klasse wird die Division behandelt. Die Lehrerin orientiert sich dabei am Lehrbuch. Die Stunde beginnt in der Regel mit einer Kopfrechenphase. In der 1. Klasse geht es um den Unterschied. Mit vielfältigen Materialienangeboten weckt die Lehrerin das Verständnis der Kinder, das dann mit einem Lernspiel vertieft wird.	29	1998	15

6.7.4.14 Einer der weltweit größten professionellen Anbieter von Videos im Bereich von Erziehung, Entwicklung und Unterricht, und besonders im Bereich von „Teacher Education" ist die Firma Insight Media

(http://www.insight-media.com/IMHome.htm). Ich finde das Angebot – allerdings auch die Preise – imposant. Das Angebot ist so umfassend, dass es den Rahmen sprengen würde, die Videos an dieser Stelle aufzuführen. Stattdessen findet sich im Anhang des Buches eine Tabelle, das die unterrichtlich relevanten Videos incl. einer kurzen Inhaltsangabe, Produktionsjahr, Dauer und Preis (in $) auflistet (Anhang, Kapitel 14.3).

6.7.4.15 Videos zum Englischunterricht

Das MELT-Projekt. Eines der interessantesten Projekte, das sich mit dem Englischunterricht beschäftigt, und bei dem die Videografie eine überragende Rolle spielt, ist das Projekt MELT (Mediengestütztes Englischlehrer-Training) von Butzkamm, Klippel & Siebold. Das System kann als Lern- und Diskussionsgrundlage eingesetzt werden: im Lehramtsstudium der Anglistik, im Referendariat und in der methodischen Selbstschulung und Weiterbildung von Englischlehrern. Sein Ziel ist es, den Theorie-Praxis-Transfer in beiden Phasen der Lehrerausbildung zu verbessern, die Methodendiskussion zu konkretisieren und damit zu versachlichen und Studierende stärker als bisher auf ihr Berufsfeld zu orientieren.

Auf der Homepage des Projektes (http://www.fremdsprachendidaktik.de) wird das Projekt wie folgt beschrieben:

> „EnglischlehrerInnen müssen vieles können: darstellen, erklären, Gespräche ankurbeln, inszenieren, Spiele leiten, Drills exerzieren, an der Tafel arbeiten, mit Schülern singen, Rezitator und Vorbild beim Sprechen sein. Unser Projekt will entsprechende Unterrichtssituationen aufzeichnen und multimedial verfügbar machen. Angehende und berufstätige LehrerInnen werden mit einem breiten Repertoire bewährter und neuer motivationsfördernder Lehrformen ausgestattet und sollen damit Kernkompetenzen für die mündliche Unterrichtsarbeit (weiter)entwickeln. Anhand positiver Fallbeispiele sollen wesentliche Gesetzmäßigkeiten des Lehrens und Lernens einer Fremdsprache erkennbar, erfahrbar und erprobbar werden. Durch die multimediale Aufbereitung von Videosequenzen aus dem Unterricht sollen Arbeitsformen genauer als bisher definiert und in ihren Wirkweisen besser verstanden werden."

Neben den Unterrichtsvideos des MELT-Projektes gibt es im angloamerikanischen Sprachraum gerade zum Unterricht von Englisch als Fremdsprache eine lange Tradition, verbunden mit Publikationen und reichhaltigem Material. Nur drei Werke seien hier exemplarisch genannt:

- Das Programm *Primary English Language Teaching* von Dunton (1993); ein ausführliches Review des Filmes findet sich bei http://www.jalt.org/video/vr_Prim.htm.
- Das Programm *„Looking at Language Classrooms"* von Lubelska & Matthews (1997), das vier Videokassetten und ein Booklet umfasst. Es kostet 199 Pfund Sterling und umfasst die folgenden Abschnitte: 1A Fluency and Accuracy/Integrating Skills; 1B Monitoring Learner Performance; 1C Preparing for Roleplay; 2A Control in the Classroom; 2B Lesson Planning; 2C Mixed Proficiency Classes; 3A Providing a Structure/Using a Class Reader; 3B Learning Vocabulary; 4A Presenting Grammar; 4B Teacher Roles; 4C Managing Learning Activities: The Use of L1/Feedback; Motivation. Eine ausführliche Inhaltsangabe findet sich unter http://books.cambridge.org/0521565782.htm.
- Das Programm *„English for beginners"* von Dave (1994). Ausschnitte aus diesem vier Videos umfassenden Programm (sowie von anderen unterrichtsrelevanten Filmen) sind auf der Homepage des Instituts für Unterrichtsmitschau der LMU München herunterzuladen (http://www.paed.uni-muenchen.de/~mitschau/t_all.html).

6.7.4.16 Weitere unterrichtsrelevante Filme

Es ist nicht einfach, aber wenn man alle Quellen ausschöpft, dann gibt es doch noch einige weitere Videos (auf Kassette oder CD/DVD). Es war nicht mein Ziel, in den vorangegangenen Abschnitten eine erschöpfende Zusammenstellung zu geben; wer darüber hinaus und auf eigene Faust recherchiert, dem seien folgende Institutionen empfohlen:
- das FWU-Institut für Film und Bild in Wissenschaft und Unterricht[97]; es gibt sowohl im Internet[98] als auch auf CD (kostenlos) einen Katalog
- das FIM-Institut Psychologie[99]
- die Landesmedienzentren und Bildstellen der Bundesländer[100]
- die Pädagogischen Landesinstitute[101]
- die Institutionen der Lehrerfortbildung, z. B. die Akademie für Lehrerfortbildung und Pesonalführung in Dillingen[102]
- Bildungsforen und Serviceportale, wie z. B. learn:line NRW[103], Bildung On-Line[104] oder bildung + (Nachfolge des Forum Bildung)[105]
- der Deutsche Bildungsserver[106] und die Landes-Bildungsserver[107]
- das IWF[108] (Audiovisuelle Medien aus der Wissenschaft für Forschung und Lehre, Industrie und private Nutzer, Film- und TV-Produktionen), vormals „Institut für den wissenschaftlichen Film"
- „Wissen im SWR"[109]
- Schulportale und Internet-Servicefirmen wie Schule Online[110], InfoSCHUL[111]
- Zentrale für Unterrichtsmedien im Internet[112].

Falls Sie, liebe Leserin oder lieber Leser, weitere Videos zum Thema „Unterricht" gesichtet haben, die ich hier nicht erwähnt habe – egal, ob es sich um dokumentierten Unterricht oder um Lehrfilme oder um anderes Material handelt –, dann bitte ich Sie ganz herzlich darum, mir dies mitzuteilen, damit ich die folgende Auflage dieses Buches ergänzen und anreichern kann.

Hier meine Anschrift: Universität Landau, Fortstr. 7, Fachbereich Psychologie, 76829 Landau; E-Mail: helmke@uni-landau.de

6.7.5 Tipps und Tricks zur Videografie von Unterricht

1) Vereinbaren Sie in Ihrer Schule ein kleines Videoprojekt mit dem Ziel der Diagnose und Verbesserung der Unterrichtsqualität. Wenn möglich, koppeln Sie dieses Projekt mit *Schülerfeedback* zum Unterricht. Verknüpfen Sie das Projekt nach Möglichkeit mit entsprechenden Vorhaben der *schulinternen Lehrerfortbildung* oder docken Sie es in anderer Weise an bestehende Vorhaben an. Verankern Sie die videogestützte Unterrichtsdiagnose und -entwicklung in Ihrem *Schulprogramm* bzw. Schulprofil. Machen Sie es nicht als Einzelkämpfer/in, sondern gemeinsam. Ein Tandem reicht aus, es kann aber auch die Fachgruppe oder Fachkonferenz sein.

2) Besorgen Sie sich (Kauf, Leasing, Leihen, Spende) eine *Videokamera* und ein *Stativ*. Eine wichtige Eigenschaft der Kamera ist dabei, dass sie über eine möglichst kurze Brennweite (=Weitwinkel) verfügt, damit der sichtbare Ausschnitt nicht zu klein ist.

3) Abgesehen vom ohnehin unumgänglichen Studium des Manuals: Nutzen Sie die Erfahrungen und das Profiwissen von Experten. Es gibt zahlreiche Kurse dazu (z. B. Volkshochschulen oder Offene Kanäle).

4) Bei der Positionierung der Kamera in der Klasse beachten Sie bitte folgende Punkte: Die Kamera sollte so aufgestellt sein, dass sie den Unterrichtsverlauf optimal aufnehmen kann (z. B. *Weitwinkel*, der die häufigsten Unterrichtsaktivitäten einschließt). Je nach Lehrmethode und Sozialform sind hier sehr unterschiedliche Lösungen denkbar. Beachten Sie insbesondere den *Lichteinfall*: Die Kamera sollte das natürliche Licht nutzen; Gegenlicht sollte unbedingt vermieden werden. Deshalb wird die Kamera am besten auf der Fensterseite aufgestellt.

5) Oft scheitern Videoaufnahmen daran, dass das Bild zwar o. k., der *Ton* jedoch schlecht ist: unordentlich, verrauscht, zu schwach. Je nachdem, welcher Aspekt des Unterrichts im Vordergrund stehen soll (Gruppenarbeit, Lehrervortrag, Tafel), kann es angezeigt sein, ein zusätzliches Mikrofon einzusetzen.

6) *Gewöhnen* Sie die Klasse an die Videotechnik, indem Sie mehrere Aufnahmen machen und sie gelegentlich im Unterricht zeigen.

7) Zum Abspielen und Analysieren reicht normalerweise ein einfacher Standard-Videorekorder. Falls Sie bestimmte Szenen markieren wollen, mehrfach oder mit/von Kollegen anschauen lassen wollen („Quasi-Hospitation"), ist es allerdings einfacher, die Daten (in Form eines MPEG-Files) auf den PC zu überspielen und eine CD (oder DVD) zu brennen, die mit allen gängigen Programmen (wie WINDOWS Media Player) abgespielt werden kann.

8) Sobald Sie etwas Routine in der Durchführung der Unterrichtsvideografie haben, kann es für die Unterrichtsentwicklung – und das Training Ihrer eigenen diagnostizierten Kompetenzen – sehr hilfreich sein, die Klasse aktiv einzubeziehen:
a) durch eine *Mini-Umfrage* zu der jeweiligen Stunde, die nicht länger als 5 Minuten dauert (siehe Kasten 54, S. 168-170).
b) durch die Diskussion ausgewählter Ergebnisse mit der Klasse.

6.8 Literaturempfehlungen

Umfassende Werke zu Methoden der Beschreibung, Erfassung und Auswertung, die sich nicht an die Unterrichtsforschung, sondern an die Schulpraxis wenden, sind mir – jedenfalls in deutscher Sprache – nicht bekannt; für einen knappen Überblick vgl. Helmke (2003). Dagegen gibt es zu den einzelnen Aspekten dieses Kapitels durchaus Publikationen.

Becker (1998) berichtet aus der Sicht der handlungsorientierten Didaktik eine ganze Reihe praktisch erprobter (wenn auch nicht empirisch fundierter) *Checklisten* und Übersichten, die auf den Bedarf der Schulpraxis zugeschnitten sind.

Schülerfragebögen zum Unterricht, die sich auch von Lehrkräften in der Klasse einsetzen lassen, finden sich am ehesten in den großen Evaluations- und Schulstudien. Einige solcher Fragebögen sind (teils komplett, wie im Falle der MARKUS-Studie[113], teils auszugsweise) als Publikation oder im Internet verfügbar.

Was die Voraussetzungen und die Durchführung von *Unterrichtsvideografie* anbelangt, so ist die Publikationslage schwierig. Es gibt allgemeine, nicht auf Schule zugeschnittene Ratgeber für Hobbyfilmer und Semiprofessionals, die für das Erlernen der Grundbegriffe und der Filmtechniken geeignet sind. In der videobasierten Forschung sind in letzter Zeit – im Anschluss an die fundierten Manuale der TIMSS-Videostudie – einige sehr brauchbare Manuale und Broschüren entstanden. Allerdings ist deren Fokus die Unterrichtsforschung und nicht die schulinterne Unterrichtsvideografie mit dem Ziel der Unterrichtsentwicklung. Trotzdem sollen sie hier für die besonders interessierten Kolleginnen und Kollegen genannt werden: ein Buch über den Einsatz von Video in der Lehr-Lern-Forschung (Aufschnaiter & Welzel, 2001) und ein Band des DFG-Projektes „Lehr-Lern-Prozesse im Physikunterricht – eine Videostudie"[114]. Daneben möchte ich das Video-Manual der deutsch-schweizerischen Pythagoras-Studie erwähnen, an das sich das Video-Manual der DESI-Videostudie anlehnt (Helmke, Göbel, Hosenfeld, Schrader, Vo & Wagner [in Druck] 2002).

7 Unterrichtsverbesserung: Bedingungen und Methoden

7.1 Unterrichtsverbesserung: Eine Einführung

In diesem abschließenden Abschnitt soll versucht werden, Überlegungen zur konkreten Nutzung der hier dargestellten Prinzipien und Ergebnisse für die innerschulische Verbesserung des Unterrichts anzustellen. Hierfür hat sich in der Schulentwicklung der Terminus *„Unterrichtsentwicklung"* etabliert, obwohl dieses Wort nicht optimal ist – es geht doch schlicht um „Verbesserung" oder Optimierung; der traditionelle *Entwicklungsbegriff* der Entwicklungspsychologie legt die Vorstellung eines Prozesses nahe, der ohne nennenswerte äußere Beeinflussung organisch angelegt ist und nach einer Art innerem Bauplan abläuft – Vorstellungen, die der aktiven Steuerung und kooperativen Durchführung praktischer Verbesserungen des Unterrichts völlig zuwiderlaufen. Da sich aber der Terminus „Unterrichtsentwicklung" nun einmal eingebürgert hat, werde ich ihn in diesem Abschnitt ebenfalls benutzen.

Was versteht man unter *„Unterrichtsentwicklung"*? Horster & Rolff (2001) verstehen unter Unterrichtsentwicklung die „Gesamtheit der systematischen Anstrengungen, die darauf gerichtet sind, die Unterrichtspraxis … zu optimieren … Das grundlegende Ziel der Unterrichtsentwicklung ist die Effektivierung des Lernens der Schüler/innen in allen Dimensionen." (S. 58)

In diesem Buch gehe ich von einem umfassenden Konzept von Unterrichtsverbesserung aus. Damit sind alle Aktivitäten gemeint, die sich auf die Diagnose und Verbesserung des eigenen Unterrichts beziehen, und Unterricht umfasst das gesamte unterrichtliche Angebot, also nicht nur die Veränderung der *Lehrmethoden* und Lehr-Lern-Szenarien, sondern auch die Effektivierung der *Klassenführung* sowie die Stärkung eigener (didaktischer, fachlicher, diagnostischer) *Kompetenzen* sowie die Optimierung des Lehrmaterials, mit dem Ziel, die Wirksamkeit des eigenen Unterrichts zu steigern.

Es gibt inzwischen einige Publikationen, deren Lektüre für eine planvolle Unterrichtsentwicklung, die sich als Kern der Schulentwicklung begreift (z. B. Horster & Rolff, 2001), zu empfehlen ist; ich möchte in diesem Zusammenhang insbesondere auch auf Klippert (2000) hinweisen.

Insofern ist der folgende Abschnitt eher als eine Ergänzung vorliegender Arbeiten anzusehen. Da diesem Abschnitt – entsprechend dem beruflichen Hintergrund des Autors – erstens die Sichtweise der empirischen Unterrichts-, Evaluations- und Interventionsforschung und zweitens eine psychologische Perspektive zugrunde liegt, stellt er allerdings in gewisser Weise ein Komplement zu der im Bereich der Schulentwicklung üblichen Sichtweise dar.

Dieses Kapitel ist folgendermaßen aufgebaut: Basierend auf allfälligen Klagen zur Praxisferne der Lehrerbildung und daraus resultierenden Mängeln des Unterrichts wird zunächst der Frage nachgegangen, was aus dieser Diskussion für die Unterrichtsverbesserung folgt. Hierzu wird ein Rahmenmodell entwickelt, das individuelle und institutionelle Bedingungen und Prozesse der Unterrichtsverbesserung integriert. Darauf aufbauend, werden einige konkrete Aktivitäten, Programme und Trainings angesprochen, die im Zusammenhang mit der Unterrichtsverbesserung von Bedeutung sind: das Programm SINUS, Methoden unterrichtsbezogener Lehrerkooperation (wie Team Teaching und Hospitation), der Einsatz von Methoden der Leistungsmessung, der Diagnose und Beurteilung des Unterrichts, und Verhaltenstrainings für Lehrkräfte.

7.2 Vom Wissen zum Können und Tun

Es gibt nur wenige Sachverhalte, bei deren Nennung man derart schnell offene Türen einrennt wie bei der Kritik an der gegenwärtigen Lehrerausbildung, insbesondere ihrem mangelnden Praxisbezug. Hunderte von Studien, Denkschriften und Resolutionen – in neuester Zeit die der Kommission der KMK zur Lehrerbildung (Terhart, 2000b) und die der Hamburger Kommission „Lehrerbildung" (Keuffer & Oelkers, 2001) – haben dies beklagt. Die Praxisrelevanz eines großen Teils der universitären Lehrerausbildung wird – insbesondere von berufstätigen Lehrerinnen und Lehrern selbst – als desolat eingeschätzt (keineswegs nur in der Bundesrepublik Deutschland, vgl. die Kritik Osers an der schweizerischen Lehrerbildung und seine Forderung nach der „Zertrümmerung" der bisherigen Ausbildungsstrukturen). Anstatt auf einer theoretisch fundierten und empirisch untermauerten Pädagogik, Didaktik und Psychologie aufzubauen und für den Unterricht davon zu profitieren, wird in der Schulpraxis der gesamten fachdidaktischen sowie pädagogisch-psychologischen Ausbildung oft jeglicher praktische Wert für den Unterrichtsalltag aberkannt. Bestenfalls werden noch diejenigen Wissenselemente steinbruchartig dem „studierten" Wissen entnommen, die eine direkte Umsetzbarkeit im eigenen Unterricht versprechen.
Es ist inzwischen Allgemeingut, dass bloßes (angelesenes) Wissen keineswegs gleichbedeutend ist mit Handlungskompetenz. Man kann noch so viele Tennis-Lehrfilme sehen oder Bücher über Rhetorik lesen und ist deswegen noch lange kein guter Tennisspieler oder Redner. Dies gilt erst recht für eine derart komplexe Tätigkeit wie das Unterrichten.
Insofern haben Horster & Rolff (2001) recht, wenn sie darauf hinweisen, dass Konzepte der Unterrichtsentwicklung zu kurz greifen, „die davon ausgehen, allein schon durch die Verbreitung von Kenntnissen über neue und andere Unterrichtsmethoden die unterrichtliche Praxis in den Schulen nachhaltig zu verändern" (S. 58). Das ist es eben: Vom Wissen (und Behalten) zum Können (der Kompetenz) und weiter bis zum Tun (der wirklichen Veränderung) ist es eben ein weiter und schwieriger Weg. Oser (1997a) benutzt hierfür die Metapher „Wissen und Handeln, zwei Geschwister im Streit" (S. 27). Horster & Rolff geben einen Überblick über organisatorische und strukturelle Bedingungen der Unterrichtsentwicklung:

- ein gemeinsames Bild von Unterricht entwickeln
- Kriterien und Indikatoren vereinbaren
- gemeinsam Unterrichtsvorhaben planen
- das Methodenrepertoire erweitern
- flexible Strukturen kooperativer Schülerarbeit einüben
- die Inhalte verändern: sinnhaftes und effizientes Lernen ermöglichen
- den Unterrichtsprozess und seine Ergebnisse evaluieren

Kasten 59: Prinzipien der Unterrichtsentwicklung (Horster & Rolff, 2001)

Anstatt die Inhalte hier in notwendigerweise verkürzter Form wiederzugeben, möchte ich unmittelbar auf das Buch von Horster & Rolff (2001) – insbesondere Teil II: Praxis, S. 66–180 – verweisen. Der Schwerpunkt der folgenden Ausführungen liegt nicht auf einer Beschreibung der technischen und organisatorischen Inszenierung von Unterrichtsverbesserung, sondern auf den individuellen psychologischen Prozessen bei Lehrkräften, die dafür geworben werden sollen. Insofern ergänzen sich die genannten Publikationen zur Schulentwicklung und dieses Kapitel.

Reflexionsaufgabe 26: Vom Wissen zum Können und Tun
Wenn Sie bis zu diesem Abschnitt des Buches über Unterrichtsqualität vorgedrungen sind, haben Sie bereits ein beachtliches Ausmaß von Informationen, Theorien, Begriffen und Fakten rezipiert.
Wenn Sie einmal ganz ehrlich zu sich selbst sind: Sind Sie davon überzeugt, dass diese Inhalte Einfluss auf Ihr Handeln im Unterricht oder als Schulleiter/in haben werden? Wenn Sie *nicht* fest davon überzeugt sind: Weshalb nicht? Was fehlt? Was ist schief oder faul?

Wie kommt es, dass es trotz einer inhaltsreichen Lehrerausbildung zu eklatanten Brüchen zwischen dem im Studium erworbenen Wissen und dessen Nutzung im Berufsalltag kommt? Um diese Frage geht es im Folgenden. Dabei liegt der Schwerpunkt auf der Ebene der individuellen Lehrperson.

7.3 Bedingungen und Probleme der Unterrichtsverbesserung

7.3.1 Träges Wissen

Eine häufig gebrauchte Erklärung für die Kluft zwischen Wissen, Können und Tun ist, dass es sich bei dem in der Lehrerausbildung erworbenen unterrichtsbezogenen Wissen um „träges Wissen" (*inert knowledge*) handelt (zum Konzept vgl. Renkl, 2001). Was guter Unterricht ist, wie man erfolgreich lehrt usw., dies ist zwar irgendwo im Langzeitgedächtnis gespeichert, aber nicht in einer Weise, die die Umsetzung im Berufsalltag ermöglicht. Um für praktische alltägliche Situationen nutzbar gemacht zu werden, müsste es in einer Weise gelehrt werden, die praktische Unterrichtssituationen von Anfang einbezieht, sie sogar als Ausgangspunkt ansieht. Man spricht in der Forschung auch von *„situiertem Wissen"*: Wissen, das in einer Weise erworben wurde, dass es mit prototypischen Praxissituationen verknüpft ist.

7.3.2 Defizitäre Verhaltensorientierung

Unabhängig vom geringen Unterrichtsbezug ist feststellbar, dass viele Elemente der Lehrerausbildung nur einen minimalen Verhaltensbezug haben. Es wird über Sachverhalte wie „Disziplinprobleme lösen", „intelligent üben", „Kleingruppenarbeit" oder „Entspannungstechniken" viel geredet, palavert und referiert, aber es wird nicht und zu spät oder jedenfalls viel zu selten praktisch gehandelt und probiert.

Wenn Lehramtsstudierende in einer Weise lernen, dass konkrete Aufgaben gelöst werden, die das zu erwerbende neue Wissen mit bisherigem Handlungswissen verknüpft haben („learning by doing"), werden signifikant bessere Lernergebnisse erzielt (vgl. Nölle, 2002). Theoretische Erklärungsgrundlage ist der Ansatz der *„Anchored Instruction"*, demzufolge sowohl der Erwerb von Wissen wie von professionellem Handeln eines Ankers bedürfen, damit neue Handlungsschemata wirksam mit bereits vorhandenen Schemata verknüpft werden. Der springende Punkt ist, dass dieser Anker bildhafte, episodische, autobiographische Elemente beinhalten muss.

Der Prototyp einer verhaltensorientierten unterrichtlichen Ausbildung sind *Handlungstrainings für Lehrkräfte* (siehe Abschnitt 7.8) und in der Lehrerausbildung das *Microteaching*: eine Lehrmethode, bei der Elemente der zu erwerbenden Handlungskompetenz sukzessive, mit zunehmender Nähe zur Realsituation, kooperativ und mit videounterstützter Supervision erprobt, diskutiert und verfeinert werden. Die erst kognitive und dann konstruktivistische Wende in der Psychologie hat dazu geführt, dass dieser Methode der Makel des Behaviorismus anhängt. Dies ist jedoch, wie Klinzing (2002) zeigt, ein völlig unzutreffendes Urteil; vgl. Kapitel 7.10.

Reflexionsaufgabe 27: Wo ist der Motor?

In seinem Aufsatz „Zwölf häufige Fehler bei der Entwicklung von Schule und Unterricht" schreibt Horster (2000): „... Dieses Vorgehen folgt der Vorstellung, neues Wissen allein führe bereits zu einer neuen und verbesserten Praxis. Es fehlt das Bewusstsein davon, dass Veränderung in einer Organisation wie der Schule einer sie tragenden Struktur bedarf. Neues Wissen kann dem Veränderungsprozess wie ein Kompass die Richtung vorgeben, es muss aber ein leistungsfähiger Motor hinzukommen, der die Entwicklung vorantreibt." (S. 229)

Was hat es mit dem Motor auf sich? Worin könnte dieser bestehen?

7.3.3 Subjektive Theorien

Wie die Forschung zu den subjektiven Theorien (gelegentlich auch „implizite Theorien" „Alltagstheorien", „epistemologische Theorien", „intuitive" oder „naive" Theorien) von Lehrkräften (Wahl, 2002) gezeigt hat, entwickeln Lehrkräfte im Laufe der Zeit eigene, die Orientierung und das Handeln im Schulalltag erleichternde „Mini-Theorien", die sich vielfach erheblich von dem unterscheiden, was sie „eigentlich" gelernt haben und was sie etwa in der Lehrerfortbildung an Wissen über „modernen" Unterricht akkumulieren. Dies betrifft sowohl grundlegende implizite Theorien über das Lehren und Lernen als auch spezifische Vorstellungen über die Funktion und Struktur des unterrichteten Faches.

Ein Beispiel für ersteres ist das so genannte *„Vorratsmodell" des Lernens*: Die Auffassung vom Lernen ist dabei eher die eines Akkumulierens von Wissensstoff, und dementsprechend ist die Rolle der Lehrkraft als Instrukteur weitgehend (implizit) definiert. Es liegt auf der Hand, dass solche impliziten Konzepte in Widerspruch mit konstruktivistisch orientierten Sichtweisen geraten müssen, bei denen gerade nicht die Ansammlung von Wissen, sondern die aktive Konstruktion und Reflexion von Wissen im Vordergrund steht. Ein Beispiel für fachspezifische implizite Theorien sind Vorstellungen von Lehrkräften über die Mathematik, wie sie z. B. im Rahmen von TIMSS/III bei Lehrkräften erhoben wurden (Baumert et al., 2000b, 2000a). Dort spricht man von epistemologischen Überzeugungen oder vom mathematischen oder naturwissenschaftlichen Weltbild. Eine fundierte und zugleich knappe Darstellung des theoretischen Hintergrundes und der Messbarkeit solcher Weltbilder findet sich bei Köller, Baumert & Neubrand (2000).

7.3.4 Stabilität von Routinen und Gewohnheiten

Aus der Unterrichtsforschung weiß man, dass Lehrkräfte zur Bewältigung ihres Berufsalltages eine ganze Reihe von Gewohnheiten entwickeln, die schon nach wenigen Jahren als Handlungsketten fest im Verhaltensrepertoire aufgehen, nicht mehr bewusst eingesetzt werden, sondern weitgehend automatisch ablaufen. Ihnen wohnt eine stabilisierende Tendenz zur Selbstverstärkung inne: Sofern nicht etwas sehr Ungewöhnliches und Erschütterndes passiert, werden sie kontinuierlich eingesetzt. Ohne Feedback seitens der Schülerinnen und Schüler, in einer noch immer vorherrschenden individualistischen Berufskultur von Lehrkräften, ohne Verständigung über Unterricht und Unterrichtsprobleme, von gemeinsamer Unterrichtsvorbereitung und -durchführung ganz zu schweigen, wird sich hieran auch wenig ändern (Wahl, 1991, 2002).

Auch deshalb erscheint es aussichtsreich, bereits während der Lehrerausbildung Subjektive Theorien zu thematisieren, sie im Rahmen von Lehrveranstaltungen und Lehr-Proben zu rekonstruieren. Fischler (2001) hat gezeigt, dass für diese Zwecke die Verwendung von Video-Daten einen großen Gewinn bietet: Lehrkräfte, die unmittelbar nach Abschluss einer Unterrichtsstunde mit Ausschnitten ihres videografierten Unterrichts konfrontiert werden („stimulated recall"), haben einen besseren Zugang zu ihren Überlegungen während des Unterrichtshandelns als bei bloßen Fragen oder bei der Verwendung von Tonbändern.

Die Stabilität von subjektiven Theorien stellt alle Bemühungen um Veränderung des Unterrichts vor immense Schwierigkeiten und muss bei der Planung von Maßnahmen mit einkalkuliert werden. Ein Unterrichtsentwicklungsprogramm, das nicht den enorm starken Einfluss von impliziten Theorien und Verhaltensgewohnheiten ausdrücklich in die Planung mit einbezieht, muss zwangsläufig scheitern. Oder es wird oberflächliche Effekte haben; Lehrkräfte führen z. B. verstärkt Kleingruppenarbeit mit dem Ziel der Ermutigung von Selbstständigkeit durch, geraten aber in Schwierigkeiten mit konfligierenden Verhaltensgewohnheiten und ändern ihren Unterricht nur oberflächlich und damit nicht effizient.

Für die Unterrichtsentwicklung in der Schule folgt daraus zweierlei: Zum einen wäre es angesichts des komplexen Wirkungsgefüges unterschiedlicher Facetten von Lehrerpersönlichkeit, Unterrichtsqualität und -quantität naiv zu hoffen, das Drehen an einer einzigen Stellschraube (z. B.: „Erhöhe den Zeitanteil von Gruppenarbeit um das Dreifache!")

allein wäre erfolgversprechend. Zum anderen brauchen Programme der Unterrichtsentwicklung viel Zeit und einen langen Atem, und zwar aus mehreren Gründen.

- Voraussetzung für die Änderung eigener Lehrmethoden und Verhaltensgewohnheiten ist deren *Diagnose*, sei es in Form einer Befragung, der gemeinsamen Verständigung in der Fachkonferenz, wechselseitiger Hospitation oder reflexiver Unterrichtsdiskussion im Kollegium.
- Stagnation und Scheitern, Unzufriedenheit und Ungeduld müssen von vornherein mit einkalkuliert werden, so dass im Falle des Falles ein stützendes *Netzwerk* zur Verfügung steht.
- Veränderungen des eigenen Unterrichts sollten nicht gewaltsam und überstürzt, sondern eher *behutsam* erfolgen, weil sich die Lehrkraft andernfalls (wie auch die Schülerinnen und Schüler und möglicherweise auch die überraschten Eltern) damit überfordert. Dies alles vorzubereiten und zu überwachen, geht nicht von heute auf morgen, sondern braucht viel Zeit – und Geduld.

7.3.5 Motivationaler Motor

Die Binsenweisheit, dass jedes zielgerichtete Verhalten motiviert ist, trifft selbstverständlich auch auf die Veränderung des eigenen Unterrichts zu. Wenn Sie als Lehrkraft oder als Schulleitung erreichen möchten, dass in Ihrem Kollegium nachhaltige Anstrengungen in Richtung Unterrichtsentwicklung unternommen werden, dann ist es lohnenswert, sich einmal in die Perspektive der angesprochenen Kolleginnen und Kollegen zu versetzen. *Warum* eigentlich sollten sie die damit verbundene Mühe und Unsicherheit (Aufgabe liebgewordener Methoden, Routinen und Szenarios) freiwillig auf sich nehmen, vom zusätzlichen Zeitbudget ganz zu schweigen? Die Antwort ist: Sie werden es dann – und nur dann – bilanzierend erwägen, wenn es sich „lohnt", d. h. wenn der erwartete Gewinn höher ausfällt als die zu befürchtenden Kosten. Dies entspricht einem Grundgesetz der Motivationspsychologie, nämlich dem Prinzip der *Anstrengungskalkulation*: Nichts geht ohne einen ausreichenden Anreizwert. Wenn Unterrichtsentwicklungs-Anstrengungen dazu führen, dass mehr Zeit geopfert wird, mehr Sorgen auftreten, neue Ängste aufkommen bei zugleich ungewisser oder fehlender Erfolgsaussicht, dann werden solche Initiativen gar nicht erst unternommen oder bald wieder eingestellt. Die Bilanz von Kosten und Gewinn muss positiv sein.

Basierend auf der Befragung von Lehrerkollegien (Stichprobe: 336 Lehrkräfte) zur Einführung des schulischen Qualitätsmanagements im Rahmen des Modellversuchs QuabS gibt Tenberg (2002) hierzu eine sehr pessimistische Einschätzung: „Einerseits skeptisch, ob der Ansatz (von schulischem Qualitätsmanagement) überhaupt etwas bringt, andererseits überzeugt, dass er mit Aufwand und Arbeit verbunden ist, bleibt eine Lehrerin bzw. ein Lehrer mit hoher Wahrscheinlichkeit genau in jener Abwartehaltung, welche sich schon im Zusammenhang mit der passiven Informationshaltung angedeutet hat. Damit besteht die Gefahr einer ungünstigen Beeinflussung der kollegialen Mitarbeit im Schulentwicklungsprozess: An Stelle von Motivation und Interesse könnten Gehorsam und Pflichterfüllung treten. Rückblickend auf die Schulentwicklung der vergangenen Jahrzehnte ist leider festzustellen, dass Lehrerinnen und Lehrer gewohnt sind, regelmäßig mit schulischen Neuerungen konfrontiert zu werden, sie sind es jedoch auch gewohnt, diese ebenso regelmäßig an sich vorbeigehen zu lassen" (S. 6). Das von Tenberg benannte Problem einer sehr geringen Wirkungserwartung ist ein fundamentales motivationales Problem: Wenn die Bilanz von handlungsfördernden und -blockierenden Motiven negativ ausfällt, entfallen alle potenziell weiterführenden Aktivitäten so lange, bis die Anreizstruktur verändert ist.

Reflexionsaufgabe 28: Gewinn der Unterrichtsveränderung
Worin könnte der subjektive Gewinn einer Infragestellung und Veränderung des eigenen Unterrichts bestehen?

Außerdem: Auch wenn Kolleginnen/Kollegen für Initiativen der Unterrichtsentwicklung gewonnen werden können: Von der *Erwägung*, seinen Unterricht ändern zu wollen oder zu sollen, zur tatsächlichen Realisierung dieses Vorhabens und seiner *Aufrechterhaltung* auch über Durststrecken, Enttäuschungen und Frustrationen hinweg, ist es unter Umständen noch ein langer Weg.

Und drittens: *Selbst wenn* mit Unterrichtsentwicklung tatsächlich begonnen wird, ist das noch keine Garantie dafür, dass Erfolge erreicht werden, dass es also gelingt, die bisherige Unterrichtspraxis zu verbessern, und dass das eigentliche Ziel all dessen: die *Verbesserung des Lernens* auf Seiten der Schülerinnen und Schüler – auch nachweislich und nachhaltig erreicht wird.

7.4 Ein Rahmenmodell der Unterrichtsentwicklung und ihrer Bedingungen

Der Veranschaulichung dieser und anderer Wirkfaktoren, die über den Erfolg der Unterrichtsentwicklung bei einer Lehrperson entscheiden, dient das folgende Rahmenmodell. Ausgehend von der für die Veränderung des eigenen Unterrichts notwendigen Sequenz von Prozessen, versucht es, individuelle, soziale und institutionelle Bedingungen der Unterrichtsentwicklung augenfällig zu machen.

Dahinter steht die Überlegung, dass Unterrichtsentwicklung auf sehr verschiedene Weisen gefördert werden kann: *direkt* (durch unmittelbare Initiierung eines Programms oder einer Aktivität), oder auch *indirekt* und durch *flankierende Maßnahmen*, d. h. durch Einflussnahme auf die für Unterrichtsentwicklung entscheidenden Bedingungen. Ein Mindestmaß an Kenntnissen über das vermutliche Wirkgefüge dieser Bedingungen ist wichtig, um Prozesse der Unterrichtsentwicklung über einen längeren Zeitraum zu steuern, Fehlentwicklungen vorzubeugen und zu kalibrieren.

Information über Unterricht und Unterrichtsentwicklung	**Individuelle Bedingungen**

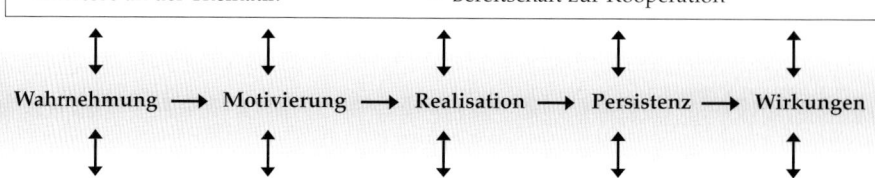

Individuelle Bedingungen

– Selbstkonzept unterrichtl. Kompetenz	– Persönliche Bedeutsamkeit des
– Subjektiver Leidensdruck	eigenen Unterrichtserfolges
– Bereitschaft zur Selbstreflexion	– Stabilität und Gewohnheiten und Routinen
– Selbstwirksamkeit	– Implizite und Alltagstheorien
– Interesse an der Thematik	– Bereitschaft zur Kooperation

Wahrnehmung → Motivierung → Realisation → Persistenz → Wirkungen

Schulischer und außerschulischer Kontext

Schulinterne Faktoren
- Unterstützung durch die Schulleitung
- Evaluationskultur und Experimentierbereitschaft
- Innerschulische Kooperation
- Schulinterne Fortbildung und Beratung; Qualitätszirkel und Arbeitsgruppen
- Akzeptanz durch SchülerInnen
- Verankerung im Schulprofil

Schulexterne Faktoren
- Wertschätzung und Unterstützung durch die Schulaufsicht
- Rolle der Eltern und Elternvertreter
- Andere Stützsysteme (Kommunen, Wirtschaft, berufliche Bildung)

Information über Unterricht und Unterrichtsentwicklung

im Lehramtsstudium

in der Lehrerfort- und Weiterbildung

durch Fernstudien

durch Trainingsprogramme

im Kollegium

durch Lektüre

auf andere Weise

Abbildung 11: Ein Sequenzmodell der individuellen, sozialen und institutionellen Bedingungen der Veränderung des eigenen Unterrichts

Das Modell sieht die folgende Basis-Sequenz vor:

1) *Information.* Startpunkt sind Informationen über Unterrichtsqualität mit dem Ziel der Unterrichtsentwicklung, woher auch immer sie stammen.

2) *Wahrnehmung.* Je nach Gestaltung, inhaltlicher und formaler Qualität kommt das Material über Unterricht und Unterrichtsentwicklung (z. B. dieser Text) beim Adressaten an – oder auch nicht: Informationen können übersehen oder ignoriert werden, verpuffen oder versickern, missverstanden oder falsch interpretiert werden.

3) *Motivation.* Günstigenfalls entsteht eine individuelle Handlungsabsicht: Die Lehrkraft wird motiviert, an einem Unterrichtsentwicklungsprogramm teilzunehmen und fasst einen entsprechenden Handlungsvorsatz (bzw. die Schulleitung beschließt, eine Unterrichtsentwicklungs-Initiative anzustoßen). Voraussetzung ist, dass sich die Unterrichtsentwicklung für die Lehrkraft „lohnt", dass der Anreizwert hoch genug ist, verglichen mit dem Aufwand und den Kosten.

4) *Realisation.* Zwischen Motivation und Realisation kann es, wie die Volitionsforschung gezeigt hat, Bruchstellen geben. Nicht jede Motivation wird auch in reales Verhalten umgesetzt.

5) *Persistenz.* Auch über eventuelle Durststrecken hinweg und in kritischen Phasen (Widerstände, Mangel an Bekräftigung, kein sichtbarer Erfolg) wird an der Veränderung des eigenen Unterrichts festgehalten oder die Unterrichtsentwicklung bricht zusammen.

6) *Nachweisliche Wirkung.* Unterrichtsentwicklung ist kein Selbstzweck, sondern dient letztlich der Erleichterung des Lernens. Der entscheidende, aber am schwierigsten zu erreichende letzte Schritt der Kette im gezeigten Modell besteht darin, dass veränderter Unterricht auch tatsächlich zu besserem Lernen führt. Ist dies nicht der Fall, dann war der Aufwand vergebens, denn Unterrichtsentwicklung ist kein Selbstzweck.

Ob dieser Prozess gelingt, oder ob er in einem frühzeitigen Stadium stecken bleibt, ob intendierte Maßnahmen der Initiierung der Unterrichtsentwicklung also erfolgreich sind oder zwischendurch versickern oder verpuffen, dies hängt sowohl von individuellen als auch von sozialen und institutionellen Bedingungen ab. Hier eine Auflistung (ohne Anspruch auf Systematik oder Vollständigkeit) wichtiger Bedingungen:

7.4.1 Individuelle Bedingungen

Selbstkonzept unterrichtlicher Kompetenz und Selbstwirksamkeit. Sind Gefühle der Verpflichtung zu gutem Unterricht entsprechend den Standards der Profession und der Verantwortung gegenüber der Gesellschaft, den Eltern und Schülern nur schwach ausgeprägt, dann dürften Appelle an professionelle Standards weitgehend wirkungslos verhallen. Es handelt sich hier um eine sehr wichtige personale Bedingung. Das gleiche trifft für die Selbstwirksamkeit zu: Je ausgeprägter das Bewusstsein, unterrichtliche und schulische Situationen in den Griff kriegen zu können, desto günstiger für ein Vorhaben der Unterrichtsentwicklung, bei dem man immer auch mit Ungewissheit, mit Durststrecken und Abwehr rechnen muss.

Subjektiver Leidensdruck. Eine Lehrkraft, die mit sich und ihrem Unterricht rundherum zufrieden ist, wird naheliegenderweise keine besondere Motivation verspüren, sich an Maßnahmen der Unterrichtsentwicklung zu beteiligen. Es dürfte jedoch häufig vorkommen, dass sich Lehrkräfte gegenüber neuen Entwicklungen abgeschottet haben und deswegen „immun" gegenüber Veränderungsimpulsen sind.

Bereitschaft zur Selbstreflexion. Unterrichtsveränderung ohne die Bereitschaft, sich selbst – jedenfalls partiell – in Frage zu stellen, dürfte ein aussichtsloses Unterfangen sein.
Bereitschaft zur Kooperation. Rein theoretisch ist die Veränderung des eigenen Unterrichts auch von individuellen Lehrkräften ohne jegliche Absprachen und ohne Einbettung in übergreifende Kooperationsabkommen möglich. Praktisch dürfte dies jedoch schwierig sein. Wichtige Instrumente der Unterrichtsentwicklung, wie gemeinsame Unterrichtsvorbereitung, wechselseitige Hospitation, Team Teaching und Microteaching erfordern per definitionem ein erhebliches Maß an Kooperation, die in einer (jedenfalls in Deutschland) noch weitgehend individualistischen Lehrerkultur, die durch gegenseitige Abschottung gekennzeichnet ist, keineswegs als gegeben vorausgesetzt werden kann. Unterrichtsentwicklung fördern heißt somit auch: im Kollegium das Bewusstsein fördern, dass Kooperation nötig ist, sich lohnt und auch Spaß macht.

Hier sehe ich eine der Hauptklippen für eine gelingende Unterrichtsentwicklung. Zur Verdeutlichung möchte ich die Einschätzung von Terhart (1996) anführen:

> „… ist der vielbeklagte Lehrerindividualismus, sind die vielfältigen organisatorischen sowie sozial- und individualpsychologischen Barrieren gegenüber kollegialer Kooperation … gravierende Hemmnisse auf dem Weg zu einer tatsächlichen Professionalität des Lehrerberufs. Das gezielte Nebeneinanderherarbeiten sowie die Nichteinmischung in die Arbeit der Kolleginnen und Kollegen gehört zu den impliziten Normen der Berufskultur der Lehrerschaft, die nur sehr schwer zu durchbrechen sind, da die Befolgung dieser Normen dem einzelnen Lehrer im Gegenzug Schutz vor der Einmischung anderer gewährt. Und dieser Schutz wird als ein sehr wichtiges, unverzichtbares Element im kollegialen Mit- oder besser Nebeneinander angesehen, weil die Unterrichtsarbeit mit einem hohen Beteiligungsgrad der eigenen Person, einem hohen Grad an persönlichem Involvement also, verrichtet wird – und eben nicht in distanzierter, mechanischer Form. Eine Beobachtung oder gar Kommentierung der eigenen Arbeit durch Kollegen wird dann schnell als Einmischung oder Beurteilung der eigenen Person wahrgenommen. Auf diese Weise entsteht Isolation, wo Kooperation geboten wäre." (Terhart, 1996)

Kasten 60: Die Schwierigkeiten der Lehrerkooperation (Terhart)

Dass die innerschulische Kooperation eine *günstige* Bedingung für Unterrichtsverbesserung ist, sollte jedoch nicht zu dem Trugschluss führen, es handele sich um eine *notwendige* Bedingung. Keineswegs! Dass „die Schule" noch nicht so weit ist, dass sich keine Gleichgesinnten finden – dies sollte nicht Alibi für Resignation und Passivität sein. Deswegen apelliere ich, auch gegen den vorherrschenden Zeitgeist: Maßnahmen zur Selbstvergewisserung, Bestandsaufnahme und Verbesserung des eigenen Unterrichts sind *immer* möglich und *immer* sinnvoll: notfalls auch als Single und Einzelkämpfer (Vorkämpfer!) innerhalb eines Kollegiums!

7.4.2 Soziale und institutionelle Bedingungen

Unterstützung durch die Schulleitung. Die Schulleitung spielt bei der Initiierung und Aufrechterhaltung von Programmen der Unterrichtsentwicklung eine Schlüsselrolle, sowohl in ideeller Hinsicht als auch dadurch, dass Prinzipien des Lernens am Modells und des Verstärkungslernens wirksam werden. Entsteht bei Kollegen, die zur Unterrichtsentwicklung aufgefordert werden, der Eindruck, dass die Schulleitung selbst nicht konsequent dahinter steht, dass sie Unterrichtsentwicklung nur halbherzig (etwa weil es die Schulaufsicht oder der Schulelternbeirat fordern) betreibt oder dass es sich um bloße Lippenbekenntnisse handelt – dann dürfte ein ganz wesentlicher Motor der Unterrichtsentwicklung in einer Schule entfallen. Zugleich setzen Schulleitungen auch Rahmenbedingungen (oder gestalten sie mit), die für die Unterrichtsentwicklung entscheidend sein können, z. B. die Installation und aktive Förderung von Fachkonferenzen, die Organisation gemeinsamer Freistunden bei der Stundenplangestaltung etc.

Evaluationskultur. Schulen unterscheiden sich hinsichtlich der Evaluationskultur erheblich voneinander. In manchen Schulen sind Leistungsmessung, Schülerfeedback zum Unterricht und andere Formen der Selbstevaluation eine Selbstverständlichkeit, in anderen Schulen finden sich Vorbehalte, Ängste, Abwehr und Tabus. In dem Maße, in dem sich in einem Kollegium die Anschauung durchsetzt, dass die Schule für die unterrichtlichen und erzieherischen Wirkungen verantwortlich ist und dass deshalb Maßnahmen der Evaluation nötig und unverzichtbar sind, ist damit zugleich eine entscheidende Bedingung für Aktivitäten der Unterrichtsentwicklung gegeben. Von der Möglichkeit, Verfahren der Leistungsmessung (wie Parallel- und Vergleichsarbeiten) mit pädagogischen Optionen im Sinne der Unterrichtsentwicklung zu verknüpfen, wird noch in einem späteren Abschnitt die Rede sein.

Kooperation innerhalb des Kollegiums. Auf diese ist bereits mehrfach hingewiesen worden. Insbesondere die Fachkonferenz kann ein entscheidender Motor der Unterrichtsentwicklung sein. Ich möchte aber ausdrücklich hinzufügen: Es geht auch solo, und die Erklärung „Unterrichtsentwicklung ist leider nicht möglich, da die Kollegen nicht mitziehen", kann Alibicharakter haben. Die Dynamik kann ja auch so aussehen, dass einer alleine erst mal anfängt – und dass sich dann ein Sogeffekt einstellt.

Verankerung im Schulprogramm oder Schulprofil. Aus Symbolgründen und zur Selbstverpflichtung kann das Bekenntnis zu einem Schulprogramm der Unterrichtsentwicklung vorteilhaft sein. Bedingung ist dabei, dass a) der Unterricht wirklich im Zentrum des Schulprogramms steht und dass das Programm b) verpflichtend gemacht wird, also deutlich über deklamatorische Äußerungen hinausgeht. Der Verbindlichkeitscharakter kann darin bestehen, dass konkrete Zielvereinbarungen getroffen werden, dass spezifische Maßnahmen geplant werden und dass Evaluation vorgesehen wird. Gerade letztere stößt jedoch noch auf erhebliche Widerstände und Skepsis, wie Haenisch & Burkard (2002) als Ergebnis ihrer qualitativen Studie zu den Gelingensbedingungen von Schulprogrammarbeit in NRW zeigen: Es fehlt nicht nur an Handwerkszeug und Know-how für die Gestaltung von Evaluation, sondern die Notwendigkeit von Evaluation wird oft überhaupt nicht gesehen.

Bei aller Notwendigkeit, den systemischen Zusammenhang von Unterricht, Personal und Organisation zu beachten, deutet sich jedoch – nach TIMSS und PISA verstärkt – ein erfreulicher Trend an, den Unterricht in das Zentrum von Schulprogrammen zu stellen. Exemplarisch sei hier die Position von Riecke-Baulecke (2001b) aus dem „Schulleiter-Handbuch" (Band 100/2001) zitiert:

„Das zentrale Evaluationskriterium für die Schulprogrammarbeit ist nicht beliebig aus der einen oder anderen pädagogischen Auffassung abzuleiten, sondern aus dem in den Schulgesetzen definierten Auftrag von Schule: „Wird die Wirksamkeit von Bildungs- und Erziehungsprozessen vor allem im Kernbereich von Schule, dem *Unterricht*, mit Hilfe eines Schulprogramms gesichert bzw. verbessert?" (S. 7)
„Wer jedoch beabsichtigt, Schule nicht bloß zu „entwickeln", sondern Bildung und Erziehung wirksamer zu gestalten, der muss sich den Prozessen zuwenden, die Schule maßgeblich prägen. Die wichtigsten schulischen Bildungs- und Erziehungsprozesse finden im Unterricht – ob es nun geschlossener oder offener, fachbezogener oder fächerübergreifender ist – statt: *Unterricht* ist die zur Zeit absolut dominante Form schulischen Lernens" (S. 30).
„Kriterium für erfolgreiche Schulentwicklung … kann nicht sein, dass eine Schule über ein Schulprogramm verfügt, Budgetautonomie und partizipative Führungsstrukturen usw. besitzt. Alleiniges oder ausschlaggebendes Kriterium ist ebenso nicht, dass die Schülerinnen und Schüler Spaß an der Schule haben und die Lehrerinnen und Lehrer ihren Beruf mit großer Zufriedenheit ausüben … Die Frage ist vielmehr, ob durch bestimmte Entwicklungsvorhaben der Schule auch die *Lernprozesse* der Schülerinnen und Schüler gefördert werden, ob durch das Schulprogramm … *tatsächlich* die *Wirksamkeit* von Bildung und Erziehung der Schülerinnen und Schüler gesichert bzw. verbessert wird" (S. 16).

**Kasten 61: Den Unterricht in das Zentrum des Schulprogrammes stellen!
(Riecke-Baulecke, 2001b)**

Diesen Ausführungen kann ich mich vollkommen anschließen, insbesondere an den letzten Satz: Es kann gar nicht deutlich genug gesagt werden, dass Schulprogramme etc. kein Selbstzweck sind, sondern sich ausschließlich daher legitimieren, den Unterricht und letztlich das Lernen zu verbessern!
Erfreulich eindeutig ist hier z. B. die Formulierung in dem für Rheinland-Pfalz realisierten Rahmenkonzept für die Schulprogrammentwicklung, dass ausdrücklich und verbindlich einen Fokus auf den Unterricht verlangt und präzise Zeitvorgaben macht (Hervorh. durch mich):

Seit Februar 2002 ist es die Aufgabe aller Schulen und aller an Schule Beteiligten, den Bereich der Qualitätsentwicklung und -sicherung als verbindlich für sich zu übernehmen … Im Zentrum schulischer Arbeit der Lehrenden müssen vor allem die *Gestaltung von Unterricht und das erzieherisch relevante Lehrverhalten* stehen. Beim *Unterricht*, bei der *Didaktik*, bei der *Lehrer-Schüler-Interaktion* setzen „Qualitätssicherung und qualitätsbezogene Innovation zuallererst und in der Hauptsache" an. Damit steht in den kommenden Jahren die *Unterrichtsentwicklung* im Vordergrund der weiteren Bemühungen um Qualitätsentwicklung. Allerdings muss Unterrichtsentwicklung von Personal- und Organisationsentwicklung begleitet sein.

**Kasten 62: Verbindliches Rahmenkonzept für Schulprogramme in Rheinland-Pfalz:
Fokus auf den Unterricht**

Wertschätzung durch Schulaufsicht, Eltern, Verbände. Erhält ein UE-Programm *Rückenwind* und Unterstützung durch die Schulaufsicht, wird es von den Eltern und ihren Vertretern sowie von Lehrer- und Schulleiterverbänden und regionalen Institutionen (vgl. das Projekt „Schule & Co") konstruktiv begleitet, dann sind dies weitere förderliche Rahmenbedingungen. Durch Absprachen und frühzeitige Informationen lassen sich unter Umständen solche günstigen Konstellationen wenn nicht schaffen, so doch günstig beeinflussen. *Wertschätzung durch die Schülerinnen und Schüler.* Dies dürfte eine der entscheidendsten Bedingungen sein, denn eine erfolgreiche Unterrichtsentwicklung ohne ein Mindestmaß an positivem Lehrer-Schüler-Verhältnis bzw. gegen die Schüler – oder über ihren Kopf hinweg – ist umso schwerer vorstellbar, je älter die Schüler sind und je mehr Mitsprache und Schülerfeedback zum Unterricht als normal und selbstverständlich angesehen werden.

7.5 Unterrichtsdiagnose- und -entwicklungsprogramme

Es gibt inzwischen im deutschen Sprachraum eine große Zahl von Programmen, Initiativen und Projekten, die sich zentral oder teilweise mit Fragen der Diagnose und Verbesserung der Unterrichtsqualität befassen; einige davon werden im Folgenden kurz beschrieben.

7.5.1 Das Programm SINUS[115]

Das Programm SINUS der BLK ist das umfassendste und aufwendigste bundesweite Unterrichtsentwicklungsprogramm, das bisher jemals in Deutschland durchgeführt wurde. Auch wenn die Reichweite auf bestimmte Fächer beschränkt ist (wie der Name bereits sagt: „Effizienzsteigerung des *mathematisch-naturwissenschaftlichen* Unterrichts") kann man m. E. von den dort gemachten praktischen Erfahrungen – aber auch von den Rückschlägen, Stagnationen und Enttäuschungen – viel lernen. Das Programm SINUS umfasst folgende Module:

- Modul 1: Weiterentwicklung einer Aufgabenkultur im mathematisch-naturwissenschaftlichen Unterricht
- Modul 2: Naturwissenschaftliches Arbeiten
- Modul 3: Aus Fehlern lernen
- Modul 4: Sicherung von Basiswissen – Verständnisvolles Lernen auf unterschiedlichen Niveaus
- Modul 5: Zuwachs von Kompetenz erfahrbar machen: Kumulatives Lernen
- Modul 6: Fächergrenzen erfahrbar machen: Fachübergreifendes und fächerverbindendes Arbeiten
- Modul 7: Förderung von Mädchen und Jungen
- Modul 8: Entwicklung von Aufgaben für die Kooperation von Schülern
- Modul 9: Verantwortung für das eigene Lernen stärken
- Modul 10: Prüfen: Erfassen und Rückmelden von Kompetenzzuwachs
- Modul 11: Qualitätssicherung innerhalb der Schule und Entwicklung schulübergreifender Standards

Kasten 63: Die Module des BLK-Programms SINUS

In jedem Bundesland entwickelten sich Netzwerke von Schulen, die sich für ausgewähl-te Bausteine entschieden und diese in Form gemeinsamer Planungen, Unterrichtsentwürfe, Dokumentenanalysen, Diskussionen und Publikationen erarbeiteten.

Dabei war der folgende Zyklus von Arbeitsschritten vorgesehen, die auch für die Struk-turierung und Planung von Unterrichtsentwicklung außerhalb des SINUS-Programms von Bedeutung sein können:

Phase I: Optimierungsbedarf/Problem bestimmen
            Optimierungsbedarf bzw. Probleme bewusst machen
            Probleme akzeptieren
            Probleme konkretisieren
            Problem auswählen und sich vornehmen
            Problem definieren: Ziel und Ausgangslage

Phase II: Lösungen erarbeiten
            Teilprobleme unterscheiden
            Ansprüche an Lösungen bestimmen
            Hilfreiches Wissen suchen
            Lösungen generieren
            Realisierbarkeit und Anwendungsbedingungen prüfen

Phase III: Lösungen umsetzen und überprüfen
            Handlungsschritte und Umsetzung durchspielen
            Neue Lösung unter normalen Bedingungen umsetzen
            Zielerreichung überprüfen
            Lösungen unter variierenden Umständen erproben
            Neuen Zugang routinisieren

Kasten 64: Arbeitsschritte bei der Unterrichtsentwicklung im SINUS-Projekt

Dabei entstand ein großer Reichtum nicht nur an Erfahrungen, sondern auch an prakti-schem und nützlichem Material (z. B. Unterrichtsentwürfe und Aufgabensammlungen). Wer sich – sei es als Schulleiter oder Schulleiterin, oder als Lehrkraft – für die Unter-richtsentwicklung interessiert, kann deshalb keinesfalls am Programm SINUS vorbei ge-hen, auch wenn es vielleicht um andere als die dort vorgesehenen Schwerpunkte und an-dere Unterrichtsfächer geht.

Im Folgenden sind Ausschnitte aus einem anschaulichen Bericht mit dem Titel „Auf die Schulleiter kommt es an – Nie wieder zäher Unterricht in Mathematik und Naturwis-senschaften" über das SINUS-Projekt dargestellt, der am 13. 12. 2001 in der Frankfurter Rundschau erschien (Autor: Karl-Heinz Heinemann) und der insbesondere auf die füh-rende Rolle der Schulleitung bei der Unterrichtsentwicklung hinweist:

SINUS – im Schulalltag

„Schon vor PISA gab es ernüchternde Studien und jede Menge daraus zu lernen. Nur will das nicht jeder hören. 150 Schulleiterinnen und Schulleiter ließen sich kürzlich mit Worten von Jürgen Baumert, Direktor des Berliner Max-Planck-Instituts für Bildungsforschung und vom Sankt Gallener Organisationsguru Rolf Dubs aufmuntern: Auf sie, die Schulleiter, komme es an, wenn sich in den Schulen dauerhaft etwas verändern soll. Sie müssten auf modernen Unterricht dringen …

Das ist die Erfahrung aus zwei Jahren: Die Arbeit läuft gut, wenn die Fachkollegen mitmachen. Und wenn der Schulleiter unterstützt, innovative Kollegen mit Freistellungen und öffentlicher Anerkennung belohnt. Vor zwei Jahren startete die Bund-Länder-Kommission für Bildungsplanung und Forschungsförderung (BLK) den Modellversuch „Steigerung der Effizienz des mathematisch-naturwissenschaftlichen Unterrichts" (SINUS). Nach zwei Jahren Laufzeit des mit 25 Millionen finanzierten Programms, an dem 180 Schulen aus der ganzen Republik teilnehmen, gibt es erste Ergebnisse. Zur Erinnerung: Vor vier Jahren wurden die niederschmetternden Ergebnisse der TIMS-Studie bekannt – deutsche Schülerinnen und Schüler rechnen unterdurchschnittlich schlecht. Ihnen fehlt es weniger an Rechenroutine als vielmehr daran, ein Problem zu identifizieren, Gelerntes darauf anzuwenden, selbstständig Lösungswege zu finden. In Windeseile schrieb damals eine Gruppe um Jürgen Baumert ein Gutachten für die BLK, in dem die Problembereiche benannt und das SINUS-Programm vorgeschlagen wurde.

Manfred Prenzel, Leiter des Instituts für die Pädagogik in den Naturwissenschaften an der Uni Kiel, übernahm das Projekt. 25 Millionen Mark sind in der pädagogischen Forschung viel Geld, doch davon wollen tausende Lehrerinnen und Lehrer fortgebildet werden, müssen Materialien besorgt und Austausch organisiert werden. Baumert schlug damals in seinem Gutachten die Unterrichtsentwicklung in elf Modulen vor.

Der deutsche Unterricht und seine Veränderungsresistenz – das ist eines von Baumerts Lieblingsthemen. Anschaulich schildert er, wie ein deutscher Studienrat mit einem sehr anspruchsvollen Vorhaben in den Unterricht geht, einen mathematischen Beweis zu führen – mehr, als es sich Lehrer in anderen Ländern zutrauen, meint Baumert. Er weiß, wo er hin will, nur die Schüler wissen es nicht. Der Lehrer fragt, die Schüler stochern im Nebel. Was will er hören? Die eine Antwort geht schon zu weit, die andere, tja, das hatte sich der Studienrat anders vorgestellt. Nun hackt er sein Problem klein, bis die Schülerinnen und Schüler nur noch mit Ja oder Nein antworten müssen. Er denkt, er hat es geschafft, doch wirklich geschafft ist nur der Lehrer selbst, denn dieser Unterricht ist anstrengend und ineffektiv.

Diese eingefahrenen Muster kann man nur in kleinen Schritten ändern, meint Baumert. „Man kann in den einzelnen Schulen dort anfangen, wo man Zustimmung bekommt, wo man Lehrer gewinnt." Ein Beispiel. Mathe, fünftes Schuljahr: Die Europäische Zentralbank führt Zwei- und Fünf-Euro-Münzen ein. Welche ganzzahligen Geldbeträge können damit bezahlt werden?

▶

Die Aufgabe klingt simpel, aber die Kinder können zunächst einmal probieren, dann können sie eine Systematik entwickeln. „Das sind Verfahren, die in der forschenden Mathematik laufend benutzt werden, aber in der Schule sind sie verpönt", meint Peter Baptist, Mathematikdidaktiker an der Universität Bayreuth. Nebenbei werden Rechenfertigkeiten gefestigt – auch das ist eines der elf Module des Programms.

Lothar Krekel in der Gesamtschule in Berlin-Reinickendorf lässt Schüler ihr Traumhaus entwerfen – ein Rechenprojekt, in dem so alles vorkommt, was sich ein Mathematikerhirn ausdenkt. Was ist daran anders als an altbekannten Textaufgaben? Das waren bisher die „eingekleideten Aufgaben", meint Peter Baptist. Möglichst schnell wurde der Text weggenommen, die Gleichung stand da. Aber hier geht es um eine konkrete Situation.

Schüler sollen aus Fehlern lernen, heißt ein anderes Modul. Da habe er sich verrannt, meint Lothar Krekel: Wenn er jedem Fehler nachgehe, verliere er den Faden. Ob er denn noch mit dem Lehrplan durchkomme, wenn die Schüler so vieles selbst entwickeln? Und wird denn noch der Dreisatz gelernt? Ja, der Dreisatz, der falle allen ein, die sich über die fehlenden Rechenfertigkeiten beklagen, lacht Krekel. Da hat er sich mal umgehört in Berlin, bei der Industrie- und Handelskammer, der Barmer Ersatzkasse und bei Siemens. Dreisatz? Interessiert sie nicht. Hauptsache, die Auszubildenden wissen, wie sie anstehende Aufgaben rechnerisch bewältigen können. „Genau das trainieren wir." …

Die Pädagogen, die am Versuch mitarbeiten, stoßen in ihren Schulen oft auf Skepsis bei Kollegen und auf Gleichgültigkeit bei Schulleitern. Auf den Schulleiter kommt es an, das wollte Manfred Prenzel vermitteln. Die Mitarbeit an einem besseren Unterricht ist ein Pfund, mit dem die Schule ihr Programm schmücken kann. An den meisten der 180 Schulen des SINUS-Projekts tut sich etwas. Das sind 0,4 Prozent von 43000 Schulen in Deutschland. So ungefähr jedenfalls."

Kasten 65: SINUS im Schulalltag

Für weiterführende Informationen über SINUS siehe die Informationen im Internet:
• bundesweit: http://blk.mat.uni-bayreuth.de
• seitens der BLK: http://www.ipn.uni-kiel.de/projekte/blk_prog/blkstefr.htm
Das dem Projekt SINUS zugrunde liegende ausführliche Gutachten (auch „BLK-Expertise" genannt) ist erhältlich unter:
http://www.ipn.uni-kiel.de/projekte/blk_prog/gutacht/index.htm
Dort finden sich auch Links zu den Seiten der jeweiligen bundeslandspezifischen SINUS-Programme sowie vielfältiges Material für den Unterricht.

7.5.2 Das Programm IMST

In Österreich entstand ebenfalls ein umfassendes Programm der Qualitätssicherung. Das Kürzel IMST[116] steht für „Innovations in Mathematics, Science Technology Teaching". Seine vier Komponenten (Grundbildung, Schulentwicklung, Lehr- und Lernprozesse und Praxisforschung) haben zwei zentrale Aufgaben:

- Initiieren, Fördern und Sichtbar-Machen von Innovationen sowie deren wissenschaftsgeleitete Analyse und Verbreitung, wobei der Erarbeitung von Konzepten von „guter Praxis" und der Professionalisierung von Lehrer/innen besonderes Augenmerk geschenkt werden soll.
- Mitwirkung beim Aufbau eines Unterstützungssystems für die Weiterentwicklung der Schulpraxis im Bereich der Mathematik und Naturwissenschaften, insbesondere durch Förderung einer praxisnahen und zugleich wissenschaftlich fundierten Fachdidaktik.

Darüber hinaus erwähnt das Programm vier Leitziele:

- „Bessere Grundbildung in Mathematik und Naturwissenschaften – niveauvolleres Verstehen, angemesseneres Problemlösen, effizienteres und problembewussteres Argumentieren und Reflektieren im Unterricht.
- Größere Vielfalt an Lehr- und Lernformen – Kreativität, Selbstständigkeit und situationsgerechtes Lehren und Lernen, unterstützt durch neue Medien und Technologien, sowie mehr und intensivere Formen der Reflexion von Unterricht.
- Zahlreichere und besser gestaltete Formen des professionellen Erfahrungsaustauschs unter den Lehrenden, die Auswirkung auf die Weiterentwicklung der Schule haben. Etablierung und Weiterentwicklung eines Netzwerks, das die Durchführung und Evaluation von Unterrichtsinnovationen unterstützt sowie auf verschiedene Weise einer größeren Öffentlichkeit zugänglich macht.
- Verbessertes „Image" – günstigere Wahrnehmungsmuster und Erwartungshaltungen gegenüber Mathematik und Naturwissenschaften in Schulen und Gesellschaft" (Internetseite IMST, http://imst.uni-klu.ac.at).

Von besonderem Interesse für dieses Buch ist besonders die Komponente „Lehr- und Lernprozesse". Auch hier wieder Originalton IMST:

„Wie sehen Lehr- und Lernprozesse im mathematischen und naturwissenschaftlichen Unterricht aus? Wie können sie den unterschiedlichen Voraussetzungen und Neigungen der Schüler/innen gerecht werden? Wie kann die Situation in den einzelnen Klassen bzw. Schulen untersucht werden? Welche Besonderheiten (individuell, bei Mädchen und Burschen, …) lassen sich erkennen? Welche Konzepte für qualitätsvolles, situationsbezogenes Lehren und Lernen gibt es bereits?

Dieses Schwerpunktprogramm befasst sich mit der Gestaltung und Reflexion von Lernumgebungen, die der Vielfalt der Schüler/innen Rechnung tragen. Dabei spielt die Untersuchung von Lehr- und Lernprozessen im eigenen Unterricht bzw. an der eigenen Schule eine wichtige Rolle. Es werden die jeweiligen Gegebenheiten analysiert sowie Konzepte für eine qualitätsvolle Weiterentwicklung erörtert, erprobt und fachdidaktisch reflektiert. Möglichkeiten der Zusammenarbeit bestehen unter anderem durch:

- Untersuchung der eigenen Situation im Unterricht bzw. an der Schule
- Sammlung und Entwicklung von anregenden innovativen Beispielen für qualitätsvolle Lehr- und Lernprozesse
- Verbreitung und Diskussion von Ergebnissen"

7.5.3 Das Projekt Schule & Co

Dieses 1997 gestartete Projekt ist eine Gemeinschaftsinitiative des NRW-Bildungsministeriums und der Bertelsmann Stiftung an insgesamt 52 Schulen. Ziele des Projekts sind die Verbesserung der pädagogischen Arbeit, der Ausbau der Selbststeuerung von Schulen und ihre Vernetzung mit der Region. Grundlage für die pädagogische Arbeit in diesem Bereich war ein Methodentraining nach Klippert, das vor allem auf eigenverantwortliches Arbeiten und Lernen setzt. Nach Einschätzung der für die Evaluation verantwortlichen Wissenschaftler (Bastian & Rolff, 2001)[117] ist dieses Projekt erfolgreich gewesen[118]: Schulleitungen und Lehrerkollegien haben erfolgreich Teamarbeit erlernt und geleistet, und die Lehrer haben sich dabei von ihrer Rolle als „pädagogische Einzelkämpfer" gelöst. Wichtig erscheint vor allem die Erkenntnis, dass erst die Koppelung von zwei bisher immer getrennt laufenden Strängen zum Erfolg führte: einerseits das systematische Training von Methoden-, Kommunikations- und Teamkompetenzen (entsprechend dem Konzept von Klippert), andererseits Grundelemente der Organisationsentwicklung, insbesondere die Arbeit mit Steuergruppen und Projektmanagement. Allerdings weisen die Autoren auch darauf hin, dass Erwartungen an sehr schnelle Erfolge unrealistisch seien: „Die Schulen, die ihre Weiterentwicklung in die eigenen Hände nehmen, geraten bald an die Grenze der Belastbarkeit. Und Schulentwicklung braucht Zeit. Selbst eine Unterrichtsentwicklung, deren Nutzwert auf der Hand liegt und die unmittelbar umgesetzt werden kann, benötigt Jahre, wenn sie in die Breite gehen und nachhaltig werden soll." (Bastian & Rolff, S. 7)

7.5.4 Das Projekt „Best Practice" der Stiftung Avenir Suisse

Die Stiftung Avenir Suisse[119] hat ein interessantes unterrichtsbezogenes Projekt „Best Practice" lanciert[120]. Unter dem Begriff «Best Practice» wird die Orientierung an den Leistungen anderer, die Nutzung sämtlicher zur Verfügung stehender Ressourcen verstanden. Das „Best Practice"-Projekt hat deshalb zum Ziel, die vorhandenen Ressourcen in der Lehrerschaft zu nutzen und die Orientierung an gutem Unterricht zu fördern. Es werden damit zwei allgemeine Ziele verfolgt:
• Erstellen einer Grundlage für die Orientierung an gutem Unterricht.
• Bildung von Netzwerken, welche die Orientierung an gutem Unterricht erleichtern.
Das Projekt gliedert sich in vier Forschungsphasen.
In der *ersten* Phase wird der «Benchmarking»-Bereich bestimmt. Eine zentrale und unbestrittene Aufgabe der Schule ist die Vermittlung von Wissen und Können, wie dies in den Lehrplänen festgehalten wird. Der Lernerfolg in den Kernfächern Deutsch und Mathematik ist deshalb ein geeigneter «Benchmark». Aus methodischen Überlegungen eignen sich die Leistungen von Kindern am Ende der 3. Primarschulklasse besonders gut. Zum einen haben die Schülerinnen und Schüler bereits drei Jahre in der Schule verbracht – Leistungsunterschiede zwischen den Klassen konnten sich in diesem Zeitraum manifestieren. Zum andern haben sie in den beteiligten Kantonen zu diesem Zeitpunkt praktisch die ganze Unterrichtszeit bei einer Lehrperson verbracht.
In der *zweiten* Phase des Projekts werden „Best Practice"-Lehrpersonen identifiziert. Zur empirischen Bestimmung dieser Lehrpersonen werden rund 60 Klassen zur Beteiligung am Projekt eingeladen. Die teilnehmenden Klassen werden unter Anwendung der bereits erprobten Züricher Leistungstests ausgiebig in den Fächern Deutsch und Mathematik („Benchmarks") getestet. Zudem werden nonverbale Intelligenz und die soziale Herkunft der Kinder zur Erfassung der Lernvoraussetzungen eingesetzt.
In der *dritten* Phase des Projekts werden die Ursachen für gute Leistungen in Deutsch und Mathematik bestimmt. Geplant ist die Anwendung der Delphi-Methode. Allen Lehrpersonen wird ein Fragebogen unterbreitet, anhand dessen sie die Merkmale von gutem Unter-

richt reflektieren. Auf der Basis der Fragebogenergebnisse wird ein neuer Fragenkatalog zusammengestellt. Diese zweite Befragung richtet sich an zwölf ausgewählte Lehrpersonen, deren Klassen sehr gute Klassenergebnisse in den Leistungstests – unter Berücksichtigung der unterschiedlichen Lernvoraussetzungen (soziale Herkunft etc.) – erzielten. Die Befragung soll einerseits über die Stellungnahmen aus der ersten Befragung orientieren und andererseits die Gelegenheit bieten, durch Nutzung dieser Kenntnisse das vorgegebene Thema aus einer höheren Warte zu beurteilen. Das Ziel ist es, Konvergenzen zu erlangen und gegensätzliche Positionen zu präzisieren. Die neuen Informationen dienen dem Team von Expertinnen und Experten dazu, Vorschläge zur Förderung von gutem Unterricht zu erarbeiten.

Die *vierte* Projektphase beinhaltet die Validierung der Ergebnisse durch drei international anerkannte Expertinnen und Experten. Sie haben den Auftrag, die Ergebnisse der Delphi-Befragung aus einer wissenschaftlichen Perspektive zu überprüfen. Auf diese Weise soll eine optimale Verbindung von praktischem Handeln und theoretischem Wissen erreicht werden.

7.5.5 „Schul-TÜV" in Schleswig-Holstein

Externe Evaluation im Team (EVIT) in Schleswig-Holstein

Bei der externen Evaluation im Team (EVIT) sollen Teams aus je drei Fachleuten (Schulaufsicht, Schulentwicklungsberater und Leiter einer vergleichbaren Schule in der Region) eine umfassende Sichtung von außen vornehmen. Die Schule hat mindestens ein halbes Jahr Zeit, um sich auf die externe Evaluation vorzubereiten. In dieser Zeit werden an der Schule Daten über die Qualität von Unterricht und Schule erhoben. Diese Daten bilden zusammen mit anderen Dokumenten (Schulstatistik, Ergebnisse von Parallel- und Vergleichsarbeiten, Schülerleistungstest u. a.) die Grundlage für den zweitägigen Schulbesuch des Evaluationsteams. Beim Schulbesuch hospitiert das Team Unterricht, führt mit allen an Schule beteiligten Gruppen Gespräche und macht einen Gebäuderundgang.

Die Fragen und Bewertungen des Evaluationsteams basieren auf einem umfassenden Qualitätshandbuch, in dem Anforderungen und Bewertungsstufen definiert sind. Entsprechend dem Auftrag von Schule stehen Bildung und Erziehung im Zentrum des Handbuchs und damit der externen Evaluation. Die Qualitätsanforderungen – wie z. B. die Anforderung, dass im Unterricht gezielt Sach-, Methoden-, Selbst- und Sozialkompetenz zu fördern ist – werden aus den gesetzlichen Bestimmungen über Schule (Schulgesetz, Lehrplänen) abgeleitet. Das Evaluationsteam fasst die Einschätzungen in einem Bericht zusammen und meldet dies der Schule zurück. Die Schule setzt sich mit dem Bericht auseinander und meldet dem Evaluationsteam Konsequenzen sowie eine Einschätzung des Evaluationsprozesses zurück. Der weitere Prozess der Beratung und Kontrolle der Einzelschule liegt danach – wie sonst auch – bei der Schulaufsicht. Das Konzept der externen Evaluation wird im Jahr 2003 in einer Pilotregion eingeführt, ausgewertet und danach flächendeckend umgesetzt[121]. Ein weiteres interessantes Vorhaben, bei dem auch systematische Evaluationen des Unterrichts aus Schülersicht geplant sind, ist das Projekt *„Qualitätsentwicklung durch Schulprogramme"*, geleitet von Thomas Riecke-Baulecke (2002).

7.5.6 Projekt „Selbstständige Schule" in NRW

Ebenfalls sehr vielversprechend erscheint das Projekt „Bildung gestalten – Selbstständige Schule in NRW", das im Jahre 2002 mit ca. 350 Schulen des Bundeslandes begonnen hat. Auf der Folie eines erheblich vergrößerten Freiheitsspielraumes können – und sollen

– u. a. neue pädagogische Konzepte und veränderte Unterrichtskonzeptionen und -methoden erprobt werden. Und dieses sind die Leitfragen des Modellvorhabens:

- Wie nehmen wir künftig die öffentliche Verantwortung für die selbstständigen Schulen der Zukunft wahr?
- Wie gehen mehr Selbstständigkeit und mehr Leistungsfähigkeit zusammen?
- Wie können die Schulen eine weitgehende Personalverantwortung in eigener Regie praktisch bewältigen?
- Welche Konsequenzen haben diese Veränderungen für Schulträger und Schulaufsicht?
- Wie kann Schulaufsicht Evaluation und Rechenschaftslegung zusammen mit den selbstständigen Schulen so organisieren, dass sich die Qualität der Unterrichtsarbeit und die Lernleistung der Schülerinnen und Schüler spürbar verbessern?

7.5.7 Projekt MODUS 21 in Bayern

Mit 22 Schulen startet der Freistaat im neuen Schuljahr das Projekt „MODUS 21 – Modell Unternehmen Schule im 21. Jahrhundert – Schule in Verantwortung"[122]. Erprobt werden soll, wieviel Eigenständigkeit und wieviel zentral vorgegebene Standards benötigt werden, um die Qualität von Unterricht und Erziehung zu steigern. Die Modus-Schulen können zwei der folgenden vier Arbeitsfelder zum Schwerpunkt machen: (1) Qualität von Unterricht und Erziehung, (2) Personalmanagement und Personalführung, (3) Inner- und außerschulische Partnerschaften sowie (4) Sachmittelverantwortung. Zentrales Ziel ist die Qualitätssteigerung. In der Praxis heißt das für die Schulen, dass sie z. B. die Stundentafel flexibilisieren können. Beispiel: Zeigen die Schüler einer Klasse in Mathematik erhebliche Schwächen, kann die Schule selbst entscheiden, vorübergehend mehr Mathematik-Unterricht zu erteilen, dafür in einem anderen Fach den Unterricht zu kürzen. Die Modus-Schulen können auch individuelle Lerngruppen bilden, um einzelne Schüler gezielt zu fördern.

7.6 Leistungsmessung, Parallel- und Vergleichsarbeiten

Eine der naheliegendsten Möglichkeiten, die Qualität des Unterrichts an ihren Effekten (und hier primär an den Lernleistungen) zu messen, ist der Einsatz von Verfahren der Leistungsmessung – über die von den Schulgesetzen und -ordnungen ohnehin vorgesehenen Klassenarbeiten, Probearbeiten, Extemporalien (oder wie sie sonst genannt werden mögen) hinaus. Zwar führt eine differenzierte Leistungsmessung nicht automatisch zu verbessertem Unterricht – sie kann jedoch, wenn man ihre Ergebnisse intelligent nutzt, eine solide empirische Basis darstellen.

Nun sind Methoden der Leistungsmessung ein weites Feld, und es kann nicht Ziel dieses Textes sein, hier ein notwendigerweise kursorisches Kurzprogramm zur Entwicklung Durchführung und Auswertung von Leistungstests und anderen Messmethoden zu geben. Hierfür stehen gute Lehrbücher (z. B. Lukesch, 1998; Langfeldt & Tent, 1999; Tent & Stelzl, 1993) zur Verfügung. Hervorgehoben werden soll vor allem das für diese Frage zentrale, im Auftrag der KMK von Franz E. Weinert herausgegebene, nur wenige Tage vor seinem Tod erschienene Buch „Leistungsmessungen in Schulen" (2001). Um einen Eindruck von der Vielfalt der unter dieses Thema fallenden Aspekte zu geben, stellt die folgende Tabelle das Inhaltsverzeichnis dieses Buches dar:

Thema	Autor(en)
Vergleichende Leistungsmessung in Schulen – eine umstrittene Selbstverständlichkeit	Weinert
Kontroversen um die Schulleistungsmessung in Deutschland. Eine fiktive Diskussion über Positionen und Perspektiven in verteilten Rollen	Brügelmann
Alltägliche Leistungsbeurteilung durch Lehrer	Schrader & Helmke
Bezugsnormen und schulische Leistungsbeurteilung	Rheinberg
Schulleistungen – Leistungen der Schule oder der Schüler?	Weinert
Standardisierte Schulleistungsmessungen	Heller & Hany
Wie misst man Schulleistungen? Qualitätskriterien für die standardisierte Messung von Schulleistungen.	Klauer
Kann eine (vergleichende) Messung von Schulleistungen objektiv, repräsentativ und fair sein?	Arnold
Messung von Schulleistungen im Primar- und Sekundarbereich	Lehmann
Schulleistungen im Bereich der muttersprachlichen Bildung	Schneider
Schulleistungen im Bereich der mathematischen Bildung	Stern & Hardy
Schulleistungen im Bereich der naturwissenschaftlichen Bildung	Duit, Häußler & Prenzel
Schulleistungen im moralisch-wertbildenden Bereich. Das Beispiel Lebensgestaltung – Ethik – Religionskunde (LER)	Gruehn & Schnabel
Fächerübergreifende Kompetenzen: Konzepte und Indikatoren	Klieme, Stanat & Artelt

Thema	Autor(en)
Leistungen im Bereich der beruflichen Bildung	Straka
Jenseits von TIMSS: Messungen sprachlicher Kompetenzen, komplexe Längsschnittstudien und kulturvergleichende Analysen. Ergebnisse und Perspektiven ausgewählter Leistungsstudien	Helmke & Schrader
Internationale Schulleistungsforschung: Ihre Entwicklung und Folgen für die deutsche Bildungslandschaft	Bos & Postlethwaite
TIMSS – Third International Mathematics and Science Study. Dritte internationale Mathematik- und Naturwissenschaftsstudie PISA – Programme for International Student Assessment	Köller, Baumert & Bos
Zielsetzung, theoretische Konzeption und Entwicklung von Messverfahren	Baumert, Artelt, Klieme & Stanat
Leistungsmessung und die Professionalität des Lehrerberufs	Schlömerkemper
Die Bedeutung vergleichender Schulleistungsmessungen für die Qualitätskontrolle und Qualitätsentwicklung von Schulen und Schulsystemen	Peek
Was bringt die vergleichende Leistungsmessung für die pädagogische Arbeit in Schulen?	Rolff
Perspektiven der Schulleistungsmessung – mehrperspektivisch betrachtet	Weinert

Kasten 66: Inhaltsverzeichnis des Buches „Leistungsmessungen in Schulen" (Weinert)

In den folgenden Abschnitten sollen drei Punkte angesprochen werden: Die Nutzung einer Vielfalt unterschiedlicher Messmethoden, das Konzept der Vergleichsarbeiten und sein Potenzial für die Unterrichtsentwicklung und die Nutzung der Daten aus den großen Leistungsstudien für innerschulisches Benchmarking.

7.6.1 Nutzung einer Vielfalt von Methoden zur Evaluation schulischer Leistungen

Zu einer entwickelten Evaluationskultur gehört es, eine Vielfalt von Methoden und Techniken der Messung schulischer Leistungen zu kennen und situationsangemessen einzusetzen. Nicht weil eine Vielfalt per se ein Gewinn wäre, sondern weil allen Evaluationsmethoden Schwächen innewohnen, die durch Kombination mit anderen Verfahren zumindest entschärft werden können, und zweitens aus Gründen der Fairness gegenüber den Schülerinnen und Schülern. Aus dem gleichen Grund, aus dem wegen der unterschiedlichen Zielkriterien des Unterrichts und der fachlichen Erfordernisse eine Vielfalt von Unterrichtsmethoden geboten ist, sind nach Möglichkeit auch unterschiedliche Messmethoden bei der Leistungserfassung einzusetzen, um den unterschiedlichen Präferenzen und Kompetenzen auf Schülerseite entgegenzukommen. Zu den verschiedenen Methoden können hier nur Stichworte gegeben werden; wer darüber mehr erfahren will, konsultiere eines der zu Beginn dieses Kapitels genannten Standardwerke. Vorab ein wichtiger Hinweis: Man muss unterscheiden zwischen der Methode der Erfassung schulischer Leistungen einerseits und der Rückmeldung dieser Ergebnisse an die Schülerinnen und Schüler andererseits. Beides wird gelegentlich miteinander verwechselt. Es handelt sich jedoch um völlig unabhängige Themen. Hier zunächst ein Blick auf einige Erhebungsmethoden.

Parallelarbeiten, Vergleichsarbeiten, Orientierungsarbeiten. Dieser Typ von Leistungsmessung – unterhalb des Niveaus der Lernstandserhebungen vom Typ MARKUS oder LAU und der landesweiten Klassenarbeiten – hat den Vorzug, leicht organisierbar zu sein und trotzdem Vorteile für das innerschulische Qualitätsmanagement zu bieten. Immer mehr Bundesländer gehen deshalb dazu über, Vergleichsarbeiten (teilweise auch „Orientierungsarbeiten" genannt) zu schreiben.

Tests mit gebundenen Antworten. Spätestens seit TIMSS ist dieser Typ von Test – sowohl bei Fragebögen zur Selbst- und Unterrichtseinschätzung als auch bei Leistungstests – zunehmend bekannt geworden. Ergänzungsaufgaben („cloze") und Wahlaufgaben („choice")[123] sind ein weltweit bewährtes wirkungsvolles und, verglichen mit offenen Aufgaben, leicht auswertbares Instrument[124]. Allerdings muss dabei die Möglichkeit des „intelligenten Ratens" in Rechnung gestellt werden (z. B. durch den Hinweis, im Zweifel eher die wahrscheinlichste Antwort anzukreuzen und damit zumindest eine gewisse Trefferchance zu haben, als die Frage gar nicht zu bearbeiten). Die verbreitete Einschätzung, der zufolge Multiple Choice Tests nur Oberflächen- und Faktenwissen erfassen können, ist längst widerlegt und kann heute nur als Mythos bezeichnet werden. Trotzdem hält sie sich in manchen Bereichen hartnäckig. Dass Mehrfachwahlantwort-Tests auch Beschränkungen haben, ist ebenso klar und unbestritten. Insbesondere kann man als Lehrkraft (oder Forscher) die tatsächlichen Lösungswege und Fehlertypen bei solchen Tests nicht erkennen. Es gibt jedoch die Möglichkeit, die „Distraktoren" (d. h. die neben der richtigen Antwort angebotenen falschen oder suboptimalen Antworten) so zu gestalten, dass sie stellvertretend für typische Fehler bei der jeweiligen Aufgabe sind und dass die Fehlermuster einer Klasse Hinweise auf mögliche Defizite bei Vorkenntnissen, Lerngelegenheiten oder Didaktik geben können.

Verhaltenstests („performance tests"). Diese sind eine Alternative zu den gängigen Multiple Choice Tests wie auch zu Klassenarbeiten. Die TIMS-Studie 1995 enthielt eine Option zur Durchführung solcher Tests (insbesondere im Bereich der Naturwissenschaften), die jedoch wegen der Aufwändigkeit und methodischer Schwierigkeiten nur von wenigen Ländern (wie z. B. der Schweiz) realisiert wurden. Dort wurden zusätzlich zu den Papier- und Bleistift-Tests standardisierte Experimente durchgeführt (vgl. Reusser, Pauli & Zollinger, 1998). Meines Erachtens birgt dieser Zugang eine Fülle zusätzlicher und vertiefender Erkenntnisse. Für Details vgl. die entsprechende TIMSS-Seite im Internet (und Kapitel 5.15).

Systematische Verhaltensbeobachtung. Diese in den USA verbreitete Methode (vgl. McCown et al., 1996, S. 442 f.), dort auch „authentic assessment" genannt, umfasst folgende Komponenten (Hart, 1994):

- Observe all students
- Observe often and regularly
- Record observations in writing
- Note the typical as well as the atypical. Observations of the routine are just as valuable as observations of the extraordinary
- Aggregate multiple observations in order to discern patterns of behaviour
- Synthesize evidence from different contexts for a holistic picture of each student

Kasten 67: Komponenten systematischer Verhaltensbeobachtung im Klassenzimmer

Portfolio. Ein in letzter Zeit auch hierzulande zunehmend populärer werdendes Werkzeug sind Portfolios. Sie umfassen eine Sammlung unterschiedlichster Schülerarbeiten: Daten, Tests, Leistungsresultate und andere Dokumente, die in ihrer Gesamtheit einen umfassenden und ganzheitlichen Blick auf die Leistungen eines Schülers und seine Entwicklung im Laufe der Zeit ermöglichen (vgl. Hascher & Schratz, 2001; Andexer & Thonhauser, 2001).

Selbstbewertung der Leistung und des Lernverhaltens durch Schülerinnen und Schüler. Dies klingt nur auf den ersten Blick absurd oder weltfremd, denn damit ist nicht etwa gemeint, dass solche Selbstbewertungen objektive Urteile (wie die auf der Basis von Tests) oder Urteile der Experten (Lehrerurteile) ersetzen sollen. Vielmehr können wiederholte Selbsteinschätzungen der eigenen Leistungen durch die Schülerinnen und Schüler bewirken, dass die Sensibilität für eigene Stärken und Schwächen gesteigert wird, die Fähigkeit zur realistischen Selbsteinschätzung, und dies ist eine wichtige Voraussetzung für den wirkungsvollen Einsatz von Lernstrategien. Darüber hinaus kann die Kontrastierung von Selbst- und Fremdbewertung der Schülerleistung bewirken, dass der Lehrkraft bisher verborgen gebliebene Defizite sowohl der Schüler/innen als auch der eigenen Person (ungerechte oder unfaire Leistungsbeurteilung) klar werden können.

7.6.2 Parallelarbeiten und Beispielaufgaben in NRW

In mehreren Bundesländern setzt sich zunehmend die Erkenntnis durch, dass Parallelarbeiten ein wirkungsvolles Instrument der Qualitätssicherung darstellen. In NRW sind Parallelarbeiten bereits seit dem Schuljahr 1999/2000 in den Klassenstufen 3, 7 und 10 Pflicht[125]. Vor allem das in NRW entwickelte Konzept der *Beispielaufgaben* für Parallelarbeiten (Ministerium für Schule und Weiterbildung, 1998, 2000) erscheint mir in dieser Hinsicht bemerkenswert, vgl. hierzu auch Orth (in Druck). Das MSWWF Nordrhein-Westfalen hat hierzu eine bemerkenswerte Sammlung sehr nützlicher Materialien entwickelt, die hinsichtlich ihrer Strukturiertheit und Differenziertheit nach meiner Einschätzung beispielhaft sind. Hier Empfehlungen des NRW-Ministeriums zum Austausch über Lernerfolgskontrollen[126]:

- Korrektur von Parallelarbeiten auf der Grundlage gemeinsam verantworteter Anforderungen und Leistungserwartungen nach dem in der Schule üblichen Modus und Dokumentation der Ergebnisse in einem Notenspiegel der einzelnen Lerngruppen sowie der Jahrgangsstufe
- Einschätzung der Vergleichbarkeit der Ergebnisse durch Einbeziehen von Resultaten aus wenigstens in Stichproben durchgeführten Zweit- und Kreuzkorrekturen
- Differenzierte fachbezogene Auswertung der Ergebnisse von Parallelarbeiten im Hinblick auf folgende Fragestellungen:
- Zeichnen sich Bereiche des Faches ab, in denen die Schülerinnen und Schüler im Mittel besonders gute/schlechte Leistungen erbringen?
- Was können die Schüler/innen der einen Lerngruppe besonders gut/weniger gut im Vergleich zu denen anderer Lerngruppen? Wo liegen die Ursachen für diese Unterschiede?
- Wann war das, was besonders gut (bzw. nur mit erheblichen Einschränkungen) beherrscht wird, Gegenstand von Unterricht? Wie lange liegt das zurück? Wie sind diese „Fachgegenstände" im Unterricht behandelt worden?

Kasten 68: Tipps für den Umgang mit Parallelarbeiten (Horster & Rolff, 2001, S. 160)

Parallelarbeiten erfüllen primär die Funktion einer vergleichenden Bestandsaufnahme: Sie sollen Stärken und Schwächen aufdecken. Durch die gemeinsame Organisation und Auswertung der Arbeiten können Prozesse der Kooperation innerhalb der Schule gefördert und die Qualität des Lehrens und Lernens gesichert werden. Dies um so mehr, wenn die Parallelarbeiten um weitere Maßnahmen ergänzt werden:

- Entwürfe der Fachkonferenzen für einzelne Elemente von Klassenarbeiten in allen Parallelklassen einer Jahrgangsstufe
- Anlage eine Aufgabensammlung, die in einem bestimmten Umfang nach Beschluss der Fachkonferenz von den Lehrkräften benutzt wird
- Parallele Lernstandsdiagnosen (z. B. informelle und standardisierte Schulleistungstests) außerhalb der Leistungsbeurteilung
- Kooperation von Lehrkräften (Tandembildung) zur Leistungsüberprüfung und Unterrichtsvorbereitung in Parallelklassen ▶

- Austausch zwischen den Fachkonferenzen von Nachbarschulen derselben oder verschiedener Schulformen
- Zweitkorrektur durch eine Lehrkraft desselben Faches und derselben Jahrgangsstufe bei Beibehaltung der Letztverantwortung der jeweils zuständigen Lehrkraft
- Austausch bewährter Klassenarbeitssätze
- Nachkorrektur bereits bewerteter Arbeiten durch Lehrkräfte der Nachbarschulen
- Schulinterner Wettbewerb in einzelnen Fächern
- Gegenseitige Hospitation mit Beobachtungsaufträgen

Kasten 69: Empfehlung für flankierende Maßnahmen neben der Parallelarbeit (Ministerium NRW, Runderlass, Abschnitt 4)

Bei aller Wertschätzung des Konzeptes der Parallelarbeiten zum Abschluss nun doch noch eine kritische Denkübung, basierend auf einer Auflistung der Vorteile von Parallelarbeiten (hier: Mathematikunterricht, 10. Klasse) durch das Ministerium NRW (Materialien Schulentwicklung, Aufgabenbeispiele Klasse 10: Mathematik):

- Die Qualitätskontrolle des Mathematikunterrichts findet im Rahmen einer normalen Klassenarbeit statt. Die Schülerinnen und Schüler werden die Klassenarbeit und darin die Parallelaufgaben mit der für Klassenarbeiten notwendigen Ernsthaftigkeit bearbeiten. Auch erhalten sie eine Gratifikation in Form einer guten Note, wenn sie die Beispielaufgabe gut gelöst haben …
- Die Parallelaufgabe und deren Bewertung greift nicht allzu tief in die Bewertungspraxis der Lehrerinnen und Lehrer ein, weil sie den zweiten Teil der Arbeit nach ihren bewährten Verfahren zur Bewertung von Schülerleistungen im Rahmen von Klassenarbeiten gestalten können.
- Das Qualitätskriterium für die Qualität des Unterrichts liefert für jede Klasse ein einfaches Maß in Form einer Prozentangabe, die zum Vergleich der Qualität des Unterrichts verschiedener Lehrkräfte herangezogen werden kann. (S. 82)

Kasten 70: Vorteile von Parallelarbeiten

Meines Erachtens enthält dieser Abschnitt einige Aussagen, über die sich diskutieren lässt. Deshalb die folgende Reflexionsaufgabe:

Reflexionsaufgabe 29: Für und gegen Parallelarbeiten

- Welchen Aussagen im Kasten 68 stimmen Sie zu, welchen nicht – und warum?
- Kann eine Prozentangabe – basierend auf dem Lösungsprozentsatz einer Aufgabe – als Indikator der Unterrichtsqualität gelten?
- Würden Sie ebenfalls von „bewährten Verfahren zur Bewertung von Schülerleistungen im Rahmen von Klassenarbeiten" sprechen?
- Gibt es auch Gesichtspunkte, die gegen die Vergabe einer regulären Note für die Parallelarbeit (als Anreiz für die Anstrengung) sprechen?
- Bei allen offenkundigen Vorteilen des Parallelarbeiten-Konzeptes: Welche für die Qualitätsentwicklung wichtigen Fragen lässt es offen – denken Sie an die Diskussion nach PISA!
- Müsste man anstatt des Vergleichs von Notenspiegeln in einer Jahrgangsstufe nicht die tatsächlichen Lernleistungen an einem absoluten Kriterium messen?
- Wo sehen Sie methodische oder praktische Probleme bei der Durchführung, und wie könnte man sie in den Griff kriegen?

7.6.3 Das Projekt Vergleichsarbeiten (VERA) in Rheinland-Pfalz, Nordrhein-Westfalen, Schleswig-Holstein und Bremen*

Vergleichsarbeiten lassen sich wie folgt charakterisieren und von anderen Typen der Leistungsmessung abgrenzen: Es handelt sich um *schriftliche Arbeiten*, die in einer größeren Anzahl von Schulen (ggfs. landesweit) auf der Basis einer vorgegebenen Aufgabenstichprobe eingesetzt werden mit dem Ziel, die Leistungen der Schüler an einer klassen- und schulübergreifenden sozialen und/oder kriterialen Bezugsnorm zu messen. Im hier dargestellten Konzept wird dabei grundsätzlich die eine Hälfte der Aufgaben der Vergleichsarbeiten zentral (vom Ministerium) festgelegt, während die andere Hälfte von den Grundschulen (bzw. den Fachkonferenzen) aus dem vorgegebenen Aufgabenpool ausgewählt wird. Dabei folgt die Auswahl einem Schlüssel, der gewährleistet, dass unterschiedliche Lehrplanbereiche und Kompetenzklassen über alle Schulen hinweg in gleicher Weise repräsentiert sind.

- Sie ähneln insofern *Parallelarbeiten*, als (bei mehrzügigen Schulen) die Parallelklassen einer Schule jeweils identische Aufgabensätze bearbeiten und so ein Vergleich der Leistungsstände über die Klassen hinweg möglich ist. Sie gehen in ihrem Vergleichsanspruch jedoch erheblich über Parallelarbeiten hinaus, in dem sie einen Vergleich mit landesweiten und ggf. auch länderübergreifenden Normwerten erlauben. Solche Vergleiche bieten Informationen, die mit anderen Mitteln, insbesondere mit Parallelarbeiten nicht erhältlich sind.
- Sie ähneln *standardisierten Schulleistungstests* insofern, als die Aufgaben von Experten entwickelt bzw. ausgewählt und im Hinblick auf inhaltliche Kriterien (Thematisierung verschiedener Kompetenz- und Wissensbereiche; Abdeckung gültiger Lehrpläne und Curricula) und bestimmte Testgütekriterien (z. B. angemessene Schwierigkeit) geprüft werden. Allerdings sind die Anforderungen an die Testgütekriterien bei Vergleichsarbeiten geringer als bei standardisierten Tests: *Erstens* ist die Bedingungs- und Durchführungs-

*Eine ausführliche Version dieses Kapitels findet sich bei Helmke & Hosenfeld (2003a, 2003b).

kontrolle geringer, da die Durchführung in der Regel von Lehrkräften und nicht von geschulten Testleitern vorgenommen wird; *zweitens* muss man insbesondere bei sprachlichen Leistungen (außer bei der Rechtschreibung) Abstriche bei der Objektivität machen, *drittens* ist die Validität in dem Maße eingeschränkt, in dem die schulinterne Auswahl von Items aus dem Gesamtpool zu unterschiedlich schwierigen Arbeiten führen kann.

- Anders als *Klassenarbeiten*, die sich in der Regel auf einen bestimmten, zuvor durchgenommenen Unterrichtsstoff beziehen, beziehen sich Vergleichsarbeiten auf den Stoff des gesamten Schuljahres und umfassen gegebenenfalls auch entsprechende Vorkenntnisse. Vergleichsarbeiten können, müssen aber nicht als Klassenarbeiten gezählt werden.
- Von *Lernstandserhebungen* unterscheiden sich Vergleichsarbeiten dadurch, dass keine Aussagen über die Leistungen einer ganzen Region (z. B. eines Bundeslandes) beabsichtigt sind und dass sie nicht durch umfassende Lehrer- oder Schülerbefragungen zu unterrichtlichen oder individuellen Bedingungen schulischer Leistungen begleitet werden.

Basierend auf einem Landtagsbeschluss werden in Rheinland-Pfalz ab 2003 in sämtlichen 4. Klassen der Grundschulen des Landes in Mathematik und später auch in Deutsch Vergleichsarbeiten geschrieben. Das Projekt Vergleichsarbeiten (VERA) umfasst einen Zeitraum von zunächst fünf Jahren; mehrere andere Bundesländer (z. Zt. Nordhein-Westfalen, Schleswig-Holstein und Bremen) haben sich diesem nunmehr bundesländerübergreifenden Konzept angeschlossen. Das Konzept für dieses Projekt wurde vom Autor, gemeinsam mit Dr. Ingmar Hosenfeld, entwickelt; uns obliegt auch die wissenschaftliche Leitung des Projektes, dessen Charakteristika im Folgenden kurz skizziert werden sollen.

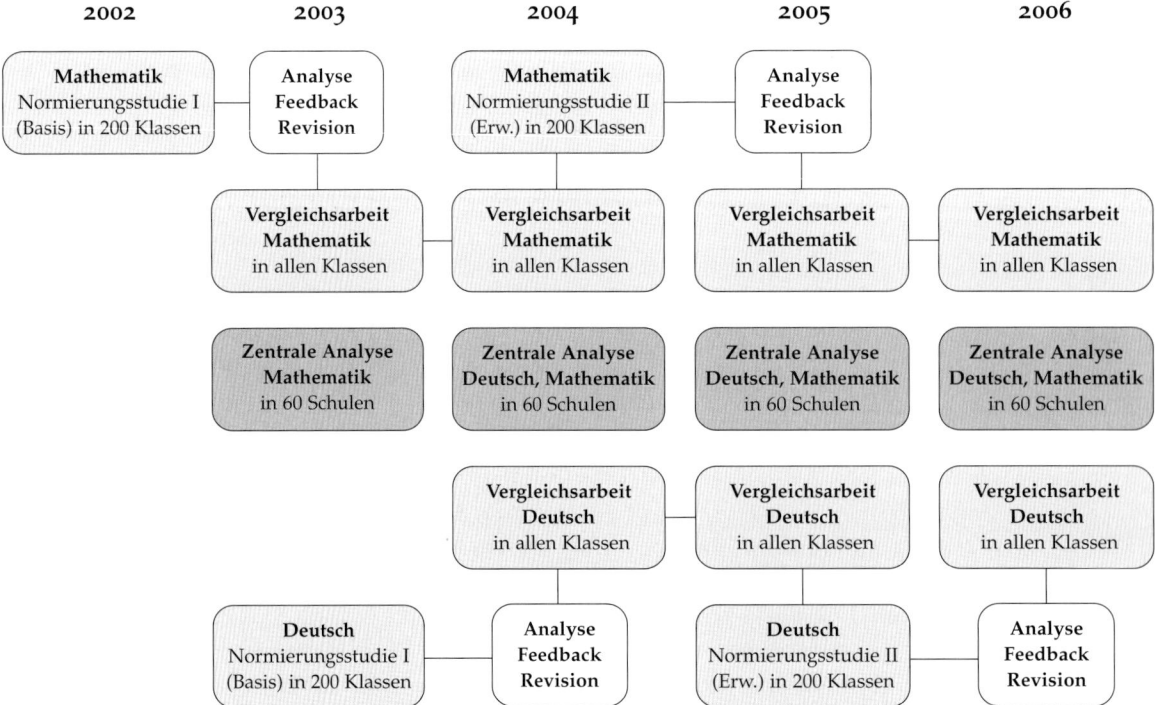

Abbildung 12: Das Design des Projektes VERA (Vergleichsarbeiten) in Rheinland-Pfalz

Konzept der Normierungsstudien

Die Basis für den Vergleich der individuellen Ergebnisse wie auch der Ergebnisse ganzer Klassen oder Schulen bilden die Normierungsstudien. Dabei werden an einer Normierungsstichprobe von 200 Klassen große Anzahlen von Aufgaben untersucht und „geeicht", und zwar im jährlichen Wechsel zwischen Mathematik- und Deutschaufgaben. Die Normierungsstichprobe ist so angelegt, dass der sozioökonomische Rahmen (Schule im sozialen Brennpunkt/„durchschnittliche" Region/„privilegierte" Region) systematisch berücksichtigt wird, basierend auf Einschätzungen der Schulaufsicht. Die in diesen Normierungsstudien eingesetzten Aufgaben entstammen einem Aufgabenpool, der zuvor von einer Expertengruppe (bestehend aus Lehrkräften und Fachdidaktikern) auf der Basis des aktuellen Rahmenplans erstellt wurde (Mathematik) bzw. noch zu erstellen ist (Deutsch). Der Itempool wird in periodischen Abständen (2 Jahre) überarbeitet, angepasst und teilweise ausgetauscht.

Mantelbogen für Schüler und Lehrkräfte in der Normierungsstudie

Wollen Klassen oder Schulen ihren Leistungsstand an den insgesamt in Rheinland-Pfalz erreichten Leistungen messen, dann sind zumindest basale Angaben zum Kontext (Klassenzusammensetzung) erforderlich. Dazu gehört neben dem Alter und Geschlecht der Kinder auch die Herkunftssprache. Um Zusammenhänge zwischen Lehrerurteilen (Noten) und dem Ergebnis der Vergleichsarbeiten berechnen zu können, wird ferner nach den letzten Zeugnisnoten in Deutsch und Mathematik gefragt. Im Mantelbogen für Lehrkräfte werden Fragen zur Angemessenheit der Instruktion, zum Zeitbedarf bei der Vorbereitung der Normierungsstudie und zu Verbesserungsmöglichkeiten hinsichtlich Gestaltung und Logistik gestellt.

Durchführung der Normierungsstudie

Die Ergebnisse der bearbeiteten Aufgaben sowie der Angaben im „Mantelbogen" (Schülerfragebogen) und im Lehrerfragebogen werden in den Schulen in einen von der Forschungsgruppe entwickelten, von einem Dokumentenscanner lesbaren Bogen eingetragen und in Landau zentral ausgewertet.

Durchführung der Vergleichsarbeiten

Diese werden – beginnend mit Mathematik (ab Herbst 2003), zusätzlich mit Deutsch (ab Herbst 2004) – in jährlichem Turnus in allen 4. Klassen der Grundschulen in Rheinland-Pfalz durchgeführt. Für die Aufsicht während der Durchführung der Vergleichsarbeit in den Schulen und für die innerschulische Auswertung sind die Schulen selbst verantwortlich. Es wird empfohlen, dass Lehrkräfte nicht die Vergleichsarbeiten der eigenen Klassen korrigieren. In ausgewählten Klassen erfolgt eine Qualitätskontrolle der Durchführung, deren Ziel die Selbstevaluation (der Forschungsgruppe) ist, um so das Verfahren weiter zu optimieren.

Auswertung der Vergleichsarbeiten

Organisation, Durchführung und Auswertung der Vergleichsarbeiten werden auf der Grundlage von noch zu entwickelnden detaillierten Handreichungen und Instruktionen von den Schulen selbst geleistet.

Zentralstichprobe

Um über die Bestandsaufnahme der Leistungen auf der Ebene von Schulen und Klassen hinaus zentrale Trends beschreiben zu können, ist eine Zentralstichprobe vorgesehen. Das heißt: Zu jedem Durchführungstermin der Vergleichsarbeiten werden 60 Schulen zufällig gezogen (anders als die konstant bleibende Normierungsstichprobe wechselt die Zentralstichprobe jährlich), deren Ergebnisse eingeschickt und dann zentral analysiert werden. Schwerpunkt dieser Auswertung ist der Vergleich zwischen den vom Ministerium vorgegebenen und den von den Schulen selbst gewählten Aufgaben. Zugleich fließen die Ergebnisse dieser Schulen in die Weiterentwicklung der Aufgabensammlung ein.

Ranking von Schulen und von Klassen

Ein Ranking von Schulen ist weder vorgesehen noch ist es – infolge der schulspezifischen Wahlmöglichkeiten – möglich. Anders dagegen auf Klassenebene: Da Wahlmöglichkeiten nur auf der Ebene der Schulen existieren und Parallelklassen immer identische Aufgabensätze bearbeiten, sind *innerschulische Vergleiche* und darauf basierende pädagogische und fachdidaktische Diskussionen nicht nur möglich, sondern ausdrücklich erwünscht.

Nutzung der Ergebnisse für die Beratung der Eltern

Die Eltern werden von der Schule in geeigneter Weise über die individuellen Ergebnisse der Vergleichsarbeiten ihrer Kinder informiert. Eltern können auf diese Weise fundierter beraten werden, was die Schullaufbahn ihrer Kinder anbelangt: Die Vergleichsarbeit ist – neben den Noten und der Schullaufbahnempfehlung der Lehrkraft – eine wichtige objektive Zusatzinformation. Sie bietet für jeden Schüler Vergleichsinformationen zum Leistungsstand in Deutsch und Mathematik auf der Klassen-, Schul- und Landesebene und kann so helfen, mögliche Über- wie Unterschätzungen des Leistungsniveaus der Kinder zu erkennen. Insbesondere der Vergleich auf Landesebene stellt einzigartige Informationen bereit, da er einen Vergleich über Grundschulen hinweg erlaubt. Als alleinige Entscheidungsgrundlage für die Grundschulempfehlung ist das Ergebnis einer Vergleichsarbeit aus methodischen und inhaltlichen Gründen jedoch ungeeignet; es kann und soll lediglich ergänzenden Charakter haben.

Nutzung der Ergebnisse für Standard- und Qualitätssicherung

Es gibt eine Vielfalt von Möglichkeiten, die Ergebnisse der Vergleichsarbeiten für Zwecke der Qualitätssicherung, der Standardsicherung und für eine Bestandsaufnahme zu nutzen. Die Basis sind dreierlei Arten von Informationen: (a) die Ergebnisse (Prozentsatz richtiger Lösungen) einzelner Items, (b) summative Scores für bestimmte Inhaltsbereiche oder Kompetenzaspekte sowie (c) Fehlermuster, sowohl auf Einzelitemebene als auch itemübergreifend.

- *Vergleich des Abschneidens der Klasse/der Schule* bei einzelnen Items (stellvertretend für spezifische Fähigkeiten und Fertigkeiten) im Vergleich zur Zentralstichprobe und Normierungsstudie auf Landesebene: Standortbestimmung
- *Vergleich mit vorgegebenen Kriterien* (insbesondere den in Entwicklung begriffenen Bildungsstandards, die in den künftigen Aufgabenpool einfließen werden, vgl. Klieme et al. (2003)
- *Vergleich der Ergebnisse paralleler Klassen* hinsichtlich Gesamtleistung, Profil der Stärken und Schwächen, Streuung innerhalb der Klasse, Vorkommen extrem schlechter und exzellenter Leistungen – und Gründe für diese Ergebnisse

- *Vergleich der Ergebnisse der Schule* mit den Ergebnissen der Normierungsstudie, basierend auf denjenigen Items, die in dieser Schule ausgewählt wurden: entweder mit dem Durchschnitt aller Grundschulen (Mittelwert) oder mit derjenigen Gruppe von Schulen, deren Einzugsgebiet dem der eigenen Schule am meisten ähnelt (Kontextuierung).
- *Internationale Verortung:* Durch Verwendung von Items, die in internationalen Vergleichsstudien eingesetzt wurden und nach deren Publikation freigegeben werden, lassen sich auch internationale Vergleiche ziehen. So sind in den Aufgabenpool „Mathematik" des VERA-Projektes auch zahlreiche freigegebene Items der TIMSS/I-Studie (Grundschule) der IEA eingeflossen. Sobald die IEA die Daten der IGLU-Studie freigibt können auch freigegebene IGLU-Items verwendet werden.

Nutzung der Vergleichsarbeiten für pädagogische Interventionen und die Verbesserung von Unterrichtsqualität und Lehrerexpertise

- *Vergleiche über die Zeit (Trends):* Da die Vergleichsarbeiten jährlich wiederholt werden, ergeben sich auf Schule- wie auf Landesebene die gleichen Möglichkeiten, die auf der Makro-Ebene auch beim PISA-Zyklus gegeben sind: die Feststellung von Trends. Zum Beispiel: Haben unterrichtszentrierte Schulprogramme, Maßnahmen der Sprachförderung oder Unterrichtsentwicklungsprogramme „gegriffen", und lässt sich der Erfolg an einer Verbesserung des absoluten Niveaus und der relativen Position auch empirisch belegen? Die stringentere Prüfung anhand der Veränderung des erreichten kriterialen Niveaus erfordert allerdings den Einsatz identischer Aufgaben, so dass diese Prüfung nicht im Rahmen des regulären Vergleichsarbeiten-Zyklus erfolgen kann. Es wird jedoch empfohlen, die Vergleichsarbeit zu wiederholen, so dass auch kriteriale Vergleichsinformationen vorliegen.
- *Förderung einzelner Schülerinnen und Schüler:* Defizite, die bei der ersten Erhebung erkannt wurden, können systematisch verringert werden, und die optionale Wiederholungsmessung ergäbe eine solide Datenbasis, um den tatsächlichen Erfolg von Förderungsmaßnahmen empirisch zu belegen.

Nutzung für fachdidaktische Impulse und Diskussionen
Die Ergebnisse können Informationen über klassen- oder schulspezifische *Fehlermuster* (z. B. Häufung bestimmter Fehlertypen) liefern und damit Anlass für didaktische Diskussionen, veränderten Unterricht oder auch für eine kritische Analyse der verwendeten Lehrwerke sein: Die Lehrkräfte können die (falschen) Antworten in ihrer eigenen Klasse mit den in der Normierungsstudie gewonnen Antworten auf der Landesebene vergleichen und so die Frage beantworten: Wo haben die Schüler meiner Klassen Stärken, wo Schwächen? Welche Typen von Fehlern (z. B. Flüchtigkeitsfehler, systematische Fehler) kommen bei mir gar nicht, anders, oder häufiger vor als im Landesdurchschnitt? Die Reflexion über Fehlertypen und -ursachen stellt einen wichtigen Ansatz zur Verbesserung der Fehlerkultur an Schulen dar.

Praxisberichte zur Erfahrung mit der Auswertung von Parallelarbeiten (z. B. Willborn, 2003) zeigen, dass die *gemeinsame* Auswertung nicht nur Schwachstellen aufdecken hilft, sondern auch mit Entlastungen für die einzelne Lehrkraft verbunden ist, und dass damit ein Gegengewicht gegen Vereinzelungstendenzen im Kollegium gesetzt wird.

Nutzung für die Implementation neuer Rahmenanordungen, Curricula, Lehrpläne und Bildungsstandards

In einigen Bundesländern, so z. B. in Rheinland-Pfalz und in NRW, wurden bzw. werden neue Rahmenpläne für die Grundschule erstellt. Dazu kommt als Zukunftsaufgabe die Entwicklung bundeslandübergreifender Bildungsstandards. Durch ihre orientierende Funktion und Publizität – innerschulisch wie auf Landesebene (Zentralstichprobe) – kommt den Vergleichsarbeiten auf diese Weise eine wichtige Funktion bei der Implementation von Rahmenordnungen und Bildungsstandards zu.

Nutzung für die Erfassung und das Training diagnostischer Kompetenzen

Basierend auf den für die Vergleichsarbeiten ausgewählten Aufgaben lassen sich diagnostische Urteilsleistungen zu den folgenden Sachverhalten überprüfen und weiterentwickeln:

- *Unterschiede zwischen Aufgaben.* Es kann vorhergesagt werden: Welche Aufgaben sind für die Klasse insgesamt am schwersten, welche leicht? Dies erfordert eine Facette der Diagnosekompetenz, die eine stärker fachdidaktische Komponente hat. Hier muss überlegt werden, WARUM eine Aufgabe schwer ist, und in dieses Urteil gehen neben einer Rückschau auf die mutmaßlichen Vorkenntnisse und unterrichtlichen Lerngelegenheiten originär didaktische Überlegungen ein: Eine Mathematikaufgabe z. B. mag schwer sein, weil sie a) nicht authentisch ist, b) eine komplexe Mathematisierung erfordert, c) mehrere Schritte erfordert, d) ohne verfügbare Routinen zu bearbeiten ist, e) in einen komplexen Text eingebettet ist etc. Im schulinternen Austausch über solche Ergebnisse kann ein Potenzial für die Verbesserung des Unterrichts liegen. Ergebnisse von Vergleichsarbeiten können auf diese Weise auch Rohstoff für eine didaktisch orientierte schulinterne Lehrerfortbildung sein.

- *Interindividuelle Unterschiede.* Lehrer können vor der Vergleichsarbeit eine Vorhersage darüber machen, wer innerhalb der Klasse welches Ergebnis erzielt, z. B. welche Schüler(gruppe) alle/fast alle Aufgaben lösen, welche weniger als die Hälfte etc. Diese Prognose kann leicht mit den empirischen Ergebnissen verglichen werden. Die Prognose kann sich auch auf eine Teilgruppe besonders „schwieriger" Schüler beziehen, oder auf Schüler, die neu in der Klasse sind. Interessant ist dann die Erklärung von Diskrepanzen zwischen Vorhersage und tatsächlich erzielten Leistungen. Hierbei wird das Projekt gezielte Hilfestellungen und Anregungen geben, so dass die diagnostische Sensibilität wirkungsvoll trainiert werden kann.

- *Lernfortschritte.* Wird die unbedingt empfohlene Mehrfacherhebung (2. Messung am Ende des 4. Schuljahres) vorgenommen, dann ergibt sich nicht nur (siehe oben) die Möglichkeit einer Diagnose des Lernfortschritts, sondern auch die Möglichkeit einer Diagnose der Diagnosefähigkeit, d. h. ob sich die diagnostische „Trefferquote" verändert hat und wenn ja, in welcher Hinsicht.

- Zu allen Optionen erarbeitet die Forschungsgruppe wissenschaftlich begründete, vorgetestete und praktikable *Verfahrensvorschläge* und leistet (mit Beispielen, die ins Internet gestellt werden) Unterstützung.

Fortlaufende formative Evaluation des Gesamtvorhabens
Die Lehrkräfte der Normierungsstudie erhalten regelmäßig einen kurzen Lehrerfragebogen. Ziel dieser flankierenden Befragung ist einerseits das Abstellen möglicher Schwachstellen der *Normierungsstudie* wie auch der *Vergleichsarbeiten* selbst: Durchführung, Instruktionen, Ergebnisdarstellung etc., die Beurteilung des Nutzens für die Unterrichtsentwicklung und Vorschläge für Verbesserungen. Darüber hinaus werden die Unterstützungssysteme und die von der Forschungsgruppe entwickelten Handreichungen und Rückmeldungen beurteilt. Die Ergebnisse dieser formativen Evaluation werden sowohl bei den jeweils folgenden Normierungsstudien als auch bei der Vergleichsarbeit des jeweils kommenden Jahres berücksichtigt. Zudem haben alle Lehrkräfte die Möglichkeit, für die jeweils nächste Welle der Vergleichsarbeiten eigene begründete Aufgabenvorschläge zu machen, die (nach einer Vorauswahl durch die Steuergruppe) Bestandteil der folgenden Normierungsstudie II (Erweiterungen) werden.

7.6.4 Das Projekt Orientierungsarbeiten in Bayern

In Bayern sind ebenfalls – für das Ende der 2. und 3. Klasse – Orientierungsarbeiten geplant, die allerdings eine etwas andere Zielrichtung verfolgen[127]. Dort sind die Orientierungsarbeiten ausdrücklich nicht mit dem Übertrittsverfahren verknüpft, sondern in erster Linie als Hilfe für die Lehrerinnen und Lehrer konzipiert:

- Die Lehrkraft erhält eine objektive Rückmeldung über den Leistungsstand der Klasse.
- Die Verständigung der Lehrkräfte einer Schule über das Anforderungsniveau des Unterrichts sowie über inhaltliche und methodische Verbesserungen wird erleichtert.
- Der Leistungsstand der Klasse sowie individuelle Stärken und Schwächen der Schüler können im innerschulischen und landesweiten Vergleich besser festgestellt werden.
- Damit zusammenhängend ist eine gezieltere Förderung der Kinder im Unterricht möglich.
- Die Gespräche mit den Eltern erfolgen auf einer soliden Grundlage und mit größerer Beratungskompetenz der Lehrkräfte.

7.6.5 Das Projekt Classen-Cockpit in der Schweiz

In der Schweiz ist ein umfassendes Projekt zur Qualitätssicherung durch systematische Leistungsmessung, organisiert duch einen Lehrmittelverlag, entstanden, das man wie folgt charakterisieren kann[128]: Das „Klassen-Cockpit" (Originalton von der www.-Seite)

- ist ein Testsystem zur Qualitätssicherung im Grundschulbereich. Die einzelnen Module, die jeweils Lernziele aus den Fachbereichen Deutsch und Mathematik überprüfen, ermöglichen den Lehrpersonen, ihre Klasse mit einer repräsentativen Stichprobe von 450–500 Schülerinnen und Schülern zu vergleichen;
- wird wissenschaftlich durch das Kompetenzzentrum für Bildungsevaluation und Leistungsmessung an der Universität Zürich (federführend: Urs Moser) betreut und in didaktisch-methodischen Fragen von Fachexperten der PHS St. Gallen und von pädagogischen Kommissionen unterstützt;
- bietet Auswertungsmöglichkeiten per Internet an;
- hält sich an die Zielsetzungen, Intentionen und Inhalte der Lehrpläne der beteiligten Kantone und Länder;
- ist ein Selbstevaluationssystem für Lehrpersonen. Die Hinweise für den Einsatz von Orientierungsmodulen sorgen dafür, dass dieses umfängliche System nicht als Controlling- oder Selektionssystem missbraucht werden kann.

7.6.6 Das Projekt Orientierungsarbeiten in der Zentralschweiz[129]

Bei diesen von der „Bildungsplanung Zentralschweiz"[130] (gemeinsame pädagogische Dienststelle der in der Bildungsregion Zentralschweiz zusammengeschlossenen Kantone) veranstalteten Orientierungsarbeiten handelt es sich um Sammlungen von Aufgaben, die mit Blick auf die offiziellen Lehrziele formuliert worden sind, sowie um präzise Kriterien für jede einzelne der Aufgaben. Die Kriterien erlauben es, festzustellen, welche Ziele als bereits erreicht gelten dürfen und welche noch vertiefter Arbeit bedürfen. Dieses Instrument soll der Lehrkraft die Unterrichtsplanung erleichtern, sei es im Hinblick auf die Arbeit im Klassenverband, sei es bei der Bereitstellung gezielter, differenzierter Maßnahmen für einzelne noch Lücken aufweisende Schülerinnen und Schüler.

Die Orientierungsarbeiten können auch zu Beginn einer neuen Unterrichtseinheit eingesetzt werden, etwa um den Kenntnisstand zu eruieren, auf dem bei der Einführung eines neuen Themas aufgebaut werden kann, oder etwas später im Sinn einer Zwischenevaluation. Es handelt sich *nicht* um geeichte Messinstrumente; ihre Anwendung erlaubt es beispielsweise nicht, die Leistungen von Klassen miteinander zu vergleichen, wie dies die bisherigen kantonalen Vergleichsprüfungen getan haben. In die individuelle Leistungsbeurteilung, etwa im Rahmen der Beurteilungsgespräche mit den Eltern, können die Ergebnisse hingegen durchaus einfließen.

Es liegen bereits vor: Die Orientierungsarbeiten im Fach Deutsch für die 5. und 6. Klassenstufe (je drei Hefte: „Texte schaffen", „Lesen", „Mündlicher Sprachgebrauch"). Jedem dieser Hefte ist eine ausführliche Synopse vorangestellt, bei der in differenzierter Weise (a) Lernziele, (b) Aufgabenstellungen und (c) Beurteilungen zugeordnet werden. Nach meiner Einschätzung sind diese Hefte von ihrer Struktur, Gestaltung und didaktischen Konzeption her beispielhaft.

7.6.7 Benchmarking mit Hilfe von Daten aus Leistungs- oder Normierungsstudien

Bereits an anderer Stelle wurde darauf hingewiesen, dass die meisten großen Leistungsvergleichsstudien ihre Daten komplett (meist im Internet) publizieren. Dies eröffnet Möglichkeiten der Verortung der Leistungsstärke der eigenen Klasse. Insbesondere die Aufgaben der Studie TIMSS/III sind von der österreichischen TIMSS-Gruppe in einer Weise aufgearbeitet worden, dass sie speziell für schulisches Benchmarking eingesetzt werden können. Unter der Internet-Adresse von TIMSS Austria finden sich weitere Hinweise über das Manual und die Benchmarking-CD[131].

7.7 Gemeinsame Unterrichtsvorbereitung

Es besteht kein Zweifel daran, dass die *gemeinsame* Planung ein geeignetes Werkzeug zur wechselseitigen Information und Abstimmung sowie für die Entwicklung von Unterricht einschließlich der Überprüfung der Wirksamkeit solcher Entwicklungsprozesse ist. Es ergeben sich nicht nur vielfältige Möglichkeiten der Aufteilung in Kleingruppen, sondern durch Ideenvielfalt resultiert auch mehr Kompetenz und Abwechslung im Unterricht und eine differenziertere Beobachtung des Gruppengeschehens. Trotzdem führt die gemeinsame Unterrichtsvorbereitung in deutschen Schulen ein Schattendasein, wie z. B. die Studie MARKUS in Rheinland-Pfalz (Helmke et al., 2002d) zeigte, ganz anders als z. B. in der Schweiz (Halfhide, Frei & Zingg, 2002).

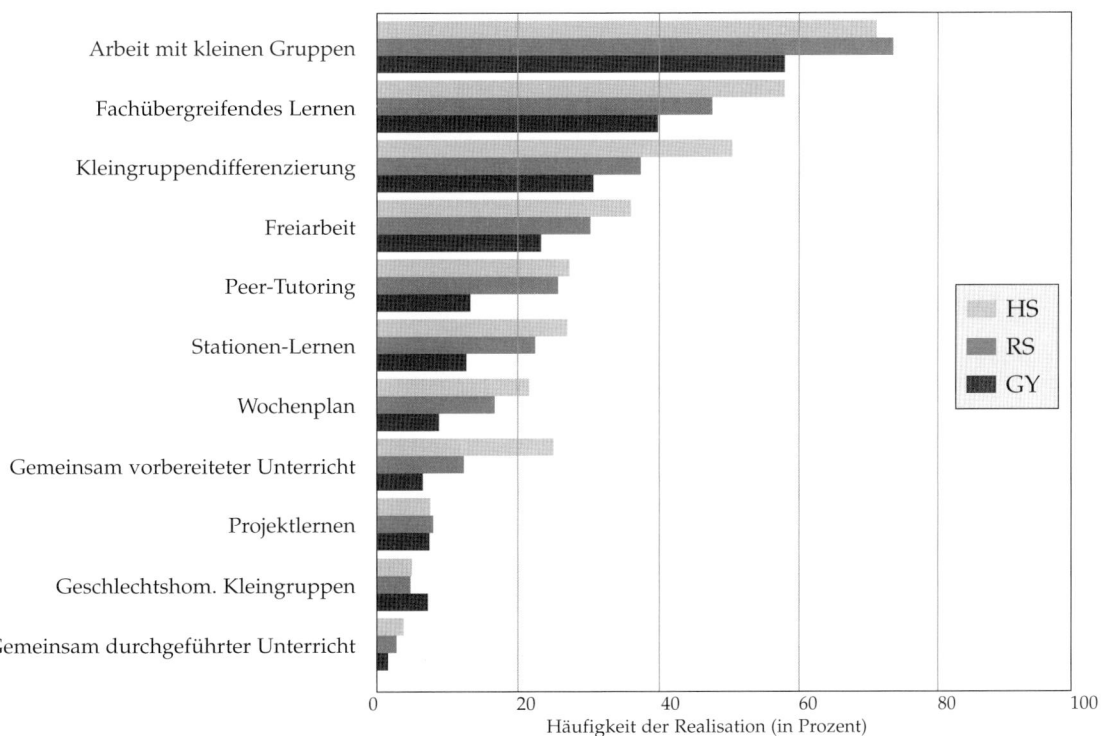

Abbildung 13: Häufigkeit der Realisierung alternativer Lehrformen im Projekt MARKUS

Eine gemeinsame Unterrichts*vorbereitung* kommt lediglich im Bildungsgang Hauptschule bei einem nennenswerten Teil von Lehrkräften vor, während es eine gemeinsame *Durchführung* von Unterricht praktisch nicht gibt. Diese Sachlage steht übrigens ganz im Gegensatz zu einigen bei TIMSS und PISA 2000 erfolgreichen Ländern wie z. B. Japan, in denen unterrichtsbezogene innerschulische Kooperation eine Selbstverständlichkeit ist (vgl. Schümer, 1999; Schubert, 1999; Rohlen & Björk, 1998). Bereits vor knapp 20 Jahren hatte Hage (1985) auf das Missverhältnis zwischen allseits gewünschten und im Unterricht realisierten Methoden hingewiesen.

Nicht nur die Pädagogik, auch die Eltern plädieren stark für die stärkere Berücksichtigung der kooperativen Komponente im Schulklassenunterricht. So heißt es in einer Stellungnahme des Bundeselternrates zur Anhörung der Kultusministerkonferenz zum Thema Lehrerbildung[132]:

> Seit Jahren beklagen Eltern das „Einzelkämpfertum" der Lehrer und Lehrerinnen, die mangelnde Bereitschaft oder das Unvermögen, voneinander zu lernen. Bereit zu sein, den eigenen Unterricht für andere zu öffnen, sich untereinander abzustimmen, gemeinsame Unterrichtsvorbereitung zu leisten, über Unterricht mit anderen zu reflektieren und sich auf einen Prozess der Evaluation einzulassen.
> Unterricht scheint in Deutschland eine intime Veranstaltung des Lehrers mit seinen Schülern und Schülerinnen zu sein. Nach Auffassung der Eltern müssten die Lehrer und Lehrerinnen auf die Zusammenarbeit mit anderen Erziehungspartnern vorbereitet werden, sie müssten Grundkenntnisse der Gesprächsführung besitzen, müssten auf die Aufgaben der schulischen Beratung vorbereitet werden.
> Lehrer und Lehrerinnen müssten zudem stärker zur Selbstreflexion, zur analytischen Wahrnehmung, zur Bereitschaft, Hilfe anzunehmen und solche als selbstverständlich zu empfinden, und zur Teamfähigkeit ausgebildet werden.
> Der Zusammenarbeit mit Kollegen im Sinne einer berufspraktischen Kooperation im Hinblick auf den systematischen Lernfortschritt einer Lerngruppe sowie im Schulalltag insgesamt müsste ein eigenes Kapitel der Ausbildung gewidmet sein.

Kasten 71: Unterricht – eine intime Veranstaltung? Stellungnahme des Bundeselternrates gegen Einzelkämpfertum und für Lehrerkooperation in der Schule

Worauf dieses Defizit zurückzuführen ist, ist unklar. Sind es die fehlenden Modelle und Lerngelegenheiten während der Lehrerausbildung? Ist es das Mehr an zeitlicher Belastung, das durch die Vorteile nicht aufgewogen wird? Sind es die Ängste vor Fremdbewertung, Gesichtsverlust und Bedrohung des Selbstwertgefühls? Liegt es an mangelnder Unterstützung durch Schulleitung, Schulaufsicht und Eltern? Horster & Rolff (2001) sehen in ihrem Buch „Unterrichtsentwicklung" im Feedback auf der Grundlage von gegenseitigen Unterrichtsbesuchen der Lehrkräfte einen Schlüssel für die Evaluation und Verbesserung des Unterrichts. Basierend auf ihren eigenen mannigfachen Erfahrungen und den Vorschlägen von Klippert (2000) machen sie konkrete Vorschläge:

- *Gruppengröße:* Kollegiale Hospitationszirkel sollten aus etwa drei Lehrpersonen bestehen, die sich gegenseitig in jedem ihrer beiden Fächer innerhalb eines (halben?) Jahres einmal besuchen. Dies führt zu einer überschaubaren Anzahl von Terminen: Jedes Mitglied eines Hospitationszirkels erhält zwei Besuche und führt vier Besuche durch.
- *Organisation:* Die zeitliche Planung der Besuche sollte von den Mitgliedern des Hospitationszirkels innerhalb des gesetzten Zeitraumes dezentral organisiert werden. Hierzu werden Stundenplanprobleme minimiert.
- *Fachbezug:* Es ist nicht erforderlich, dass sich Lehrpersonen gleicher Fächer zu einem Hospitationszirkel zusammenfinden. Es kann eine wichtige Erfahrung sein, dass es auch über das jeweilige Fach hinaus Wichtiges zu beobachten und zu besprechen gibt und dass sich Professionalisierung nicht auf Fragen der Fachdidaktik beschränkt.
- *Zusammensetzung:* Die Bildung der Hospitationsgruppe kann durch Sympathiewahl erfolgen; dies sichert am ehesten das notwendige Maß an Vertrauen und Offenheit.
- *Aufgabe der Schulleitung:* Die Schulleitung sollte sich darauf beschränken, die Anzahl der verabredeten Besuche nachzuhalten; sie sollte sich jedoch nicht ohne Nachfrage des Kollegiums inhaltlich einbringen, um den kollegialen (d. h. hierarchiefreien) Charakter der Veranstaltungen nicht zu gefährden.
- *Thematische Schwerpunkte:* Die Fragestellungen, unter denen Unterrichtsbesuche und Unterrichtsnachbesprechungen stehen, können sich aus unterschiedlichen Zusammenhängen und Interessen ergeben: (a) eine Lehrperson wünscht individuelle Rückmeldung zu einer sie persönlich interessierenden Frage; (b) eine Fachkonferenz hat im Zusammenhang mit der Einführung neuer Richtlinien die Erprobung neuer Aufgabenstellungen und Arbeitsformen verabredet; (c) im Rahmen der Arbeit am Schulprogramm sind pädagogische Leitsätze formuliert worden, von deren Praktikabilität sich das Kollegium einen Eindruck verschaffen möchte.

Kasten 72: Vorschläge zur Bildung und Arbeitsweise von kollegialen Hospitationszirkeln (Horster & Rolff, 2001, S. 162 f.)

Reflexionsaufgabe 30: Team Teaching im Schulalltag
Welche Rolle spielen gemeinsame Unterrichtsvorbereitung und -durchführung in Ihrer Schule? Was könnte, was müsste man ändern, um die Kooperation bei der Unterrichtsentwicklung zu fördern?

7.8 Kollegiale Unterrichtsbeobachtung

Es gibt eine Menge Gründe dafür, dass – über die gemeinsame Vorbereitung des Unterrichts hinaus – auch die gemeinsame Unterrichtsbeobachtung und -analyse ein wichtiges Werkzeug für die Diagnose und Verbesserung des eigenen Unterrichts ist. Leuders (2001) nennt die folgenden Gründe:

> „– Lehren Lernen in direkter Konfrontation mit realem Unterricht ist effektiver als die gemeinsame Reflexion über hypothetischen oder tatsächlichen, aber nicht erlebten Unterricht.
> – Es gibt viele unterrichtsrelevante, aber nur schwer kommunizierbare Details: Handlungsroutinen, Körpersprache, Kommunikationsverhalten etc.
> – Der Perspektivwechsel erlaubt über den distanzierten Blick auf andere einen Blick auf sich selbst.
> – Als Beobachter ist man vom Handlungszwang entlastet, kann mehr Einzelheiten des Unterrichtsgeschehens wahrnehmen und hat größere Freiräume für Reflexion.
> – Man kann aus jedem Unterricht vielfältige Anregungen für die eigene Praxis mitnehmen. Die Vielfalt der Persönlichkeiten und Unterrichtsstile ist eine ergiebige Quelle für Impulse, die man ansonsten nach abgeschlossener Ausbildung nicht wieder erhält.
> – Die Unterrichtsbeobachtung und deren Vor- und Nachbereitung erfordern eine Auseinandersetzung mit didaktischen und methodischen Grundfragen und sind Bestandteil einer Schulentwicklung, die auf der Ebene des einzelnen Lehrers und der einzelnen Lehrerin ansetzt.
>
> Unterrichtsbeobachtung bedeutet die direkte Beobachtung der Lehrkraft bei der alltäglichen Ausübung ihres Berufs. Ein solches Verfahren wird auch als Supervision bezeichnet. Die Vorbehalte, die der Supervision entgegengebracht werden, beschränken sich nicht allein auf die negativen Konnotationen des Begriffs (Supervision = Überwachung = Kontrolle), sondern sind vielfach auch auf schlechte Erfahrungen mit externer Supervision zum Zwecke der Leistungsüberprüfung zurückzuführen. Sie sind ein Grund dafür, dass die Supervision in Deutschland als Methode der Entwicklung von Unterrichtsqualität so gut wie keine Bedeutung hat."
> (S. 227)

Kasten 73: Argumente für kollegiale Unterrichtsbeobachtung und Supervision (Leuders, 2001)

7.9 Handlungstrainings für Lehrkräfte

Eine weitere, sehr effiziente, aber indirekte Möglichkeit, den Unterricht zu verbessern, besteht darin, zentrale unterrichtsrelevante Kompetenzen von Lehrkräften zu stärken. Gerade im deutschen Sprachraum gibt es eine Reihe theoretisch fundierter und empirisch vielfach bewährter Trainingsprogramme. Eine gute Übersicht gibt die im Internet verfügbare Auflistung[133], wo auch Details nachgesehen werden können. Dem Training des Lehrerhandelns ist auch ein Schwerpunktheft der Zeitschrift für Pädagogik (Heft 2/2002) gewidmet (herausgegeben von N. Havers und A. Helmke). Dort findet sich neben Beiträgen zum Konstanzer Trainingsmodell (Dann & Humpert, 2002) und zum Microteaching (Klinzing, 2002) auch ein Artikel von Havers und Toepell (2002), in dem ein ausführlicher Überblick über unterschiedliche Trainingsverfahren im Rahmen der Lehrerbildung gegeben wird (vgl. hierzu auch den folgenden Kasten 74):

- *Münchener Lehrertraining:* Prof. Dr. Norbert Havers (Universität München)
- *Training kommunikativer Kompetenzen:* Dr. Dietlinde H. Heckt (Technische Universität Braunschweig)
- *Konstanzer Trainingsmodell kompakt:* Prof. Dr. Winfried Humpert (Rorschach, Schweiz) & Prof. Dr. Hanns-Dietrich Dann (Universität Erlangen-Nürnberg)
- *Training sozialer und beruflicher Kompetenzen:* Prof. Barbara Jürgens (Technische Universität Braunschweig)
- *Interagieren als Experimentieren:* Training kommunikativer Fertigkeiten, Prof. Dr. rer. soc. habil. Hans Gerhard Klinzing (Universitäten Tübingen und Stuttgart)
- *Training zur Bewältigung sozialer Konfliktsituationen:* Dr. Gabriele Krause (Technische Universität Braunschweig)
- *Stressmanagement für Lehrerinnen und Lehrer:* Prof. Dr. Rudolf Kretschmann (Universität Bremen)
- *Lehrertraining zur Vermeidung und Bekämpfung von Schüleraggressionen:* Dr. Irene Mayrhofer-Schällig (Erding)
- *Pädagogisch-psychologischer Kurs für Studienreferendare:* Dipl. Psych. Bernhard Meißner (Siebold Gymnasium Würzburg) et al.
- *Gordon-Lehrertraining:* Dr. Friedrich Ch. Sauter (Universität Würzburg)

Kasten 74: Übersicht aktueller Handlungstrainings für Lehrkräfte

Das Training des Lehrerhandelns kann aus verschiedenen Perspektiven und mit sehr verschiedenen Methoden erfolgen. So unterscheiden Rheinberg et al. (2001) vier verschiedene Ansatzpunkte (S. 327 f.):
- *Bewältigung von Belastungssituationen.* Dazu gehören beispielsweise Entspannungstechniken, wie Autogenes Training oder Progressive Muskelentspannung.
- *Optimierung der Lernmotivation von Schülerinnen.* Hier wurden von Rheinberg (2001), basierend auf der Forschung zur individuellen Bezugsnormorientierung (Fokussierung

auf individuelle Veränderungen über die Zeit anstelle sozialer Vergleiche) umfassende Trainingsprogramme entwickelt; zu Programmen mit dem Ziel, die Lernmotivation zu steigern, siehe Brophy (2000) und Stipek (1996).

• *Förderung der sozialen Handlungskompetenz.* Hier liegt ein sehr breites Angebot von Lehrertrainings vor, von gruppendynamisch ausgerichteten Encounter-Gruppen, Gordon-Trainings zur partnerorientierten demokratischen Konfliktlösung, bis hin zu Trainings zu non-direktiver, wertschätzender Interaktion in der Tradition von Tausch & Tausch (Tausch, 2001).

• *Förderung unterrichtlicher und didaktischer Kompetenzen.* Dies sind für das Ziel dieses Textes zweifellos die wichtigsten Trainingsmethoden. Die erfolgreichsten Programme beziehen sowohl Aspekte des Verhaltenstrainings (in Präsentationen, mit Supervision und Feedback) als auch kognitive Komponenten (subjektive Theorien, „reflective teaching") ein. Im Erprobungsstadium befindet sich ein aus meiner Sicht besonders aussichtsreiches und innovatives Lehrertraining zum Umgang mit Fehlern [...] Von den zur Zeit vorliegenden Programmen zur Verbesserung des „classroom management" und didaktischer Kompetenzen sollen exemplarisch zwei vorgestellt werden: das Münchener Lehrertraining zur Verbesserung der Klassenführung von Havers & Toepell (2002) – für Lehramtsstudierende der höheren Semester – und das Konstanzer Trainingsmodell zum Umgang mit aggressivem Schülerverhalten von Dann und Humpert (2002) für Lehrkräfte.

In allen Fällen muss beachtet werden, dass Handlungstrainings immer auch an vorhandene subjektive Theorien ansetzen und träges Wissen reaktivieren müssen. Darauf weist Wahl (2002) in seinem grundlegenden, ebenfalls im oben erwähnten Schwerpunktheft der Zeitschrift für Pädagogik erschienenen Aufsatz „Mit Training vom trägen Wissen zum kompetenten Handeln" hin.

7.9.1 Das Münchener Lehrertraining zur Verbesserung der Klassenführung[134]
Dieses von Havers (LMU München) entwickelte Training umfasst den Umgang mit schwierigen Schülern, das Lehrerverhalten in kritischen Unterrichtssituationen sowie die Reflexion persönlicher Vorstellungen zum Lehrerberuf. Es besteht aus einem fünftägigen Blockseminar, das sich an Studierende der Lehramtstudiengänge kurz vor dem Studienabschluss wendet; mit Sicherheit können aber auch Lehrkräfte von dem Material profitieren. Vom Bayrischen Lehrerinnen- und Lehrerverband (BLLV) wurde dieses Programm 2001 mit dem ersten Preis – für ein erfolgreiches und praxisadäquates Programm – prämiert (Havers, 1998a; 1998b). Nach meiner persönlichen Einschätzung handelt es sich um eines der durchdachtesten und überzeugenden Trainingsprogramme überhaupt.

7.9.2 Das Konstanzer Trainingsmodell (KTM)[135]
Eines der fundiertesten und am häufigsten angewandten Programme ist das von der Forschungsgruppe Dann entwickelte Konstanzer Trainingsmodell (KTM). Das KTM wird als primär- und sekundärpräventives Programm seit 1987 im deutschsprachigen Raum eingesetzt, um die Selbst- und Sozialkompetenz von Lehrpersonen im Umgang mit aggressivem und störendem Schülerverhalten zu erhöhen. Zum Aufbau bereichsspezifischen Expertenwissens und -könnens liegt der Ansatzpunkt – unter Berücksichtigung systemischer

Gesichtspunkte – sowohl auf der kognitiven Ebene (Optimierung subjektiver Theorien) als auch auf der Verhaltensebene (Einüben neuer Verhaltensmuster). Als Weiterentwicklung liegt nun das Kurztraining „KTM kompakt" vor (Dann & Humpert, 2002).

Das Konstanzer Trainingsmodell ist ein Selbsthilfeprogramm für den Umgang mit Aggressionen und Störungen im Unterricht. Zwei Lehrkräfte derselben Schule bilden für die Dauer eines Schuljahres ein „Tandem", das sich gegenseitig helfen will. Unterstützt durch ein Trainingshandbuch (KTM-Ordner) analysieren die Tandems aktuelle problematische Unterrichtssituationen und planen selbstständig den weiteren Trainingsverlauf. Hierzu sind insbesondere gegenseitige regelmäßige Unterrichtshospitationen vorzusehen.

Während ihres Trainingsjahres werden die Tandems von KTM-Fachberatern in etwa zehn Nachmittagsveranstaltungen eingeführt und begleitet. Gemeinsam werden erste Kapitel im KTM-Ordner durchgearbeitet. Die Trainingspartner können speziell für die Unterrichtshospitationen eine Stunde Anrechnung auf ihr Deputat erhalten.

7.10 Microteaching

Damit bezeichnet man eine Methode des *Unterrichtstrainings* in der Ausbildung von Lehrern, bei der in kleinen Gruppen eng eingegrenzte Aufgabenstellungen (z. B. Vortragsverhalten, Einbezug aller Teilnehmer) in kurzen Übungssequenzen von durchschnittlich 15 Minuten bearbeitet werden. Jede Sequenz wird anschließend sorgfältig durchgesprochen, eventuell in den zentralen Punkten noch einmal durchgespielt, was entscheidend zur Effizienz der Methode beiträgt.

Ein Beispiel: Die TeilnehmerInnen beschreiben eine problematische schulische Situation; diese wird anschließend mittels Rollenspiel dargestellt und videografiert. In der geführten Gruppenauswertung werden die Aufnahmen ausgewertet, Feedbacks ausgetauscht und neue Lösungen erarbeitet. Diese werden in einem Rollenspiel ausprobiert und aufgenommen. In der darauf folgenden Auswertung werden die Effektivität der neuen Lösungen reflektiert und die Veränderungen diskutiert. Microteaching kann somit die Fähigkeit zur Wahrnehmung und Beobachtungsgabe aller steigern; durch die Videoauswertungen können neue pädagogische und fachliche Lösungsmöglichkeiten erlernt und ausprobiert werden.

Ich empfinde es als außerordentlich bedauerlich, dass das Microteaching in der Lehreraus- und -weiterbildung so gut wie verschwunden ist, während es in der Erwachsenenbildung nach wie vor einen zentralen Stellenwert hat und auch in der Wirtschaft als effektive Methode zur Überprüfung und Vertiefung von Präsentations- und Lehrmethoden der Selbstqualifikation sehr geschätzt und nachgefragt wird – z. B. unter Labels wie „Microteaching/Multi-Feedback Training"[136]. Das Konzept des kooperativen und kontrollierten Unterrichtstrainings, wie es dem Microteaching zugrunde liegt, ist meines Erachtens eine entscheidende Strategie für eine stärker *verhaltensorientierte* Lehrerausbildung, wie sie überall gefordert wird.

Klinzing (2002) hat überzeugend darauf hingewiesen, dass sich das Microteaching entgegen vielfacher – teilweise auch berechtigter – Kritik im großen und ganzen sehr bewährt hat. In seinem Überblick über 35 Jahre Forschung fasst er die Ergebnisse wie folgt zusammen:

Microteaching und dessen Weiterentwicklungen haben in einem ungewöhnlich reichen Bestand von Untersuchungen relativ konsistent positive Auswirkungen in Bezug auf die Aneignung von sozialen und unterrichtlichen Kompetenzen sowie Transferleistungen und Langzeitwirkungen gezeigt. Dies gilt sowohl für das „klassische" Microteaching *(Training in Kleingruppen von Schülern)* als auch für dessen weit weniger aufwendige Variante, dem *Training in Kleingruppen von Mittrainierenden* (Peerteaching). Weiterhin ergibt sich aus dem Forschungsstand, dass mit der Verwendung des Verfahrens sowohl in der Aus- als auch in der Weiterbildung positive Resultate zu erwarten sind. Wenn nicht gerade Wunder von einem Trainingsverfahren erwartet werden, ist eine Integration von Microteaching und verwandten Verfahren in die Aus- und Weiterbildung von Personal interaktionsintensiver Berufe auch weiterhin zu empfehlen. Eine pessimistische Sicht der Effektivität dieser Verfahren, wie sie in einigen Stellungnahmen und Forschungsberichten verbreitet wird, hat eine nur geringe empirische Basis.

Kasten 75: Microteaching – zu Unrecht vernachlässigt (Klinzing, 2002)

7.11 Literaturempfehlungen

Zur hierzulande vergleichsweise wenig entwickelten *empirischen* Forschung zur veränderung/Verbesserung/Entwicklung des Unterrichts – und damit auch der Lehrkräfte selbst – habe ich in deutscher Sprache keine Publikationen gefunden, deren Lektüre als Vertiefung empfohlen werden könnte. Ja, es gibt eine große Zahl von Traktaten, Programmen, Streitschriften und Betrachtungen, aber keine wirklich fundierte, empirisch orientierte und aktuelle Übersicht. Diese findet sich dagegen im Kapitel „Teacher Change" des Handbook of Research on Teaching (Richardson & Placier, 2001).

8 Rückblick und Perspektiven

In diesem letzten Abschnitt möchte ich *keine Kurzzusammenfassung* der – selbst bereits komprimierten und dichten – Einzelkapitel vorstellen. Stattdessen möchte ich noch einmal kurz einige Grundgedanken und Prinzipien skizzieren, die mir besonders wichtig erscheinen.

Im ersten Teil des Buches *(Kapitel 2)* ging es zunächst um *Kernaussagen zur Unterrichtsqualität*, basierend auf der empirischen Schul- und Lehr-Lern-Forschung und auf Evaluationsstudien. Zur Orientierung über das Zusammenwirken des Unterrichts mit anderen Einflussfaktoren und über die komplexen Wirkmechanismen des Unterrichts wurden theoretische *Rahmenmodelle* vorgeschlagen. Mit deren Darstellung, verbunden mit dem Bericht über *Standards* der Lehrerausbildung und der Lehrerarbeit, die hierzulande erst im Entstehen begriffen sind – sollte sensibilisiert werden für die Vielfältigkeit unterrichtlicher und erzieherischer Ziele. Darüber hinaus sollte klargemacht werden, dass einfache lineare und mechanische Vorstellungen angesichts der Komplexität des Zusammenwirkens von Lehrerexpertise, Unterrichtsgestaltung, Klassenführung und Klassenkontext zu kurz greifen. Gerade im Bereich unterrichtlicher Wirkungen ist die Vorstellung, das Drehen an einer einzigen Stellschraube führe direkt zu nachweislichen Veränderungen auf der „Produktseite", unhaltbar. Für verschiedene Unterrichtsziele ergeben sich womöglich unterschiedliche Effektmuster, manche Schüler profitieren von einer unterrichtlichen Maßnahme, die bei anderen kontraindiziert ist, und die Hauptsache ist: Lehrkräfte können immer nur ein Angebot machen, Lernen anstoßen – lernen müssen die Schüler selbst. Diese Denkfigur liegt, vereinfacht ausgedrückt, dem *„Angebots-Nutzungs-Modell"* der unterrichtlichen Wirkungen zugrunde.

Darüber, was einen *schlechten* Lehrer ausmacht, kann man sich bemerkenswert schnell verständigen:

Jeder weiß, dass es sie gibt. Jeder kennt einen. Jeder hatte schon mal einen. Einen schlechten Lehrer. Einen *wirklich schlechten* Lehrer. Die betroffenen Schüler, Eltern, Kollegen, Vorgesetzten wissen ein entsprechendes Lied zu singen. Und es sind immer die gleichen Elemente, die genannt werden: fehlendes oder veraltetes Fachwissen; nicht vorhandene didaktisch-methodische Fähigkeit; unzusammenhängendes und unverständliches Unterrichten; Ignoranz gegenüber Lehrplanvorgaben; unberechenbares, unverständliches und unzuverlässiges Zensieren; völlige Unfähigkeit, auf Kinder und Jugendliche eingehen zu können; bizarre Unterrichtsmethoden; strafbare Disziplinierungstechniken; offen zur Schau gestellte Verachtung von kollegialem Miteinander; eisige Herablassung (oder völlige Distanzlosigkeit) zu Schülern, Eltern, Kollegen; Intrigantentum; perfekte Minimalisierung des Arbeitseinsatzes; Verbreitung von allgemeinem Zynismus und so weiter (Terhart, 2002, S. 91).

Kasten 76: Jeder weiß, dass es *wirklich schlechte* Lehrer gibt (Terhart, 2002)

Dass und warum es demgegenüber so schwierig ist, von „dem" guten Lehrer, von „der" richtigen Art zu unterrichten zu sprechen – dies zu verdeutlichen, war ein Ziel der Kapitel 3 und 4. Immerhin aber besteht inzwischen zunehmend Konsens dahingehend, dass sich die Qualität des Unterrichts (und anderer Facetten der Lehrerarbeit) daran messen lassen muss, welche Konsequenzen für die Schülerinnen und Schüler resultieren: ob und welche nachweislichen Wirkungen der Unterricht hat.

Ein besonderer Schwerpunkt von *Kapitel 3* lag auf zwei Themen, die in der Lehrerausbildung und in der pädagogischen Diskussion stark vernachlässigt oder ignoriert werden: der *diagnostischen Kompetenz* von Lehrkräften (Unterstützung, Förderung, Hilfe und Individualisierung können nur bei einer zutreffenden Orientierung über Stärken und Schwächen der Schüler gelingen) und der *Effizienz der Klassenführung*. PISA hat neben manch anderem ernüchterndem Ergebnis bekanntlich gezeigt, dass Deutschland auch bei der Schuldisziplin (Schwänzen, Stören, mangelnder Respekt vor Lehrkräften) signifikant unter dem OECD-Durchschnitt liegt. Beide Themen befinden sich zu Unrecht jenseits des „mainstreams" – das könnte und sollte sich bald ändern.

Zu den bildungspolitischen Themen, die dieses Jahrzehnt prägen werden, gehört die Entwicklung von Bildungsstandards. In dem Maße, in dem sich bundesländerübergreifend ein Konsens über minimale Standards, über die notwendigen Schülerkompetenzen in bestimmten Klassenstufen ergibt, wird auch die Frage nach Standards für das Unterrichten immer häufiger gestellt werden. Zum gegenwärtigen Zeitpunkt steht die Diskussion darüber – anders als etwa in der Schweiz oder in den USA – hierzulande noch am Anfang. Mit welcher Abwehr und mit welchen Ängsten hierbei zu rechnen ist, wurde bei den defensiven und polemischen Reaktionen gegenüber dem geplanten OECD-Projekt PITA deutlich. Um so wichtiger ist eine wissenschaftlich fundierte Beschäftigung mit Standards der Lehrerausbildung und des Unterrichtens; hierzu sollte *Kapitel 4* einige Informationen vermitteln und Anstöße geben.

Die Skizzierung der momentan wichtigsten *Evaluationsvorhaben* und ausgewählter Projekte zur *Unterrichtsforschung* in *Kapitel 5* stößt vielleicht nicht auf das Interesse aller Leserinnen und Leser und ist außerdem – wie alle solchen Übersichtsdarstellungen – mit dem Makel zunehmend geringerer Aktualität behaftet, der allerdings durch die Angabe der (vermutlich eher konstant bleibenden) Internet-Adressen kompensiert wird. Zumindest das Führungspersonal in Schule, Lehrerfortbildung, Schulpsychologie und Schulaufsicht sollte aber mit dem aktuellen Stand der Forschung hinreichend vertraut sein – erst recht natürlich gilt dies für Vertreter der Forschung und Lehre im Bereich der Lehrerausbildung.

Einen zentralen Stellenwert – der auch im Titel des Buches seinen Niederschlag findet – besitzen die Ausführungen zur *Erfassung, Bewertung und Verbesserung* der Qualität des Unterrichts in *Kapitel 6*. Dabei ging es nicht um Maßnahmen und Methoden der didaktischen Unterrichtsgestaltung oder bestimmte Unterrichtsstile – dies zu leisten ist Aufgabe von allgemeindidaktischen und fachdidaktischen Lehrbüchern. Vielmehr standen fachübergreifende Prinzipien der Unterrichtsqualität im Mittelpunkt. Mir war dabei vor allem die Botschaft wichtig, dass die Zeit der Methodenkataloge und rezepthaften Unterrichtsempfehlungen vorbei ist; was im Unterricht viel stärker als bisher gebraucht wird, ist eine *empirische* und *explorative* Orientierung: Anstatt sich von altehrwürdigen, empirisch nie überprüften und teilweise gar nicht überprüfbaren Schemata leiten zu lassen, wäre eine Bereitschaft wünschenswert, sich auf empirisch fundiertes Wissen zu beziehen und selbst einmal neue Varianten zu probieren, im Kollegium zu initiieren – und deren Erfolg oder Misserfolg selbst empirisch zu überprüfen. Von überragender Bedeutung erscheinen mir die in der Praxis leicht einsetzbaren und doch so selten genutzten Werkzeuge des *Schülerfeedbacks zum Unterricht*, und der *Videografie* des eigenen Unterrichts.

Das letzte *Kapitel 7* beschäftigt sich mit Möglichkeiten der *Verbesserung des Unterrichts*. Aus meiner spezifisch psychologischen Perspektive habe ich einen Schwerpunkt auf die *individuellen Prozesse* und Bedingungen einer Veränderung des eigenen Unterrichts gelegt und damit vielleicht diejenigen Leserinnen und Leser enttäuscht, die ein komplettes Modell der innerschulischen Organisation von Unterrichtsentwicklung erwartet haben. Diese Aufgabe möchte ich den Experten der „Schulentwicklung" überlassen. Eine solide Orientierung über die dort dargestellten Stütz- und Hemmfaktoren einer erfolgreichen „Unterrichtsentwicklung" ist jedoch gleichwohl unverzichtbar, denn Schulprofil, Schulklima, kollegiale Kohärenz sind zwar durchweg wichtige Aspekte, aber der schwierige und lange Weg vom Wunsch der Unterrichtsveränderung bis hin zur tatsächlichen Realisierung von Veränderungen, auch über Klippen und Sackgassen hinweg, den muss die Lehrkraft selbst meistern.

Meine besondere Aufmerksamkeit in diesem 7. Kapitel galt zwei Strängen jenseits der „Unterrichtsentwicklung" im engeren Sinne: der Nutzung von *Parallel-, Orientierungs- und Vergleichsarbeiten* für die Diagnose und das Training diagnostischer Lehrerkompetenzen und die Sensibilisierung für wesentliche didaktische Fragen, und den – in der Schulpraxis weitgehend unbekannten – sehr erfolgreichen Programme zum *Verhaltenstraining* werdender oder berufstätiger Lehrkräfte.

In diesem Zusammenhang liegt mir daran, einen Mythos anzukratzen: Dass nämlich die Verbesserung des eigenen Unterrichts nur unter bestimmten günstigen (materiellen, sozialpsychologischen, klimatischen usw.) Bedingungen gelingen könne, und dass man vorher gar nicht erst anzufangen bräuchte, weil es ja doch aussichtslos sei. Da wird oft die mangelnde Unterstützung im Kollegium angeführt, oder die zu großen Klassen und sehr vieles mehr. Hier sehe ich einen verbreiteten Denkfehler: die Verwechslung von *förderlichen* Bedingungen und *notwendigen* Bedingungen für die Verbesserung des Unterrichts. Natürlich ist es für die Unterrichtsdiagnose und nachfolgende Verbesserungen aussichtsreicher, wenn Rückenwind von der Schulleitung kommt, wenn es Unterstützung durch die Kollegen gibt, wenn die Klassen kleiner, das Lehrdeputat geringer und überhaupt der gesamte Berufsstress geringer wären. Zwischen der legitimen und realistischen Inrechnungstellung förderlicher Faktoren einerseits und einer abwiegelnden, resignativen und defaitistischen Alibihaltung andererseits (Start eigener Aktivitäten erst bei Vorliegen allseits optimaler Rahmenbedingungen) liegt nur ein schmaler Grat. Plakativ könnte man sagen: Wer wirklich will, kann mit der Selbstvergewisserung, der Diagnose, Evaluation und Verbesserung des eigenen Unterrichts jederzeit – schon morgen – beginnen und damit für andere im Kollegium den Startschuss für kooperative Aktionen geben – und diese können unter Umständen durchaus auch zeitverzögert erfolgen.

Bisher war immer nur von der Qualität des Unterrichts die Rede. Zum Schluss noch eine Bemerkung zur *Qualität der Forschung (und Publikation) über Unterricht*, die mir die Gelegenheit gibt, einen Bogen zu machen zum Wirken von Franz Emanuel Weinert, dem ich dieses Buch gewidmet habe. Eines der wichtigsten Gütekriterien seiner Publikationen war die *Ausgewogenheit* – jenseits von Moden, die kommen und gehen, und jenseits einseitiger, ideologisch befrachteter Strömungen: Guter Unterricht ist niemals dogmatisch, folgt niemals starren methodischen Prinzipien, sondern muss immer eine Balance darstellen:

- nicht autoritär und auch nicht egalitär – sondern autoritativ
- weder Fehlertabuisierung noch Fehlerkult – sondern je nach Klassenkontext und Art der Lernsequenz Fehlertolerierung (in Lernphasen) und Fehlerkorrektur (in Konsolidierungs- und Übungsphasen)
- weder eine Maximierung offenen Unterrichts noch direkter lehrergesteuerter Instruktion, sondern eine situationsangemessene, je nach Lernzielen sehr unterschiedliche Dosierung beider Unterrichtsformen
- keine einseitige Betrachtung nur der kognitiven Wirkungen des Unterrichts und ebenfalls keine Verabsolutierung von Effekten im sozial-emotional-motivationalen Bereich, sondern beides gleichermaßen
- keine Fixierung auf Fachwissen und eine systematische Wissensbasis und erst recht nicht eine Fokussierung nur auf Lernstrategien – sondern eine ausgewogene Mischung
- Lernen in Unterricht erfolgt weder ausschließlich rezeptiv noch ausschließlich aktiv-konstruktiv, sondern Lernen kann in vielerei Gestalt erfolgen: sowohl passiv als auch aktiv, linear-systematisch *und* multidimensional-unsystematisch, intentional *und* beiläufig
- Lehrende sind sowohl Instrukteure/Vermittler als auch Berater/Mitgestalter/Coproduzenten von Lernprozessen – dies hängt von der Phase des Lernprozesses ab.

Dieses „Sowohl-als-auch"-Prinzip gilt auch für die Rezeption von Forschung über Unterricht im Allgemeinen und die Nutzung dieses Buches im Besonderen. Lehrkräfte sollten sich von der Forschung zum Unterricht *kein Rezeptwissen* erhoffen, sollten aber den Ertrag der Forschung, auch wenn Tendenzen hierfür gelegentlich zu spüren sind, in ihrem praktischen Wert auch nicht abschreiben, sondern eine realistische Einschätzung der Möglichkeiten und Grenzen anstreben. Wie in der Forschung, so ist es auch im Schulalltag: Als Lehrer erfolgreich zu sein, erfordert die Bereitschaft und den Mut, gelegentlich auch einmal eingefahrene Wege und gewohntes Terrain zu verlassen, Unsicherheit und Uneindeutigkeit zu ertragen, selbst neue und innovative Formen der Selbstvergewisserung und Gestaltung des eigenen Unterrichts zu probieren – auch auf die Gefahr hin, dass der Erfolg unter den Erwartungen bleibt.

In diesem Sinne zum Abschluss ein Zitat von F. E. Weinert (1996), aus seinem Aufsatz mit dem vielsagenden Titel „Der ‚gute Lehrer', die ‚gute Lehrerin' im Spiegel der Wissenschaft". Dort beschreibt Weinert die theoretischen Wurzeln für die gegenwärtige wissenschaftliche Beschäftigung mit der Unterrichtsqualität und der „teacher effectiveness" und skizziert die drei wesentlichen Paradigmen:

- das Prozess-Produkt-Paradigma als forschungsstrategische Grundlage eines allgemeinen Lehr-Lern-Modells
- das Novizen-Experten-Paradigma als Grundlage eines Modells der individuellen Lehrerkompetenz
- das Paradigma der selbstregulativen psychischen Entwicklung und des eigengesteuerten Lernens von Kindern als Grundlage eines Modells der De-Funktionalisierung des Lehrers.

Im letzten Abschnitt (Schlussfolgerungen aus dem gegenwärtigen Stand der pädagogisch-psychologischen Forschung zum „guten Lehrer", der „guten Lehrerin") schreibt Weinert (1996):

Die beschriebenen drei pädagogisch-psychologischen Paradigmen schließen sich in der Forschung wie in der Nutzung von Forschungsergebnissen nicht wechselseitig aus, sondern ergänzen einander in wissenschaftlicher wie praktischer Hinsicht. Soll es nicht um pure Theorie, sondern um schulpraktisch verwertbare Erkenntnisse gehen, so ist jeder der Ansätze von beachtlichem, aber begrenztem Wert und bedarf deshalb der anderen Forschungsparadigmen.

Der Motivation, der geistigen Aktivität, der Selbstinstruktion und der Kooperation von Lernenden kommt auf jeder Altersstufe und in allen Schularten große Bedeutung zu, ohne dass dadurch der Lehrer überflüssig würde oder auf die Wahrnehmung von Aufgaben des Moderierens, des Beratens oder des bloßem Betreuens autonomer Lerngruppen reduziert werden könnte.

Was nach dem aktuellen pädagogisch-psychologischen Erkenntnisstand zur Zeit besonders notwendig ist, sind bessere und besser ausgebildete Lehrer. Dazu gehört ein Fundus an relevantem (deklarativem) wissenschaftlichem Wissen, das durch die Beobachtung von Meisterlehrern, durch intensive eigene Unterrichtserfahrungen und durch den angeleiteten Erwerb von pädagogisch-psychologischer Expertise zu professionellem (prozeduralen) Können transformiert werden muss.

Innerhalb der Schulpraxis bedarf es kollegialer und lokaler Weiterbildungsgruppen, in denen sich Lehrer mit wissenschaftlicher Beratung in ihrem alltäglichen Unterricht wechselseitig beobachten, unterstützen und angstfrei korrigieren können. Dieses Modell des lernenden Lehrers erhöht die Aussicht, dass die von Hans Aebli (1983) formulierte Überzeugung nicht nur wahr und weise ist, sondern auch immer häufiger zur Wirklichkeit wird: „Wo ein guter Lehrer am Werk ist, wird die Welt ein bisschen besser". (S. 150)

Kasten 77: Wo ein guter Lehrer am Werk ist, wird die Welt ein bisschen besser

In diesem Sinne wünsche ich mir und Ihnen, dass dieses Buch einen Beitrag zur Verbesserung des Lehren und Lernens leisten kann. Da der Verlag ab 2006 – sobald die Ergebnisse der großen, nunmehr stark unterrichtsrelevanten Projekte PISA 2003 und DESI publiziert sein werden – eine Neuauflage dieses Buches erwägt, fallen alle Hinweise, die den Nutzen dieses Buches steigern, insbesondere auch auf Fehler, Defizite und Unzulänglichkeiten, mit Sicherheit auf fruchtbaren Boden (helmke@uni-landau.de).

9 Abkürzungen

BIJU
Bildungsverläufe und psychosoziale Entwicklung im Jugendalter (siehe Kap. 5.1)

BLK
Bund-Länder-Kommission für Bildungsplanung und Forschungsförderung[137]

CES
Classroom Environment Study der IEA (siehe Münchner Studie, Kap. 5.7)

CCC
Cross-curricular competencies

DESI
Deutsch Englisch Schülerleistungen International (siehe Kap. 5.2)

DFG
Deutsche Forschungsgemeinschaft

DIPF
Deutsches Institut für Internationale Pädagogische Forschung[138]

GY
Gymnasium

HS
Hauptschule

IEA
International Association for the Evaluation of Educational Achievement

IFB
Institut für schulische Fortbildung und schulpsychologische Beratung des Landes Rheinland-Pfalz[139]

IGLU
Internationale Grundschul-Lese-Untersuchung (siehe Kap. 5.3)

IPN
Leibniz-Institut für die Pädagogik der Naturwissenschaften an der Universität Kiel[140]

KMK
Kultusministerkonferenz

LAU
Lern-Ausgangslagen-Untersuchung (siehe Kap. 5.4)

MARKUS
Mathematik-Gesamterhebung Rheinland-Pfalz: Kompetenzen, Unterrichtsmerkmale, Schulkontext (siehe Kap. 5.6)

LOGIK
Longitudinalstudie zur Genese individueller Kompetenzen

MBFJ
Ministerium für Bildung, Frauen und Jugend des Landes Rheinland-Pfalz (seit 2001); Ministerin: Doris Ahnen

MPI
Max-Planck-Institut (z. B. für psychologische Forschung[141], für Bildungsforschung[142])

MBWW
Ministerium für Bildung, Wissenschaft und Weiterbildung des Landes Rheinland-Pfalz (bis 2001);
Minister: Prof. Dr. Jürgen Zöllner

OECD
Organisation für wirtschaftliche Zusammenarbeit und Entwicklung

OE
Organisationsentwicklung

PE
Personalentwicklung

PEPP
Projekt Evaluation der Publikationen des Pädagogischen Zentrums des Landes Rheinland-Pfalz

PIRLS
Progress in International Reading Literacy Study (siehe Kap. 5.8)

PISA
Programme for International Student Assessment (siehe Kap. 5.9)

PZ
Pädagogisches Zentrum des Landes Rheinland-Pfalz

QuabS
Qualitätsentwicklung an beruflichen Schulen

QuaSUM
Qualitätsuntersuchung an Schulen zum Unterricht in Mathematik (siehe Kap. 5.11)

QuiSS
BLK-Programm Qualitätsverbesserung in Schulen und Schulsystemen[143] (siehe Vorwort)

RS
Realschule

SALVE
Systematische Analyse des Lernverhaltens und des Verständnisses in Mathematik: Entwicklungstrends und Fördermöglichkeiten (siehe Kap. 5.12)

SCHOLASTIK
Schulorganisierte Lernangebote und Sozialisation von Talenten, Interessen und Kompetenzen (siehe Kap. 5.13)

SINUS
Steigerung der Effizienz des mathematisch-naturwissenschaftlichen Unterrichts. Von der BLK fi-
nanziertes, bundesweites Programm zur Unterrichtsentwicklung (siehe Kap. 7.5.1)

TIMSS
Third International Mathematics and Science Study (siehe Kap.5.14)

UE
Unterrichtsentwicklung (siehe Kapitel 7)

VERA
Vergleichsarbeiten-Projekt in Rheinland-Pfalz und Nordrhein-Westfalen (siehe Kap. 5.15)

WALZER
DFG-Projekt „Wirksamkeitsanalyse der Leistungsevaluation: Zielerreichung, Ertrag für die Schulqualität und Rückmeldung von Ergebnissen"

ZFUW
Zentrum für Fernstudien und universitäre Weiterbildung an der Universität Kaiserslautern[144]

10 Verzeichnis der Kästen, Abbildungen und Reflexionsaufgaben

10.1 Verzeichnis der Kästen

10.2 Verzeichnis der Abbildungen

10.3 Verzeichnis der Reflexionsaufgaben

11 Literaturverzeichnis

Aebli, H. (1983). BzL-Interview „Wo ein guter Lehrer am Werk ist, wird die Welt ein bisschen besser". *Beiträge zur Lehrerbildung*, 1(Heft 2), 3–13.

Allan, D. (1994). *English for beginners. A teacher training video package.* München: Institut für Unterrichtsmitschau der LMU München.

Anderson, L. W. (1995). Time. Allocated and instructional. In L. W. Anderson (Hrsg.), *International Encyclopedia of Teaching and Teacher Education* (2. Aufl., S. 204–207). Oxford: Pergamon.

Andexer, H. & Thonhauser, J. (2001). Portfolios in der Lehrer/innenbildung: Begriff, Erwartungen, Erfahrungen. *Journal für LehrerInnenbildung*, 4, 53–55.

Arbinger, R., Frey, A., Hahl, A., Jäger, R. S. & Wosnitza, M. (1998). *Lernen mit Sinn und Verstand.* Landau: Verlag Empirische Pädagogik.

Arnold, K.-H. (1999a). Diagnostische Kompetenz erwerben. Wie das Beurteilen zu lernen und zu lehren ist. *Pädagogik*, 51 (7–8), 73–77.

Arnold, K.-H. (1999b). *Fairneß bei Schulsystemvergleichen.* Münster: Waxmann.

Arnold, K.-H. (2001a). Beurteilungskompetenz. *unterrichten/erziehen*, 20 (1), 12–15.

Arnold, K.-H. (2001b). Qualitätskriterien für die standardisierte Messung von Schulleistungen. Kann eine (vergleichende) Messung von Schulleistungen objektiv, repräsentativ und fair sein? In F. E. Weinert (Hrsg.), *Leistungsmessungen in Schulen* (S. 117–130). Weinheim: Beltz.

Arnold, K.-H. (2001c). Schulleistungsstudien und soziale Gerechtigkeit. *Zeitschrift für Pädagogik*, 47 (2), 161–178.

Artelt, C., Stanat, P., Schneider, W. & Schiefele, U. (2001). Lesekompetenz: Testkonzeption und Ergebnisse. In J. Baumert, E. Klieme, M. Neubrand, M. Prenzel, U. Schiefele, W. Schneider, P. Stanat, K. J. Tillmann & M. Weiß (Hrsg.). *PISA 2000. Basiskompetenzen von Schülerinnen und Schülern im internationalen Vergleich* (S. 69–140). Opladen: Leske + Budrich.

Aufschnaiter, S. v. & Welzel, M. (Hrsg.). (2001). *Nutzung von Videodaten zur Untersuchung von Lehr-Lernprozessen: Aktuelle Methoden empirischer pädagogischer Forschung.* Münster: Waxmann.

Ball, C. J. E. (1985). What the hell is quality? In C. J. E. Ball (Hrsg.), *Fitness for Purpose – Essays in Higher Education.* Guilford: Nelson.

Bastian, J., Combe, A. & Langer, R. (2001). Durch Schülerrückmeldung den Unterricht verbessern. *Pädagogik*, 53 (5), 6–9.

Baumert, J., Artelt, C., Carstensen, C. H., Sibberns, H. & Stanat, P. (2002). Untersuchungsgegenstand, Fragestellungen und technische Grundlagen der Studie. In Deutsches PISA-Konsortium (Hrsg.), *PISA 2000 – Die Länder der Bundesrepublik Deutschland im Vergleich* (S. 11–38). Opladen: Leske + Budrich.

Baumert, J., Bos, W. & Lehmann, R. H. (Hrsg.). (2000a). *TIMSS/III – Dritte Internationale Mathematik- und Naturwissenschaftsstudie – Mathematische und naturwissenschaftliche Bildung am Ende der Schullaufbahn* (Mathematische und physikalische Kompetenzen am Ende der gymnasialen Oberstufe, Vol. 2). Opladen: Leske + Budrich.

Baumert, J., Bos, W. & Lehmann, R. H. (Hrsg.). (2000b). *TIMSS/III – Dritte Internationale Mathematik- und Naturwissenschaftsstudie – Mathematische und naturwissenschaftliche Bildung am Ende der Schullaufbahn* (Mathematische und naturwissenschaftliche Grundbildung am Ende der Pflichtschulzeit, Vol. 1). Opladen: Leske + Budrich.

Baumert, J., Klieme, E., Neubrand, M., Prenzel, M., Schiefele, U., Schneider, W., Stanat, P., Tillmann, K. J. & Weiß, M. (Hrsg.). (2001). *PISA 2000: Basiskompetenzen von Schülerinnen und Schülern im internationalen Vergleich.* Opladen: Leske + Budrich.

Baumert, J. & Schümer, G. (2002). Familiäre Lebensverhältnisse, Bildungsbeteiligung und Kompetenzerwerb im nationalen Vergleich. In Deutsches PISA-Konsortium (Hrsg.), *PISA 2000 – Die Länder der Bundesrepublik Deutschland im Vergleich* (S. 159–202). Opladen: Leske + Budrich.

Baumrind, D. (1991). The influence of parenting style on adolescent competence and substance abuse. *Journal of Early Adolescence, 11*, 56–95.

Bausch, K. R., Christ, H. & Krumm, H. J. (Hrsg.). (2002). *Handbuch Fremdsprachenunterricht* (4. Aufl.). Tübingen: Francke.

Beck, B. & Klieme, E. (in Druck). Desi – Eine large-scale-Studie zur Untersuchung des Sprachunterrichts in deutschen Schulen. *Zeitschrift für empirische Pädagogik.*

Becker, G. E. (1998). *Unterricht auswerten und beurteilen.* Weinheim: Beltz.

Bennack, J. (2002). *Schulaufgabe: Unterricht* (2. Aufl., Studientexte für das Lehramt). Neuwied: Luchterhand.

Benner, D. (2002). Die Struktur der Allgemeinbildung im Kerncurriculum moderner Bildungssysteme. Ein Vorschlag zur bildungstheoretischen Rahmung von PISA. *Zeitschrift für Pädagogik, 48* (1), 68–90.

Berliner, D. C. (1995). Teacher expertise. In L. W. Anderson (Hrsg.), *International Encyclopedia of Teaching and Teacher Education* (2. Aufl., S. 46–52). Oxford: Pergamon.

Bessoth, R. & Weibel, W. (2000). Unterrichtsqualität an Schweizer Schulen. Zug: Klett.

Bloom, B., Englehart, M. D., Furst, E. J., Hill, H. W. & Krathwohl, D. R. (1956). *Taxonomy of educational objectives, Handbook I: Cognitive domain.* New York: McKay.

Blum, W. (2001). Konsequenzen und Reformimpulse: Reaktionen auf TIMSS in Fachdidaktik, Unterrichtsforschung und Bildungspraxis. Was folgt aus TIMSS für Mathematikunterricht und Mathematiklehrerausbildung? In Bundesminisdterium für Bildung und Forschung (BMBF) (Hrsg.), *TIMSS – Impulse für Schule und Unterricht. Forschungsbefunde, Reforminitiativen, Praxisberichte und Video-Dokumente* (S. 75–84). Bonn: Bundesministerium für Bildung und Forschung.

Blum, W. & Neubrand, M. (Hrsg.). (1998). *TIMSS und der Mathematikunterricht: Informationen, Analysen, Konsequenzen.* Hannover: Schroedel.

Bremerich-Vos, A. (1996). Deutschdidaktik und qualitative Unterrichtsforschung – Versuche in einem bislang vernachlässigten Feld. In G. W. Schnaitmann (Hrsg.), *Theorie und Praxis der Unterrichtsforschung* (S. 209–233). Donauwörth: Auer.

Bremerich-Vos, A. (2000). Was ist guter Deutschunterricht? In Landesinstitut für Schule und Weiterbildung (Hrsg.), *Was ist guter Unterricht?* (S. 54–74). Bönen: Druckverlag Kettler.

Bromme, R. (1992). *Der Lehrer als Experte. Zur Psychologie des professionellen Wissens.* Bern: Huber.

Bromme, R. (1997). Kompetenzen, Funktionen und unterrichtliches Handeln des Lehrers. In F. E. Weinert (Hrsg.), *Psychologie des Unterrichts und der Schule* (Enzyklopädie der Psychologie, Pädagogische Psychologie, Vol. 3, S. 177–212). Göttingen: Hogrefe.

Brophy, J. E. (2000). *Teaching* (Educational Practices Series, Vol. 1). Brussels: International Academy of Education & International Bureau of Education www.ibe.unesco.org.

Brophy, J. E. & Good, T. L. (1986). Teacher behavior and student achievement. In M. C. Wittrock (Hrsg.), *Handbook of research on teaching* (3. Aufl., S. 328–375). London: Macmillan.

Buhren, C. G., Killus, D. & Müller, S. (1999). *Wege und Methoden der Selbstevaluation. Ein praktischer Leitfaden für Schulen* (2. Aufl., Beiträge zur Bildungsforschung und Schulentwicklung, Band 6). Dortmund: IFS-Verlag.

Bundesministerium für Bildung und Forschung (BMBF) (Hrsg.). (2001). *TIMSS – Impulse für Schule und Unterricht. Forschungsbefunde, Reforminitiativen, Praxisberichte und Video-Dokumente.* Bonn: Bundesministerium für Bildung und Forschung.

Bund-Länder-Kommission für Bildungsplanung und Forschungsförderung (BLK). (1997). *Gutachten zur Vorbereitung des Programms „Steigerung der Effizienz des mathematisch-naturwissenschaftlichen Unterrichts"* (Heft 60 der BLK-Reihe „Materialien zur Bildungsplanung und Forschungsförderung"). Bonn: Bundesministerium für Bildung, Wissenschaft, Forschung und Technologie.

Bürgerstiftung Hannover. (1999). *Projekt „Feedback für Lehrerinnen und Lehrer" – Ein Weg zur Qualitätsentwicklung der Schulen.* Unveröffentlichtes Manuskript, Hannover.

Burbules, N. C. & Bruce, B. C. (2002). Theory and research on teaching as dialogue. In V. Richardson (Hrsg.), *Handbook of Research on Teaching* (4. Aufl., S. 1102–1121). Washington: American Educational Research Association.

Burkard, C. & Eikenbusch, G. (2000). *Praxishandbuch Evaluation in der Schule.* Berlin: Cornelsen.

Butzkamm, W. (2002). *Psycholinguistik des Fremdsprachenunterrichts: von der Muttersprache zur Fremdsprache* (3. Aufl.). Tübingen: Francke.

Byram, M. (Hrsg.). (2000). *Routledge Encyclopedia of Language Teaching and Learning.* London: Routledge.

Calderhead, J. (2002). International experiences of teaching reform. In V. Richardson (Hrsg.). *Handbook of Research on Teaching* (4. Aufl., S. 777–802). Washington: American Educational Research Association.

Cameron, J. & Pierce, W. D. (1994). Reinforcement, reward, and intrinsic motivation: A meta-analysis. *Review of Education Research, 64*, 363–423.

Chilcoat, G. (1989). *Instructional behaviors for clearer presentations in the classroom.* Instructional Science, 18, 289–314.

Clausen, M. (2002). *Unterrichtsqualität: Eine Frage der Perspektive?* Münster: Waxmann.

Clausen, M., Reusser, K. & Klieme, E. (in Druck). Unterrichtsqualität auf der Basis hochinferenter Ratings. Ein instruktionspsychologischer Vergleich zwischen Deutschland und der deutschsprachigen Schweiz. *Unterrichtswissenschaft*, 2003.

Clausen, M., Schnabel, K. U. & Schröder, S. (2002). Konstrukte der Unterrichtsqualität im Expertenurteil. *Unterrichtswissenschaft, 30* (3), 246–260.

Coladarci, T. (1986). Accuracy of teacher judgments of student responses to standardized test items. *Journal of Educational Psychology, 78*, 141–146.

Cooper, H. M. & Good, T. (1983). *Pygmalion grows up. Studies in the expectation communication process.* New York: Longman.

Crawford, J. & Impara, J. C. (2002). Critical issues, current trends, and possible futures in quantitative methods. In V. Richardson (Hrsg.), *Handbook of Research on Teaching* (4. Aufl., S. 133–173). Washington: American Educational Research Association.

Cronbach, L. J. (1975). Wie kann Unterricht an individuelle Unterschiede angepaßt werden? In R. Schwarzer & K. Steinhagen (Hrsg.), *Adaptiver Unterricht. Zur Wechselwirkung von Schülermerkmalen und Unterrichtsmethoden* (S. 42–58). München: Kösel.

Dann, H.-D., Diegritz, T. & Rosenbusch, H. S. (2002). Gruppenunterricht im Schulalltag. Ergebnisse eines Forschungsprojektes und praktische Konsequenzen. *Pädagogik, 54* (1), 11–15.

Dann, H.-D. & Humpert, W. (1987). Eine empirische Analyse der Handlungswirksamkeit Subjektiver Theorien von Lehrern in aggressionshaltigen Unterrichtssituationen. *Zeitschrift für Sozialpsychologie, 18*, 40–49.

Dann, H.-D. & Humpert, W. (2002). Das Konstanzer Trainingsmodell (KTM) – Grundlagen und neue Entwicklungen. *Zeitschrift für Pädagogik, 48* (2), 215–226.

Darling-Hammond, L. (2002). Standard setting in teaching: Changes in Liscensing, Certification, Assessment. In V. Richardson (Hrsg.). *Handbook of Research on Teaching* (4. Aufl., S. 751–776). Washington: American Educational Research Association.

De Jong, R. & Westerhof, K. J. (2001). The quality of student ratings of teacher behaviour. *Learning Environments Research, 4* (1), 51–85.

Deci, E. L. & Ryan, R. (1985). *Intrinsic motivation and self-determination in human behavior.* New York: Plenum.

Diedrich, M., Thußbas, C. & Klieme, E. (2002). Professionelles Lehrerwissen und selbstgerichtete Unterrichtspraxis im Fach Mathematik. In M. Prenzel & J. Doll (Hrsg.), *Bildungsqualität von Schule: Schulische und außerschulische Bedingungen mathematischer, naturwissenschaftlicher und überfachlicher Kompetenzen. Zeitschrift für Pädagogik. 45. Beiheft* (S. 107–123). Weinheim: Beltz.

Ditton, H. (2000). Qualitätskontrolle und -sicherung in Schule und Unterricht. Ein Überblick über den Stand der empirischen Forschung. In A. Helmke, W. Hornstein & E. Terhart (Hrsg.), *Qualität und Qualitätssicherung im Bildungsbereich: Schule, Sozialpädagogik, Hochschule. Zeitschrift für Pädagogik. 41. Beiheft* (S. 73–92). Weinheim: Beltz.

Ditton, H. (2002a). Lehrkräfte und Unterricht aus Schülersicht, Ergebnisse einer Untersuchung im Fach Mathematik. *Zeitschrift für Pädagogik, 48* (2), 262–286.

Ditton, H. (2002b). Unterrichtsqualität – Konzeptionen, methodische Überlegungen und Perspektiven. *Unterrichtswissenschaft, 30* (3), 197–212.

Ditton, H., Arnoldt, B. & Bornemann, E. (2002). Entwicklung und Implementation eines extern unterstützenden Systems der Qualitätssicherung an Schulen – QuaSSu. In M. Prenzel & J. Doll (Hrsg.). *Bildungsqualität von Schule: Schulische und außerschulische Bedingungen mathematischer, naturwissenschaftlicher und überfachlicher Kompetenzen. Zeitschrift für Pädagogik. 45. Beiheft* (S. 374–389). Weinheim: Beltz.

Döbrich, P. (2000). *Woran kann man guten Unterricht erkennen?* Schulverwaltung Niedersachsen, 11, 220–223.

Donmoyer, R. (2002). Paradigm talk reconsidered. In V. Richardson (Hrsg.), *Handbook of research on teaching* (4. Aufl., S. 174–200). Washington: American Educational Research Association.

Doyle, W. (1986). Classroom organization and management. In M. C. Wittrock (Hrsg.), *Handbook of research on teaching* (S. 392–431). London: Macmillan.

Duffy, G. G., Roehler, L. R., Meloth, M. S. & Vavrus, L. G. (1986). Conceptualizing instructional explanation. *Teaching & Teacher Education, 2,* 197–214.

Duit, R. (1999). Themenheft: TIMSS – Anregungen für einen effektiveren Physikunterricht? *Unterricht Physik, 10* (54).

Dunton, R. (1993). *Primary English Language Teaching – A Training Programme for Teachers and for Teacher Trainers.* New York: Longman.

Edelmann, W. (1996). *Lernpsychologie* (5. Aufl.). Weinheim: Beltz.

Eder, F. (2001). Schul- und Klassenklima. In D. H. Rost (Hrsg.), *Handwörterbuch Pädagogische Psychologie* (2. Aufl., S. 578–585). Weinheim: Psychologie Verlags Union.

Eikenbusch, G. (2001a). Erfahrungen mit Schülerrückmeldung in der Oberstufe. *Pädagogik,* 53 (5), 18–22.

Eikenbusch, G. (2001b). *Qualität im Deutschunterricht.* Berlin: Cornelsen.

Einsiedler, W. (1996). Wissensstrukturierung im Unterricht. *Zeitschrift für Pädagogik, 42* (2), 167–192.

Einsiedler, W. (1997). Unterrichtsqualität und Leistungsentwicklung. Literaturüberblick. In F. E. Weinert & A. Helmke (Hrsg.), *Entwicklung im Grundschulalter* (S. 225–240). Weinheim: Psychologie Verlags Union.

Einsiedler, W. (2000). Von Erziehungs- und Unterrichtsstilen zur Unterrichtsqualität. In M. K. W. Schweer (Hrsg.), *Lehrer-Schüler-Interaktion. Pädagogisch-psychologische Aspekte des Lehrens und Lernens in der Schule* (S. 109–128). Opladen: Leske + Budrich.

Elschenbroich, D. (Hrsg.). (1994). *Aufwachsen und Lernen in Japan.* Eine kommentierte Bibliographie angloamerikanischer, japanischer und deutscher Literatur. Weinheim: Juventa.

Elschenbroich, D. & Schweitzer, O. (1994). *Aufwachsen und Lernen in Japan.* Hagen: Zentrum für Fernstudiumentwicklung.

Emmer, E. T., Evertson, C. M. & Worsham, M. E. (2002). *Classroom management for secondary teachers* (6. Aufl.). Boston, MA: Allyn and Bacon.

Felten, M. (Hrsg.). (1999). *Neue Mythen in der Pädagogik.* Donauwörth: Auer.

Fend, H. (1976). Sozialisationseffekte unterschiedlicher Schulformen. In H.-D. Haller & D. Lenzen (Hrsg.), *Jahrbuch für Erziehungswissenschaften, Lehrjahre in der Bildungsreform: Resignation oder Rekonstruktion?* (S. 47–88). Stuttgart: Klett.

Fend, H. (1979). *Sozialisation durch Literatur.* Weinheim: Beltz.

Fend, H. (1981). *Theorie der Schule* (2. Aufl.). München: Urban & Schwarzenberg.

Fend, H. (1998). *Qualität im Bildungswesen. Schulforschung zu Systembedingungen, Schulprofilen und Lehrerleistung.* Weinheim: Juventa.

Fend, H. (2000). Qualität und Qualitätssicherung im Bildungswesen – Wohlfahrtsstaatliche Modelle und Marktmodelle. In A. Helmke, W. Hornstein & E. Terhart (Hrsg.), *Qualität und Qualitätssicherung im Bildungsbereich: Schule, Sozialpädagogik, Hochschule. Zeitschrift für Pädagogik. 41. Beiheft* (S. 55–72). Weinheim: Beltz.

Fend, H., Dreher, E. & Haenisch, H. (1980). Auswirkungen des Schulsystems auf Schulleistungen und soziales Lernen. *Zeitschrift für Pädagogik, 26,* 673–698.

Fend, H., Knörzer, W., Nagl, W., Specht, W. & Väth-Szusdziara, R. (1976). *Sozialisationseffekte der Schule. Soziologie der Schule II.* Weinheim: Beltz.

Fischer, H. & Bos, W. (1999). Unterrichtsgestaltung und Lernerfolg im Physikunterricht. Antrag im DFG-Schwerpunktprogramm „Bildungsqualität von Schule".

Fischer, H. E. (2000). Erfolgreiche Lehr- und Lernformen aus physikdidaktischer Sicht. In Landesinstitut für Schule und Weiterbildung (Hrsg.), *Was ist guter Unterricht?* (S. 127–156). Bönen: Druckverlag Kettler.

Fischer, H. E., Reyer, T., Wirtz, T., Bos, W. & Höllrich, N. (2002). Unterrichtsgestaltung und Lernerfolg im Physikunterricht. In M. Prenzel & J. Doll (Hrsg.), *Bildungsqualität von Schule: Schulische und außerschulische Bedingungen mathematischer, naturwissenschaftlicher und überfachlicher Kompetenzen. Zeitschrift für Pädagogik. 45. Beiheft* (S. 124–138). Weinheim: Beltz.

Fischler, H. (2000a). Lehrerhandeln und Lehrervorstellungen bei Anfängern: Untersuchungen zu einem gestörten Verhältnis. In S. v. Aufschnaiter & M. Welzel (Hrsg.), *Nutzung von Videodaten zur Untersuchung von Lehr-Lern-Prozessen* (S. 173–184). Münster: Waxmann.

Fischler, H. (2001b). Verfahren zur Erfassung von Lehrer-Vorstellungen zum Lehren und Lernen in den Naturwissenschaften. *Zeitschrift für Didaktik der Naturwissenschaften, 7,* 105–120.

Fischler, H., Schröder, H.-J., Tonhäuser, C. & Zedler, P. (2002). Unterrichtsskripts und Lehrerexpertise: Bedingungen ihrer Modifikation. In M. Prenzel & J. Doll (Hrsg.), *Bildungsqualität von Schule: Schulische und außerschulische Bedingungen mathematischer, naturwissenschaftlicher und überfachlicher Kompetenzen. Zeitschrift für Pädagogik. 45. Beiheft* (S. 157–172). Weinheim: Beltz.

Fisher, C. W. (1995). Academic learning time. In L. W. Anderson (Hrsg.), *International Encyclopedia of Teaching and Teacher Education* (2. Aufl., S. 430–434). Oxford: Pergamon.

Floden, R. E. (2002). Research of effects of teaching: A continuing model for research on teaching. In V. Richardson (Hrsg.), *Handbook of research on teaching* (4. Aufl., S. 3–16). Washington: American Educational Research Association.

Fraser, B. J., Walberg, H. J., Welch, W. & Hattie, J. A. (1987). Syntheses of educational productivity research. *International Journal of Educational Research, 11,* 145–252.

Gage, N. L. (1958). Explorations in teachers' perceptions of pupils. *The Journal of Teacher Education, 9,* 97–101.

Gage, N. L. (1968). Explorations in teachers' perceptions of pupils. *Social perception,* 219–228.

Gage, N. L. & Berliner, D. C. (1996). *Pädagogische Psychologie* (5. Aufl.). Weinheim: Beltz.

Gage, N. L. & Needels, M. (1989). Process-product research on teaching: A review of criticisms. *The Elementary School Journal, 89,* 253–300.

Gagné, R. M. (1980). *Die Bedingungen des menschlichen Lernens* (5. Aufl.). Hannover: Schroedel.

Gagné, R. M. & Driscoll, M. P. (1988). *Essentials of learning for instruction* (2. Aufl.). Englewood Cliffs, NJ: Prentice Hall.

Gallego, M. A., Cole, M. & The Laboratory of Comparative Human Cognition. (2002). Classroom cultures and cultures in the classroom. In V. Richardson (Hrsg.), *Handbook of research on teaching* (4. Aufl., S. 951–997). Washington: American Educational Research Association.

Gehring, W. (1999). *Englische Fachdidaktik.* Berlin: Erich Schmidt Verlag.

Getzels, J. W. & Jackson, P. W. (1970). Merkmale der Lehrerpersönlichkeit. In K. Ingenkamp (Hrsg.), *Handbuch der Unterrichtsforschung* (Vol. 2, S. 1353–1526). Weinheim: Beltz.

Gogolin, I., Neumann, U. & Reuter, L. (Hrsg.). (2001). *Schulbildung für Kinder aus Minderheiten in Deutschland 1989–1999.* Münster: Waxmann.

Good, T. L. & Brophy, J. E. (1994). *Looking in classrooms* (6. Aufl.). New York: Harper Collins.

Greene, M. (2002). Reflections on teaching. In V. Richardson (Hrsg.), *Handbook of Research on Teaching* (4. Aufl., S. 82–89). Washington: American Educational Research Association.

Grell, J. (2000). Direktes Unterrichten. Ein umstrittenes Unterrichtsmodell. In J. Wiechmann (Hrsg.), *Zwölf Unterrichtsmethoden. Vielfalt für die Praxis* (2. Aufl., S. 35–49). Weinheim: Beltz.

Gruehn, S. (2000). *Unterricht und schulisches Lernen.* Münster: Waxmann.

Haag, L. (1999). *Die Qualität des Gruppenunterrichts im Lehrerwissen und Lehrerhandeln.* Lengerich: Pabst Science Publishers.

Haenisch, H. (2000). Merkmale erfolgreichen Unterrichts. Forschungsbefunde als Grundlage für die Weiterentwicklung von Unterrichtsqualität. In Landesinstitut für Schule und Weiterbildung (Hrsg.), *Was ist guter Unterricht?* (S. 42–53). Bönen: Druckverlag Kettler.

Haenisch, H. & Burkard, C. (2002). Schulprogrammarbeit erfolgreich gestalten. Ergebnisse einer qualitativen Studie zu den Gelingensbedingungen der Entwicklung und Umsetzung des Schulprogramms. In Ministerium für Schule und Weiterbildung, Wissenschaft und Forschung des Landes NRW (Hrsg.), *Schulprogrammarbeit in Nordrhein-Westfalen* (S. 123–198). Bönen: Verlag für Schule und Weiterbildung.

Hage, K. (1985). *Das Methoden-Repertoire von Lehrern.* Opladen: Leske + Budrich.

Halfhide, T., Frei, M. & Zingg, C. (2002). *Teamteaching.* Zürich: Lehrmittelverlag des Kantons Zürich.

Hamilton, D. & McWilliam, E. (2002). Ex-centric voices that frame research on teaching. In V. Richardson (Hrsg.), *Handbook of research on teaching* (4. Aufl., S. 17–46). Washington: American Educational Research Association.

Hancock, C. R. (2002). The teaching of second languages: Research trends. In V. Richardson (Hrsg.), *Handbook of research on teaching* (4. Aufl., S. 358–369). Washington: American Educational Research Association.

Hannover, B. (2001). Interventionsmöglichkeiten zur Steigerung der Bildungsqualität deutscher Schulen. In Förderative Kommission „Schulleistungsvergleiche" der Deutschen Gesellschaft für Psychologie (Hrsg.), *Anhang zum Schlussbericht der Schulleistungsvergleiche.* Dortmund.

Hany, E. A. (1992). Identifikation von Hochbegabten im Schulalter. In K. A. Heller (Hrsg.), *Hochbegabung im Kindes- und Jugendalter* (S. 38–163). Göttingen: Hogrefe.

Hart, D. (1994). *Authentic assessment: A handbook for educators.* Menlo Park, CA: Addison-Wesley Publishing Co.

Harvey, L. & Green, D. (1993). Defining quality. *Assessment and Evaluation in Higher Education, 18,* 9–34.

Harvey, L. & Green, D. (2000). Qualität definieren. Fünf unterschiedliche Ansätze. In: A. Helmke, W. Hornstein & E. Terhart (Hrsg), *Qualität und Qualitätssicherung im Bildungsbereich: Schule, Sozialpädagogik, Hochschule. Zeitschrift für Pädagogik. 41. Beiheft,* (S. 17–40). Weinheim: Beltz.

Hascher, T. & Schratz, M. (2001). Portfolios in der LehrerInnenbildung – Editorial. *Journal für LehrerInnenbildung, 4,* 4–7.

Hasselhorn, M. & Schumann-Hengsteler, R. (2001). Arbeitsgedächtnis. In D. H. Rost (Hrsg.), *Handwörterbuch Pädagogische Psychologie* (S. 17–21). Weinheim: Psychologie Verlags Union.

Havers, N. (1998a). Disziplinschwierigkeiten vermeiden: Gute Organisation des Unterrichtsablaufs. *Die Grundschule, 30* (4), 8–9.

Havers, N. (1998b). Umgang mit Disziplinschwierigkeiten im Unterricht. Ein Trainingsseminar für Lehrerstudenten. *Die Deutsche Schule, 90* (2), 189–198.

Havers, N. & Toepell, S. (2002). Trainingsverfahren für die Lehrerausbildung im deutschen Sprachraum. *Zeitschrift für Pädagogik, 48* (2), 174–193.

Heckhausen, H. & Rheinberg, F. (1980). Lernmotivation im Unterricht, erneut betrachtet. *Unterrichtswissenschaft, 8,* 7–47.

Heid, H. (2000). Qualität: Überlegungen zur Begründung einer pädagogischen Beurteilungskategorie. In A. Helmke, W. Hornstein & E. Terhart (Hrsg.), *Qualität und Qualitätssicherung im Bildungsbereich: Schule, Sozialpädagogik, Hochschule. Zeitschrift für Pädagogik. 41. Beiheft* (S. 41–54). Weinheim: Beltz.

Helmke, A. (1988a). *Das Münchener Aufmerksamkeitsinventar (MAI). Manual für die Beobachtung des Aufmerksamkeitsverhaltens von Grundschülern während des Unterrichts.* München: Max-Planck-Institut für psychologische Forschung.

Helmke, A. (1988b). Leistungssteigerung und Ausgleich von Leistungsunterschieden in Schulklassen: unvereinbare Ziele? *Zeitschrift für Entwicklungspsychologie und Pädagogische Psychologie, 10,* 45–76.

Helmke, A. (1999). Direkte Instruktion – effektiver Unterricht? *Bildung Real, 38,* 59–72.

Helmke, A. (2002). Kommentar: Unterrichtsqualität und Unterrichtsklima – Perspektiven und Sackgassen. *Unterrichtswissenschaft, 30* (3), 261–277.

Helmke, A. (2003). Unterrichtsevaluation: Verfahren und Instrumente. *schulmanagement, 1,* 8–11.

Helmke, A. & Fend, H. (1981). Wie gut kennen Eltern ihre Kinder und Lehrer ihre Schüler? In G. Zimmer (Hrsg.), *Persönlichkeitsentwicklung und Gesundheit im Schulalter. Gefährdungen und Prävention* (S. 341–360). Frankfurt: Campus.

Helmke, A. & Fend, H. (1982). Diagnostic sensitivity of teachers and parents with respect to the test anxiety of students. *Advances in test anxiety research, 1,* 115–128.

Helmke, A., Goebel, K., Hosenfeld, I., Schrader, F.-W., Vo, T. & Wagner, W. (in Druck). Unterrichtsqualität im Deutsch- und Englischunterricht: Theoretische Konzeption und Untersuchungsanlage des DESI-Projektes. *Empirische Pädagogik.*

Helmke, A. & Hosenfeld, I. (2003). Vergleichsarbeiten (VERA): eine Standortbestimmung zur Sicherung schulischer Kompetenzen – Teil 1: Grundlagen, Ziele, Realisierung. *SchulVerwaltung* (1), 10–14.

Helmke, A. & Hosenfeld, I. (2003). Vergleichsarbeiten (VERA): eine Standortbestimmung zur Sicherung schulischer Komeptenzen – Teil 2: Nutzung für Qualitätssicherung und Verbesserung der Unterrichtsqualität. *SchulVerwaltung* (2), 41–43.

Helmke, A., Hosenfeld, I. & Schrader, F.-W. (2002a). Sozialer und sprachlicher Hintergrund. In A. Helmke & R. S. Jäger (Hrsg.), *Die Studie MARKUS – Mathematik-Gesamterhebung Rheinland-Pfalz: Kompetenzen, Unterrichtsmerkmale, Schulkontext. Grundlagen und Perspektiven* (S. 71–153). Landau: Verlag Empirische Pädagogik.

Helmke, A., Hosenfeld, I. & Schrader, F.-W. (2002b). Unterricht, Mathematikleistung und Lernmotivation. In A. Helmke & R. S. Jäger (Hrsg.), *Die Studie MARKUS – Mathematik-Gesamterhebung Rheinland-Pfalz: Kompetenzen, Unterrichtsmerkmale, Schulkontext. Grundlagen und Perspektiven* (S. 413–480). Landau: Verlag Empirische Pädagogik.

Helmke, A., Hosenfeld, I., Schrader, F.-W. & Wagner, W. (2002c). Unterricht aus der Sicht der Beteiligten. In A. Helmke & R. S. Jäger (Hrsg.), *Die Studie MARKUS – Mathematik-Gesamterhebung Rheinland-Pfalz: Kompetenzen, Unterrichtsmerkmale, Schulkontext. Grundlagen und Perspektiven* (S. 325–411). Landau: Verlag Empirische Pädagogik.

Helmke, A. & Jäger, R. S. (Hrsg.). (2002). *Die Studie MARKUS – Mathematik-Gesamterhebung Rheinland-Pfalz: Kompetenzen, Unterrichtsmerkmale, Schulkontext.* Landau: Verlag Empirische Pädagogik.

Helmke, A., Jäger, R. S., Balzer, L., Hosenfeld, I., Ridder, A. & Schrader, F.-W. (Hrsg.). (2002d). *MARKUS – Mathematik-Gesamterhebung Rheinland-Pfalz: Kompetenzen, Unterrichtsmerkmale, Schulkontext. Kurzbericht.* Mainz: Ministerium für Bildung und Kultur des Landes Rheinland-Pfalz.

Helmke, A. & Reich, H. H. (2001). Die Bedeutung der sprachlichen Herkunft für die Schulleistung. *Empirische Pädagogik,* 15 (4), 567–600.

Helmke, A. & Renkl, A. (1992). Das Münchener Aufmerksamkeitsinventar (MAI): Ein Instrument zur systematischen Verhaltensbeobachtung der Schüleraufmerksamkeit im Unterricht. *Diagnostica,* 38, 130–141.

Helmke, A. & Renkl, A. (1993a). The Munich Attention Inventory (MAI): An instrument for the systematic observation of students' attentional behavior. *The German Journal of Psychology,* 17, 48–49.

Helmke, A. & Renkl, A. (1993b). Unaufmerksamkeit in Grundschulklassen: Problem der Klasse oder des Lehrers? *Zeitschrift für Entwicklungspsychologie und Pädagogische Psychologie,* 25, 185–205.

Helmke, A., Schneider, W. & Weinert, F. E. (1986). Quality of instruction and classroom learning outcomes – Results of the German contribution to the Classroom Environment Study of the IEA. *Teaching and Teacher Education,* 2, 1–18.

Helmke, A. & Schrader, F.-W. (1989). Sind Mütter gute Diagnostiker ihrer Kinder? Analysen von Komponenten und Determinanten der Urteilsgenauigkeit. *Zeitschrift für Entwicklungspsychologie und Pädagogische Psychologie,* 21, 223–247.

Helmke, A. & Schrader, F.-W. (1990). Are mothers good diagnosticians of their children? Analyses of components and determinants of judgment accuracy. *The German Journal of Psychology*, 14, 221–222.

Helmke, A. & Schrader, F.-W. (1993). Was macht erfolgreichen Unterricht aus? Ergebnisse der Münchner Studie. *Praxis Schule*, 5–10 (1), 11–13.

Helmke, A. & Schrader, F.-W. (1994). Diagnostic prescriptive teaching. In T. Husen (Hrsg.), *The International Encyclopedia of Education*. (2. Aufl., Vol. 10, S. 6169–6173). Oxford: Pergamon.

Helmke, A. & Schrader, F.-W. (1998). Entwicklung im Grundschulalter. Die Münchner Studie „SCHOLASTIK". *Pädagogik*, 6, 25–30.

Helmke, A. & Schrader, F.-W. (2001). Determinanten der Schulleistung. In D. H. Rost (Hrsg.), *Handwörterbuch Pädagogische Psychologie* (2. Aufl., S. 81–90). Weinheim: Beltz.

Helmke, A., Schrader, F.-W., Vo Thi Anh Tuyet, Le Duc Phuc & Tran Thi Bich Tra. (in Druck). Selbstkonzept und schulische Leistungen im Kulturvergleich: Ergebnisse der Grundschulstudie SCHOLASTIK in München und Hanoi. In W. Schneider & M. Knopf (Hrsg.), *Entwicklung, Lehren und Lernen: Zum Gedenken an Franz E. Weinert*. Göttingen: Hogrefe.

Helmke, A., Schrader, F.-W. & Weinert, F. E. (1987). Zur Rolle der Übung für den Lernerfolg. *Blätter für Lehrerfortbildung*, 39, 247–252.

Helmke, A. & Weinert, F. E. (1997). Bedingungsfaktoren schulischer Leistungen. In F. E. Weinert (Hrsg.), *Psychologie des Unterrichts und der Schule* (Pädagogische Psychologie, Enzyklopädie der Psychologie, Vol. 3, S. 71–176). Göttingen: Hogrefe.

Herrmann, J. & Höfer, C. (1999). *Evaluation in der Schule – Unterrichtsevaluation*. Gütersloh: Verlag Bertelsmann Stiftung.

Heuer, H. & Klippel, F. (1993). *Englischmethodik. Problemfelder, Unterrichtswirklichkeit, Handlungsempfehlungen*. Berlin: Cornelsen.

Heymann, H. W. (1998). Üben und Wiederholen – neu betrachtet. *Pädagogik*, 50 (10), 6–11.

Heymann, H. W. (2000). Was ist guter Mathematikunterricht? In Landesinstitut für Schule und Weiterbildung (Hrsg.), *Was ist guter Unterricht?* (S. 105–126). Bönen: Druckverlag Kettler.

Hofe, R. v., Pekrun, R., Kleine, M. & Götz, T. (2002). Projekt zur Analyse der Leistungsentwicklung in Mathematik (PALMA). Konstruktion des Regensburger Mathematikleistungstests für 5.–10. Klassen. In M. Prenzel & J. Doll (Hrsg.), *Bildungsqualität von Schule: Schulische und außerschulische Bedingungen mathematischer, naturwissenschaftlicher und überfachlicher Kompetenzen. Zeitschrift für Pädagogik, 45. Beiheft* (S. 83–100). Weinheim: Beltz.

Hofer, B. K. & Pintrich, P. R. (1997). The development of epistemological theories: Beliefs about knowledge and knowing and their relation to learning. *Review of Educational Research*, 67 (1), 88–140.

Hofer, M. (1969). *Die Schülerpersönlichkeit im Urteil des Lehrers. Eine dimensionsanalytische Untersuchung zur impliziten Persönlichkeitstheorie*. Weinheim: Beltz.

Hofmann, F. (2000). *Aufbau von Lernkompetenz fördern. Neue Wege zur Realisierung eines bedeutsamen pädagogischen Ziels*. Innsbruck: Studienverlag.

256

Hoge, R. D. (1983). Psychometric properties of teacher-judgment measures of pupil aptitudes, classroom behaviors, and achievement levels. *Journal of Special Education, 17,* 401–429.

Holmes-Group. (1995). *Tomorrow´s Schools of Education.* A Report of the Holmes Group. East Lansing, MI: Holmes Group.

Holtappels, H. G. & Horstkemper, M. (Hrsg.). (1999). *Die Deutsche Schule. Zeitschrift für Erziehungswissenschaft, Bildungspolitik und pädagogische Praxis* (Neue Wege in der Didaktik? Analysen und Konzepte zur Entwicklung des Lehrens und Lernens, Vol. 5. Beiheft). Weinheim: Juventa.

Horster, L. (2000). Zwölf häufige Fehler bei der Entwicklung von Schule und Unterricht. *Schulverwaltung Rheinland-Pfalz/Saarland, 9,* 228–231.

Horster, L. & Rolff, H. G. (2001). *Unterrichtsentwicklung. Grundlagen, Praxis, Steuerungsprozesse.* Weinheim: Beltz.

Hosenfeld, I., Helmke, A., Ridder, A. & Schrader, F.-W. (2002). Die Rolle des Kontextes. In A. Helmke & R. S. Jäger (Hrsg.), *Die Studie MARKUS – Mathematik-Gesamterhebung Rheinland-Pfalz: Kompetenzen, Unterrichtsmerkmale, Schulkontext. Grundlagen und Perspektiven* (S. 175–256). Landau: Verlag Empirische Pädagogik.

Hosenfeld, I., Helmke, A. & Schrader, F.-W. (2002). Diagnostische Kompetenz: Unterrichts- und lernrelevante Schülermerkmale und deren Einschätzung durch Lehrkräfte in der Unterrichtsstudie SALVE. In M. Prenzel & J. Doll (Hrsg.), *Bildungsqualität von Schule: Schulische und außerschulische Bedingungen mathematischer, naturwissenschaftlicher und überfachlicher Kompetenzen. Zeitschrift für Pädagogik, 45. Beiheft* (S. 65–82). Weinheim: Beltz.

Humboldt, W. v. (1996). Bericht der Sektion des Kultus und Unterrichts an den König, Dezember 1809. In A. Flitner & K. Giel (Hrsg.), *Wilhelm von Humboldt: Werke in fünf Bänden.* Darmstadt: Wissenschaftliche Buchgesellschaft.

Ingenkamp, K. (1988). *Lehrbuch der Pädagogischen Diagnostik.* Weinheim: Beltz.

Institut für Schulentwicklungsforschung. (1999). *IFS-Schulbarometer. Ein mehrperspektivisches Instrument zur Erfassung der Schulwirklichkeit.* Dortmund: IFS-Verlag.

Jäger, R. S. (2000). *Von der Beobachtung zur Notengebung.* Landau: Verlag Empirische Pädagogik.

Jank, W. & Meyer, H. (1991). *Didaktische Modelle.* Frankfurt/Main: Cornelsen.

Johnson, K. (2001). *An introduction to foreign language learning and teaching* (Learning about language). Harlow, England: Pearson Education.

Judd, E. L., Tan, L. & Walberg, H. J. (2001). *Teaching additional languages* (Educational Practices Series, Vol. 6). Brussels: International Academy of Education & International Bureau of Education www.ibe.unesco.org.

Kahl, R. (2002a). *Aufbruch zur Kreativität. Video.* Hamburg: Pädagogische Beiträge Verlag.

Kahl, R. (2002b). *Die List des Spiels. Video.* Hamburg: Pädagogische Beiträge Verlag.

Kahl, R. (2002c). *Ein Coach und 23 Spieler. Video.* Hamburg: Pädagogische Beiträge Verlag.

Kahl, R. (2002d). *Kulturrevolution. Video.* Hamburg: Pädagogische Beiträge Verlag.

Kammermeyer, G. (2002). *Schulfähigkeit: Kriterien und diagnostische/prognostische Kompetenzen von Lehrerinnen, Lehrern und Erzieherinnen.* Bad Heilbrunn: Klinckhardt.

Keuffer, J. & Oelkers, J. (Hrsg.). (2001). *Reform der Lehrerbildung in Hamburg.* Weinheim: Beltz.

Kleber, E. W. (1992). *Diagnostik in pädagogischen Handlungsfeldern.* München: Juventa.

Kleiner, S. (2003). Unterrichtsauswertung über das Internet. Ein Beispiel aus dem Datenverarbeitungsunterricht. *schul-management, 1,* 12–14.

Klieme, E., Avenarius, H., Blum, W., Döbrich, P., Gruber, H., Prenzel, M., Reiss, K., Riquarts, K., Rost, J., Tenorth, H.-E. & Vollmer, H. J. (2003). *Zur Entwicklung nationaler Bildungsstandards. Eine Expertise.* Frankfurt a. M.: DIPF.

Klieme, E. (2003). Bildungsstandards als Beitrag zur Qualitätsentwicklung im Schulsystem. Schulverwaltung Hessen, Rheinland-Pfalz und Saarland, 7(1), S. 4–9.

Klieme, E. (2002). Was ist guter Unterricht? Ergebnisse der TIMSS-Videostudie im Fach Mathematik. In W. Bergsdorf, J. Court, M. Eckert & H. Hoffmeister (Hrsg.), *Herausforderungen der Bildungsgesellschaft. 4. Ringvorlesung der Universität Erfurt.* (S. 89–113). Weimar: Rhino Verlag.

Klieme, E. & Baumert, J. (2002). TIMSS als Startpunkt für Qualitätssicherung und Qualitätsentwicklung im Bildungswesen. In J. Baumert (Hrsg.), *TIMSS – Impulse für Schule und Unterricht* (S. 5–11). Bonn: Bundesministerium für Bildung und Forschung.

Klieme, E. & Bos, W. (2000). Mathematikleistung und mathematischer Unterricht in Deutschland und Japan: Triangulation qualitativer und quantitativer Analysen am Beispiel der TIMS-Studie. *Zeitschrift für Erziehungswissenschaft, 3,* 359–379.

Klieme, E., Knoll, S. & Schürmer, G. (1998). *Mathematikunterricht der Sekundarstufe I in Deutschland, Japan und den USA* (Multimedia-CD-Dokumentation zur TIMSS-Videostudie).

Klieme, E., Neubrand, M. & Lüdtke, O. (2001). Mathematische Grundbildung: Testkonzeption und Ergebnisse. In J. Baumert, E. Klieme, M. Neubrand, M. Prenzel, U. Schiefele, W. Schneider, P. Stanat, K. J. Tillmann & M. Weiß (Hrsg.), *PISA 2000. Basiskompetenzen von Schülerinnen und Schülern im internationalen Vergleich* (S. 141–191). Opladen: Leske + Budrich.

Klinzing, H. G. (2002). Wie effektiv ist Microteaching? Ein Überblick über fünfunddreißig Jahre Forschung. *Zeitschrift für Pädagogik, 48* (2), 194–214.

Klippert, H. (2000). *Pädagogische Schulentwicklung. Planungs- und Arbeitshilfen zur Förderung einer neuen Lernkultur.* Weinheim: Beltz.

Klippert, H. (2001). *Eigenverantwortliches Arbeiten und Lernen. Bausteine für den Fachunterricht.* Weinheim: Beltz.

Klippert, H. (2002). *Für die Zukunft lernen. Strategien zur Förderung einer neuen Lernkultur.* Landau: Erziehungswissenschaftliches Fort- und Weiterbildungsinstitut der Evangelischen Kirchen in Rheinland-Pfalz.

Knapp, A. (2000). Aspekte guten Englischunterrichts. In Landesinstitut für Schule und Weiterbildung (Hrsg.), *Was ist guter Unterricht?* (S. 75–104). Bönen: Druckverlag Kettler.

Koch-Priewe, B. (2002). Grundlagenforschung in der LehrerInnenausbildung. Einführung in den Thementeil. *Zeitschrift für Pädagogik, 48* (1), 1–9.

Köller, O., Baumert, J. & Neubrand, J. (2000). Epistemologische Überzeugungen und Fachverständnis im Mathematik- und Physikunterricht. In J. Baumert, W. Bos & R. H. Lehmann (Hrsg.), *TIMSS/III. Dritte Internationale Mathematik- und Naturwissenschaftsstudie. Mathematische und naturwissenschaftliche Bildung am Ende der Schullaufbahn.* (Mathematische und physikalische Kompetenzen am Ende der gymnasialen Oberstufe, Vol. 2, S. 229–270). Opladen: Leske + Budrich.

Kommission zur Neuordnung der Lehrerausbildung an Hessischen Hochschulen (Hrsg.). (1997). *Neuordnung der Lehrerausbildung*. Opladen: Leske + Budrich.

Kounin, J. S. (1976). *Techniken der Klassenführung*. Bern: Huber.

Krathwohl, D. R., Bloom, B. & Masia, B. B. (1964). *Taxonomy of educational objectives, Handbook II: Affective domain*. New York: McKay.

Kron, W. F. (2000). *Grundwissen Didaktik* (3. Aufl.). München: Reinhardt.

Lanfranchi, A. (2002). *Schulerfolg von Migrationskindern. Die Bedeutung familienergänzender Betreuung im Vorschulalter*. Opladen: Leske + Budrich.

Langer, K., Schulz von Thun, F. & Tausch, R. (1974). *Verständlichkeit in Schule, Verwaltung, Politik und Wissenschaft*. München: Reinhardt.

Langfeldt, H.-P. & Tent, L. (1999). *Pädagogisch psychologische Diagnostik. Band 2: Anwendungsbereiche und Praxisfelder*. Göttingen: Hogrefe.

Lehmann, R. H., Peek, R., Gänsfuß, R. & Husfeldt, V. (2002). *Aspekte der Lernausgangslage und der Lernentwicklung – Klassenstufe 9 (LAU 9). Ergebnisse der Längsschnittuntersuchung in Hamburg*. Hamburg: Behörde für Bildung und Sport, Amt für Schule.

Lehmann, R. H., Peek, R., Gänsfuß, R., Lutkat, S., Mücke, S. & Barth, I. (2000). *Qualitätsuntersuchungen an Schulen zum Unterricht in Mathematik (QuaSUM)*. Potsdam: Ministerium für Bildung, Jugend und Sport des Landes Brandenburg (MBJS).

Lehmann-Grube, S. K. & Dann, H.-D. (1999). Methodische Rekonstruktion der Innensicht. In H.-D. Dann, T. Diegritz & H. S. Rosenbusch (Hrsg.), *Gruppenunterricht im Schulalltag* (Kap. 7). Erlangen: Universitätsverbund Erlangen-Nürnberg.

Leinhardt, G. & Smith, D. R. (1985). Expertise in mathematics instruction: Subject matter knowledge. *Journal of Educational Psychology, 77*, 247–271.

Leinhardt, G. (2002). Instructional explanations: A commonplace for teaching and location for contrast. In V. Richardson (Hrsg.), *Handbook of research on teaching* (4. Aufl., S. 333–357). Washington: American Educational Research Association.

Leuders, T. (2001). *Qualität im Mathematikunterricht der Sekundarstufe I und II*. Berlin: Cornelsen.

Leutner, D. (2001a). Instruktionspsychologie. In D. H. Rost (Hrsg.), *Handwörterbuch Pädagogische Psychologie* (2. Aufl., S. 267–275). Weinheim: Psychologie Verlags Union.

Leutner, D. (2001b). Pädagogisch-psychologische Diagnostik. In D. H. Rost (Hrsg.), *Handwörterbuch Pädagogische Psychologie* (2. Aufl., S. 521–529). Weinheim: Psychologie Verlags Union.

Loewenberg Ball, D., Theule Lubienski, S. & Spangler Mewborn, D. (2002). Mathematics. In V. Richardson (Hrsg.), *Handbook of research on teaching* (4. Aufl., S. 433–456). Washington:: American Educational Research Association.

Lompscher, J. (2001). Lehrstrategien. In D. H. Rost (Hrsg.), *Handwörterbuch Pädagogische Psychologie* (2. Aufl., S. 394–401). Weinheim: Psychologie Verlags Union.

Lorenz, J. H. (1987). Zur Methodologie der Fehleranalyse in der mathematikdidaktischen Forschung. *Journal für Mathematikdidaktik, 8* (3), 205–228.

Lortie, D. C. (1975). *Schoolteacher. A sociological study*. Chicago: University of Chicago Press.

Lubelska, D. & Matthews, M. (1997). *Looking at Language Classrooms*. Cambridge: University Press.

Lukesch, H. (1998). *Einführung in die pädagogisch-psychologische Diagnostik* (2. Aufl.). Regensburg: Roderer.

Mayer, J. & Nickolaus, R. (1998). Bewertung von Unterricht durch Schüler. *Berufsbildende Schule*, 50, 297.

Mayer, J. K. & Nickolaus, R. (2003). *Der Unterrichts-Beurteilungsbogen zur Bewertung von Unterricht durch Schüler*, http://www.uni-stuttgart.de/bwt.

Mayer, R. E., Sims, V. & Tajika, H. (1995). A comparison of how textbooks teach mathematical problem solving in Japan and the United States. *American Educational Research Journal*, 443–460.

Mayr, J., Eder, F. & Fartacek, W. (2000). *Linzer Diagnose zur Klassenführung (LDK) für die 3.–4. Grundschulklasse*. Linz: Pädagogische Akademie der Diözese Linz.

McCown, R., Driscoll, M. & Roop, P. (1996). *Educational psychology. A learning-centered approach to classroom practice* (2. Aufl.). Boston: Allyn and Bacon.

McKinney, C. W., Larkins, A. G., Kazelskis, R., Ford, M. J., Allen, J. A. & Davis, J. C. (1983). Some effects of teacher enthusiasm on student achievement in fourth-grade social studies. *Journal of Educational Research*, 76, 249–253.

Martschinke, S., Kammermeyer, G., Frank, A. & Mahrhofer, C. (2002): *Heterogenität im Anfangsunterricht – Welche Voraussetzungen bringen Schulanfänger mit und wie gehen Lehrerinnen damit um?* (Institut für Grundschulforschung, Bericht-Nr. 101). Erlangen-Nürnberg: Universität Erlangen-Nürnberg.

Meerholz-Härle, B. & Tschirner, E. (2000). Classroom observation schemes. In M. Byram (Hrsg.), *Routledge Encyclopedia of Language Teaching and Learning* (S. 113–115). London: Routledge.

Metzig, W. & Schuster, M. (1993). *Lernen zu Lernen. Lernstrategien wirkungsvoll einsetzen*. Berlin: Springer.

Mietzel, G. (2000). *Pädagogische Psychologie des Lernens und Lehrens* (6. Aufl.). Göttingen: Hogrefe.

Ministerium für Schule und Weiterbildung, Wissenschaft und Forschung des Landes Nordrhein-Westfalen (Hrsg.). (1998). *Qualität als gemeinsame Aufgabe. Rahmenkonzept „Qualitätsentwicklung und Qualitätssicherung schulischer Arbeit"*. Düsseldorf: Ministerium für Schule und Weiterbildung, Wissenschaft und Forschung des Landes Nordrhein-Westfalen.

Ministerium für Schule und Weiterbildung, Wissenschaft und Forschung des Landes Nordrhein-Westfalen (Hrsg.). (2000). *Qualitätsentwicklung und Qualitätssicherung. Aufgabenbeispiele Klasse 7: Deutsch* (Materialien Schulentwicklung). Düsseldorf: Ministerium für Schule, Wissenschaft und Forschung des Landes Nordrhein-Westfalen.

Möller, K., Jonen, A., Hardy, I. & Stern, E. (2002). Die Förderung von naturwissenschaftlichem Verständnis bei Grundschulkindern durch Strukturierung der Lernumgebung. In M. Prenzel & J. Doll (Hrsg.), *Bildungsqualität von Schule: Schulische und außerschulische Bedingungen mathematischer, naturwissenschaftlicher und überfachlicher Kompetenzen. Zeitschrift für Pädagogik. 45. Beiheft* (S. 176–191). Weinheim. Beltz.

Möller, J. & Köller, O. (1996). *Emotionen, Kognitionen und Schulleistung*. Weinheim: Psychologie Verlags Union.

Morine-Dershimer, G. (2002). „Family connections" as a factor in the development of research on teaching. In V. Richardson (Hrsg.), *Handbook for research on teaching* (4. Aufl., S. 47–68). Washington: American Educational Research Association.

Moser, U. & Rhyn, H. (1999). *Schulmodelle im Vergleich. Eine Evaluation der Leistungen in zwei Schulmodellen der Sekundarstufe I*. Aarau/Schweiz: Sauerländer.

Munby, H., Russell, T. & Martin, A. K. (2002). Teachers' knowledge and how it develops. In V. Richardson (Hrsg.), *Handbook of research on teaching* (4. Aufl., S. 877–904). Washington: American Educational Research Association.

Mutzeck, M., Schlee, J. & Wahl, D. (2002). *Psychologie der Veränderung. Subjektive Theorien als Zentrum nachhaltiger Modifikationsprozesse.* Weinheim: Beltz.

Neubrand, M. (2001). PISA – „Mathematische Grundbildung"/„mathematical literacy" als Kern einer internationalen und nationalen Leistungsstudie. In G. Kaiser, N. Knoche, D. Lind & W. Zillmer (Hrsg.), *Leistungsvergleiche im Mathematikunterricht* (S. 177–194). Hildesheim: Franzbecker.

Neubrand, M. & Klieme, E. (2002). Mathematische Grundbildung. In Deutsches PISA-Konsortium (Hrsg.), *PISA 2000 – Die Länder der Bundesrepublik Deutschland im Vergleich* (S. 95–128). Opladen: Leske + Budrich.

Neuweg, G. H. (2002). Lehrerhandeln und Lehrerbildung im Lichte des Konzepts des impliziten Wissens. *Zeitschrift für Pädagogik, 48* (1), 10–29.

Niegemann, H. (2001). Lehr-Lern-Forschung. In D. H. Rost (Hrsg.), *Handwörterbuch Pädagogische Psychologie* (2. Aufl., S. 387–393). Weinheim: Psychologie Verlags Union.

Niggli, A. (2000). *Lernarrangements erfolgreich planen. Didaktische Anregungen zur Gestaltung offener Unterrichtsformen.* Aarau: Sauerländer.

Nisbett, W. & Wilson, T. D. (1977). Telling more than we can know. Verbal reports on mental processes. *Psychological Review, 84,* 231–259.

Nölle, K. (2002). Probleme der Form und des Erwerbs unterrichtsrelevanten pädagogischen Wissens. *Zeitschrift für Pädagogik, 48* (1), 48–67.

OECD (Organisation für wirtschaftliche Zusammenarbeit und Entwicklung) (Hrsg.). (2001a). *Bildung auf einen Blick. OECD-Indikatoren.* Paris: OECD Publications.

OECD (Organisation für wirtschaftliche Zusammenarbeit und Entwicklung) (Hrsg.). (2001b). *Lernen für das Leben. Erste Ergebnisse der Internationalen Schulleistungsstudie PISA 2000.* Paris: OECD Publications.

Oelkers, J. (2000). Anmerkungen zur Reflexion von „Unterricht" in der deutschsprachigen Pädagogik des 20. Jahrhunderts. In D. Benner & H.-E. Tenorth (Hrsg.), *Bildungsprozesse und Erziehungsverhältnisse im 20. Jahrhundert. Praktische Entwicklungen und Formen der Reflexion im historischen Kontext. Zeitschrift für Pädagogik. 42. Beiheft*, (S. 166–185). Weinheim: Beltz.

Orth, G. (in Druck). Evaluation von Schulqualität. In H.-G. Rolff & J. Schmidt (Hrsg.), *Schulaufsicht und Schulleitung in Deutschland.* Neuwied: Luchterhand.

Oser, F. (1997a). Standards in der Lehrerbildung. *Beiträge zur Lehrerbildung, 15* (1), 26–37.

Oser, F. (1997b). Standards in der Lehrerbildung. *Beiträge zur LehrerInnenbildung, 15* (2), 210–228.

Oser, F. (2001a). Modelle der Wirksamkeit in der Lehrer- und Lehrerinnenausbildung. In F. Oser & J. Oelkers (Hrsg.), *Die Wirksamkeit der Lehrerbildungssysteme* (S. 67–96). Zürich: Ruegger.

Oser, F. (2001b). Standards: Kompetenzen von Lehrpersonen. In F. Oser & J. Oelkers (Hrsg.), *Die Wirksamkeit der Lehrerbildungssysteme* (S. 215–342). Zürich: Ruegger.

Oser, F. & Baeriswyl, F. J. (2002). Choreographies of teaching: Bridging instruction to learning. In V. Richardson (Hrsg.), *Handbook of research on teaching* (4. Aufl., S. 1031–1065). Washington: American Educational Research Association.

Oser, F. & Oelkers, J. (Hrsg.). (2001). *Die Wirksamkeit der Lehrerbildungssysteme. Von der Allrounderbildung zur Ausbildung professioneller Standards* (Nationales Forschungsprogramm 33, Wirksamkeit unserer Bildungssysteme). Zürich: Ruegger.

Oser, F. & Patry, J. L. (1990). *Choreographien unterrichtlichen Lernens. Basismodell des Unterrichts.* Freiburg: Pädagogisches Institut der Universität Freiburg.

Ostermeier, C. & Prenzel, M. (2002). Standards in der Lehrerinnen- und Lehrerbildung. *Beiträge zur LehrerInnenbildung,* 2 (1), 55–60.

Pädagogisches Zentrum Rheinland-Pfalz. (1999). TIMSS. Die Diskussion um den Mathematikunterricht als Chance für seine Weiterentwicklung. *PZ-Information,* Heft 12/99.

Pause, G. (1973). *Merkmale der Lehrerpersönlichkeit, Lehrer und soziale Interaktion in der Unterrichtsforschung* (S. 11–97). Weinheim: Beltz.

Perrez, M., Huber, G. L. & Geißler, K. A. (2001). Psychologie der pädagogischen Interaktion. In A. Krapp & B. Weidenmann (Hrsg.), *Pädagogische Psychologie* (S. 357–413). Weinheim: Psychologie Verlags Union.

Prenzel, M., Seidel, T., Lehrke, M., Rimmele, R. & Duit, R. (2002). Lehr-Lernprozesse im Physikunterricht – eine Videostudie. In M. Prenzel & J. Doll (Hrsg.), *Bildungsqualität von Schule: Schulische und außerschulische Bedinungen mathematischer, naturwissenschaftlicher und überfachlicher Kompetenzen. Zeitschrift für Pädagogik. 45. Beiheft* (S. 139–156). Weinheim: Beltz.

Prenzel, M. & Doll, J. (Hrsg.). (2002). *Bildungsqualität von Schule: Schulische und außerschulische Bedingungen mathematischer, naturwissenschaftlicher und überfachlicher Kompetenzen. (Zeitschrift für Pädagogik. 45. Beiheft).* Weinheim: Beltz.

Peterßen, W. H. (1994). *Lehrbuch allgemeine Didaktik* (4. Aufl.). München: Ehrenwirth.

Pintrich, P. R. & Schunk, D. H. (1996). *Motivation in education.* London: Prentice Hall.

Plath, I. (2001). Metaanalyse. In D. H. Rost (Hrsg.), *Handwörterbuch Pädagogische Psychologie* (2. Aufl., S. 461–465). Weinheim: Psychologie Verlags Union.

Porter, A. C., Youngs, P. & Odden, A. (2002). Advances in teacher assessments and their uses. In V. Richardson (Hrsg.). *Handbook of research on teaching* (4. Aufl., S. 259–297). Washington: American Educational Research Association.

Reinmann-Rothmeier, G. & Mandl, H. (2001). Unterrichten und Lernumgebungen gestalten. In A. Krapp & B. Weidenmann (Hrsg.), *Pädagogische Psychologie* (S. 601–646). Weinheim: Psychologie Verlags Union.

Reiss, K., Hellmich, F. & Thomas, J. (2002). Individuelle und schulische Bedingungsfaktoren für Argumentation und Beweise im Mathematikunterricht. In M. Prenzel & J. Doll (Hrsg.), *Bildungsqualität von Schule: Schulische und außerschulische Bedingungen mathematischer, naturwissenschaftlicher und überfachlicher Kompetenzen. Zeitschrift für Pädagogik. 45. Beiheft* (S. 51–64). Weinheim: Beltz.

Renkl, A. (2001). Träges Wissen. In D. H. Rost (Hrsg.), *Handwörterbuch Pädagogische Psychologie* (2. Aufl., S. 717–721). Weinheim: Psychologie Verlags Union.

Reusser, K. (2000). Unterricht zwischen Wissensvermittlung und Lernen lernen. In C. Fink-beiner & G. W. Schnaitmann (Hrsg.), *Lehren und Lernen im Kontext empirischer Forschung und Fachdidaktik* (S. 108–142). Donauwörth: Auer.

Reusser, K., Pauli, C. & Waldis, M. (2003). Mathematiklernen in unterschiedlichen Unterrichtskulturen. Nationaler Bericht zur internationalen Videostudie TIMSS-R Video und zur schweizerischen Vertiefungsstudie. *Beiheft zu Beiträge zur Lehrerbildung.*

Reusser, K., Pauli, C. & Zollinger, A. (1998). Mathematiklernen in verschiedenen Unterrichtskulturen – eine Videostudie im Anschluss an TIMSS. *Beiträge zur Lehrerbildung,* 16(3), 427–438.

Reusser, K., Pauli, C., Petko, D. & Noetzli, C. (2003). *Mathematiklernen in unterschiedlichen Unterrichtskulturen.* Video-Dokumentation zu den schweizerisch-internationalen Video-Unterrichtsstudien (TIMSS-R Video und schweizerische Vertiefungsstudie). (Doppel-CD: Vol. 1: Internationale und nationale Ergebnisse mit Video-Beispielen aus 6 Ländern; Vol. 2: Mathematiklektionen aus drei Sprachregionen der Schweiz mit Begleitmaterial). Zürich: Universität Zürich, Pädagogisches Institut.

Rheinberg, F. (1975). Zeitstabilität und Steuerbarkeit von Ursachen schulischer Leistungen aus der Sicht des Lehrers. *Zeitschrift für Entwicklungspsychologie und Pädagogische Psychologie, 7,* 180–194.

Rheinberg, F. (1980). *Leistungsbewertung und Lernmotivation.* Göttingen: Hogrefe.

Rheinberg, F. (2001). Bezugsnormorientierung. In D. H. Rost (Hrsg.), *Handwörterbuch Pädagogische Psychologie* (2. Aufl., S. 55–61). Weinheim: Psycholgie Verlags Union.

Rheinberg, F., Bromme, R., Minsel, B., Winteler, A. & Weidenmann, B. (2001). Die Erziehenden und Lehrenden. In A. Krapp & B. Weidenmann (Hrsg.), *Pädagogische Psychologie* (S. 271–355). Weinheim: Psychologie Verlags Union.

Rheinberg, F. & Hoss, J. (1979). Störungen und Mitarbeit im Unterricht. Eine Erkundungsstudie zu Kounin's Kategorisierung des Lehrerverhaltens. *Zeitschrift für Entwicklungspsychologie und Pädagogische Psychologie, 11,* 244–249.

Richardson, V. (Hrsg.). (2002). *Handbook of research on teaching* (4. Aufl.). Washington: American Educational Research Association.

Richardson, V. & Placier, P. (2002). Teacher change. In V. Richardson (Hrsg.), *Handbook of research on teaching* (4. Aufl., S. 905–950), Washington: American Educational Research Association.

Riecke-Baulecke, T. (2001a). *Effizienz von Lehrerarbeit und Schulqualität.* Bad Heilbrunn: Klinkhardt.

Riecke-Baulecke, T. (2001b). *Schulprogramme und wirksames Management* (Schulleiter Handbuch). München: Oldenbourg.

Riecke-Baulecke, T. (2002). *Qualitätsentwicklung durch Schulprogramme. Zwischenbericht 2 der wissenschaftlichen Begleitung.* Norderstedt: Bildungsministerium von Schleswig-Holstein.

Rimmele, R. (2002). *Videograph – Multimedia-Player zur Kodierung von Videos* (Version 3.0.1.1). Kiel: IPN – Leibniz-Institut für die Pädagogik der Naturwissenschaften.

Rohlen, T. & Björk, C. (Hrsg.). (1998). *Education and training in Japan* (Vol. I–III). London: Routledge.

Rosenshine, B. & Stevens, R. (1986). Teaching functions. In M. C. Wittrock (Hrsg.), *Handbook of research on teaching* (S. 376–391). London: Macmillan.

Rost, D. H. (Hrsg.). (2001). *Handwörterbuch Pädagogische Psychologie* (2. Aufl.). Weinheim: Beltz.

Schecker, H. & Klieme, E. (2000). Erfassung physikalischer Kompetenzen durch Concept-Mapping-Verfahren. In H. Fischler & J. Peuckert (Hrsg.), *Concept mapping in fachdidaktischen Forschungsprojekten der Physik und Chemie* (S. 23–56). Berlin: Logos.

Schermer, F. J. (1991). *Lernen und Gedächtnis.* Stuttgart: Kohlhammer.

Schiffler, H. & Winkeler, R. (1999). *Tausend Jahre Schule. Eine Kulturgeschichte des Lernens in Bildern.* Stuttgart: Belser Verlag.

Schnabel, K. U. & Schwippert, K. (2000). Schichtenspezifische Einflüsse am Übergang auf die Sekundarstufe II. In J. Baumert, W. Bos & R. H. Lehmann (Hrsg.), *TIMSS/III. Dritte Internationale Mathematik- und Naturwissenschaftsstudie. Mathematische und naturwissenschaftliche Bildung am Ende der Schullaufbahn.* (Mathematische und physikalische Kompetenzen am Ende der gymnasialen Oberstufe, Vol. 2, S. 261–281). Opladen: Leske + Budrich.

Schnack, J. (1997). Evaluation – Eine Basisbibliothek. Die wichtigsten deutschsprachigen Veröffentlichungen zum Thema. *Pädagogik,* 49 (5). 35–37.

Schneider, W. (2001). Gedächtnisentwicklung. In D. H. Rost (Hrsg.), *Handwörterbuch Pädagogische Psychologie* (S. 194–199). Weinheim: Psychologie Verlags Union.

Schnotz, W. (2001). Conceptual Change. In D. H. Rost (Hrsg.), *Handwörterbuch Pädagogische Psychologie* (S. 75–80). Weinheim: Psychologie Verlags Union.

Schnotz, W. (2003). Einführung in die Pädagogische Psychologie. Online-Vorlesung. http://www.paeps.de/lehrmaterial/einfuehrung/start.htm

Schrader, F.-W. (1987). *Aufgabenschwierigkeitseinschätzung als Teil der Diagnosekompetenz von Lehrern.* München: MPI für psychologische Forschung, Paper 2/1987. Bericht über den 35. Kongreß der Deutschen Gesellschaft für Psychologie in Heidelberg, 1, 415.

Schrader, F.-W. (1989). *Diagnostische Kompetenzen von Lehrern und ihre Bedeutung für die Gestaltung und Effektivität des Unterrichts.* Frankfurt a. M.: Lang.

Schrader, F.-W. (1997). Lern- und Leistungsdiagnostik im Unterricht. In F. E. Weinert (Hrsg.), *Psychologie des Unterrichts und der Schule* (Enzyklopädie der Psychologie, Pädagogische Psychologie, Vol. 3, S. 659–699). Göttingen: Hogrefe.

Schrader, F.-W. (2001). Diagnostische Kompetenz von Eltern und Lehrern. In D. H. Rost (Hrsg.), *Handwörterbuch Pädagogische Psychologie* (2. Aufl., S. 68–71). Weinheim: Psychologie Verlags Union.

Schrader, F.-W. & Helmke, A. (1987). Diagnostische Kompetenz von Lehrern: Komponenten und Wirkungen. *Empirische Pädagogik,* 1, 27–52.

Schrader, F.-W. & Helmke, A. (2001). Alltägliche Leistungsbeurteilungen durch Lehrer. In F. E. Weinert (Hrsg.), *Leistungsmessungen in Schulen* (S. 45–58). Weinheim: Beltz.

Schrader, F.-W. & Helmke, A. (2002). Motivation, Lernen und Leistung. In A. Helmke & R. S. Jäger (Hrsg.), *Die Studie MARKUS – Mathematik-Gesamterhebung Rheinland-Pfalz: Kompetenzen, Unterrichtsmerkmale, Schulkontext. Grundlagen und Perspektiven* (S. 257–324). Landau: Verlag Empirische Pädagogik.

Schrader, F.-W. & Helmke, A. (in Druck a). Evaluation – und was danach? Ergebnisse der Schulleiterbefragung im Rahmen der Rezeptionsstudie WALZER. *Schweizerische Zeitschrift für Bildungswissenschaften.*

Schrader, F.-W. & Helmke, A. (in Druck b). Von der Evaluation zur Innovation? Die Rezeptionsstudie WALZER: Ergebnisse der Lehrerbefragung. *Emprirische Pädagogik.*

Schubert, V. (Hrsg.). (1999). *Lernkultur – Das Beispiel Japan.* Weinheim: Deutscher Studien Verlag.

Schulpsychologische Beratungsstelle, Stadt Lüdenscheid. (1999). *Schulprojekt „Lernen lernen".* Lüdenscheid: Stadt Lüdenscheid.

Schümer, G. (1999). Lehrer in Japan: Arbeitsbedingungen und Arbeitsethos. *Pädagogik, 6,* 30–35.

Schwarz, P. (1993). *Beispiele machen Schule. Viel Lust – wenig Frust. Freiarbeit am Gymnasium. Video.* Baden-Baden: Südwestfunk.

Schwarzer, C. (1979). *Einführung in die Pädagogische Diagnostik.* München: Kösel.

Schwarzer, C. & Schwarzer, R. (1977). *Praxis der Schülerbeurteilung.* München: Kösel.

Schwippert, K. & Schnabel, K. U. (2000). Mathematisch-naturwissenschaftliche Grundbildung ausländischer Schulausbildungsabsolventen. In J. Baumert, W. Bos & R. H. Lehmann (Hrsg.), *TIMSS/III. Dritte Internationale Mathematik- und Naturwissenschaftsstudie. Mathematische und naturwissenschaftliche Bildung am Ende der Schullaufbahn.* (Mathematische und physikalische Kompetenzen am Ende der gymnasialen Oberstufe, Vol. 2, S. 282–300). Opladen: Leske + Budrich.

Seel, N. M. (2000). *Psychologie des Lernens. Lehrbuch für Pädagogen und Psychologen.* Stuttgart: UTB.

Shepard, L. A. (2002). The role of classroom assessment in teaching and learning. In V. Richardson (Hrsg.), *Handbook of research on teaching* (4. Aufl., S. 1066–1101). Washington: American Educational Research Association.

Shuell, T. (1996). Teaching and learning in a classroom context. In D. C. Berliner & R. Calfee (Hrsg.), *Handbook of Educational Psychology* (S. 726–764). New York: Macmillan.

Shulman, L. S. (1986). Paradigms and research programs in the study of teaching: a contemporary perspective. In M. C. Wittrock (Hrsg.), *Handbook of research on teaching* (S. 3–36). London: Macmillan.

Slavin, R. E. (1997). *Educational Psychology* (5. Aufl.). Boston: Allyn and Bacon.

Snow, R. E. (1972). *A model teacher training system: An overview.* Stanford, Cal.: Stanford Center for Research on Development in Teaching.

Sodian, B.,Thoermer, C., Kircher, E., Grygier, P. & Günther, J. (2002). Vermittlung von Wissenschaftsverständnis in der Grundschule. In M. Prenzel & J. Doll (Hrsg.), *Bildungsqualität von Schule: Schulische und außerschulische Bedingungen mathematischer, naturwissenschaftlicher und überfachlicher Kompetenzen. Zeitschrift für Pädagogik. 45. Beiheft* (S. 192–206). Weinheim: Beltz.

Spada, N. & Fröhlich, M. (1995). *The communicative orientation of language teaching (COLT) observation scheme: coding conventions and applications.* Sydney: National Centre for Englisch Language Teaching and Research.

Specht, W. & Fend, H. (1979). Der „Klassengeist" als Sozialisationsfaktor. *Unterrichtswissenschaft, 2,* 128–142.

Specht, W. & Haider, G. (2003). *Schulqualität: Internationales und Nationales Schulsystem-Monitoring.* http://www.pisa-austria.at/pisa2000/schulqualitaet/lang/schulelang.htm

Stamme, M. & Stäudel, L. (2001). *Naturwissenschaftliches Arbeiten und Methodenvielfalt. Ein Computerprogramm.* Kassel: GUP – „Gute UnterrichtsPraxis".

Steiner, G. (2001). Lernen und Wissenserwerb. In A. Krapp & B. Weidenmann (Hrsg.), *Pädagogische Psychologie* (S. 137–205). Weinheim: Psychologie Verlags Union.

Steinig, W. & Huneke, H.-W. (2002). *Sprachdidaktik Deutsch.* Neuburg: Erich Schmidt Verlag.

Stern, C. & Döbrich, P. (Hrsg.). (2000). *Wie gut ist unsere Schule? Selbstevaluation mit Hilfe von Qualitätsindikatoren* (3. Aufl.) Gütersloh: Bertelsmann Stiftung.

Stigler, J. W., Gallimore, R. & Hiebert, J. (2000). Using video surveys to compare classrooms and teaching across cultures: Examples and lessons from the TIMSS Video studies. *Educational Psychologist, 35*, 87–100.

Stigler, J. W., Gonzales, P., Kawanaka, T., Knoll, S. & Serrano, A. (1996). *The TIMSS videotape classroom study: Methods and preliminary findings.* Los Angeles, CA: National Center for Educational Statistics, U. S. Department of Education.

Stipek, D. (1996). Motivation and instruction. In D. C. Berliner & R. C. Calfee (Hrsg.), *Handbook of Educational Psychology* (S. 85–113). New York: Macmillan.

Stodolsky, S. S. (1988). *The subject matters: Classroom activity in math and social studies.* Chicago: University of Chicago Press.

Stryck, T. (2000). Qualitätssicherung in der Geisterbahn: Was hat die Schulaufsicht mit Schulqualität zu tun? In A. Helmke, W. Hornstein & E. Terhart (Hrsg.), *Qualität und Qualitätssicherung im Bildungsbereich: Schule, Sozialpädagogik, Hochschule. Zeitschrift für Pädagogik. 41. Beiheft* (S. 111–125). Weinheim: Beltz.

Sumfleth, E., Wild, E., Rumann, S. & Exeler, J. (2002). Wege zur Förderung der naturwissenschaftlichen Grundbildung im Chemieunterricht: kooperatives Problemlösen im schulischen und familiären Kontext zum Themenbereich Säure–Base. In M. Prenzel & J. Doll (Hrsg.), *Bildungsqualität von Schule: Schulische und außerschulische Bedingungen mathematischer, naturwissenschaftlicher und überfachlicher Kompetenzen. Zeitschrift für Pädagogik. 45. Beiheft* (S. 207–221). Weinheim: Beltz.

Sweller, J., Van Merrienboer, J. J. G. & Paas, F. G. (1998). Cognitive architecture and instructional design. *Educational Psychology Review, 10* (3), 251–296.

Tausch, R. (2001). Personenzentrierte Unterrichtung und Erziehung. In D. H. Rost (Hrsg.), *Handwörterbuch Pädagogische Psychologie* (2. Aufl., S. 535–543). Weinheim: Psychologie Verlags Union.

Tenberg, R. (2001). Unterricht als zentrales Element von Schulentwicklung. *Erziehungswissenschaft, 12* (24), 25–40.

Tenberg, R. (2002). Lehrerkollegien äußern sich zur Einführung schulischen Qualitätsmanagements. Empirische Untersuchung im Modellversuch QUABS (Qualitätsentwicklung in der Berufsschule). In A. Busse & K. Przygodda (Hrsg.): *Curriculumentwicklung – Teamentwicklung – Schulentwicklung. Ansätze und Ergebnisse aus dem BLK-Programm „Neue Lernkonzepte in der dualen Berufsausbildung"* (S. 79–92). Tagungsband der 12. Hochschultage Berufliche Bildung 2002.

Tent, L. & Stelzl, I. (1993). *Pädagogisch psychologische Diagnostik. Band 1: Theoretische und methodische Grundlagen.* Göttingen: Hogrefe.

Tergan, S. O. & Mandl, H. (1983). Neuere Ansätze zur Textverständlichkeit. *Unterrichtswissenschaft, 11*, 55–72.

Terhart, E. (1996). Berufskultur und professionelles Handeln bei Lehrern. In A. Combe & W. Helsper (Hrsg.), *Pädagogische Professionalität* (S. 448–471). Frankfurt: Suhrkamp.

Terhart, E. (2000a). Dimensionen des Methodenproblems im Unterricht. *Pädagogik,* 52 (2), 32–39.

Terhart, E. (Hrsg.). (2000b). *Perspektiven der Lehrerbildung in Deutschland. Abschlussbericht der von der Kultusministerkonferenz eingesetzten Kommission.* Weinheim: Beltz.

Terhart, E. (2002). *Nach PISA.* Hamburg: Europäische Verlagsanstalt.

Timm, J.-P. (Hrsg.). (1998). *Englisch lernen und lehren.* Berlin: Cornelsen.

TIMSS Austria. (2002). *TIMSS-Benchmarking für Selbstevaluation, [CD-ROM].* TIMSS Austria, Universität Salzburg. Information: www.system-monitoring.at/timsss/main.htm.

Treiber, B. & Weinert, F. E. (Hrsg.). (1982). *Lehr-Lern-Forschung. Ein Überblick in Einzeldarstellungen.* München: Urban & Schwarzenberg.

Tücke, M. (1998). *Psychologie in der Schule – Psychologie für die Schule.* Münster: Lit-Verlag.

Ulich, D. & Mertens, W. (1974). *Urteile über Schüler.* Weinheim: Beltz.

Van Ackeren, I. & Klemm, K. (2000). TIMSS, PISA, LAU, MARKUS und so weiter. Ein aktueller Überblick über Typen und Varianten von Schulleistungsstudien. *Pädagogik,* 52 (12), 10–15.

Vosniadou, S. & Brewer, W. F. (1987). Theories of knowledge restructuring in development. *Review of Educational Research, 57,* 51–67.

Wahl, D. (1979). Methodische Probleme bei der Erfassung handlungsleitender und handlungsrechtfertigender subjektiver psychologiescher Theorien von Lehrern. *Zeitschrift für Entwicklungpsychologie u. Pädagogische Psychologie,* 11, 208–217.

Wahl, D. (1981). Methoden zur Erfassung handlungssteuernder Kognitionen von Lehrern. In M. Hofer (Hrsg.), *Informationsverarbeitung und Entscheidungsverhalten von Lehrern* (S. 49–77). München: Urban & Schwarzenberg.

Wahl, D. (1991). *Handeln unter Druck. Der weite Weg vom Wissen zum Handeln bei Lehrern, Hochschullehrern und Erwachsenenbildnern.* Weinheim: Deutscher Studien Verlag.

Wahl, D. (2001). Nachhaltige Wege vom Wissen zum Handeln. *Beiträge zur Lehrerbildung,* 19, 157–174.

Wahl, D. (2002). Mit Training vom trägen Wissen zum kompetenten Handeln? *Zeitschrift für Pädagogik,* 48 (2), 227–241.

Wahl, D., Schlee, J., Krauth, J. & Murek, I. (1983). *Naive Verhaltenstheorien von Lehrern.* Oldenburg: Littmann.

Wahl, D., Weinert, F. E. & Huber, G. L. (1997). *Psychologie für die Schulpraxis. Ein handlungsorientiertes Lehrbuch für Lehrer* (6. Aufl.). München: Kösel.

Walberg, H. J. (1984). Improving the productivity of America's schools. *Educational Leadership,* 41, 19–30.

Walberg, H. J. (1986). Syntheses of research in teaching. In M. C. Wittrock (Hrsg.), *Handbook of research on teaching* (Vol. 3, S. 214–229). London: Macmillan Publishing Company.

Wang, M. C., Haertel, G. D. & Walberg, H. J. (1993). Toward a knowledge base for school learning. *Review of Educational Research,* 63, 249–294.

267

Weinert, F. E. (1996a). Lerntheorien und Instruktionsmodelle. In F. E. Weinert (Hrsg.) *Psychologie des Lernens und der Instruktion* (Enzyklopädie der Psychologie. Pädagogische Psychologie, Vol. 2, S. 1–48). Göttingen: Hogrefe.

Weinert, F. E. (Hrsg.). (1996b). *Psychologie des Lernens und der Instruktion* (Enzyklopädie der Psychologie. Pädagogische Psychologie, Vol. 2). Göttingen: Hogrefe.

Weinert, F. E. (1997a). Lernkultur im Wandel. In E. Beck, T. Guldimann & M. Zutavern (Hrsg.), *Lernkultur im Wandel. Tagungsband der Schweizerischen Gesellschaft für Lehrerinnen- und Lehrerbildung und der Schweizerischen Gesellschaft für Bildungsforschung* (S. 11–29). St. Gallen: UKV, Fachverlag für Wissenschaft und Studium.

Weinert, F. E. (1997b). Notwendige Methodenvielfalt: Unterschiedliche Lernfähigkeit der Schüler erfordern variable Unterrichtsmethoden des Lehrers, *Friedrich Jahresheft (1997), Lernmethoden – Lehrmethoden – Wege zur Selbstständigkeit* (S. 50–52). Velber: Friedrich Verlag.

Weinert, F. E. (Hrsg.). (1997c). *Psychologie des Unterrichts und der Schule* (Enzyklopädie der Psychologie. Pädagogische Psychologie, Vol. 3). Göttingen: Hogrefe.

Weinert, F. E. (Hrsg.). (1998a). *Entwicklung im Kindesalter.* Weinheim: Beltz.

Weinert, F. E. (1998b). Guter Unterricht ist ein Unterricht, in dem mehr gelernt wird als gelehrt wird. In J. Freund, H. Gruber & W. Weidinger (Hrsg.), *Guter Unterricht – Was ist das? Aspekte von Unterrichtsqualität* (S. 7–18). Wien: ÖBV Pädagogischer Verlag.

Weinert, F. E. (1998c). Neue Unterrichtskonzepte zwischen gesellschaftlichen Notwendigkeiten, pädagogischen Visionen und psychologischen Möglichkeiten. In Bayerisches Staatsministerium für Unterricht, Kultur, Wissenschaft und Kunst (Hrsg.), *Wissen und Werte für die Welt von morgen – Dokumentation zum Bildungskongress am 29./30. April 1998* (S. 101–125). München: Bayerisches Staatsministerium für Unterricht, Kultur, Wissenschaft und Kunst.

Weinert, F. E. (2000a). Lehren und Lernen für die Zukunft – Ansprüche an das Lernen in der Schule. *Pädagogische Nachrichten Rheinland-Pfalz*, 2, 1–16.

Weinert, F. E. (2000b). Lehr-Lernforschung an einer kalendarischen Zeitenwende: Im alten Trott weiter oder Aufbruch zu neuen wissenschaftlichen Horizonten? *Unterrichtswissenschaft*, 28 (1), 44–48.

Weinert, F. E. (Hrsg.). (2001). *Leistungsmessungen in Schulen.* Weinheim: Beltz.

Weinert, F. E. & Helmke, A. (1987). Schulleistungen – Leistungen der Schule oder der Kinder? *Bild der Wissenschaft*, 24, 62–73.

Weinert, F. E. & Helmke, A. (1995). Inter-classroom differences in instructional quality and interindividual differences in cognitive development. *Educational Psychologist*, 30, 15–20.

Weinert, F. E. & Helmke, A. (Hrsg.). (1997). *Entwicklung im Grundschulalter.* Weinheim: Psychologie Verlags Union.

Weinert, F. E., Helmke, A. & Schrader, F.-W. (1992). Research on the model teacher and the teaching model: Theoretical contradiction or conglutination? In F. Oser, A. Dick & J. L. Patry (Hrsg.), *Effective and responsible teaching: The new synthesis* (S. 249–260). San Francisco: Jossey-Bass Publishers.

Weinert, F. E. & Lingelbach, H. C. (1995). Teaching expertise: Theoretical conceptualizations, empirical findings, and some consequences for teacher training. In R. Hoz & M. Silberstein (Hrsg.), *Partnerships of schools and institutions of higher education in teacher development* (S. 293–302). Beer-Shera, Israel: Ben Gurion University of the Negev Press.

Weinert, F. E. & Schrader, F.-W. (1986). Diagnose des Lehrers als Diagnostiker. In H. Petillon, J. W. L. Wagner & B. Wolf (Hrsg.), *Schülergerechte Diagnose* (S. 11–29). Weinheim: Beltz.

Weinert, F. E., Schrader, F.-W. & Helmke, A. (1990a). Educational expertise: Closing the gap between educational research and classroom practice. *School Psychology International, 11,* 163–180.

Weinert, F. E., Schrader, F.-W. & Helmke, A. (1990b). Unterrichtsexpertise – ein Konzept zur Verringerung der Kluft zwischen zwei theoretischen Paradigmen. In L. M. Alisch, J. Baumert & K. Beck (Hrsg.), *Professionswissen und Professionalisierung* (Vol. 28, S. 173–206). Braunschweig: Technische Universität, Seminar für Soziologie und Sozialarbeitswissenschaft in Zusammenarbeit mit der Zeitschrift „Empirische Pädagogik".

Weinert, F. E. & Stefanek, J. (1997). Entwicklung vor, während und nach der Grundschulzeit. Ergebnisse aus dem SCHOLASTIKPROJEKT. In F. E. Weinert & A. Helmke (Hrsg.), *Entwicklung im Grundschulalter* (S. 423–451). Weinheim: Psychologie Verlags Union.

Wellenreuther, M. (in Druck). *Unterrichtspädagogik.* Baltmannsweiler: Schneider Verlag.

Wiechmann, J. (2000a). Unterrichtsmethoden. Vom Nutzen der Vielfalt. In J. Wiechmann (Hrsg.), *Zwölf Unterrichtsmethoden. Vielfalt für die Praxis* (2. Aufl., S. 9–19). Weinheim: Beltz.

Wiechmann, J. (Hrsg.). (2000b). *Zwölf Unterrichtsmethoden. Vielfalt für die Praxis* (2. Aufl.). Weinheim: Beltz.

Wiechmann, J. (2002). Der Innovationstransfer in der Breite des Schulwesens – Rahmenbedingungen der Zielentscheidung. *Zeitschrift für Erziehungswissenschaft,* 5 (1), 95–117.

Wild, K.-P. (1992). Hochbegabtendiagnostik durch Lehrer. In D. H. Rost (Hrsg.), *Lebensumweltanalyse hochbegabter Kinder.* Göttingen: Hogrefe (S. 236–261).

Wild, K.-P. (2001). Die Optimierung von Videoanalysen durch zeitsynchrone Befragungsdaten aus dem Experience Sampling. In S. v. Aufschnaiter & M. Welzel (Hrsg.), *Nutzung von Videodaten zur Untersuchung von Lehr-Lernprozessen: Aktuelle Methoden empirischer pädagogischer Forschung* (S. 61–74). Münster: Waxmann.

Willborn, K. (2003). Unterrichtsqualität durch Vergleichsarbeiten. Entlastung und Standardisierung für Lehrkräfte. *schul-management,* 1, 17–18.

Winne, P. H. & Marx, R. W. (1977). Reconceptualizing research on teaching. *Journal of Educational Psychology,* 69, 668–678.

Wottawa, H. (2001a). Evaluation. In A. Krapp & B. Weidenmann (Hrsg.), *Pädagogische Psychologie* (S. 647–674). Weinheim: Psychologie Verlags Union.

Wottawa, H. (2001b). Evaluation. In D. H. Rost (Hrsg.), *Handwörterbuch Pädagogische Psychologie* (S. 159–163). Weinheim: Psychologie Verlags Union.

Wygotski, L. S. (1978). *Mind in society: The development of higher psychological processes.* Cambridge, MA: Harvard University Press (Original veröffentlicht: 1934).

12 Autorenregister

Stamme 183
Stanat 27, 90, 142
Stäudel 183
Staub 150
Stefanek 44
Steiner 36, 47
Steinig 14
Stelzl 212
Stern 123, 148
Stevens 30, 110
Stigler 149, 179, 180
Stipek 232
Stodolsky 54
Stryck 11
Sumfleth 148
Sweller 313

Tajika 108
Tan 14
Tausch 65, 232
Tenberg 32, 198
Tent 212
Tergan 65
Terhart 40, 74, 194, 235; zur Lehr-Lern-Forschung s. Seite 11; zur mangelnden Kooperation unter Lehrern s. Seite 202
Thoerner 148
Thomas 148
Thomé 136
Thonhauser 148, 216
Thußbas 148
Tillmann 27
Timm 14
Toepell 31, 231, 232
Tran 145
Treiber 104
Tschirner 176
Tücke 313

Ulich 97, 104

van Ackeren 134
van Dijk 65
Väth-Szusdziara 26
Vavrus 61
Vo 136, 145, 192, 314
von Hofe 148
Vosniadou 77

Wagner 54, 136, 192
Wahl 31, 52, 172, 187, 196, 197, 232, 313
Walberg 14, 33
Waldis 150

Wang 33, 78
Weibel 161
Weidenmann 30, 47
Weinert 19, 25, 26, 30, 35, 38, 41, 43, 44, 45, 47, 57, 60, 66, 68, 72, 74, 88, 93, 94, 104, 110, 134, 139, 145, 156, 176, 178, 187, 212, 214, 238, 239, 315; zur Rückbesinnung auf den Unterricht s. Seite 11; zur Kritik an den Formalstufen des Unterrichts s. Seite 18; Warnung vor falschen Propheten und unzulässigen Vereinfachungen s. Seite 24; zu den interindividuellen Unterschieden zwischen Schülern s. Seite 60; zur Rolle des Lehrers s. Seite 66; zur „neuen Lernkultur" s. Seite 67; zu Gefahren und Gefährdungen der neuen Lernkultur s. Seite 67; zu Reaktionsmöglichkeiten auf Lern- und Leistungsdifferenzen s. Seite 72 f.; zur Lernmotivation s. Seite 75; zur effizienten Klassenführung s. Seite 78; zur diagnostischen Expertise s. Seite 85 f. zu den Urteilsleistungen der Lehrkräfte s. Seite 89; zur Selbstbeurteilung s. Seite 150
Weiß 27
Welch 33
Wellenreuther 30, 38, 65, 108, 110, 121, 172, 313; zur Bestrafungspraxis s. Seite 81
Welzel 180, 192
Wessels 187
Westerhof 160
Widodo 148
Wiechmann 32, 65, 68, 69
Wiher 150
Wild 93, 148, 180
Willborn 223
Willenberg 130
Wilson 33
Winkeler 46
Winne 30
Winteler 30
Wirz 148
Wittrock 62
Wosnitza 38
Wottawa 152
Wygotski 76

Youngs 131

Zedler 148
Zingg 227
Zollinger 216
Zutavern 150

13 Stichwortregister

14 Anhang

14.1 Ratingbogen zur Unterrichtsqualität aus der Münchner Studie

Die Basis für dieses Instrument stellt das „Classroom Rating Instrument" der Classroom Environment Study der IEA dar. Im Rahmen des von Franz E. Weinert und A. Helmke geleiteten Projektes „Schülermerkmale und Unterrichtsqualität als Determinanten von Lernprozessen und Schulleistungen" („Münchener Hauptschulstudie")[145] wurde es von F.-W. Schrader und dem Autor adaptiert und erweitert.

Instruktionen zum Bearbeiten des Ratingbogens
Füllen Sie den Beurteilungsbogen unmittelbar im Anschluss an die Beobachtung des Unterrichts aus. Versuchen Sie, die einzelnen Einschätzungen unabhängig voneinander vorzunehmen. Lassen Sie sich bei der Beurteilung einzelner Aspekte nicht davon beeinflussen, wie Sie die anderen Aspekte beurteilen. Die Beurteilungsdimensionen werden im Folgenden erläutert.

1. Effektive Regelverwendung
Hohe Ausprägung (sehr wirksam)
Es gibt ein System fester Regeln, durch das festgelegt wird, welches Schülerverhalten in bestimmten Situationen erwartet wird. Dadurch braucht nicht von Fall zu Fall entschieden werden, welches Verhalten angemessen ist. Die Regeln und Verhaltenserwartungen sind einfach, klar und eindeutig. Sie können ziemlich allgemein sein und generelle Verhaltensnormen betreffen (Aufmerksamkeit, Respekt vor Lehrer und Mitschüler; nicht unaufgefordert reden; sich melden, bevor man einen Beitrag abgibt usw.). Sie können auch speziellere Situationen betreffen (Fragen während der Stillarbeit; Austreten usw.). Die Regeln werden von den Schülern verstanden und akzeptiert. Der Lehrer achtet auf die Einhaltung der Regeln. Bei Störungen und anderen Anlässen erinnert er kurz an die Regeln. Die Schüler wissen daher meistens von selbst, wie sie sich in bestimmten Situation zu verhalten haben. Unterbrechungen und Fragen, die aus Unklarheit über das erwartete Verhalten entstehen, sind selten. Wenn entsprechende Fragen oder Unklarheiten auftreten, dann werden sie unter Hinweis auf vorhandene Diskussionen zügig geklärt. Die Schüler akzeptieren die getroffenen Entscheidungen.

Niedrige Ausprägung (völlig wirkungslos)
Klare Regeln scheinen zu fehlen bzw. der Lehrer achtet nicht auf ihre Einhaltung. Es kommt daher oft zu Störungen und Unterbrechungen, weil die Schüler nicht zu wissen scheinen, welches Verhalten von ihnen erwartet wird. Die Störungen und Unterbrechungen sind so stark, dass eine reibungslose Klassenführung nahezu unmöglich ist. Schülerfragen wegen irgendwelcher Routineangelegenheiten müssen umständlich von Fall zu Fall ge-

klärt werden. Der Lehrer hat Schwierigkeiten, seine Entscheidungen durchsetzen. Oft erscheinen sie relativ willkürlich, stehen eventuell sogar im Widerspruch zu anderen getroffenen Entscheidungen. Von den Schülern werden sie oft nur widerwillig akzeptiert; es kommt zu Unmutsäußerungen. Unklare Regeln werden auf diese Weise zur Quelle von Disziplinschwierigkeiten, häufiger Unruhe und allgemeinem Durcheinander.

Regelverwendung war:
1) völlig wirkungslos
2) wirkungslos
3) mäßig wirksam
4) wirksam
5) sehr wirksam

2. Vermeidung zeitlicher Fehleinschätzung
Hohe Ausprägung (überhaupt keine Fehleinschätzungen)
Der Lehrer greift bei Störungen schon frühzeitig ein. Das heißt, er schätzt den Zeitpunkt, wo ein Eingreifen erforderlich ist, richtig ein. Er wartet nicht, bis sich kleine Störungen ausgeweitet und auf andere Schüler übergriffen haben, sondern unterbindet Störungen, die potentielle Probleme darstellen, bereits im Anfangsstadium.

Niedrige Ausprägung (einzelne Fehleinschätzungen mit schwerwiegenden Folgen)
Der Lehrer greift erst ein, wenn es zu ernsthaften Störungen gekommen ist. Das heißt, er schätzt den Zeitpunkt, wo ein Eingreifen erforderlich gewesen wäre, falsch ein. Er versäumt es, schlechtes Betragen im Keime zu ersticken. Er lässt zunächst nur geringfügige Störungen solange andauern, bis es zu Unterrichtsunterbrechungen oder sogar zu chaotischen Zuständen kommt.

Vermeidung von Fehleinschätzungen:
1) überhaupt keine Fehleinschätzungen
2) kaum Fehleinschätzungen
3) einzelne Fehleinschätzungen ohne größere Folgen
4) einzelne Fehleinschätzungen mit deutlichen Folgen
5) einzelne Fehleinschätzungen mit schwerwiegenden Folgen

3. Vermeidung von Adressierungsfehlern
Hohe Ausprägung (überhaupt keine Adressierungsfehler)
Der Lehrer erkennt in der Regel die wahren Urheber einer Störung. Er ermahnt oder bestraft die Schüler, die für die Entstehung der Störung die Hauptverantwortung tragen, und keine Unschuldigen oder nur am Rande Beteiligten.

Niedrige Ausprägung (einzelne Adressierungsfehler mit schwerwiegenden Folgen)
Der Lehrer ist kaum jemals in der Lage, die eigentlichen Urheber einer Störung festzustellen. Er ermahnt oder bestraft häufig Schüler, die gar nicht oder nur am Rande beteiligt waren. Das heißt, der Lehrer begeht Adressierungsfehler.

Bemerkung:
Adressierungsfehler können während jeder Unterrichtsphase vorkommen. Sie sind am wahrscheinlichsten während Beschäftigungen, bei denen viele Schüler reden. Dann lässt sich nur schwer feststellen, wer der Hauptverantwortliche für den Lärm ist.

Adressierungsfehler:
1) überhaupt keine Adressierungsfehler
2) kaum Adressierungsfehler
3) einzelne Adressierungsfehler ohne größere Folgen
4) einzelne Adressierungsfehler mit deutlichen Folgen
5) einzelne Adressierungsfehler mit schwerwiegenden Folgen
6) (NA) nicht anwendbar – es gab keine Ermahnungen oder Strafen

4. Vermeidung von Überreaktionen
Hohe Ausprägung (überhaupt keine Überreaktionen)
Die Lehrerreaktionen stehen in einem angemessenen Verhältnis zur Schwere des Problems. Kleine Störungen werden einfach unterbunden, ohne allzu viel Aufhebens von ihnen zu machen. Auch bei schwereren Störungen reagiert der Lehrer meistens ruhig und überlegt. Erregte oder emotionale Reaktionen sind selten; der Lehrer wirkt selten ärgerlich oder aufgebracht. Er bestraft Schüler nicht schwerer, als es dem Anlass der Strafe entspricht.

Niedrige Ausprägung (einzelne Überreaktionen mit schwerwiegenden Folgen)
Die Lehrerreaktionen sind weitaus strenger, als es zur Korrektur des Fehlverhaltens nötig gewesen wäre. Er reagiert selbst bei relativ geringfügigen Anlässen erregt oder emotional. Mit seinen Strafen schießt er weit über das Ziel hinaus.

Bemerkung:
Überreaktionen müssen stets im Verhältnis zum Fehlverhalten der Schüler gesehen werden. Bei ganz massiven Verhaltensproblemen (z. B. Schlägerei) ist wohl kaum eine Lehrerreaktion denkbar, die als Überreaktion zu bezeichnen wäre.

Überreaktionen:
1) überhaupt keine Überreaktionen
2) kaum Überreaktionen
3) einzelne Überreaktionen ohne größere Folgen
4) einzelne Überreaktionen mit deutlichen Folgen
5) einzelne Überreaktionen mit schwerwiegenden Folgen
6) (NA) nicht anwendbar – es gab keine Ermahnungen oder Strafen

5. Aufnehmen von Schülerbeiträgen
Der Lehrer nimmt einen Schülerbeitrag auf, wenn er ihn im weiteren Verlauf des Unterrichts verwendet, zum Beispiel in einer folgenden Diskussion. Der Schülerbeitrag kann dabei als Antwort auf eine Frage oder aus eigener Initiative erfolgen; er kann auch darin be-

stehen, dass eine früher gegebene Antwort erweitert wird. Stets muss er aber eine eigene Idee, eine selbstständige Überlegung des Schülers erkennen lassen. Wenn der Lehrer zu einer Schüleraussage nur „gut" oder „gute Idee" sagt, kann man nicht vom Aufnehmen eines Schülerbeitrags sprechen. Ein Beispiel für das Aufnehmen eines Schülerbeitrags liegt dagegen vor, wenn der Lehrer sagt: „Die Idee von Hans, einen Bruch anstatt einer Dezimalzahl zu benutzen, könnte auf dieses Problem angewandt werden. Versuchen wir es."

1) sehr häufiges Aufnehmen von Schülerbeiträgen	Gewöhnlich wurden von Schülern geäußerte Gedanken vom Lehrer aufgenommen.
2) häufiges Aufnehmen von Schülerbeiträgen	Zwischen 1. und 3. Kategorie
3) teilweises Aufnehmen von Schülerbeiträgen	Viele Ideen der Schüler wurden aufgenommen, viele nicht.
4) seltenes Aufnehmen von Schülerbeiträgen	Zwischen 3. und 5. Kategorie
5) sehr seltenes Aufnehmen von Schülerbeiträgen	So gut wie kein von einem Schüler geäußerter Gedanke wurde vom Lehrer aufgenommen.
6) (NA) nicht anwendbar	Es kann kein Urteil abgegeben werden, weil von den Schülern keine Beiträge, die eigene Ideen oder selbständige Überlegungen enthielten, geäußert wurden.

6. Verwenden von Stützmaßnahmen

Stützmaßnahmen bestehen darin, dass der Lehrer zusätzliche Unterrichtsmaßnahmen zu bestimmten Themen veranlasst, die von den Schülern ungenügend gelernt wurden. Diese Stützmaßnahmen können in Form von Wiederholung anhand des ursprünglichen oder neuen Lehrmaterials, durch programmierten Unterricht, spezielle Erklärungen (möglicherweise auf Kassetten aufgenommen) oder Übungsbücher und praktische Übungen erfolgen. Wenn der Lehrer einen Test mit der Klasse durchspricht und feststellt, dass zehn Schüler eine Aufgabe zur Photosynthese nicht verstanden haben, kann er für diese Schüler Stützmaßnahmen bereitstellen, indem er ihnen weitere Lektüre oder spezielle Hausaufgaben gibt. Stützmaßnahmen können auch für einzelne Schüler vorgeschlagen werden. In welchem Umfang waren Stützmaßnahmen erkennbar?

1) keine Stützmaßnahmen	Es gab keinen Hinweis darauf, dass der Lehrer Stützmaßnahmen verwendet oder dass die Schüler an Stützmaßnahmen arbeiteten.
2) wenige Stützmaßnahmen	Zwischen 1. und 3. Kategorie
3) mäßige Anzahl von Stützmaßnahmen	Offensichtlich wurden einige Stützmaßnahmen verwendet.
4) viele Stützmaßnahmen	Zwischen 3. und 5. Kategorie
5) sehr viele Stützmaßnahmen	Offensichtlich wurden häufig Stützmaßnahmen verwendet.
6) (NA) keine Beurteilung möglich	Es war nicht genug Information verfügbar, um zu diesem Zeitpunkt ein Urteil abzugeben.

7. Verständlichkeit von Lehreräußerungen

Verständlichkeit bezieht sich darauf, inwieweit die Darstellung des Lehrstoffs durch den Lehrer und seine sonstigen fachlichen Äußerungen von den Schülern verstanden wurden. Wie verständlich waren die Erläuterungen des Lehrers?

1) sehr hohe Verständlichkeit	Die Erklärungen des Lehrers waren leicht zu verstehen und die Fragen der Schüler wurden angemessen beantwortet. Der Lehrer schien die unterschiedlichen kognitiven Fähigkeiten der Schüler zu kennen. Er bemühte sich erfolgreich, Stoff zu erklären, mit dem die Schüler Schwierigkeiten hatten.
2) hohe Verständlichkeit	Zwischen 1. und 3. Kategorie
3) mäßige Verständlichkeit	Der Lehrer schien von den meisten Schülern verstanden zu werden, wenn auch nicht die ganze Zeit über. Manchmal wirkte der Lehrer verwirrend und undeutlich.
4) geringe Verständlichkeit	Zwischen 3. und 5. Kategorie
5) sehr geringe Verständlichkeit	Die Schüler schienen durch die Darstellung des Lehrers sehr verwirrt zu werden. Der Lehrer konnte die Fragen der Schüler nicht erfolgreich beantworten oder er beantwortete sie unklar, indem er Begriffe oder Fachausdrücke verwendete, mit denen die Schüler offenbar nicht vertraut waren, oder indem er sich übermäßig kompliziert und undeutlich ausdrückte.

8. Lehrerengagement

Mit dieser Skala wird beurteilt, inwieweit der Lehrer Interesse, Energie sowie eine innere Beziehung zu seinem Fach und seinem Unterricht erkennen lässt. Das Lehrerengagement muss mit einer gewissen Vorsicht interpretiert werden, da die hier angeführten Verhaltensweisen und Eigenschaften nur relativ grobe und oberflächliche Indikatoren für Lehrerengagement sind. Echtes Engagement kann auch dann gegeben sein, wenn keiner der hier aufgeführten Indikatoren vorliegt.

Wie groß war das Lehrerengagement?

1) sehr geringes Lehrerengagement	Das Verhalten des Lehrers wirkte teilnahmslos, lustlos und rein routinehaft; es war nur ein Minimum an Stimmmodulation, Gestik, Bewegung oder Mimik zu erkennen. Der Lehrer schien wenig Interesse an seiner Tätigkeit zu haben.
2) geringes Lehrerengagement	Zwischen 1. und 3. Kategorie

3) mittelmäßiges Lehrerengagement	Gelegentlich wirkte der Lehrer interessiert und beteiligt; er zeigte ein gewisses Maß an Aktivität, z. B. auch in seiner Gestik. Zu anderen Zeitpunkten wirkte der Lehrer teilnahmslos, rein routinehaft und ohne besondere Energie.
4) großes Lehrerengagement	Zwischen 3. und 5. Kategorie
5) sehr großes Lehrerengagement	Der Lehrer wirkte sehr stimulierend, tatkräftig und rege. Er schien an seinem Unterricht interessiert zu sein und wirkte innerlich beteiligt. Er ging umher und hatte eine lebhafte Gestik und Stimmmodulation.

9. Unterrichtsorganisation

Hohe Ausprägung (sehr hohe Unterrichtsorganisation)

Der Lehrer steuert den Unterrichtsablauf und behält das gesamte Unterrichtsgeschehen ständig unter Kontrolle. Der Unterrichtsablauf ist gut durchdacht und vorbereitet. Er erfolgt zügig, geordnet und mit nur sehr wenigen Unterbrechungen. Materialien und Unterlagen, die im Laufe der Stunde benötigt werden, stehen bereit. Übergänge zwischen einzelnen Unterrichtsphasen erfolgen schnell und reibungslos. Es gibt keinen Leerlauf. Austeilen und Einsammeln von Material ist gut organisiert und wird rasch erledigt. Die Schüler wissen zu Beginn einer Unterrichts- oder Übergangsphase, was zu tun ist. Arbeitsaufträge und Anweisungen werden klar und deutlich erteilt; der Lehrer sorgt dafür, dass sie von allen verstanden werden. Ihre Ausführung wird vom Lehrer überwacht. Der Lehrer sorgt dafür, dass die Schüler unter günstigen Bedingungen (Ruhe, Störungsfreiheit, Gelegenheit zu Hilfestellungen) arbeiten.

Niedrige Ausprägung (sehr niedrige Unterrichtsorganisation)

Der Lehrer hat das Unterrichtsgeschehen überhaupt nicht unter Kontrolle. Er lässt zu, dass der Unterrichtsablauf von eher zufälligen Einflüssen und Faktoren bestimmt wird. Der Unterrichtsverlauf selbst erscheint wenig durchdacht und schlecht vorbereitet zu sein; er wirkt improvisiert. Es gibt viel Leerlauf, viele unnötige Unterbrechungen. Übergangsphasen erfolgen schleppend und wirken desorganisiert. Es entsteht dabei viel Unruhe. Oft sind Unterlagen oder Materialien nicht bereitgestellt. Austeilen und Einsammeln von Material nimmt viel Zeit in Anspruch und ist schlecht organisiert. Die Schüler wissen oft nicht, was als nächstes zu tun ist. Anweisungen und Arbeitsaufträge sind unklar. Die Schüler haben ungünstige Arbeitsbedingungen, weil der Lehrer den Unterricht schlecht organisiert hat.

Unterrichtsorganisation:
1) sehr hohe Unterrichtsorganisation
2) hohe Unterrichtsorganisation
3) mittelmäßige Unterrichtsorganisation
4) niedrige Unterrichtsorganisation
5) sehr niedrige Unterrichtsorganisation

10. Lehrstofforientierung

Hohe Ausprägung (sehr hohe Lehrstofforientierung)

Der Lehrer sorgt dafür, dass im Unterricht soweit wie möglich fachliche Inhalte und Lehrziele behandelt werden. Er legt Wert darauf, dass sich die Schüler schulischen Lehrstoff aneignen. Er versucht, einen möglichst großen Teil seines Unterrichts fachlich zu nutzen. Das heißt er bemüht sich, möglichst wenig Zeit für organisatorische Fragen und Arbeiten aufzuwenden; er achtet darauf, dass Diskussionen nicht vom Thema abschweifen. Die einzelnen Unterrichtsaktivitäten wirken sorgfältig vorbereitet und geplant. Unterrichtsgespräche, Diskussionen und Aufgabenstellungen beziehen sich auf fachliche Inhalte und speziell auf den zu vermittelnden Lehrstoff.

Niedrige Ausprägung (sehr geringe Lehrstofforientierung)

Der Lehrer widmet nur einen geringen Teil seiner Unterrichtszeit der Vermittlung fachlicher Inhalte und Lehrziele. Er legt wenig Wert darauf, dass sich die Schüler schulischen Lehrstoff aneignen. Ein relativ großer Teil der Unterrichtszeit geht für nichtfachliche Dinge wie organisatorische Arbeiten verloren. Der Lehrer bemüht sich nicht, diese Zeiten möglichst kurz zu halten. Diskussionen weichen oft vom Thema ab, sofern sie überhaupt fachlicher Natur sind. Die einzelnen Unterrichtsaktivitäten wirken schlecht vorbereitet.

Bemerkung:

Mit dieser Skala wird in erster Linie die Lehrstofforientierung des Lehrers beurteilt, erst in zweiter Linier die der Klasse.
Wenn also die Schüler nach einer Aufgabenstellung Zeit vertun, muss dies nicht unbedingt eine niedrige Lehrereinschätzung zur Folge haben. Wenn der Lehrer jedoch versäumt, die Schüler zur Bearbeitung der Aufgaben zu veranlassen bzw. sie dabei zu unterstützen, wäre eine niedrigere Lehrereinstufung erforderlich.

Lehrstofforientierung
1) sehr hohe Lehrstofforientierung
2) hohe Lehrstofforientierung
3) mittelmäßige Lehrstofforientierung
4) geringe Lehrstofforientierung
5) sehr geringe Lehrstofforientierung

11. Verteilung der Antwortgelegenheiten

Versuchte der Lehrer, von den meisten oder allen Schülern der Klasse eigene Antworten zu bekommen (nicht Gruppenantworten oder Antworten im Chor)?

1) sehr geringer Umfang der Antwortgelegenheiten

Es wurden immer dieselben wenigen Schüler aufgerufen. Die anderen Schüler wurden wenig einbezogen.

2) geringer Umfang der Antwortgelegenheiten

Zwischen 1. und 3. Kategorie

3) mäßiger Umfang der Antwortgelegenheiten	Ungefähr die Hälfte der Schüler antworteten. Viele Schüler antworteten jedoch weder freiwillig noch wurden sie aufgerufen.
4) großer Umfang der Antwortgelegenheiten	Zwischen 3. und 5. Kategorie
5) sehr großer Umfang der Antwortgelegenheiten	Alle oder fast alle Schüler gaben im Lauf des Unterrichts eine Antwort.
6) (NA) nicht anwendbar	Es gab keine Frage- und Antwortphasen während der Beobachtung.

12. Beschäftigung nach einer Aufgabenstellung

Wie viele Schüler waren unmittelbar nach einer Aufgabenstellung aktiv mit dieser Aufgabe beschäftigt?

1) sehr geringer Beschäftigungsgrad	Kein einziger oder nur wenige Schüler fingen unmittelbar nach der Aufgabenstellung zu arbeiten an.
2) geringer Beschäftigungsgrad	Zwischen 1. und 3. Kategorie
3) mäßiger Beschäftigungsgrad	Ungefähr die Hälfte der Schüler fing unmittelbar nach der Aufgabenstellung zu arbeiten an.
4) hoher Beschäftigungsgrad	Zwischen 3. und 5. Kategorie
5) sehr hoher Beschäftigungsgrad	Alle oder fast alle Schüler waren unmittelbar nach der Aufgabenstellung beschäftigt.
6) (NA) nicht anwendbar	Es wurden während der Beobachtung keine Aufgaben erteilt.

13. Hausaufgabenkontrolle

1) sehr umfassende Kontrolle	Die Hausaufgaben aller Schüler wurden sehr gründlich kontrolliert.
2) umfassende Kontrolle	Die Hausaufgaben eines großen Teils der Klasse wurden sehr gründlich kontrolliert. Oder: Die Hausaufgaben der gesamten Klasse wurden kontrolliert, allerdings nicht übermäßig gründlich.
3) mäßige Kontrolle	Die Hausaufgaben eines kleinen Teils der Klasse wurden sehr gründlich kontrolliert. Oder: Die Hausaufgaben der gesamten Klasse wurden kontrolliert, allerdings nur sehr flüchtig.

4) geringe Kontrolle	Die Hausaufgaben eines kleinen Teils der Klasse wurden nur sehr flüchtig kontrolliert. Der Lehrer beschränkte sich auf eine stichprobenhafte Kontrolle.
5) überhaupt keine Kontrolle	Die Hausaufgaben wurden nicht kontrolliert
6) (NA) nicht anwendbar	Es gab keine Hausaufgaben.

14. Aufrufen der Schüler nach einem festen Schema

Ging der Lehrer beim Aufrufen der Schüler nach einem festen Schema vor?
Ein solches Schema ist immer dann gegeben, wenn der Lehrer die Schüler in einer festen Reihenfolge aufruft, wie z. B. nach der Sitzordnung oder nach dem Alphabet.

1) sehr häufiges Aufrufen nach einem festen Schema	Der Lehrer rief die Schüler immer oder fast immer nach einem festen Schema auf.
2) häufiges Aufrufen nach einem festen Schema	Der Lehrer rief die Schüler meistens nach einem festen Schema auf.
3) gelegentliches Aufrufen nach einem festen Schema	Der Lehrer rief die Schüler gelegentlich nach einem festen Schema auf.
4) seltenes Aufrufen nach einem festen Schema	Der Lehrer rief die Schüler nur selten nach einem festen Schema auf.
5) sehr seltenes Aufrufen nach einem festen Schema	Der Lehrer rief die Schüler nie oder fast nie nach einem festen Schema auf.
6) (NA) nicht anwendbar	Der Lehrer rief die Schüler nie auf.

15. Bemühung des Lehrers, die Schüler durch interessante Beispiele zu motivieren

Hohe Ausprägung (großes Bemühen, durch Beispiele zu motivieren)
Der Lehrer gab sich große Mühe, den Unterricht durch interessante Beispiele aufzulockern, dadurch die Schüler zur Mitarbeit anzuregen und das Verständnis von Sachverhalten zu erleichtern.
Niedrige Ausprägung (keinerlei Bemühen, durch Beispiele zu motivieren)
Der Lehrer gab sich keinerlei Mühe, den Unterricht durch interessante Beispiele aufzulockern und anschaulicher zu gestalten.

Auflockerung durch Beispiele:
1) großes Bemühen, durch Beispiele zu motivieren
2) ziemlich großes Bemühen, durch Beispiele zu motivieren
3) mäßiges Bemühen, durch Beispiele zu motivieren
4) geringes Bemühen, durch Beispiele zu motivieren
5) keinerlei Bemühen, durch Beispiele zu motivieren

16. Unterrichtsengagement der Schüler

Mit dieser Skala soll beurteilt werden, inwieweit die Schüler im Unterricht Interesse, Energie und innere Beteiligung zeigen. Wie groß war das Unterrichtsengagement der Schüler?

1) sehr geringes Engagement	Die meisten oder alle Schüler schienen vom Unterricht gelangweilt oder nicht am Unterricht interessiert zu sein.
2) geringes Engagement	Zwischen 1. und 3. Kategorie
3) mäßiges Engagement	Manche Schüler schienen interessiert am Unterricht teilzunehmen, manche wirkten jedoch gelangweilt und uninteressiert.
4) großes Engagement	Zwischen 3. und 5. Kategorie
5) sehr großes Engagement	Die meisten oder alle Schüler schienen interessiert am Unterricht teilzunehmen und arbeiteten engagiert mit.

17. Negative oder herabsetzende Lehrerreaktion bei Schülerantworten

Herabsetzende Lehrerreaktionen liegen vor, wenn der Lehrer auf Schüleratworten mit Tadel oder mit verletzenden Kommentaren reagiert. Die bloße Feststellung, dass eine Antwort falsch ist, stellt keine negative Lehrerreaktion dar, solange der Tonfall des Lehrers nicht verletzend ist.
Reagiert der Lehrer negativ oder herabsetzend auf Schülerantworten?

1) sehr viele negative Reaktionen	Die meisten Reaktionen des Lehrers waren negativ.
2) viele negative Reaktionen	Zwischen 1. und 3. Kategorie
3) mittlere Anzahl von negative Reaktionen	Einige Reaktionen waren negativ und einige nicht.
4) wenige negative Reaktionen	Zwischen 3. und 5. Kategorie
5) keine negative Reaktionen	Der Lehrer reagiert nie negativ oder herabsetzend auf eine Schülerantwort.
6) (NA) nicht anwendbar	Es gab keine Schülerantworten.

18. Zeit lassen zum Überlegen

Lässt der Lehrer der Klasse oder einzelnen Schülern im Anschluss an die Darstellung von Lehrstoff oder an Fragen Zeit zum Überlegen, Nachdenken, Verstehen, Fragenstellen? Vergewissert sich der Lehrer, ob er verstanden wurde?
1) sehr häufig
2) öfter
3) manchmal
4) selten
5) nie

19. Sprechweise des Lehrers

Ist der Lehrer akustisch gut verstehbar? Spricht er langsam, deutlich, laut, akzentuiert oder spricht er schnell, undeutlich, verhaspelt sich oft, nuschelt, verschluckt Silben, ist kaum zu verstehen?

1) sehr gut verstehbar
2) überdurchschnittlich gut verstehbar
3) durchschnittlich gut verstehbar
4) eher schwer verstehbar
5) sehr schwer verstehbar

20. Ausdrucksweise des Lehrers

Ist die Ausdrucksweise des Lehrers prägnant, klar, einfach, gegliedert? Oder ist sie unklar, kommen häufig unvollständige oder verworrene Sätze, „Wortsalat", Füllwörter, Unsicherheits-Ausdrücke („vielleicht, ich meine, man könnte" usw.) und Zögern („ähh …") vor?

1) sehr prägnant
2) eher prägnant als unklar
3) weder besonders prägnant noch besonders unklar
4) eher unklar
5) besonders unklar

21. Wärme, Herzlichkeit

Ist der Lehrer im Umgang mit seinen Schülern durch Freundlichkeit, Einfühlung, Herzlichkeit, Wärme gekennzeichnet? Hierbei sind auch nonverbale Punkte zu beachten, z. B. Lächeln, ermutigendes Auf-die-Schulter-klopfen etc.
Oder weist das Lehrerverhalten keinerlei Zeichen von Wärme, Herzlichkeit etc. auf, beschränkt der Lehrer den Umgang mit den Schülern ganz nüchtern auf das rein Fachliche?

1) sehr herzlich
2) ziemlich herzlich
3) mäßig herzlich
4) wenig herzlich
5) überhaupt nicht herzlich

22. Humor

Versteht der Lehrer Spaß, macht selbst öfter Späße oder Witze (nicht: auf Kosten anderer, nicht: Ironie, Sarkasmus), reagiert er auf Disziplinprobleme humorvoll, gibt lustige Beispiele, macht sich auch mal über sich selbst lustig, nimmt nicht alles immer so ernst? Oder ist er ausschließlich sachbezogen, nüchtern, ernst, macht und versteht keinen Spaß?

1) sehr viel Humor
2) ziemlich viel Humor
3) mittelmäßig viel Humor
4) wenig Humor
5) gar kein Humor

23. Lärmpegel in der Klasse

Ist der Lärmpegel in der Klasse so hoch, dass man bei Frontalunterricht den Lehrer kaum noch verstehen kann? Oder ist er so niedrig, dass auf Seiten der Schüler bei Frontalunterricht und Stillarbeit totale Stille herrscht bzw. bei angeordneter Gruppenarbeit nur sehr leise geredet oder geflüstert wird?

1) sehr laut
2) ziemlich laut
3) weder besonders laut noch besonders leise
4) ziemlich leise
5) außerordentlich leise

14.2 Unterrichtstagebuch

Im Folgenden ist – exemplarisch für die Inhaltsbereiche „Schriftspracherwerb und Mathematik" – ein Formular für ein Unterrichtstagebuch abgedruckt, das von Gisela Kammeyer (siehe Kapitel 6.4.3) entwickelt wurde und zu dessen Abdruck die Genehmigung der Autorin vorliegt.

Unterrichtstagebuch

1	2	3	4	5	6	7	8	9	10	Klasse
										☐☐

Worum ging es in der Unterrichtseinheit?

Schriftspracherwerb (SSE)	Mathematik (MAT)

Bitte machen Sie ein Kreuz in das jeweilige Feld, wenn Sie die Aussage mit ja beantworten können.

	In dieser Unterrichtseinheit	SSE	MAT
Sozialform	arbeiteten die Schüler in *Einzelarbeit*	☐	☐
	arbeiteten die Schüler in *Partnerarbeit*	☐	☐
	arbeiteten die Schüler in *Gruppenarbeit*	☐	☐
	wählten die Schüler frei, in welcher Sozialform die Schüler arbeiten.	☐	☐
Kooperation/ Wettbewerb	gab es einen *Wettbewerb*	☐	☐
	halfen die Schüler sich gegenseitig	☐	☐
Art der Aufgabenstellung	bearbeiteten alle Schüler die *gleichen Aufgaben*.	☐	☐
	ordnete ich einzelnen Schülern Aufgaben mit *verschiedenen Schwierigkeitsgraden zu.*	☐	☐
	wählten die Schüler Aufgaben mit *verschiedenen Schwierigkeitsgraden frei.*	☐	☐
	wählten die Schüler Aufgaben *nach Interesse frei.*	☐	☐
Differenzierung	gab es eine Differenzierungsphase mit *festen Leistungsgruppen.*	☐	☐
	gab es eine Differenzierungsphase, in der die Gruppen von mir *heute neu* zusammengesetzt wurden.	☐	☐
Strukturierung	gab ich einen *Überblick* über den Stundenverlauf.	☐	☐
	gab es eine *Zusammenfassung*.	☐	☐
	betonte ich die *Wichtigkeit* bestimmter Stoffaspekte.	☐	☐

	In dieser Unterrichtseinheit	SSE	MAT
Leistungs-kontrolle	führten die Schüler *Selbstkontrolle* durch.	❏	❏
	führten die Schüler *Partnerkontrolle* durch.	❏	❏
	bearbeiteten die Schüler eine *schriftliche Lernzielkontrolle*.	❏	❏
	kontrollierte ich die Aufgaben der Schüler.	❏	❏
Art der Rückmeldung	gab ich einen oder mehreren Schülern schriftliche Rückmeldungen	❏	❏
	gab ich einem oder mehreren Schülern *Rückmeldungen*, die Vergleiche ermöglichen (z. B. Sternchen, Lachgesichter, Stempel, Punkte, Fehler).	❏	❏
	gab ich einem oder mehreren Schülern Rückmeldungen über die *Anstrengung*.	❏	❏
Rückmeldung vor der Klasse	*lobte* ich einen oder mehrere Schüler *ausdrücklich vor der Klasse*.	❏	❏
	ermahnte ich einen oder mehrere Schüler *ausdrücklich vor der Klasse*.	❏	❏
Persönliche Rückmedlung	*lobte* ich *ausdrücklich* einen oder mehrere Schüler *persönlich* (ohne Klasse).	❏	❏
	ermahnte ich *ausdrücklich* einen oder mehrere Schüler *persönlich* (ohne Klasse).	❏	❏

Bitte kreuzen Sie an, was für die heutige Unterrichtseinheit zutrifft.

In der heutigen Unterrichtseinheit im Schriftspracherwerb	trifft voll-kommen zu	trifft ziemlich zu	trifft weniger zu	trifft nicht zu
unterrichtete ich *lehrergelenkt*.	❏	❏	❏	❏
nutzte ich die *geplante Zeit* so, wie ich es mir vorgenommen hatte.	❏	❏	❏	❏
fanden die Schüler wichtige *Zusammenhänge selbst* heraus.	❏	❏	❏	❏
war der Unterricht so organisiert, dass die *Übergänge zwischen den Unterrichtsphasen* reibungslos abliefen.	❏	❏	❏	❏
ging ich *zügig* im Stoff voran.	❏	❏	❏	❏
regte ich an, dass die Schüler über ihren *Lernweg* nachdenken.	❏	❏	❏	❏
herrschte *zwischen den Schülern* ein *angenehmes Klima*.	❏	❏	❏	❏
herrschte zwischen *Lehrer und Schülern* ein *angenehmes Klima*.	❏	❏	❏	❏
ging ich auf spontane *Interessen* der Schüler ein.	❏	❏	❏	❏
gelang es mir, Schüler, die *nicht bei der Sache* sind, in den Unterricht einzubinden.	❏	❏	❏	❏
erarbeiteten sich die Schüler den Inhalt im **gemeinsamen Gespräch**	❏	❏	❏	❏

In der heutigen Unterrichtseinheit im Schriftspracherwerb	trifft voll-kommen zu	trifft ziemlich zu	trifft weniger zu	trifft nicht zu
erklärte ich den Schülern wichtige Zusammenhänge.	❑	❑	❑	❑
gab es *Unterrichtsstörungen* durch die Schüler.	❑	❑	❑	❑
gab ich den Schülern die Möglichkeit zum *selbstständigen Handeln*.	❑	❑	❑	❑
lernten die Schüler aus ihren *Fehlern*.	❑	❑	❑	❑
hielt ich die Schüler zu *zügigem Arbeiten* an.	❑	❑	❑	❑
zeigte ich den Schülern, wie Aufgaben zu bearbeiten sind.	❑	❑	❑	❑
diskutierten die Schüler über *unterschiedliche Lern-/Lösungswege*.	❑	❑	❑	❑
arbeiteten *sehr viele Schüler* mit.	❑	❑	❑	❑
	❑	❑	❑	❑
Mit dieser Unterrichtseinheit bin ich *zufrieden*.	❑	❑	❑	❑

Bitte kreuzen Sie an, was für die heutige Unterrichtseinheit zutrifft.

In der heutigen Unterrichtseinheit in Mathematik	trifft voll-kommen zu	trifft ziemlich zu	trifft weniger zu	trifft nicht zu
unterrichtete ich *lehrergelenkt*.	❑	❑	❑	❑
nutzte ich die *geplante Zeit* so, wie ich es mir vorgenommen hatte.	❑	❑	❑	❑
fanden die Schüler wichtige *Zusammenhänge selbst* heraus.	❑	❑	❑	❑
war der Unterricht so organisiert, dass die *Übergänge zwischen den Unterrichtsphasen* reibungslos abliefen.	❑	❑	❑	❑
ging ich zügig im Stoff voran.	❑	❑	❑	❑
regte ich an, dass die Schüler über ihren *Lernweg* nachdenken.	❑	❑	❑	❑
herrschte *zwischen den Schülern* ein *angenehmes Klima*.	❑	❑	❑	❑
herrschte *zwischen Lehrer* und *Schüler* ein *angenehmes Klima*.	❑	❑	❑	❑
ging ich auf spontane *Interessen* der Schüler ein.	❑	❑	❑	❑
gelang es mir, Schüler, die *nicht bei der Sache* sind, in den Unterricht einzubinden.	❑	❑	❑	❑
erarbeiteten sich die Schüler den Inhalt im *gemeinsamen Gespräch*.	❑	❑	❑	❑
erklärte ich den Schülern wichtige Zusammenhänge.	❑	❑	❑	❑
gab es *Unterrichtsstörungen* durch die Schüler.	❑	❑	❑	❑

In der heutigen Unterrichtseinheit in Mathematik	trifft voll-kommen zu	trifft ziemlich zu	trifft weniger zu	trifft nicht zu
gab ich den Schülern die Möglichkeit zum *selbststän-digen Handeln*.	❏	❏	❏	❏
lernten die Schüler aus ihren *Fehlern*.	❏	❏	❏	❏
hielt ich die Schüler zu *zügigem Arbeiten* an.	❏	❏	❏	❏
zeigte ich den Schülern, wie Aufgaben zu bearbeiten sind.	❏	❏	❏	❏
diskutierten die Schüler über unterschiedliche Lern-/Lösungswege.	❏	❏	❏	❏
arbeiteten *sehr viele Schüler* mit.	❏	❏	❏	❏
Mit dieser Unterrichtseinheit bin ich zufrieden.	❏	❏	❏	❏

14.3 Unterrichtsrelevante Videofilme der Firma Insight-Media

Die Firma INSIGHT MEDIA (2162 Broadway, New York NY 10024-0621, Fax +212-799-5309; E-mail: cs@insight-media.com; Homepage: www.insight-media.com) ist der meines Wissens weltweit größte Anbieter von professionellen Videos im gesamten Bereich der Erziehungwissenschaft. Das Spektrum reicht von Child Development, Teaching Thinking Skills, Communication Skills, History of Education, Philosophy of Education, Educational Theory, Working with Parents, Character Education, Administration, School Violence, Special Education, Gifted Education, Technology in Education bis hin zu Education in America. Hier einige wichtige und interessante Titel sowie Preise aus vier Bereichen: (1) Classroom Management, (2) Differentiated Classroom, (3) Professional Issues und (4) Teaching Skills and Strategies

Titel		Jahr	Min.	Preis in $
Classroom Management				
As Tough as Necessary: A Discipline With Dignity Approach to Countering Aggression, Hostility, and Violence	This series considers how to create a school climate that reverses the trend of difficult behavior and helps students acquire the values and skills they need to support the education process. It presents practical strategies for diffusing power struggles, preventing disruptive behaviors, resolving confrontations between students, and reintegrating students into the classroom following their removal. 4 Tapes	1997	4x 20	399,–
Classroom Discipline: State of the Art	This set teaches hands-on discipline strategies for use in the middle school classroom. Individual volumes focus on basic principles of classroom discipline, proactive classroom management, tactical teaching strategies, and delivering direct classroom discipline. 4 Tapes	1995	4x 20	289,–
Classroom Management at Its Best	Clarifying the difference between order and control, this video describes fundamental approaches to discipline. It teaches the procedures, rules, and consequences of a range of management strategies.	1999	35	189,–

Titel		Jahr	Min.	Preis in $
Dealing With Discipline Problems	Elementary: Cheating, Refusing to Work, Not Responding illustrates strategies for handling cheating, willfulness, and unresponsiveness. It presents vignettes of a usually well-behaved high-achiever who cheats on a test, a chronically difficult student, and a troubled student who refuses to open up. 3 Tapes Elementary: Excuses, Arguing, Repeated Misbehavior illustrates issues of commitment, conflict resolution, and behavior modification. It shows a precocious sixth grader's excuses, a playground altercation, and a fifth-grader's attempts to stop fighting.		71 total 65 total	169,– 169,–
Discipline and Achievement	This two-volume set shows how classroom discipline can improve student achievement. The first volume teaches preventive techniques that minimize conflict, maximize cooperation, and reduce the potential for frustrating power struggles. The second shows how to develop and implement effective boundaries that focus on positive outcomes rather than negative consequences. 2 Tapes	1999	2x 30	189,–
Discipline With Dignity	This video demonstrates the skills and strategies a teacher needs to handle disruptions while teaching students to be responsible for their actions. It stresses the importance of dignity and mutual respect, shows how to avoid threats and power struggles, and presents a framework for creating an open and orderly teaching environment. 3 Tapes	1994	3x 18	369,–
Effective Classroom Management: Elementary Grades	Designed for elementary school teachers, this set provides strategies for getting off to a good start with a class socially and academically. It describes useful disciplinary rules and procedures and presents guidelines for managing student work successfully. 3 Tapes	2000	3x 25	349,–
Effective Classroom Management: Secondary Grades	This three-volume set teaches strategies for effective classroom management of the secondary grades. It shows how to get off to a good start with a new class, establish rules and procedures, and manage student work.	2000	25	349,–
Functional Analysis: Introduction to Completing Behavioral Assessment (CD-ROM)	This CD-ROM examines functional behavior assessment (FBA) and positive behavior support strategies that can be used to facilitate positive student behavior. It includes an overview of the hierarchy of assessment procedures used to conduct FBAs. Mac/Windows	1999		169,–

Titel		Jahr	Min.	Preis in $
Improving Classroom Behavior (CD-ROM)	Designed for K-6 teachers, administrators, student teachers, and support staff, this CD-ROM demonstrates strategies for preventing inattentive, aggressive, or withdrawn behavior. It presents actual case studies and includes a help plan for management needs on an individual student, classroom, or school-wide basis. Mac/Windows	1999		169,–
Improving Classroom Behavior: Savvy Solutions for Inattentive, Withdrawn, and Aggressive Children	This program examines techniques and strategies for preventing behavior problems in the classroom, addressing attention deficit, aggression, and withdrawal. It also includes case studies that allow users to learn through the experiences of other teachers, parents, and students.	2000		169,–
Interactive Cases in Teacher Education: Classroom Management (CD-ROM)	This CD-ROM presents critical classroom management incidents, enabling users to practice applying theories and techniques for dealing with classroom disruption. Mac/Windows	1995		149,–
Preventing Classroom Discipline Problems	This video presents practical methods for handling and preventing disruptive behavior. Real teachers act out the behavioral problems they have encountered; Howard Seeman, a national consultant, then demonstrates both ineffective and effective ways to not only handle but also prevent such behavioral problems.	1996	45	189,–
Preventing Classroom Discipline Problems (CD-ROM)	This CD-ROM offers individual training exercises for handling and preventing disruptive classroom behavior. Based on the video version, this CD-ROM features the advice of national consultant Howard Seeman. Mac/Windows	2001		189,–
Responsibility and Classroom Discipline	This set shows how to teach responsible behavior using boundaries instead of rules. It explains how to construct and utilize win-win discipline strategies that encourage responsibility and self-management, resolve and prevent problems, and establish a foundation of mutual trust, consideration, and respect. 6 Tapes	2001	6x 30	299,–

Titel		Jahr	Min.	Preis in $
Room 109: Elementary Education	Illustrating some of the unique management situations that an elementary classroom teacher faces, this program provides an opportunity for teachers-in-training to practice making decisions about disruptive situations they are likely to encounter. It dramatizes such scenarios as students passing notes, playing games, pushing in line, making noise, demanding attention, and taking excessive restroom breaks. After each vignette, the video can be paused for discussion.	1987	15	169,–
Secondary Classroom Management Techniques	Classroom management involves an understanding of psychosocial classroom forces, family dynamics, and community norms. This video demonstrates ten techniques for maintaining positive classroom behavior.	1983	2x 29	149,– + 189,–
Differentiated Classroom				
The Balancing Act: A Multiple Intelligences Approach to Curriculum, Instruction, and Assessment	Gardner's theory of multiple intelligences identifies verbal, logical, musical, visual, bodily, interpersonal, and intrapersonal types of intelligence. This set provides an in-depth examination of the applications of Gardner's ideas to daily learning. It shows how to incorporate the multiple intelligences concept into curricula, lesson plans, and assessments. It features footage of implementation in the classroom. 4 Tapes	1996	4x 15	399,–
Differentiated Instruction and Challenging the Gifted	This first volume of this set identifies the need for the regular, heterogeneous classroom for all students and explains the concept of differentiated instruction. The second details three effective strategies for differentiation, and the third explores 13 tactics for modifying traditional classrooms to increase differentiation. The fourth volume discusses how to challenge gifted students without neglecting the other students. 4 Tapes	1995	4x 20	389,–
Differentiated Instruction With Small Group Activities	Providing rationale for differentiated instruction and grouping problems, this video details 25 practical small group activities that encourage active learning, maximize student engagement, and challenge the gifted. A useful tool for teachers of all grades and subjects, it allows viewers to engage in one-hour, half-day, or full-day training programs.	2000	30	239,–

Titel		Jahr	Min.	Preis in $
Differentiating Instruction to Meet the Needs of All Students	This secondary-level program helps teachers to develop an understanding of differentiation and its valuable uses in the classroom. It discusses pre-assessment, authentic assessment, adjustable assignments, and problem-based models and projects.	2002	2x 30 – 40	2x 359,– (PAL)
The Gifted Child	Gifted children can cause problems for parents and teachers unable to relate to their special needs. This video analyzes giftedness, discussing methods of deciding who is gifted and recommending ways to enhance the development of gifted children.	1997	18	179,– (PAL)
Multiple Intelligences and the Second Language Learner	This video explains how to use a multiple intelligences (MI) approach with second language learners. It also suggests ways that MI theory can help teachers meet the special needs of their diverse classes.	1998	40	189,– (PAL)
Multiple Intelligences in the Classroom	Profiling a program at a Massachusetts elementary school, this video introduces multiple intelligence theory and defines seven kinds of intelligence. The longer version shows administrators how to implement this theory in the schools. Teachers and administrators version.	1995	31 + 41	2x 169,– (PAL)
Multiple Intelligences: Intelligence, Understanding, and the Mind	The first volume of this set presents Howard Gardner's theory of multiple intelligences. It discusses naturalist intelligence, recent work on performance-based assessments, new ideas about teaching for understanding, and myths and applications of multiple intelligence theory. The second presents Howard Gardner fielding questions about the significance and implementation of his theory. 2 Tapes	1996	90 total	229,–
Optimizing Intelligences: Thinking, Emotion, and Creativity	Hosted by Peter Salovey and featuring Daniel Goleman, Howard Gardner, and Mihaly Csikszentmihalyi, this video explores ways to develop human potential. It examines current theories of emotional intelligence and multiple intelligences, reveals how new paradigms are challenging traditional views, and shows the impact of these ideas on schools.	1998	45	189,– (PAL)
Teaching to Multiple Intelligences	This set uses classroom scenes to explain how to teach to the diverse talents of all students. It discusses the strengths and interests of various types of intelligence and demonstrates how teaching to multiple intelligences can improve student performance, responsibility, and self-esteem.	1998	60 total	199,–

Titel		Jahr	Min.	Preis in $
A Visit to a Differentiated Classroom	This video highlights the instructional methods of an elementary school teacher who effectively addresses the learning needs of all her students. It demonstrates techniques for creating an active and engaging learning environment where instructional decisions are based on students' varied readiness levels and interests. ASCD.	2001	60	239,– (PAL)
Professional Issues				
Conquering the First Day, First Week, and First Month	Focusing on mentoring new teachers as they master their responsibilities in the classroom and integrate themselves into the school community, this program details the initial stages of acclimation to a new school. It shows how to help new teachers get their bearings, create a positive learning environment in their classrooms, understand their students as individuals, and establish strong, productive relationships with parents.	1999	50	189,–
The Elementary Principal's Advocate (CD-ROM)	This CD-ROM assists the elementary principal in organizing and planning administrative responsibilities. It provides guidelines on student, staff, school-wide, building, and financial management; school/parent/ community relationships; assessment and evaluation of students; records, reports, and statistics; leadership strategies; and principles for principals. Windows	2000		169,–
How to Effectively Involve Parents in the Classroom	Considering the benefits and challenges of support parent volunteer work in elementary classrooms, this video discusses how to train parent volunteers for different types of jobs, organize work schedules, prepare materials so that volunteers can work independently, monitor volunteers, and match volunteers to tasks that meet their skills.	2002	15	189,– (PAL)
The Incompetent Student Teacher	This video teaches how to handle an incompetent student teacher and provide appropriate assistance for improving performance. It shows examples of effective and ineffective conferences.	1988	28	199,–
The Maze: Avoiding Burnout in the Bureaucracy	This video shows instructors how to work around the interruptions and distractions imposed by bureaucratic needs and demands so that they can devote most of their time and energy to teaching.	1994	26	199,– (PAL)

Titel		Jahr	Min.	Preis in $
New Teacher Training	This program discusses the importance of training new teachers in classroom management. It explores how to create a community of learners through bonding and connecting activities; arrange seating patterns for good working and listening habits; and create a balance among group work, teacher input, independent work, and whole class discussion. 4 Tapes	2001	66 + 70	2x 359,– (PAL)
The New Teacher: Meeting the Challenges	In this video, Linda Darling-Hammond offers practical advice to administrators for meeting the challenges of easing new instructors into the school system. She discusses the importance of staff development programs and partnerships between higher education and the K-12 school.	2000	30	159,–
Partners Toward Achievement: Home-School-Community Partnership	This video features interviews with educators, parents, and students that address practical methods for motivating parents to volunteer their time; developing parent-friendly activities; facilitating conferences; improving parent-teacher relations; providing parents with feedback; and promoting long-term achievement. 2 Tapes	1993	2x 30	199,–
Professional Ethics: A Guide for Educators	Every principal, supervisor, and teacher has to make difficult ethical decisions on occasion. This video describes sensitive situations, teaching how to make ethical choices. It stresses that conducting oneself in a professional manner enhances the image of a school.	1990	22	129,–
Putting Ideas Into Practice: Hanging the High Street Gallery	This video examines student discipline, student motivation, classroom management, and the value of collegial support of novice teachers. It focuses on the story of a first-year teacher who struggles with an array of classroom management and organization problems and eventually turns to a veteran teacher for guidance. Addressing the research of Martin Haberman, it provides opportunities for reflection on the main characteristics of „star teachers".	1995 (PAL)	26	209,–
The Student Teaching Experience	Using documentary footage from professional development schools, this video illustrates the growth of successful student teachers. It explores the development of relationships with mentors and students, discipline issues in the science and math classroom, and the process of learning to help young people learn. It features real-life examples that show student teachers moving from self orientation to a student-centered approach.	1999	19	149,–

Titel		Jahr	Min.	Preis in $
Supervising Student Teachers	This video is a guided tour of the world of student teaching.It covers topics ranging from enhancing effectiveness and resolving conflicts to dealing with philosophical differences between student teachers and supervisors.	1996	34	169,–
Supervising Student Teachers (CD-ROM)	This CD-ROM offers exercises in supervisory thinking, presenting typical problems in human relations, types of supervision, and the analysis and evaluation of teaching. Windows/Mac	1996		159,–
Teaching Skills and Strategies				
Asking Questions	This video explains how to employ invitational and targeted questions. It provides such recommendations for improving questioning skills as increasing the number of higher-order and opinion questions, increasing the amount of "wait time" after a question is asked, and allowing students the opportunity to ask their own questions.		30	149,–
Chicken Soup for Teachers and Students: Elementary/ Middle School	This set describes and demonstrates the Chicken Soup method of integrating engaging narrative into the learning process. Focusing on elementary and middle school classrooms, it provides teachers and facilitators with the necessary information and strategies to implement the Chicken Soup system and improve student achievement. 2 Tapes	1999	2x 30	189,–
Creating the Constructivist Classroom	This set demonstrates how constructivist programs promote knowledge construction; encourage empowered, informed, and independent thinking and doing; foster deeper understanding of concepts; and lead to greater command and ownership of content. Elementary, middle and high school.	1998	2x69 total 2x71 total 2x86 total	3x 339,– (PAL)
Developing High-Order Thinking Skills in the Elementary School	This video provides examples of 13 application tasks that psychologists have identified as useful for building thinking skills in the elementary classroom, including comparison, classification, supported induction, supported deduction, argumentation, investigation, problem solving, and invention.	1991	27	139,–

Titel		Jahr	Min.	Preis in $
Early Childhood Education	This video presents some of the teachers, directors, and administrators who have committed their lives to early childhood education. It shows their work in a variety of settings and discusses multiple career possibilities within the field, as well as educational requirements.	1995 (PAL)	28	209,–
Effective Questioning to Stimulate Elementary Thinking and Learning	Questioning is the foundation of teaching and learning. This video features an elementary-level questioning model that shows how to prompt and process student responses and how to help students develop their own skills of inquiry.	1999 (PAL)	66	319,–
Effective Teaching	Designed for teacher training, this video is an overview of effective teaching. It describes traits of successful instructors, explains how to plan courses and lessons, identifies different learning styles, teaches oral questioning techniques, and covers methods of evaluation. By observing actual classroom situations, viewers learn about different modes of instruction.	1990	60	199,–
Ensuring Students Learn: Practice, Feedback, and Assessment	This video teaches viewers how to enhance student learning through student practice. It shows how to maximize feedback, assess student skills and progress, and provide closure to instruction.	2000	40	189,–
Exploring Teaching Styles	This video shows how to conduct workshops to increase teaching effectiveness. Showing secondary classrooms, it teaches how to organize lectures, incorporate audiovisuals, conduct discussion sessions, manage conflicts, and establish a climate conducive to learning.	1991 (PAL)	30	179,–
How to Ask Questions That Encourage Cognitive Critical Thought	This video teaches questioning strategies that push students to think at a high cognitive level. It traces the stages of the cognitive progress: knowledge, comprehension, application, analysis, synthesis, and evaluation.	1989	60	189,–
How to Ask Questions That Encourage Creative Critical Thought	Some students do not respond well to questions asked in a hierarchical series. This video teaches six questioning models for tapping students' creativity — quantity, viewpoint, involvement, conscious self-deceit, forced association, and reorganization.	1989	60	189,–

Titel		Jahr	Min.	Preis in $
Improving Student Achievement: Elementary/ Middle School	This video offers examples of instructional approaches based on the learner-centered model of instruction. It shows how to use class meetings and questioning techniques to promote critical thinking and problem solving.	1999	30	179,–
Increasing Student Performance and Achievement: The Learning-Focused School	Learning-focused schools can increase student performance and achievement. Designed for elementary and high school teachers, this video teaches such learning-focused techniques as question creation, acquisition lesson development, use of opening strategies and cognitive teaching activities, assignment design, rubric usage, and lesson refinement. Elementary and High School. 4 Tapes.		2x 66 total	2x 319,–
Integrating Teaching Models for Elementary Teachers	This video presents demonstrations of such research-based strategies as cooperative learning, mind mapping, concept attainment, and inductive thinking. It elucidates the power of integrating various models and tactics into lessons and stresses the importance of fostering a desire to learn.	1997	46	239,– (PAL)
Integrating Teaching Models for Secondary Teachers	This video demonstrates such research-based strategies as cooperative learning, mind mapping, concept attainment, and inductive thinking. It elucidates the power of integrating various models and tactics into lessons and stresses the importance of fostering a desire to learn.	1997	53	259,– (PAL)
Introduction to Student-Centered Instruction	This video explains inquiry-based learning, a student-centered instructional method that produces a student-generated model of a given concept, process, or knowledge base through cross-disciplinary study, critical thinking, and structured research with students' learning styles.	1998	60	149,–
Metacognitive Teaching: Developing Student Potential	This video illustrates several methods of metacognitive teaching. It reviews research on the connection between the ability to learn and the ability to think, showing that effective thinkers monitor their thinking, recognize strengths and shortcomings, and extrapolate to solve problems, while poor thinkers hesitate to shift gears when a strategy fails them.	1992	22	139,–

Titel		Jahr	Min.	Preis in $
Motivating Students to Think Critically by Teaching for Discovery	This video demonstrates how to develop „discovery" assignments that encourage students to think critically. Viewers learn what does and does not motivate students, why students remember what they discover, and how to correct misconceptions.	1993	60	129,–
Performance Instruction: Lesson Planning	This program walks teachers through the thinking process for developing lesson plans that can actually make teaching easier. It emphasizes that the teacher's professional knowledge will have a direct impact on the learning environment of his or her classroom.	1997	43	219,– (PAL)
Performance Instruction: Motivation Theory	Explaining that the teacher is the most important factor for negative or positive motivation, this video emphasizes that teachers must also go beyond intuition and experience and delve into research in order to motivate to the fullest extent.	1997	43	219,– (PAL)
Performance Instruction: Overview, Teaching to Objectives, Active Participation	This program teaches viewers how to formulate teaching objectives that reflect student needs, correct student deficiencies, increase motivation and student involvement, and open and close lessons effectively. It highlights the essential elements of instruction, including task analysis, teaching to an objective, and active participation.	1997	41	219,– (PAL)
Performance Instruction: Reinforcement Theory	Emphasizing the importance of promoting productive student behavior and response in the classroom, this video demonstrates how to formulate teaching objects that reflect student needs and correct student deficiencies.	1997	48	219,– (PAL)
Performance Instruction: Retention Theory	Featuring the expertise of Ernest Stachowski, this program examines how the principles of learning, when used effectively in the classroom, can contribute to retention of content.	1997	45	219,– (PAL)
Performance Instruction: Task Analysis, Monitoring	This video focuses on task analysis, which involves breaking up the tasks and monitoring them to make sure that content acquisition takes place in an appropriate sequence.	1997	46	219,– (PAL)
Piaget's Constructivism and Elementary Mathematics	Reviewing Piaget's theory of constructivism, this video shows its applications to classroom practices. It explains that traditional math education teaches techniques for finding correct answers, while constructivism fosters larger thinking skills.	1996	58	149,–

Titel		Jahr	Min.	Preis in $
Problem Solving	Demonstrating how to teach problem-solving skills, this program visits classrooms to document the approaches of different teachers. It discusses how to identify a problem, describe its attributes, and recognize its patterns. It considers the value of role-playing and explains the importance of distancing oneself from a problem.	1988	30	189,– (PAL)
Questioning Strategies for Effective Teaching	This video teaches a seven-step approach for avoiding predictable patterns of questioning and for using lower-level and higher-level questioning in mixed-ability classes.	1987	18	149,–
Scaffolding Self-Directed Learning in the Primary Grades	This video presents a synthesis of the teacher-directed approach and the discovery method. It shows how learning can be scaffolded to enable children to learn actively while benefiting from a teacher's superior knowledge base.	1996	33	299,– (PAL)
The Seven Habits of Highly Ineffective Educators	This humorous video presents seven failures characteristic of ineffective educators. It considers the angry confrontation that reveals a failure of anger management skills, the blanket instructional methods that ignore multiple intelligences, the cultural discrimination that fails to recognize the diverse classroom, and the refusal to accept educational change.	1997	59	279,–
Starting School	This program examines what teachers can do to begin the school year so that a classroom will run smoothly. It explains how to give clear signals to students about expected behavior, participation, and work quality and emphasizes the need to plan particularly carefully for the first few weeks of school.	1987	30	179,–
Teacher as Instructional Leader	Designed to equip new and experienced teachers of all grade levels with the guidance and support they need to meet the complex and ever-changing challenges of the teaching profession, this video examines strategies for providing students with content knowledge and lifelong learning skills. ASCD.	2001	28	269,– (PAL)
Teacher as Intellectual Guide	This video discusses how teachers can become better facilitators of learning by using instructional models that engage students in schoolwork and create situations where they actively participate in learning. ASCD.	2001	28	269,– (PAL)

Titel		Jahr	Min.	Preis in $
Teaching Styles	Visits to intermediate and high school classrooms and interviews with educators highlight the importance of incorporating a variety of materials and methods into a personal teaching style. Stressing that different styles work with different students, the video explains the importance of identifying the learning styles within each class. It discusses how to accommodate different ability levels and how to plan „total" lessons.	1983	30	198,– (PAL)
Tomorrow's Children: Partnership Education in Action	Partnership education is a method of teaching and learning that values and balances all aspects of a child's development by focusing on emotional as well as cognitive skills. In this video, Riane Eisler discusses the advantages of adopting the partnership model as an alternative to the dominator orientation of the current educational system.	2001	59	299,–
Understanding the Unmotivated Child	Many students who appear intellectually and developmentally capable in non-academic activities seem to struggle with schoolwork, exams, and report cards. This video helps instructors, students, and parents understand the discrepancy between ability and performance. It considers early warning signs, the dangers of mislabeling a learning disability, and constructive communication strategies that can rectify a lack of motivation.	2000	30	179,– (PAL)
Voices from the Classroom: Dimensions of Good Teaching	This video shows how good teachers can make a difference to their students. It identifies five dimensions of good teaching, discusses how to blend them to create a successful teaching and learning environment, and profiles six exemplary teachers who have distinguished themselves in the classroom.	1997	24	269,– (PAL)
A Winning Attitude: Setting the Stage for Teaching Success	Some teachers inspire students, while others – equally knowledgeable and hardworking – frustrate them. This video presents three basic models of teaching – teacher as „guardian of the gates of knowledge", teacher as „coach", and teacher as „wilderness guide". It encourages viewers to analyze their own attitudes toward teaching and demonstrates how to develop a personal model of teaching using elements from each of the models.	1999	30	239,– (PAL)

15 Anmerkungen

1   www.zfuw.uni-kl.de
2   QuiSS = Qualitätsverbesserung in Schulen und Schulsystemen
3   www.blk-quiss.de
4   Projektleitung: Botho Priebe; Koordinatorinnen: Kerstin Goldstein, Birgit Pikowsky (http://quiss.bildung-rp.de)
5   http://www.mpg.de/pri01/pri0113.htm
6   Musische Fächer und Sport sowie Geschichte, Erdkunde, Sozialkunde werden hier ganz ausgeklammert.
7   http://www.readingonline.org/newliteracies/lit_index.asp?HREF=finkbeiner/
8   vgl. Wellenreuther (in Druck)
9   An dieser Stelle sei die autobiografische Notiz erlaubt, dass ich von 1977 bis 1982 Fends Mitarbeiter in zwei großen Projekten („Gesamtschule und dreigliedriges Schulsystem" und „Entwicklung im Jugendalter: Entwicklung von Selbstkompetenz und Sozialkompetenz") war und dass ich in starkem Maße von der kooperativen und zugleich kognitiv anregenden Atmosphäre in einem interdisziplinär besetzten Forschungsteam sehr profitiert habe.
10 http://www.paed.uni-muenchen.de/atus/modelle.htm
11 Hierzu elementar wichtig: die Cognitive Load-Theorie von Sweller et al. (1998), siehe Wellenreuther (in Druck) zu den Grenzen des Arbeitsgedächtnisses.
12 http://www.ipn.uni-kiel.de/projekte/biqua/Berlin_Erfurt.html
13 nach Köller, Baumert & Neubrand (2000)
14 Bundesministerium für Bildung und Forschung (BMBF), 2001; siehe auch Abschnitt 6.7.4.9
15 Zur Vermeidung des hierzulande aus nachvollziehbaren Gründen „peinlichen" Wortes „Führung" kommt es in der Literatur zur Schulentwicklung gelegentlich auch zu bemerkenswerten Wortschöpfungen, wie z. B. „Pädagogisches Leadership".
16 Die wörtliche Übersetzung von „veterans" hat leider einen etwas martialischen Beiklang, erinnert an Krieg, Kampf und Invalidität, aber „Expertise" trifft die Sache ebenfalls nicht.
17 Für Details und vertiefende Darstellungen vgl. neben der genannten Originalliteratur vor allem Slavin (1997), Doyle (1986), Tücke (1998), Wahl et al. (1997) und Wellenreuther (in Druck).
18 Ich übernehme dabei die Formulierungen von Wellenreuther (in Druck).
19 nach Arnold (2001a)
20 Wenngleich auch diese Fragebogenangaben z. B. der Lernmotivation oder des Selbstvertrauens selbst wiederum verfälscht sein können, geht man doch davon aus, dass Königsweg der Erfassung solcher subjektiven Befindlichkeiten die Selbsteinschätzung der Betroffenen ist, die als Kriterium zugrunde gelegt werden muss.
21 Alternativ kann man sich stattdessen auch eine andere Verteilung vorstellen, z. B. (a) Daten zur Entwicklung der Leistung eines Schülers in einem Fach für einen längeren Zeitraum oder (b) die Verteilung der Leistungen eines Schülers zu einem Zeitpunkt in allen Fächern. Gemeinsam ist diesen Sachverhalten, dass einerseits eine *Verteilung* von Schülerdaten vorliegt (Kriterium) sowie *Lehrerurteile*, die sich darauf beziehen. Dies ist jeweils die Datenbasis, die zur Bestimmung der Diagnosegenauigkeit erforderlich ist.
22 zitiert bei Klieme & Bos (2000, S. 367 f.)
23 Schroedel, Klett, Westermann, Lambacher-Schweizer, Cornelsen
24 http://www.blk-bonn.de/papers/heft60.pdf
25 der bereits bei der umfänglichen und wohlwollenden Zitierung eigener Publikationen zum Ausdruck kommt
26 http://www.nbpts.org/standards/stds.cfm
27 http://standards.nctm.org/index.htm
28 http://www.ncte.org/index.shtml
29 http://www.tesol.org/index.html

30 vgl. die Projekte im DFG-Schwerpunktbereich „Bildungsqualität der Schule", die an dieses Konzept anknüpfen, wie z. B. Fischer & Bos, 1999

31 http://www.ibe.unesco.org/International/Publications/pubhome.htm

32 in Österreich: IMST

33 http://www.blk-bonn.de

34 http://www.biju.mpg.de/index.htm

35 http://www.dipf.de/projekte/qualitaetssicherung_desi.htm

36 http://www.erzwiss.uni-hamburg.de/IGLU/home.htm

37 http://www.hamburger-bildungsserver.de/lau

38 http://www-user.rhrk.uni-kl.de/~zentrum/markus/markus.html

39 http://home.in.tum.de/rupp/02_Links/Daten/Studie_1987.pdf

40 http://isc.bc.edu/pirls2001.html

41 http://www.pisa.oecd.org/(PISA international);
   http://www.mpib-berlin.mpg.de/pisa (PISA Deutschland)

42 http://www.ipn.uni-kiel.de/projekte/pisa

43 http://www.ipn.uni-kiel.de/projekte/pisa

44 Einschätzungen von Schleicher (OECD) und Baumert (MPI Berlin):
   http://www.zeit.de/2002/36/Wissen/print_200236_pita-studie.html

45 http://www2.rz.hu-berlin.de/empir_bf/QuaSUM.htm

46 http://www2.rz.hu-berlin.de/empir_bf/QuaSUM.pdf

47 http://www.ipn.uni-kiel.de/projekte/biqua/Landau_SALVE.html

48 http://www.mpipf-muenchen.mpg.de/BCD/PROJECTS/scholastik_g.htm

49 http://www.mpipf-muenchen.mpg.de/BCD/PROJECTS/logik_g.htm

50 vgl. auch die ausführlichen Berichte „Hanoi schlägt München" von Paul Schwarz (Frankfurter Rundschau, 08. 08. 2002) und die „Preußen Asiens" (Interview des STERN mit A. Helmke und Vo Thi Anh Tuyet; STERN 40/2002, S. 204)

51 http://timss.bc.edu

52 http://www.bmbf.de

53 http://www.mpib-berlin.mpg.de/en/forschung/eub/Projekte/timss.htm

54 http://nces.ed.gov/timss/timss95/video.asp

55 http://nces.ed.gov/timss/timss-r/index.asp

56 http://nces.ed.gov/timss/timss-r/video.asp;
   http://www.lessonlab.com/research/timssr1.html

57 http://www.ipn.uni-kiel.de/projekte/biqua/biqua.htm

58 http://agora.unige.ch/nfp33/

59 http://www.didac.unizh.ch/videostudien/html/international/index.htm

60 http://www.didac.unizh.ch/videostudien/html/binational/index.htm

61 http://www.didac.unizh.ch/videostudien/html/national/index.htm

62 http://www.phs.unisg.ch/forschung/projekte/welcome.html

63 http://www.research-projects.unizh.ch/phil/unit62100/area172/p326.htm

64 http://www.sfz.wiso.uni-erlangen.de/gk-leistung/

65 http://www.ph-gmuend.de/db103_c.html

66 Der folgende Abschnitt ist – leicht verändert – dem Kapitel „Unterricht aus der Sicht der Beteiligten" der MARKUS-Studie entnommen (Helmke et al., 2002c).

67 www.schuelerkammer.de/skh/projekte/feedback.htm

68 http://www.sn.schule.de/smkpub/34/ubeurt/wiss-auswertung.html

69 http://www.system-monitoring.at/timss

70 http://www.ifs.uni-dortmund.de

71 http://www.ifs.uni-dortmund.de/WZK-neu/index.htm

72 http://www.biju.mpg.de/index.htm

73 http://www.testzentrale.de

74 http://www.ifs.uni-dortmund.de/fobis/index.htm

75 http://www-user.rhrk.uni-kl.de/~zentrum/markus/markus_materialien.html

76   als Mitarbeiter von Franz E. Weinert am Max-Planck-Institut für psychologische Forschung in München

77   http://www.lessonlab.com/research/timssr1.html

78   http://www.ezw.uni-freiburg.de/ezw2/methods/07_catmovie

79   http://www.lessonlab.com/vprism/vpsoft.htm

80   http://www.ipn.uni-kiel.de/aktuell/videograph/htmStart.htm

81   http://standards.nctm.org/document/eexamples/chap4/4.6/part2.htm

82   Anmerkung des Autors: Schreiben: ja, und zwar nach einer Buchstabentabelle. Aber WAS geschrieben wird, können die Kinder zunächst nicht lesen; orthografisch richtiges Schreiben ist hier weder beabsichtigt noch wird es realisiert.

83   http://www.uni-kassel.de/fb19/chemdid/blk/aktuelles.htm

84   http://efwi.bildung-rp.de/

85   http://www.schulpsychologie.de/pinnwand/luedenscheid/luedenscheid.htm

86   http://lmz.bildung-rp.de/medien-materialien/index.htm

87   http://bildung-rp.de/material/katalog/statisch/117.htm

88   http://bildung-rp.de/material/katalog/einzel.phtml?Anzeigenummer=135

89   http://lmz.bildung-rp.de

90   http://www.mpib-berlin.mpg.de/index_js.en.htm

91   http://pz.bildung-rp.de/index.pht

92   http://www.kultusministerium.baden-wuerttemberg.de

93   enthalten in: Bundesministerium für Bildung und Forschung (BMBF) (Hrsg.). (2001). TIMSS – Impulse für Schule und Unterricht. Forschungsbefunde, Reforminitiativen, Praxisberichte und Video-Dokumente. Siehe auch http://www.bmbf.de/brosch.htm

94   http://www.fernuni-hagen.de/ZFE/Programme/welcome.html

95   http://www.fernuni-hagen.de

96   http://www-x.nzz.ch/format/broadcasts/broad_71.html

97   http://www.fwu.de/index.shtml

98   http://www.fwu.de/produkte/katalog.html

99   http://www.fim.uni-erlangen.de/home.html

100 http://www.fwu.de/links/bildstellen_deutschland.html

101 http://www.wis.uni-bremen.de/wis/andere/Institute.html

102 http://alp.dillingen.de/service/medienpaedagogik

103 http://www.learn-line.nrw.de

104 http://www.b-o.de

105 http://www.forum-bildung.de

106 http://www.bildungsserver.de

107 http://dbs.schule.de/landserv.html

108 http://www.iwf.de

109 http://www.wissen.swr-online.de

110 http://www.schule-online.de/content/start/index.jsp

111 http://www.infoschul.de

112 http://www.zum.de

113 http://www-user.rhrk.uni-kl.de/~zentrum/markus/markus.html

114 http://www.ipn.uni-kiel.de/projekte/biqua/biqua.htm

115 http://blk.mat.uni-bayreuth.de/index.html

116 http://imst.uni-klu.ac.at

117 http://www.bertelsmann-stiftung.de/documents/Evaluationsbericht1.pdf

118 Die Zusammenfassung der Vorab-Evaluation basiert allerdings auf den Angaben einer relativ kleinen Stichprobe (32 Personen; 7 von 52 Schulen).

119 http://www.avenir-suisse.ch/index.php

120 http://www.kbl.unizh.ch/seiten/Projekte/UM_bestpractice.html

121 Weitere Informationen: Ministerium für Bildung in Schleswig-Holstein, Werner Klein: Werner.Klein@kumi.landsh.de und Thomas Riecke-Baulecke, dr.riecke@wtnet.de, wissenschaftliche Begleitung.

122 http://www.stmuk.bayern.de/index2.html;
http://www.bildungspakt-bayern.de/modus21/aktuelles.html

124 für weitere Differenzierungen, z. B. in einfache vs. multiple choice; Patterns richtiger Antworten (keine, eine, mehrere) und Distraktoren vgl. Schwarzer & Schwarzer (1977)

125 vgl. den RdErl. des Ministeriums für Schule und Weiterbildung, Wissenschaft und Forschung des Landes Nordrhein-Westfalen „Qualitätsentwicklung und Qualitätssicherung durch Parallelarbeiten und Aufgabenbeispiele" vom 01. 12. 1998

126 zitiert nach Horster & Rolff (2001, S. 160)

127 http://www.lehrerinfo-bayern.de/info_lehrer/2_02_orientierung.asp

128 http://www.klassencockpit.ch

129 http://www.skbf-csre.ch/information/Versand/02006.html

130 http://www.bildungsplanung-zentral.ch

131 http://www.system-monitoring.at/timss

132 http://www.bundeselternrat.de/stellungnahme/lehrerbildung_thies.htm

133 http://www.paed.uni-muenchen.de/atus/modelle.htm

134 http://www.paed.uni-muenchen.de/Lehrertraining

135 http://www.psycho.ewf.uni-erlangen.de/forschung/aggress.htm

136 nur ein Beispiel: http://www.appunto.ch/seite7.htm

137 http://www.blk-bonn.de/

138 http://www.dipf.de/index_1024.htm

139 http://ifb.bildung-rp.de/

140 http://www.ipn.uni-kiel.de/institut.html

141 http://www.mpipf-muenchen.mpg.de/

142 http://www.mpib-berlin.mpg.de/

143 http://www.blk-quiss.de/

144 http://www.zfuw.uni-kl.de/

145 http://www.mpipf-muenchen.mpg.de/MPIPF/history_g.htm